Eugen Fink

Grundfragen der antiken Philosophie

Herausgegeben von
Franz-A. Schwarz

Königshausen + Neumann
1985

CIP-Kurztitelaufnahme der Deutschen Bibliothek

Fink, Eugen:
Grundfragen der antiken Philosophie / Eugen
Fink. — Würzburg : Königshausen + Neumann,
1985.
ISBN 3-88479-175-3

Satz: Fotosatz Königshausen + Neumann
Druck und Bindung: difo-druck, Bamberg
Printed in Germany
ISBN 3-88479-175-3

Fink — Grundfragen der antiken Philosophie

Gedankengang

Anm.: Bei der Umschrift der griechischen Texte wurden nur die nötigsten Betonungsakzente gesetzt.

1

Gegenstand unseres Nachdenkens sind „Grundfragen der antiken Philosophie". Damit stehen wir vor der Aufgabe, ein geschichtliches Verhältnis zu jenen längstvergangenen Zeiten herzustellen, als der Geist des Abendlandes erwachte an der Küste Joniens und in Unteritalien. Wir müssen um zweieinhalbtausend Jahre zurückgehen. Vielleicht erscheint uns ein solcher Rückgang nicht besonders schwierig. Die abendländische Geschichte ist doch nur ein begrenzter und schon gründlich ausgeforschter Zeitraum innerhalb der uns zugänglichen Weltgeschichte, eine Etappe im Gang der Zivilisation, die wir über Ägypten, Babylon bis in die sumero-akkadische Frühzeit verfolgen können; und ebenso kennen wir in Indien und China in historischen Dokumenten bezeugte Vergangenheiten, die weit hinter die Griechenzeit zurückreichen. Und ferner, die griechische Philosophie ist nicht nur in einem reichhaltigen dokumentarischen Material vorhanden, sondern auch in einer fast ununterbrochenen Überlieferung kommentiert worden, von den Römern, den Kirchenvätern, von den Arabern, von den Scholastikern, den Humanisten bis zu unseren modernen klassischen Philologen. Als *historisches Dokument* ist die antike Philosophie eine geistige Tatsache unserer Welt. Darüber hinaus ist sie als ein integrales Moment der humanistischen Bildung eine noch lebendig wirkende, wenngleich schwindende geistige Macht. Die Frage ist nur, ob eine philosophische Erörterung der griechischen Philosophie sich darauf beschränken kann, die historischen Zeugnisse vorzuführen, die Bekanntschaft mit dem Wortlaut antiker Philosopheme zu vermitteln und schließlich dem breiten Strom ihrer geistesgeschichtlichen Wirkungen nachzugehen. Gesetzt den Fall, daß in der Philosophie der Wortlaut in einem spannungsreichen Bezug stünde zum Sinn, und ferner, daß die geistesgeschichtliche „Wirkung" einer Philosophie nur ein ihr äußerliches Schicksal ist, dann wäre eine noch so gründliche Berichterstattung über die antiken Texte und ihre späteren Exegesen lediglich eine philologisch-historische Aufgabe. So ist es in der Tat. Damit wird der Wert der philologischen Arbeit nicht herabgesetzt. Die textliche Sicherung der antiken Philosophie, die durchgängige philologische Interpretation bildet eine unerläßliche Voraussetzung für jeden philosophierenden Zugang zum wesentlichen Denken der Antike. Die moderne Philologie hat das Bewußtsein dafür geschärft, daß für ein angemessenes Begreifen eines längst vergangenen Menschentums nicht ohne weiteres die Verstehensweisen gebraucht werden dürfen, die der Situation des Zugangsuchenden angehören; daß also nicht die homerische Welt etwa von den Denkweisen unseres späten differenzierten Lebens aus begriffen werden kann, — daß man vielmehr den Versuch machen muß, sie aus sich selbst zu verstehen. Bei einem solchen Vorgehen macht der Interpretierende Gebrauch von den Denkweisen, Lebenshaltungen der homerischen Heroenzeit, wie sie ihm in vielen zusammenstimmenden Einzelzügen deutlich werden; mit anderen Worten, er ist kritisch, sofern er die Kategorien des Verstehens seiner eigenen Epoche möglichst unterbindet und aus der geistesgeschichtlichen Situation des zu deutenden Zeitalters zu denken versucht. Wenn die klassische Philologie, als die Hüterin auch des großen philosophischen Schrifttums der Antike, nicht nur die Texte sammelt, ihre Echtheit prüft usw., sondern auch übersetzt und deutet, so interpretiert sie diese aus dem allgemeinen Horizont des geistesgeschichtlich verstandenen griechischen Daseins. Philosophie ist dann eine Lebensäußerung neben anderen, neben der griechischen Kunst, der Politik, der Mythologie.

Die Frage, der wir zusteuern, läßt sich also formulieren: ist das notwendige geschichtliche Verhältnis zur antiken Philosophie nur die Gewinnung der rechten Einsicht in die geistesgeschichtliche Situation des Griechentums? Kommt es nur darauf an, unsere modernen Begriffe zurückzuhalten und aus der Kenntnis des griechischen Lebensverständnisses, etwa des 5. vorchristlichen Jahrhunderts, heraus die philosophischen Zeugnisse auszulegen? Hegel nennt die Philosophie „die verkehrte Welt"[1]; auch zu den Zeiten des Thales schon war sie die verkehrte Welt, und stand im Gegensatz gegen die Meinungen der Menge, nicht in einer angemaßten und überheblichen Besserwisserei, sondern im Wagnis, den tragenden Grund der Vertrautheit des Seienden loszulassen und sich der Fragwürdigkeit der Welt auszusetzen. In dem, was die antike Philosophie wesentlich ist, wird sie nur zugänglich für ein Verhalten, das selbst philosophiert. Die Geschichte der Philosophie ist einzig und allein ein Thema der Philosophie. Keine Wissenschaft, auch nicht die umfassendste Kulturwissenschaft und Geistesgeschichte, kommt von sich aus in die Dimension der philosophischen Geschichtlichkeit. Es sieht zwar immer so aus, als ob die Philosophien eines Zeitalters aus dem allgemeinen Geist dieser Zeit erklärbar wären; sie sprechen die Sprache dieser Zeit, haben Ton und Farbe einer Epoche und sind doch, wenn anders sie überhaupt Philosophien sind, durch einen abgründigen Gegensatz zu ihrem Zeitalter bestimmt. Sie sind zwar auch eine Gestalt des objektiven Geistes einer Zeit, sind in ihrer „Zeitgemäßheit" ein Ausdruck und Symptom des öffentlichen Geistes, — aber all dies betrifft nur ihre geistesgeschichtliche Erscheinung, nie ihr wahres Wesen, das der bloßen Geistesgeschichte ungreifbar bleibt. Jede Philosophie ist auf eine zweideutige

Weise vorhanden, als Wortlaut samt der öffentlich umgehenden Deutung, die eben nicht selbst philosophierend um den Sinn eines Philosophems ringt, und als der verschlossene und immer unzeitgemäße Sinn, der sich nur dem mitfragenden Denken offenbart. Das ist zunächst einfach eine Behauptung. Der Verlauf des Gedankenganges soll versuchen, sie ins Recht zu setzen.

Wo aber ausdrücklich darauf verzichtet wird, selbst philosophierend den Zugang zu vergangener Philosopie zu suchen und zu bahnen, wo „unvoreingenommen" und „standpunktfrei" einfach und getreu berichtet wird, was sich als Fakten in der Philosophiegeschichte eben zugetragen hat, entsteht jenes gefährliche Zerrbild der „Objektivität", die ohne eigene Meinung über Meinungen referiert, bloße Doxographie ist. Der Aberglaube, es gehöre zur intellektuellen Redlichkeit, als Historiker der Philosophie keine eigenen Gedanken zu haben und sich nur zum reinen Durchgang des Vergangenen zu machen, ist ein Vorurteil, das dem Bereich positivistischer Wissenschaftsgesinnung entstammt. Es rechtfertigt sich dabei immer wieder mit dem beliebten Hinweis auf die „gewaltsamen" Interpretationen, mit denen große systematische Philosophen die Geschichte vergewaltigt haben, sie auf sich selber zulaufen ließen als End- und Höhepunkt, wie sie alles Vergangene umschufen, bis es, um mit Nietzsche zu reden, zum „Herold und Hahnenschrei"[2] ihres eigenen Tages geworden war. Die Doxographie hat es mit bloßen Schatten zu tun, mit dem Buchstaben, dem der Geist entflohen. Die methodisch gewollte Meinungslosigkeit eines „objektiven historischen Verhaltens" trägt den Fluch in sich, daß sie nie wirkliche Philosophie, nur Meinungen antrifft. Philosophie ist immer eine Bewegung des Gedankens; sie läßt sich gar nie erfassen und in den Griff bringen, wenn das Organ des Zugriffs der Gedankenstillstand sein soll. Bei einem solchen Verhalten entstehen dann die lächerlichen Erzählungen über jenen Anfang der griechischen Philosophie, wonach bald das Wasser, die Luft, bald das Feuer als „Urstoff" angesetzt worden wäre. Urstoff wird dabei als eine ganz bekannte und geläufige Kategorie gebraucht. Das Entscheidende der antiken Auslegung wird überhaupt erst sichtbar, wenn ursprünglich begriffen ist, was „hýle" überhaupt ist, — was man so handlich als Urstoff übersetzt.

Wenn es wahr ist, daß die Geschichte der Philosophie sich erst öffnet in ihrem verborgenen Sinn für ein Denken, das in die Bewegung des vergangenen Denkens zurückgeht, dann ist offenbar das von uns ausdrücklich herzustellende Verhältnis nicht nur ein „historisches". Das heißt: nicht nur ein historisches im gewöhnlichen Sinne. Ohne die Entfaltung systematischer Voraussetzungen bleibt eine geschichtliche Zuwendung zur vergangenen Philosophie unmöglich und verliert sich in die bloße unfruchtbare Doxographie oder, wenn es hoch kommt, in eine geistesgeschichtliche Deutung, die ihre Begriffe dem vorphilosophischen Leben der Umwelt entnimmt, in welcher eine Philosophie vorkommt — und wogegen sie sich gerade aufrichtet. Mit anderen Worten, in der Philosophiegeschichte gibt es nicht die Trennung von systematischer und bloß historischer Betrachtung. Jedes Vorgehen ist hier unlösbar systematisch und historisch zugleich. Ja noch mehr, auch alles systematische Denken der Philosophie ist in innerster Notwendigkeit historisch. Welchen Sinn diese Behauptung haben kann, wird später hinreichend klar werden. Zunächst sei einmal hingewiesen auf die verhängnisvolle Rolle, die das Vorbild der positiven Wissenschaft in dieser Hinsicht spielt. An ihr ist der Unterschied der systematischen und der historischen Erkenntnis leicht einzusehen. Nehmen wir den Fall der Mathematik. Mathematik entsteht als ein intersubjektives geistiges Gebilde in einem Zusammenwirken von vielen Forschern und Forschergenerationen. Sie hat ihre Geschichte, ihre Anfänge und bedeutsamen Ereignisse. Sie durchläuft die Jahrhunderte, und dieser Lauf ist ein Weg des *Fortschrittes*. Sie wächst aus kleinen Anfängen, aus ersten systematischen Versuchen in einem ständigen Weiterbau, zu dem jeder Forscher beiträgt. Jede neue Erkenntnis bereichert den mathematischen Besitzstand, erweitert ihn oder bildet ihn gar um. Gemessen an fortgeschrittenen Gestalten erweisen sich die Frühgestalten als unvollkommen oder gar als überholt; die Mathematik hat einen „*gegenwärtigen Stand*"; dieser allein repräsentiert das systematische Ganze der mathematischen Wissenschaft; natürlich ist dieser selbst überholbar durch künftige weitergehende Forschungen; einmal aber überholt, hat er nur noch ein historisches Interesse. Die Geschichte der Mathematik bezieht mit vollem Recht und in methodischer Bewußtheit vom gegenwärtigen Stand dieser Wissenschaft die Kategorien des Verstehens und Bewertens etwa der früheren, nun überholten Vorstufen. Sachlich-systematisches Forschen und historisches treten hier deutlich und klar auseinander. Das Historische ist nur interessant, sofern es „unterwegs" war zum Heutigen; es hat nur ein sekundäres Interesse, es ist ja „überwunden". Das gilt nicht nur etwa für die Mathematik, sondern prinzipiell für alle Wissenschaften. Das Wesen der positiven Wissenschaft besteht im *fortschrittlichen* Wissen. Wo immer Fortschritt ist, ist allein der gegenwärtige Stand das selbstverständliche Maß, an dem alles vergangene, auf diese Gegenwart Zueilende gemessen wird. An der fortschrittlichen Wissenschaft ist die strenge methodische Trennung von systematischer und historischer Erkenntnis im Recht. Dies auch bei den sogenannten „historischen Wissenschaften". Die Geschichtswissenschaft ist als solche ja eine systematische, in einem Wissensfortschritt begriffene Erforschung der Vergangenheit. In der Geschichte der Geschichtsschreibung verhält sich der zünftige Historiker dann zu Vorstufen der Geschichtswissenschaft, die noch nicht die methodische Durchbildung der gegenwärtigen haben, welche Gegenwart so als selbstverständliches Maß erscheint. Allerdings wird hier die Frage etwas verwickelt wegen der eigentümlichen Selbstbezogenheit der Geschichtswissenschaft.

Die Philosophie ist keine Wissenschaft. Sie ist wesentlich etwas anderes als ein *fortschrittliches Wissen*. Deswegen darf auch die dort zu Recht bestehende Unterscheidung von Systematik und Historie nicht mehr selbstverständlich auf die Philosophie angewandt werden. Daß die Philosophie keine Wissenschaft ist, besagt nicht, daß sie etwa weniger wäre. Philosophie ist aus dem Horizont der Wissenschaft nicht zu begreifen, wohl aber umgekehrt. Auch die große Kunst hat nicht den der positiven Wissenschaft eigentümlichen Fortschrittscharakter. Sie wird nicht als ein Stufenbau sich immer steigernder Vollkommenheit. Hegel spricht die Verwandtschaft von Philosophie und Kunst schon in seiner ersten philosophischen Schrift also aus: „Jede Philosophie ist in sich vollendet, und hat, wie ein ächtes Kunstwerk, die Totalität in sich. So wenig des Apelles und Sophokles Werke, wenn Raffael und Shakespeare sie gekannt hätten, diesen als bloße Vorübungen für sich hätten erscheinen können, – sondern als eine verwandte Kraft des Geistes: – so wenig kann die Vernunft in früheren Gestaltungen ihrer selbst nur nützliche Vorübungen für sich erblicken. Und wenn Virgil den Homer für eine solche Vorübung für sich und sein verfeinertes Zeitalter betrachtet hat, so ist sein Werk dafür eine Nachübung geblieben".[3] Es bedeutet schon eine wesentliche Einsicht, wenn begriffen wird, daß die Philosophie nicht als ein Fortschritt durch die Zeiten geht. Dann bereitet sich auch die Möglichkeit vor, die Vielfalt der philosophischen Systeme, die den gemeinen Verstand verwirrt und seinen Spott herausfordert, anders anzusehen, ohne darin sofort einen Einwand zu erblicken. Die Vielfalt *wäre* eine babylonische Sprachverwirrung, wenn eben die Philosophie wissenschaftlich sein müßte wie eine positive Wissenschaft. Dort ist es unerträglich, eine Vielzahl sich ausschließender Thesen gelten zu lassen. Im gegenwärtigen Wissensstande gibt es nicht viele Ansichten, die miteinander zusammenbestehen, sondern nur eine einzige umfassende, in sich einstimmige Theorie. Das übliche Argument, das gegen die Wissenschaftlichkeit der Philosophie ins Feld geführt wird, nämlich daß sie zu keiner Zeit bislang es zu einer einstimmigen Theorie gebracht habe, ist richtig in einem Sinne, wie ihn die so Argumentierenden nie begreifen. Was sie meinen ein vernichtendes Verdikt zu sein, ist in Wahrheit nur die Wahrheit über die Philosophie. Sie ist keine Wissenschaft. Was sie aber selbst positiv ist, bleibt jetzt noch offen. Der gemeine Verstand glaubt sie „widerlegt", wenn er den Skandal der vielen einander widersprechenden Philosopheme unterstreicht. Die Einheit der Philosophie in der Vielzahl ihrer Ausprägungen, ihrer geschichtlichen Selbstverwirklichungen, ist eine Frage, die ausdrücklich offengehalten werden muß.

Wir fassen zusammen: eine philosophische Erörterung über die Anfänge der Philosophie kann nicht einen gegenwärtigen Stand des philosophischen Denkens als allgemeingültigen Maßstab voraussetzen, um von da her die Anfänge als Vorstufen auszulegen. Ein solches Unterfangen hielte die Philosophie, also etwas, das ursprünglicher ist als alle Wissenschaft, in einem verfälschenden Aspekt fest. Die bei den positiven Wissenschaften berechtigte Unterscheidung des systematischen und des historischen Interesses muß der Philosophie fremd bleiben, weil sie in einem ganz anderen Sinne geschichtlich ist als das in der Fortschrittstruktur sich bewegende Wissen. Die Philosophie ist geschichtlich in einem ganz eigenen Sinne. Sie gehört nicht als ein Moment dem allgemeinen Geiste eines Zeitalters an, wenngleich sie darin auch vorkommt. Philosophie kann auch genommen werden als ein Ausdruck einer Zeit, wie die Staatsformen, die Sitten, die Weltbilder; aber dann ist sie nie in ihrem eigenen geschichtlichen Wesen erfaßt. Die Philosophie *stiftet* überhaupt erst ein *Weltalter*, indem sie entscheidet und für Jahrhunderte entscheidet, was das Wesen des Seienden und das Wesen der Wahrheit ist. In solchen Entscheidungen des ursprünglichen Denkens wird erst der Boden geschaffen, der eine Zeit trägt, der Boden einer menschlichen Weltstellung, auf welchem sich dann der Fortschritt der Wissenschaften bewegt. Philosophie ist geschichtlich, nicht weil sie in der Geschichte vorkommt, sondern weil sie Geschichte überhaupt erst ermöglicht. Die Frage erhebt sich erneut und verschärft: wie muß das rechte geschichtliche Verhältnis gewonnen werden, das eine Zuwendung zur antiken Philosophie, zu ihren *Grundfragen* zuläßt?

Ist das nicht eine sonderbare Frage? Zunächst ging es uns darum, eine Bedenklichkeit und einen Verdacht zu erwecken gegen die Selbstverständlichkeit, mit welcher man das Gegebensein eines historischen Verhältnisses annimmt, wenn nur ein Text, das Faktum einer Dokumentation vorliegt. Aber gerade die Faktizität eines solchen philosophiegeschichtlichen Faktums ist zumeist völlig unbegriffen, ja nicht einmal als das gewußt. Platon und Aristoteles sind eben vorhanden in den einschlägigen Schriften, die wir ja jederzeit übersetzen können. Übersetzen, wenn anders es mehr sein soll als nur die Wiedergabe der griechischen durch deutsche Worte, ist doch immer ein Verstehen. Woher nimmt nun ein solches Verstehen seine Kraft? Müssen wir nicht selber mitdenken? Genügt es, wenn wir das allgemeine geistesgeschichtliche Milieu von Platon und Aristoteles kennen, den griechischen Stadtstaat, die Sitten, die soziale Struktur des damaligen Lebens — oder müssen wir am

Ende auch die Entgegensetzung mitmachen, die jene Denker gegen die landläufigen Anschauungen vollziehen? Und geht überhaupt ein solches Mitdenken und Nachdenken, wenn wir unsere eigene Meinung zurückhalten und uns nur vom fremden Denken mitnehmen lassen?

In der bisherigen Überlegung haben wir das Problem einseitig, als eine bloße Frage des richtigen *Wissens* von der vergangenen Philosophie angesetzt. Friedrich Nietzsche hat das Problem des historischen Verhältnisses zu einer radikaleren Fragestellung vorgetrieben. Das Verhältnis zur Vergangenheit ist dabei primär kein Wissensverhältnis, sondern ein Gesamtverhältnis der ganzen menschlichen Existenz. Nietzsche unterscheidet drei Weisen des Verhaltens: die monumentalische, die antiquarische und die kritische Historie. Das sind keine Arten von Geschichtsbetrachtung, die man sich auswählen könnte. Vielmehr handelt es sich dabei primär um eine je bestimmte Grundstellung des Menschen zur Zeit überhaupt. Am Verhältnis zur Vergangenheit wird offenbar, wie ein Menschentum, ein Einzelner, ein Volk, eine Kultur, in der Zeit sich hält. Für Nietzsche sind es also Grundmöglichkeiten des menschlichen In-der-Zeit-Seins. Dabei ist der Angelpunkt seiner Betrachtung das Verhältnis von Leben und Historie. Er handelt davon in der 2. Unzeitgemäßen Betrachtung, die überschrieben ist: „Vom Nutzen und Nachteil der Historie für das Leben". Hier entfaltet Nietzsche bereits die ihm eigentümliche „Optik des Lebens", des Denkens vom Leben her. Das Leben ist bewegt durch den es durchstimmenden Gegensatz von Bewußtsein und tiefer Bewußtlosigkeit, von menschlicher Freiheit und naturhafter Instinktsicherheit. Der Mensch ist das aus dem Naturfrieden herausgerissene, aufgescheuchte Tier, das nicht mehr selbstvergessen im Augenblick leben kann, sondern immer sich zur *ganzen* Zeit seines Daseins verhalten muß. Dort nun, wo der vitale Drang noch stark und lebendig ist, wo der Wagemut und die Begeisterung, mit anderen Worten, wo das menschliche Dasein selbst noch sich vorwiegend auf die Zukunft hin entwirft, dort tritt ein Verhalten zur Vergangenheit, zur Historie zu Tage, das in ihr die großen Möglichkeiten sieht. Nur wo Zukunft am Werk ist, sieht ein Menschentum die Vergangenheit groß und großartig, aufrufend als Vorbild zur heldischen Nachfolge. Die monumentale Historie ist jenes Zeitverhältnis, das im eigentlichen Sinn geschichtlich ist. Der Mensch existiert im Ganzen der Zeit: aufgerufen vom Vorbild der groß gesehenen Vergangenheit und groß planend bereit für die augenblickliche Tat. Anders ist die antiquarische Historie. Das Wesentliche derselben besteht nun nicht darin, daß sie sorgsamer und gründlicher sich dem Vergangenen hingibt, allen seinen Einzelheiten, allem nur historischen Plunder und Gerümpel; es ist vielmehr die *bewahrende und verehrende Art Mensch*, die zurückblickt, sich in die Vergangenheit und ihren unendlichen Reichtum versenkt, weil sie selbst keine Zukunft mehr in sich hat; hier ist bereits schon eine Verwandlung des Zeitganzen des Menschentums geschehen; die Zukunft ist das nur Kommende, Zustoßende, aber nicht mehr willentlich Ergriffene, nicht mehr der Raum der Tat. Und endlich die dritte Form, die kritische Historie, bedeutet die Schrumpfung der Zeiterstrecktheit des menschlichen Daseins auf die bloße Gegenwart: die Vergangenheit hat keine aufrufenden Vorbilder mehr, aber auch keinen Wert, den es zu wahren und zu bewahren gilt; die Zukunft ist bereits vom Mißtrauen in alles Menschenwerk überschattet; die einem solchen Menschentum mögliche Historie wird zur kritischen Haltung, die letztlich das Zeitganze einschnürt zur leeren Gegenwart.

Diese drei Typen, die Nietzsche von dem historischen Verhältnis des Menschen aufstellt, haben eine große Bedeutung; wir haben sie nur beigezogen, um unsere Frage nach dem von uns selbst zu suchenden Verhältnis zur Antike weiter zu profilieren. Könnte es sein, daß die antiquarische Betrachtung der vergangenen Philosophie, die bloß sammelnde Doxographie, wie die kritische Historie, die fälschlich einen gegenwärtigen Stand ansetzt als unkritisch genommenen „Maßstab" für Abschätzung der früheren Versuche, — könnte es sein, daß diese beiden im Schwange befindlichen Formen auf einer Verkümmerung des geschichtlichen Zeitverständnisses der Philosophie selbst beruhten? Das als ein Verdacht ausgesprochen! Wäre dann vielleicht die „monumentalische" Historie die rechte Art, sich zur Vergangenheit der Philosophie zu verhalten? Anders ausgedrückt: es wäre die Frage, offenbart sich die Größe des Gewesenen dort, wo ein Dasein selbst in der echten Zukünftigkeit steht? Man mag dieser Ansicht zuneigen. Man sagt vielleicht, nur wo wirklich schon selbst philosophiert wird, kann die Stimme der vergangenen Philosophie gehört werden. Nur dem verwandten Geist offenbart sich das Innere einer versunkenen Philosophie, die bereits hinabgegangen ist in den Zeitenabgrund. Nur dem Philosophen ist sie sichtbar, jene „Gallerie der Heroen der *denkenden Vernunft*, welche in Kraft dieser Vernunft in das Wesen der Dinge, der Natur und des Geistes, in das *Wesen Gottes* eingedrungen sind"[4] — um Hegels Worte zu gebrauchen. Ist das mehr als eine romantische Auffassung? Nietzsche selbst versucht im Stil einer monumentalischen Historie die „Antike Philosophie" zu überblicken und darzustellen in seiner Schrift „Die Philosophie im tragischen Zeitalter der Griechen". Die großartigsten Fernsichten eröffnen sich dabei, eine staunenswerte Witterung für geistige Größe offenbart sich — und zugleich ein gründliches Vergreifen in allen wesentlichen Dingen. Wie Nietzsche hier Parmenides oder Heraklit sieht, ist völlig verkehrt. Die entscheidende ontologische Problematik dieser Denker kommt gar nicht in seinen Gesichtskreis. Bei Hegel dagegen sehen wir das monumentalische Verhältnis zur Philosophie der Griechen rein verwirklicht: er nimmt fast alle Denkmotive der Antike verwandelnd auf; er zeigt jene geistige Spannweite, die Parmenides und Heraklit sich ebenso anverwandelt wie Platon und Aristoteles. Als Grenze aber der Hegelschen Auffassung will es uns scheinen, daß er der Philosophie einen Bewegungssinn zuspricht, den er am Modell der „Entwicklung" begreift. Der geschichtliche Gang der Philosophie ist ein Weg der Entfaltung und Entwicklung. Dadurch kommt ein Moment der Finalität in die Weltgeschichte des Begriffs; er läuft auf ein Ende zu. Was bei Hegel gleichsam ohne Gewicht erscheint, ist die *Möglichkeit*, daß bereits aufgegangene philosophische Wahrheit sich verdunkelt, verfällt, trivialisiert wird. Um uns herum liegen überall die Trümmer eines früheren ursprünglichen Weltentwurfes. Was die Griechen dachten vom Sein, scheint heute jedes Kind zu wissen. Es gibt keine „vorphilosophische" Welt, die vor allen Theorien eben ist, was sie ist, die in diesem Anschauungsgehalt bestimmbar wäre. Ein sogenannter „natürlicher Weltbegriff" ist eine theoretische Fiktion. In jedem Ding, im unscheinbarsten, in diesem Stück Papier, ist schon die Dingheit des Dinges verschwiegen mitgedacht. Was ein Ding ist, darum ging das große Ringen des griechischen Geistes — und wir stehen heute noch auf Schritt und Tritt auf den nicht mehr begriffenen Relikten seiner Auseinandersetzung mit der verborgenen Macht des Seienden.

Wenn heute die Philosophie entschlossen die metaphysischen Grundfragen wieder aufnimmt, so hat sie keinen festen Besitzstand von Erkenntnissen, sondern vor allem Fragwürdigkeiten, „Probleme". Die abendländische Überlieferung ist dabei selbst in die radikale Fragwürdigkeit unseres ganzen Daseins einbezogen. Aus ihr heraus allein können wir in geschichtlicher Wahrhaftigkeit den Griechen uns zuwenden. Wir beginnen daher diese Überlegungen über die griechische Philosophie mit einer Einleitung: Wir und die Griechen.

2

Die antike Philosophie, der wir uns zuwenden wollen, liegt in einer Ferne der Zeit, die uns schon das stille Schattenreich des Abgestorbenen scheint. Welches Motiv nun treibt uns, den Blick zurückzuwenden? Ist es ein Bildungsinteresse, eine pietätvolle Pilgerfahrt zu den Gräbern unserer geistigen Ahnen; wollen wir uns Rechenschaft geben von den „3000 Jahren", um nicht im „Dunkeln unerfahren, von Tag zu Tage" hinzuleben[1]? Die zeitliche Entlegenheit der antiken Philosophie ist zunächst ein Maß des Abstandes von allem

„Heutigen“, Modernen und Aktuellen. Im Wirbel unseres von Sensationen, Tempo, Angst, Not und Verzweiflung gejagten ruhelosen Daseins erscheint die monumentale Gedankenlandschaft der antiken Philosophie wie ein fernes unzugängliches Gestirn. In solcher Ferne zum Heutig-Allzuheutigen ist aber *immer* die Philosophie. Das antike Denken ist ebensowenig „vergangen“, wie das lebendige Philosophieren unserer Tage nur „gegenwärtig“ ist. Die Fragen, die Parmenides, Platon und Aristoteles gefragt haben, sind immer noch offene Probleme. Der innerste Grund der Zuwendung zum antiken Denken ist die Not der aufgegangenen Fragwürdigkeit des Seienden als solchen und im Ganzen. Nur wenn wir in dieser Not stehen und von ihr ergriffen und geführt sind, kann unsere Hinwendung zur Antike mehr sein als ein bloßes Bildungsanliegen, mehr als eine Erweiterung unserer Kenntnisse einer vergangenen Kultur. Das wahrhafte philosophische Verhältnis zur Geschichte der Philosophie ist ein Problem, das allzuleicht verdeckt bleibt unter den sich zunächst andrängenden geläufigen Vorstellungen, die wir hegen über den Zusammenhang von Gegenwart und Vergangenheit. Wir haben einen ersten Hinweis versucht auf dieses Problem. Philosophiegeschichte ist nicht in echter Weise möglich für ein „doxographisches“ Verhalten, das alle eigenen Stellungnahmen angeblich „einklammert“ und sine ira et studio die Meinungen der Philosophen berichtet; in solchem Vorgehen wird nie die hinter dem Vordergrund des Wortlautes verborgene Philosophie gesichtet; erfaßt werden nur absonderliche Meinungen und der Wirrwarr der vielen unzusammenstimmenden Meinungen; die Geschichte bietet den Anblick eines Museums oder eines Tollhauses; der Wahnwitz eines solchen Verfahrens liegt in dem uneingestandenen Gebrauch der ungeprüften und undurchdachten Begrifflichkeit des alltäglichen Weltverstehens, das so die Basis der Auslegung abgibt. Doxographie ist die Anmaßung des gemeinen Verstandes, in seiner Sprache überhaupt sagen zu wollen, was die Philosophie meint, also jenes Denken zur Aussage bringen zu können, in welchem gerade der gemeine Verstand zugrundegeht. Das existenzielle Verhalten, das der Doxographie zugrundeliegt, charakterisierten wir — im Anschluß an Nietzsche — als „antiquarische Historie“.

Die Geschichte der Philosophie läßt sich aber auch nicht auslegen in einer Art, die am Vorbild des wissenschaftlichen Wissens orientiert ist. In der Wissenschaft — und das heißt immer: in der positiven Wissenschaft — ist der „gegenwärtige Stand“ der Theorie das unbestrittene Maß der Beurteilung aller früheren Wissensstände, die eben nur „Vorstufen“ sind. Wird eine solche, im Bereich des fortschrittlichen Wissens legitime Betrachtungsart auf die Philosophie übertragen, so entsteht eine verhängnisvolle Verfälschung ihres Wesens. Es herrscht der trügerische Anschein, als wäre die geschichtliche Bewegung des philosophischen Denkens gegenwärtig in einem Zustand gesicherter Theoreme (mit da und dort noch bestehenden Wissenslücken), und dieser gegenwärtige Stand böte die rechte und fraglose Basis zur Kennzeichnung aller früheren philosophischen Versuche; damit wird fälschlich als ein Besitz ausgegeben, was immer nur eine drängende Frage sein kann, wird die „Gegenwartsphilosophie" zum selbstverständlichen Bezugspunkt, werden die heutigen Knirpse zum Maßstab, an dem die Giganten der griechischen Frühzeit zu messen wären. Eine solche Anschauung operiert mit dem bequemen, aber durch und durch verfehlten Schema des Unterschieds von systematischer Philosophie und ihrer „Geschichte". Das dahinter stehende existenzielle Zeitverhältnis zur Geschichte überhaupt ist das, was Nietzsche die „kritische Historie" nennt.

Und endlich versuchten wir noch abzuwehren eine dritte, sich auch anbietende Art, die Philosophie in ihrem geschichtlichen Verhältnis zu sehen, nämlich den Versuch, die je bestimmte vergangene geschichtliche Gestalt aus dem „allgemeinen" Zusammenhang des damals herrschenden Zeitgeistes heraus zu deuten; Philosophie tritt dann auf neben den großen Formen der Religion, des Mythos, der Kunst, der Sitte, des Staates usf. In allen diesen Äußerungsformen einer Kultur offenbart sich ein Menschentum, eine geschichtliche Weise des Menschen, dazusein. Philosophie gewinnt einen Ausdruckswert, einen Symptomcharakter. In seiner Kunst, in seinem Denken und Dichten offenbart ein Volk, eine Kultur seine Welthaltung. Die griechische Philosophie wird so vielleicht zurückbezogen auf den allgemeinen Stil des griechischen Daseins, auf die griechische Seele, auf die eigenartige Zeitsituation des anbrechenden 5. Jahrhunderts; die Kenntnis der Kunst, der Religion, der Sitte und der Philosophie erhellen sich wechselseitig; man versucht, über eine begrenzte Ausdrucksform hinauszugehen und durch ein Aufspüren der tragenden Welthaltung jenen gemeinsamen Grund aufzudecken, in dem alle diese kulturellen Formen wurzeln. Ein solches Verfahren ist beliebt geworden, vor allem seit den methodisch bahnbrechenden Forschungen Wilhelm Diltheys. Was aber dort noch in einer skeptischen Bescheidung lediglich eine Seite der geschichtlichen Betrachtung der Philosophie war, ist in unserem nihilistischen Jahrhundert zur vorherrschenden Betrachtungsart geworden. Für Jacob Burckhardt wie für Dilthey hat die geschichtlich auftretende Philosophie ihre temporäre Gestalt, mit der sie Tribut zahlt an den Geist ihrer Zeit, sie ist eine wesentliche Weise, wie das Selbstverständnis einer Zeit sich in ihrer eigentümlichen Sprache ausspricht; die Philosophie der Griechen ist auch noch durchzittert von der Spannung des ganzen griechischen Daseins, und in der Philosophie Kants schwingt das Pathos des Aufklärungszeitalters. Gewiß. Es sind geistesgeschichtlich bedeutsame und fruchtbare Aspekte, welche die Philosopheme so dem historischen Erforscher einer ganzen geschlossenen Kultur, einer Epoche darbieten. Die entscheidende Frage ist nur, ob der geistesgeschichtliche Anblick, den eine Philosophie bietet, ihr Gesicht oder ihre Maske ist. Heute, wo man bereits darauf stolz ist, an nichts mehr zu glauben, vor allem nicht an „Wahrheiten", begegnet man mit Hohn jedem Verhalten zur Geschichte der Philosophie, dem es dabei einzig um die Wahrheit geht. Wahrheit ist ein Aberglaube, zwinkern sich die Auguren zu. Jede Weltanschauung, jede Philosophie ist wesentlich Symptom, ein Lebensausdruck; es verrät sich eine Lebenshaltung darin, es kommt einzig darauf an, die Nebentöne herauszuhören, die wider Willen verraten. Hinter den Philosophemen stehen kämpfende Lebenstendenzen, Machtansprüche; geistige Haltungen sind „Ideologien". Ideologien aber sind hinsichtlich Wahrheit oder Unwahrheit unabschätzbar; sie haben nur Wert als geistige Kampfmittel. Bis zu dieser Verzerrung des Wahrheitsgedankens ist die Historisierung heute gekommen. Gewiß ist das eine Entartung. Ein an sich fruchtbarer Gedanke wird durch eine maßlose Übersteigerung ad absurdum geführt. Die Kulturpsychologie, Kulturmorphologie, die allgemeine Geistesgeschichte hat sicher eine sinnvolle Thematik; gewiß sind alle geistigen Gebilde auch Ausdrucksformen des Lebens, Objektivationen seiner schöpferischen Kraft, auch die Philosophie. Aber es ist einzig und allein die Frage, ob die Auffassung einer Philosophie als Lebensausdruck, als Symptom überhaupt in die eigentliche philosophische Dimension vorstößt. Ist eine Auseinandersetzung mit ihrem wesentlichen Wort in der Art möglich, daß sie aus dem verstanden und ausgelegt wird, was sie mit den anderen geistigen Gestaltungen eines Zeitalters teilt? Ich möchte nicht mißverstanden werden: keine Philosophie existiert an einem *topos hyperouránios*, an einem überhimmlischen Ort, entrückt aller faktischen Geschichte, sondern ist, was sie ist, immer und unaufhebbar im geschichtlichen Gange des Menschentums. Philosophie ist primär nicht eine Theorie, ein System von Sätzen, von wahren Aussagen, sondern eine Bewegung von Gedanken, ein Geschehen — und als Geschehen ist sie geschichtlich. Sie geschieht aber nicht auf der gleichen Ebene wie politische Vorgänge, soziale Veränderungen, Wandlungen des Geschmacks und der Gesinnungen, nicht auf der Ebene der geschichtlichen Entwicklung der Religionen und Weltanschauungen; all solches Geschehen vollzieht sich doch schon in einer Bahn, die gegründet ist auf ein feststehendes Wissen über die Natur der Dinge; diese geraten nicht „in Fluß". Aber in der Philosophie kommt in Fluß, was der sicher gegründete Bau der Welt zu sein schien. Der Boden selbst, auf dem der sonst geschichtliche Wandel sich abspielt, wankt. Nicht Wahrheiten werden fraglich, sondern das Wesen der Wahrheit selbst.

Kann aber ein solches Geschehen im Grunde unseres Daseins interpretiert werden von dem her, was erst durch es ermöglicht wird? Die Philosophiegeschichte nur als Geistesgeschichte aufzufassen und aus der allgemeinen Eigenart einer Epoche auch die darin auftretende Philosophie erklären zu wollen, ist die endgültige Abriegelung vom historischen Wesen der Philosophie; einmal in diesem Verfahren eingefahren, ist der Zirkel geschlossen, ausweglos, weil man immer nur Philosopheme als „Lebensausdruck", als „Symptom", als verräterische Zeichen für den Geist eines bestimmten Zeitalters zu Gesicht bekommt. Ein so geartetes Verhalten mag sich dann zuweilen noch als „monumentalische Geschichte" mißverstehen, weil man in der Vergangenheit die Heroen des Gedankens, die großen Männer zur Geltung bringt, die großen Aufschwünge eines Volkes, einer Kultur usw. — aber man ahnt dabei nicht, daß Philosophien Weisen des Daseins der *Wahrheit* sind, und nicht nur die Heldentaten der großen Geister. Die wahrhaft monumentalische Historie der Philosophie ist kein Kult der großen Denker, sondern die leidenschaftliche Zuwendung allein zu den großen Gedanken und Fragen.

Wir haben bislang nur aus der Abwehr gesprochen. Und das ist keineswegs zufällig. Wir stehen sozusagen ständig in der Gefahr, das rätselhafte und noch unbekannte Wesen eines wahrhaften historischen Verhaltens zur vergangenen Philosophie mit den uns geläufigen Vorstellungsweisen von Geschichte zu verdecken. In all dieser negativen Abgrenzung kam positiv nur zu Wort die Forderung, alle historisch vorgegebene Philosophie philosophierend zu verstehen. Das ist eine noch ganz leere Rede, die in ihrer Unbestimmtheit fatal nach Anmaßung klingt. Was soll es denn heißen, die antike Philosophie einer philosophierenden Interpretation zu unterwerfen? Heißt das, daß wir uns im Besitz des philosophischen Zugangsweges halten? Oder besagt das, daß wir gerade erst in der Begegnung mit dem Denken der Griechen selbst zum Philosophieren kommen müssen, wenn anders dies mehr sein soll als eine bloße Anreicherung eines ohnehin schon übergroßen Bildungsballastes? Der Blick auf die Philosophie der Griechen ist immer der Rückblick auf den *Anfang der Philosophie selbst*. Die Griechen sind die Schöpfer der Philosophie. Schöpfer nicht in dem Sinne einer eigenmächtigen Selbstherrlichkeit des Menschen, so daß sie um dieser ihrer „Leistung" wegen zu rühmen wären. Schöpfer sind sie als die Erleidenden eines großen Schicksals, des Schicksals, die Stätte zu sein, wo das Sein selbst sich denkt und ins Wort tritt. Die Griechen sind der Anfang, Anfang nicht im Sinne des Unscheinbaren, aus dem dann in einer langen Geschichte der Vervollkommnung ein Bedeutendes herauswächst. Sie sind der Anfang der Philosophie als das schlechthin Größte und Niezuübertreffende, das, solange überhaupt es eine Geschichte der Philosophie geben mag, beständig am Werk ist. Der griechische Anfang der Philosophie stiftet nicht nur eine neue, unerhörte Möglichkeit des Menschen, sondern öffnet erstmals denkerisch den Wesensraum der Wahrheit, in dem alle künftigen Geschlechter in ihrem Philosophieren wohnen. Wo immer der Versuch gewagt wird, in die uranfängliche Offenheit des griechischen Denkens zurückzugehen, gibt es kein Verhalten, das unabhängig wäre von den Griechen und aus dieser Unabhängigkeit heraus sich ein Richteramt anmaßen dürfte. Immer ist es ein wenn auch schwacher Nachhall von den Küsten Griechenlands, wo immer philosophiert werden mag; immer steht der denkerisch sich Mühende im Angesichte der großen Griechen. Nicht in den Büchern allein, im Bau der Welt, in der Strukturverfassung jedes Dinges, mit dem wir umgehen, ist griechische Philosophie *anwesend*. Das besagt aber für das uns leitende Problem: der Zugang zum griechischen Denken kann nie aus einem griechenfreien Raum betreten werden; immer stehen wir in ihrer Nachfolge, in ihrer Tradition, wenn wir uns ihnen zuwenden. Sie sind ein Wesensmoment unserer Situation. Bei allem Fremdverstehen muß, wenn es überhaupt tragen soll, eine hellere Wachheit des Selbstverständnisses gewonnen werden. Fremdverstehen ist nicht nur ein Sichversetzen in einen anderen, in eine andere Situation, in eine andere Zeit, in ein anderes Menschentum, wobei man ein gleichsam „methodisches Selbstvergessen", eine Ausschaltung seiner selbst vollziehen müßte. Solches ist nur ein unechtes „Anempfinden". Wie beim Mitleid nicht das gedankliche Sich-an-die-Stelle-Setzen die echte Weise ist, einem Unglücklichen beizustehen, sondern das Sichöffnen, das *Mit-sein mit ihm*, so ist auch der echte Modus des Fremdverstehens immer ein *Mitsein*. Das bedeutet für unsere Frage: das wahrhafte Verhältnis zur Philosophie der Griechen ist nicht die utopische und wirklich unvollziehbare Rekonstruktion jenes Anfanges, ein Sich-an-die-Stelle-der-Griechen-Setzen, sondern die geschichtliche Begegnung mit ihnen aus unserer Situation heraus. Wir, *hier und jetzt*, müssen den Weg suchen in die antike Philosophie. Dieser Weg ist ein *Rückweg*; unser Denken auf diesem Weg ist nicht wie in den Wissenschaften „fortschrittlich", sondern — ich scheue nicht zu sagen: „rückschrittlich", rückschreitend in einen Grund, der längst gelegt ist und auf welchem unsere ganze abendländische Existenz gründet. Damit ist vorerst nur darauf hingewiesen, daß das historische Verhältnis zur antiken Philosophie nicht allein bestimmt werden kann durch die Abgrenzung der unangemessenen Methoden der Doxographie, der pseudowissenschaftlichen Philosophieauffassung und einer an der Geistesgeschichte orientierten Auslegung; — auch nicht hinreichend bestimmt ist, wenn der Unterschied der Philosophie zu allen anderen Weisen der Welthaltung eines Menschentums eingesehen ist; sondern daß das historische Verhältnis begriffen werden muß als ein Bezug zwischen uns, unserer von den Griechen bestimmten geistigen Existenz, und den antiken Gedanken. Aus unserer griechisch geprägten Tradition heraus verhalten wir uns zu den „Anfängen".

Bevor wir aber dazu übergehen, dies Verhältnis genauer zu charakterisieren, werfen wir noch einen Blick auf die geistesgeschichtliche Relation, die uns mit den Griechen verbindet. Denn hier spielen allzuleicht Verwechslungen. Wie stehen wir zu den Griechen überhaupt? Jeder mag zugeben, daß sie eine Wurzel unserer Humanität darstellen. Vielleicht daß wir kritischer geworden sind als die Zeiten der Renaissance, die Goethezeit. Wir sehen in ihnen vielleicht nicht mehr die unbedingten Lehrmeister unseres Lebens, das große bewunderte Vorbild. Wir sind vom Philhellenismus, von der Griechenschwärmerei nicht mehr so ergriffen und verführt. Unser geistesgeschichtlicher Horizont hat sich ausgeweitet; Griechentum steht uns vielleicht gleichberechtigt neben den anderen Hochkulturen, der chinesischen und indischen. Ist es nicht ein kultureller Lokalpatriotismus, der zuweilen zur Verabsolutierung und Heroisierung der Antike verleitet? Und endlich zeigt nicht heute die Welt die ersten Ansätze zu einer *globalen* Kultur? Aber selbst innerhalb unseres eigenen Kulturkreises steht doch neben der Antike das Christentum als die andere große Wurzel unseres Menschentums. Sind wir nicht auch durch die christliche Tradition geformt, und zwar auch in der Philosophie? Und ferner, ist es nicht eine Eigentümlichkeit der Griechen, sich im Überschaubaren, in der als Kosmos geordneten Welt zu halten, das Endliche und Begrenzte gegen das Unendliche und Grenzenlose zu fixieren? Haben die Griechen nicht diese eigentümliche Vorliebe für das Nahe, in sich Geschlossene? Und sind sie dadurch nicht ihrer ganzen Existenz nach unterschieden von den faustisch strebenden, dem Endlosen hingegebenen Menschen der Neuzeit, die aus diesem Unendlichkeitsdrang die moderne Mathematik und Naturforschung entwickelten und das dynamische Weltbild schufen? Warum hatten die Griechen keine nennenswerte Technik? Was bedeutet es, daß in unserem Dasein die Naturbeherrschung zu jener unbezähmbaren Leidenschaft unseres Lebens geworden ist, daß wir uns dem Rausch der Bewegung, dem Dröhnen der Motoren, der rastlosen Arbeit überantworten und die griechische Muße verschmähen? Sind dies ebensoviele Fremdheiten, die uns von den Griechen trennen? In mehr oder weniger wissenschaftlicher Vertiefung kommen diese nur jetzt „schlagwortartig" aufgerafften Unterschiede in der Geistesgeschichte zu Wort. Die Griechen sind uns nah und fern, verwandt und unverwandt. Und auch ihre Philosophie, soweit sie ein geistesgeschichtlich faßbares Aussehen zeigt, ist durch diese Verwandtschaft und Fremdheit mit betroffen. Vielleicht daß wir noch eine Abhebung versuchen: nämlich in der Kennzeichnung der griechischen „Daseinserfahrung". Was soll damit gemeint sein? Daseinserfahrung? Ist das die Erfahrung, die ein Volk oder ein Zeitalter eben aufsammelt im Lauf seiner Geschichte, die also das Resultat seiner Erkenntnisse und Enttäuschungen ist, sein Kennenlernen von Welt und Menschen im Guten und Bösen? Nein, nicht die Erfahrung ist gemeint, die am Ende herausspringt, sondern diejenige, die am Anfang steht, die allererst uns den ganzen Bereich und die Weite des Seienden öffnet, die einem Volk oder einem Zeitalter erst die Welt aufgehen läßt und seine Weltoffenheit bestimmt. Unter Daseinserfahrung verstehen wir jetzt also die Grundweise des Weltaufgangs, als der Weise, wie das menschliche Dasein allem Einzelnen und Besonderen zuvor das Ganze, das Menschsein im Ganzen aller kosmischen Kräfte und Gewalten je schon erfahren hat. Daseinserfahrung ist so die Weltaufschließung eines Menschentums, sein Verstehen des Gesamtcharakters der Welt, in der es sich ansiedelt. Solche Weltaufschließung vollzieht sich urtümlich in der Sprache. Wir fragen nach der griechischen Daseinserfahrung.

Wenn wir wirklich fragen müssen, so deshalb, weil wir längst aus dem Machtbereich griechischer Weltoffenheit herausgeraten sind, wenngleich wir stolz uns immer noch als Erben griechischer Kultur empfinden oder es uns zuweilen einreden. Welches ist unsere Daseinserfahrung? Wie öffnet sich uns das Ganze des Seienden? (Wir sehen dabei davon ab, daß in unserem Weltverhältnis die griechische Philosophie noch anwest). Öffnet sich uns das Ganze noch als die uns durchwaltende und durchstimmende, tragend-umfangende mütterliche Natur? Oder stehen wir entfremdet der Natur gegenüber? Ist unsere Weltoffenheit nicht gerade bestimmt und gezeichnet durch die Grunderfahrung eines Gegensatzes zur Natur? Und weil wir ihr gegenüberstehen, durch unsere Freiheit nicht mehr in sie einbezogen sind und doch in unseren Nöten und Bedürfnissen auf sie angewiesen sind, erschließt sie sich als die Grenze unserer Freiheit, als das, woran und wogegen sich unsere Freiheit immer wieder bewähren und behaupten muß, eben dadurch, daß sie sich unterwirft. Aus dieser Erfahrung entspringt das neuzeitliche Bemühen um die Sicherung der menschlichen Herrschaft über die Natur. Die Technik ist nur ein Mittel, allerdings ein seltsam wucherndes Mittel, das bereits den Menschen selbst sich unterwirft. Die romantische Natursehnsucht des modernen Menschen spricht nicht gegen diese Erfahrung, sondern ist vielleicht der schärfste Ausdruck dafür. „Eins zu seyn mit Allem, was lebt, in seeliger Selbstvergessenheit wiederzukehren in's All der Natur, das ist der Gipfel der Gedanken und Freuden .." sagt Hölderlins Hyperion[2], und sagt so die kosmische Vereinsamung, das Herausgefallensein aus dem lebendigen Allheitszusammenhang des naturdurchwalteten Seienden aus. Der neuzeitliche Mensch ist der Ausgestoßene, der

Fremdling der Natur, der in seiner Freiheit ihr gegenübersteht. Hölderlins Beschwörung jenes Daseins kosmischer Allverbundenheit ist sein Versuch, die griechische Seele wiederzufinden. Es wäre aber ein radikales Mißverständnis, das Griechentum als ein noch naturgeborgenes Dasein anzusetzen. Von uns aus sieht es zwar so aus, weil es noch über eine kosmische Tiefe und einen Reichtum natursichtiger Erhelltheit verfügt, gemessen an dem wir mehr als dürftig geworden sind. Das Griechentum stellt jene Weltstunde dar, da der Mensch sich losreißt vom Naturgrunde seines Daseins und aufsteht gegen das Ganze des Seienden und somit einrückt in die erweckte Freiheit, ein Selbst zu sein. Nie geschah ein größerer Ruck als damals, als sich der Mensch abriß vom stetigen Stand und die Geschichte anfing. Das Griechentum stiftet die Entzweiung mit der Natur; damals vollzog sich erstmals der frische Bruch, das aus tausend Wunden blutende sieghafte Sichlosreißen aus dem mütterlichen Naturgrunde. Die griechische Existenz bedeutet die Aufrichtung der menschlichen Freiheit, die Überwindung der Naturumfangenheit, so aber, daß das griechische Menschentum in der ungeheueren Spannung gleichsam stehen blieb, in diesem Übergang aus dem Reich der Natur in das Reich der Freiheit. Natur ist immer noch nah, aber bereits schon überstiegen, sie wird nicht nur begriffen als Demeters stilles Reich, als mütterlich gebärende Erde, aus der die Blumen aufgehen und das nährende Korn, sondern als der schreckliche und gestaltlose Abgrund des Chaos, der titanisch-maßlosen Kräfte der Vernichtung, wo Blutschuld, Gier und Gesetzlosigkeit herrschen; dann aber auch als die heilige Wildnis, wo im heißen Sommermittag sinnenfroh der große Pan träumt; Natur ist in eins Wohnstatt und Nahrung schenkende Erde, aber auch das Toben der Meerflut im Zorne Poseidons, aber auch der Aufruhr aus der Tiefe, der Aufstand gegen Recht und Satzung, die Entfesselung des Chaos, die Gewalttat der Titanen, die den Pelion auf den Ossa türmt im Sturm gegen die Götterburg des Olymp. Natur ist weder nur idyllisch noch schrecklich erfahren, sondern beides zumal, in einem als das Ungestalte und Ungefüge und allem Maß Entrückte, als das Maßlose; und zugleich ist im Geiste, in der selbstbewußten Freiheit die rechte Ordnung erfahren, der Kosmos; der *nous* vernimmt die Ordnung am Himmelsgewölbe, im Gang der Wandelsterne, aber auch im gerechten Walten des Zeus, in der von Athene gelehrten Kunstfertigkeit, in der von Hera gehüteten Sitte, und in allen musischen Künsten und in der Weisheit des delphischen Gottes. Das macht die einzigartige Spannung des griechischen Daseins aus, daß Naturmacht und Geistesmacht zugleich erfahren sind, daß beide Bereiche in diesem Weltaugenblick des „Überganges" offenstehen in einer Ursprünglichkeit, die später nicht mehr wiederholbar ist.

Diese griechische Daseinserfahrung ist auch die Voraussetzung der griechischen Bildungsidee. Die Existenz des Griechen steht immer in der Gefahr: sich an das Maßlose zu verlieren, den titanisch ungeheuren Gewalten anheimzufallen und seine errungene Freiheit zu verlieren. Die Selbstbehauptung der griechischen Freiheit geschieht im Willen zur Form, zur Gestalt, zum Maß. Nur das Maß, das bändigt, das kraftvoll das Ungestalte schöpferisch zusammenzwingt, nur die Helligkeit und Nüchternheit des Geistes, welche der höchsten leidenschaftlichen Erregung und Trunkenheit abgerungen wird, nur die schöne Welt Apolls, die aus der abgründigen Nacht der dionysischen Raserei auftaucht, ist griechisch. Griechische Bildung ist kein bloßer Schmuck des Daseins, sondern ist die menschliche Weise dazusein. Indem der Grieche das Maßlose in sich selber bändigt, erschafft er sich zum freien Menschen und gibt sich Begrenzung und Gestalt. Bildung ist die Lebensnotwendigkeit, die ihn davor bewahrt, im wirbelnden Chaos seiner glühenden und naturtrunkenen Seele zu versinken; Bildung ist ihm etwas ganz Ursprüngliches, die Gewinnung der Möglichkeit, sich als Mensch zu behaupten, trotz der Hinfälligkeit und Ausgeliefertheit an die Natur. Der Wille zur Form als Wille zur Überwindung des gigantisch Maßlosen und formlos Ungeheueren schafft die Paideia. Weil aber der Grieche das Chaos in sich trägt und immer in der Gefahr steht, sich zu verlieren im unendlichen Ozean der ihn durchstürmenden Allnatur, die sich ihm offenbart in des Weingotts heiliger Trunkenheit, in der dionysischen Ekstase und im Rasen der Mänaden, von deren Lärmen die nächtlichen Wälder des Gebirgs widerhallten, — weil er also immer die zauberische Lockung der Natur verspürte, der er sich eben erst entrissen, mußte er, um überhaupt sein zu können, diesen Zauber bannen, das Gestaltlose nennen, sagen, singen, bilden, denken und es so einrücken in den festen Umriß eines stehenden Seins.

3

Wir versuchen, eine erste Klarheit zu bekommen über unser Verhältnis zur Antike, — über das Verhältnis, in welchem wir stehen, wenn wir das jederzeit Vermessene wagen, die Gedanken der griechischen Denker nach-zudenken. Es geht dabei nicht darum, in einer falschen Bescheidenheit unser Epigonentum zu unterstreichen und die Griechen zu heroisieren. Vor der Philosophie versinkt jede menschliche Pose ins Wesenlose. Hier entscheidet allein, wie weit das menschliche Dasein in sich Raum gibt dem Walten des Gedankens. Im Griechentum vollzog sich erstmals der Einbruch jener Möglichkeit des Menschen, die Stätte zu sein, wo das Seiende im Ganzen sich lichtet. Die Griechen sind die Stifter der Philosophie, die „Anfänger“, in deren Nachfolge alles steht, was seitdem gedacht wurde. Die Griechen nachdenken heißt, unsere eigenen Wurzeln aufgraben. Wir können uns zu ihnen nur verhalten von einem geschichtlichen Boden aus, der abkünftig ist von ihnen, der damals gerade „grundgelegt" wurde. Aber, so wird man vielleicht einwenden, liegt nicht zwischen uns und den Griechen ein langer Weg? Und ist nicht dies ein Weg der Wandlungen? Hat uns nicht das geistige Geschehen von 2000 Jahren auch entfernt von den Griechen? Gewiß, der griechische Frühling des Abendlandes ist vorbei, verrauscht sind die Zeiten Homers, die Zeit der Helden und strahlenden Götter, vorbei jenes Menschentum, das kraftvoll standhielt im Spannungsbogen von Natur und Freiheit und aus dieser äußersten Spannung sein Denken und Dichten gewann; um uns wehen nicht mehr die Winde des „Archipelagus", sondern der „schneidende Luftzug der neueren Geschichte"; unser Dasein ist wesentlich anders. Wir sind nicht nur von den Griechen bestimmt, sondern auch von dem langen Weg der abendländischen Geistesgeschichte. Und die Problematik unseres Zeitalters liegt vor allem darin, daß diese Geistesgeschichte sich in dem kritischen Moment ihrer nihilistischen Selbstaufhebung befindet. Am Ende des Abendlandes stehend, blicken wir zurück zu seinem Anfang — und verspüren eine befremdliche Fremdheit der Griechen. Vielleicht werden sie, in dieser Fremdheit genommen, uns erst eigentlich „interessant"; das Fremde reizt unsere Neugier, das Absonderliche, die Ausnahme, das Exotische; keine Zeit wußte vielleicht so viel von der vielfältigen Buntheit des Menschen, von dem Anormalen, den geheimen Abgründen; wir haben alle Zeiten und Gegenden durchstreift, und kein Pygmäenstamm im dunkelsten Afrika ist unausgeforscht geblieben; wir kennen uns aus in der Kultur der Malayen wie der Inkas; auf alle Sorten von Menschentum ist wissenschaftlich Jagd gemacht worden, und die Trophäen dieses Streifzuges durchs Menschenland sind aufbewahrt in dem reichhaltigen Museum unserer Anthropologie, Ethnologie, Psychiatrie usf.; die griechische Kulturgeschichte ist dabei nur eine Abteilung in diesem imposanten Gebäude.

Es ist nur die Frage, ob wir bei all dem vielen Wissen vom Menschen überhaupt noch *wesentlich* wissen, was der Mensch ist; und ferner ob das Griechentum, sofern es eine Wurzel unseres Daseins ist, überhaupt in einem nur kulturgeschichtlichen Aspekt begegnen kann. Könnte es nicht sein, daß es überhaupt gar nicht darauf ankommt, eine kulturgeschichtliche Anschauung von dem uns fremden griechischen Leben zu gewinnen, sondern *das in uns fortwirkende, in uns gegenwärtige Denken der Griechen über das Sein, d.h. den in uns anwesenden Inbegriff antiker ontologischer Grundvorstellungen in Bewegung zu bringen?* Das für die „Philosophiegeschichte" wesentliche Verhältnis zur Vergangenheit ist nicht eine „Kenntnis" einer anderen Zeit, sondern die *Wieder-*

holung ihrer Grundfragen. „Wiederholung“ besagt dabei nicht eine bloße Repetition, sondern das Nach-Denken der antiken Fragen aus unserer Situation. Wiederfragend sind wir allein in echter Weise geschichtlich, wenn anders nicht das Resultat, die These, das Dogma, sondern einzig und allein das *Problem*, die Fragwürdigkeit das Wesentliche der Philosophie ist. Die antike Deutung des Seins umgibt uns noch immer, auch dort, wo wir davon gerade nichts wissen, wo wir uns auf dem selbstverständlichen Boden der unmittelbaren Anschauung zu bewegen scheinen; die antike Ontologie ist nicht von uns gelernt, sondern überall vorausgesetzt, wo wir uns zu dem uns umgebenden Seienden verhalten, wo wir von Dingen sprechen, von Substanz, von Akzidenz, von Ding und Eigenschaft; auch dort, wo wir nicht theoretisch uns verhalten, wo wir hassen oder lieben, wo wir hantierend umgehen mit dem Seienden; in jedem Bezug zu Seiendem ist unauffällig schon gedacht, was die Seiendheit des Seienden ausmacht. Die antike Ontologie ist aber anwesend in einem schwer zu charakterisierenden Modus: eben in der Weise der „Selbstverständlichkeit“; was einmal ein Problem war, ist längst trivialisiert; auf das Selbstverständliche achtet man nicht, es wird immer vorausgesetzt; man macht davon Gebrauch; das Selbstverständliche ist gerade eine Weise, wie etwas abgeschnitten ist von der Möglichkeit, neu befragt zu werden; es bietet ja keine Schwierigkeit für das Verstehen; im Gegenteil, es ist gleichsam das Medium, in welchem alles Verstehen sich hält; es ist die Basis, auf die in allem Verstehen zurückgegriffen wird, der alle Kategorien des Verstehens entnommen werden. Weil die antike Ontologie heute noch der Grund ist, auf welchem unser Verstehen von Sein sich hält, — und weil ferner dieser Grund im unauffälligen Modus des Selbstverständlichen da ist, ist der uns aufgegebene Bezug zur antiken Philosophie die „Wiederholung“, die Wiederholung der antiken Grundfragen. Das tote Erbe in uns wieder wirklich zu holen, wieder in ein Problem zu verwandeln, was uns als „Selbstverständlichkeit“ erscheint, — wieder in Bewegung zu bringen, was in uns stillsteht, nämlich jene Frage, die alles antike Denken in Atem hält, *ti to on*, was ist das Seiende, — dies allein umgrenzt, wie mir scheinen möchte, die Aufgabe einer philosophiegeschichtlichen Zuwendung zur Antike. Ein solches Unternehmen kann nicht „historisch“ sein in dem Sinne, als ob lediglich ein Fremdes, eben eine längst vergangene Zeit, das Thema des Interesses wäre; wir sind es selbst, die dabei mit im Thema stehen. Wie weit es uns gelingen mag, hinter den antiken Texten das treibende Problem wiederzuholen und aus solcher Wiederholung die in uns liegende antike Erbschaft lebendig zu machen, das allein entscheidet. Das besagt aber auch: Geschichte der Philosophie ist nicht, wie es zuweilen wohl genommen wird, eine Geschichte von Lebensdeutungen, von Erkenntnislehren, von Thesen über Gott und die Welt, sondern im Grunde die Geschichte der tragenden Grundvorstellungen vom Sein, die *Geschichte der ontologischen Gedanken.* Der Wandel, in welchem auch diese stehen, ist langsamer als das sonst weltgeschichtliche Geschehen. Seit den Griechen ist nicht allzuviel geschehen in dieser Geschichte der Philosophie; während das griechische Menschentum, seine Welthaltung, seine abgründige Heiterkeit, seine tragisch durchstimmte Diesseitsfreude vorbei ist, eine versunkene und verrauschte Menschenmöglichkeit darstellt, für uns nicht mehr zugänglich als eigene Möglichkeit, ist die griechische Philosophie nach 2000 Jahren noch da und trägt unseren ganzen ontologischen Weltentwurf, trägt unser ganzes Denken des Seins.

Das kann man als eine übertriebene Behauptung ansehen. Man kann vielleicht darauf hinweisen, daß doch die Philosophie seit den Tagen Platons und Aristoteles' entscheidende Wandlungen im Seinsbegriff vollzogen habe. Als eine entscheidende Zäsur wird oft die Philosophie des Descartes angesehen. Von da ab datiert eine neue Grundauffassung des Seienden, sagt man. Mit Descartes beginnt das philosophische Zeitalter des „Subjektivismus". Die Philosophie vollzieht eine Achsendrehung, durch welche das denkende Subjekt, der Mensch, als eine Voraussetzung für alles andere Seiende erkannt wird. Der Mensch gewinnt eine neue Weltstellung, die ihm grundsätzlich in der antiken Philosophie nicht offen stand. In der Antike ist der Mensch ein Seiendes unter dem Seienden, er ist noch nicht radikal als das „Subjekt für alles Seiende" begriffen; er bleibt gleichsam eingeordnet in einen objektiven Seinszusammenhang; das Interesse der Philosophie wird bewegt von der Frage, wie sie das Seiende bestimmen soll, wie sie die Seiendheit alles Seienden begrifflich zu fixieren vermag; der ontologische Begriff der „Substanz" führt die antike Ontologie; der Mensch wird prinzipiell gefaßt wie alles andere Seiende auch; sein Sein wird ausgelegt am Leitfaden der Substanz; was auf alle Dinge zutrifft, muß auf ihn auch zutreffen; er stellt nicht ein eigenes brennendes ontologisches Problem dar. In der neuzeitlichen Philosophie dagegen erwächst die Einsicht, daß das Sein des Menschen prinzipiell von allem anderen Seienden verschieden ist; daß er nicht vorhanden ist wie ein Ding, daß er als Freiheit existiert. Die Griechen, fügt man vielleicht ergänzend zu, hatten noch nicht das philosophische Bewußtsein der Freiheit; das, woraus sie denkerisch handelten, war ihnen noch selbst verborgen; im Dualismus des Descartes, sagt man, sei nicht die Ansetzung einer doppelten Substanz, der res extensa und der res cogitans entscheidend, sondern die ontologische Unterscheidung als solche, die er damit vollzieht; wenngleich er das Subjekt noch als „res" bezeichnet und es so im überkommenen Schema der Dingheit festhält, so bringe doch die Auslegung dieser res cogitans die neuen, über alle griechische Tradition hinausgehenden

Einsichten. Der Mensch, gefaßt als die denkende Substanz, wird zum Ausgang, zum Wurzelgrund der Philosophie; er wird als eine bisher übersprungene Voraussetzung erkannt, die aller Ontologie der Dinge schon vorhergeht. Die Philosophie gründet sich in der Neuzeit, sagt man, nicht primär auf die Einsicht in das allgemeine Wesen des Seienden überhaupt, sondern auf die Selbstgewißheit des denkenden und sich selbst wissenden Subjekts. Diese Selbstgewißheit mache dann Descartes zum Fundament des philosophischen Denkens, zu dem „fundamentum inconcussum", auf welchem von nun an die ganze neuere Philosophie beruhe. Der Mensch, genauer das denkende Subjekt, werde das erste Thema; ja, es werde erkannt als eine Voraussetzung für das Sein alles anderen Seienden; die Philosophie verändere also den Aufriß der griechischen Metaphysik: sie habe von nun an ihren Anfang in der Auslegung der res cogitans, in der Auslegung des Subjektes. An die Stelle einer vorwiegend objektiv orientierten antiken Metaphysik der Substanz trete eine subjektiv orientierte Metaphysik des Subjekts, des Menschen, der Freiheit, des Lebens, der „Existenz". Ihren Höhepunkt gewinne diese Achsendrehung der Philosophie in der sogenannten kopernikanischen Wendung Kants, die, statt naive Substanzmetaphysik zu sein, eine radikale Umwendung vollziehe zum denkenden Subjekt hin und so zu einer Kritik der reinen Vernunft werde. Diese Legende wird in verschiedenen Spielarten fast in jedem Handbuch der Philosophiegeschichte erzählt. Sie ist nichts anderes als ein allzu bequemes Schema, das überhaupt nicht einer philosophischen Besinnung entspricht. Modell steht dabei die landläufige Auffassung von Reflexion: die Griechen werden auf eine unreflektierte Naivität in der Zuwendung zu den Dingen festgelegt, während die Neuzeit das Zeitalter der Reflexion, des Sichselberwissens sei. Was in Wahrheit bei Descartes, Kant und den neuzeitlichen Philosophen geschieht, ist keine grundsätzliche Überwindung der antiken Philosophie, wohl aber eine Verlagerung, ein Wechsel der führenden Grundfrage. Das zu zeigen, ist aber erst dann möglich, wenn man einen Begriff von der antiken Philosophie gewonnen hat, der in der Auseinandersetzung mit ihrem wirklichen Fragen erreicht wird und nicht in einer von außen herangetragenen Kennzeichnung der griechischen „Naivität". Dort, wo alle revolutionären Gedanken der neuzeitlichen Philosophie ihren Gipfel erreichen, bei Hegel, sind zugleich alle ontologischen Grundgedanken der Griechen mit da: „... es ist kein Satz des Heraklit, den ich nicht in meine Logik aufgenommen ...", sagt Hegel.[1] Es soll hier nicht behauptet werden, daß die neuzeitliche Philosophie keine ihr eigentümliche Problematik habe. Nur dies, daß sie bei allem vollbrachten Wandel der ontologischen Ideen immer noch auf dem Boden der Antike steht; daß sie nicht ihn verlassen und ihn grundsätzlich überwunden hat. Der vielberufene Subjektivismus der Neuzeit, wo er wirklich philosophisch da ist, und das heißt nicht eine Art jener geistesgeschichtlich bedeutsamen modernen Selbstbespiegelung und Selbstvergafftheit darstellt, ist am Ende keine „Errungenschaft der Neuzeit", sondern die weite Auswirkung eines antiken Motivs: „*psyché pos panta*" (De anima 431b 21), die Seele ist in gewisser Weise alles, sagt Aristoteles an einer wesentlichen Stelle. Es könnte sein, daß wir am Ende erst von der Antike aus verstehen lernen, was im Grunde der Subjektivismus der neuzeitlichen Metaphysik ist. Bestimmt ist er nicht eine bloße Auswechslung der philosophischen Thematik, so als ob in der Neuzeit an die Stelle des bisher führenden Problems, der Frage nach der Natur des Seienden, ein neues Thema getreten wäre, das das alte ablöst. Solange man als nur einen ontischen Wechsel interpretiert, was eine Wandlung in der ontologischen Frage ist, solange verbaut man sich den Zugang zur Antike ebenso wie ein wirkliches Selbstverständnis der philosophischen Neuzeit. Dann ist es nicht einmal möglich, zu begreifen, was an ontologischen Voraussetzungen bereits im Wort „Subjekt" steckt; subjectum ist die lateinische Übersetzung des griechischen *hypokeímenon*, des Zugrundeliegenden. Das Zugrundeliegende ist das in allem Wechsel der Eigenschaften Beharrende, die Substanz, „id quod substat". Damit sind die griechischen Vorstellungen von beharrlichem Sein und dessen Bezug zum Wechsel der zunächst ungeklärte Horizont, in welchem der Bedeutungswandel des Subjektbegriffs sich vollzog. Was bedeutet es, so muß man philosophisch fragen, daß gerade das Wort, das auch die Substanz bezeichnet, zum Titel werden konnte für das denkende Ich? Hält sich dieser Bedeutungswandel noch grundsätzlich im ontologischen Rahmen der Dingheit, oder wird darüber hinausgegangen? Jedenfalls ist die handliche Unterscheidung zwischen Substanz und Subjekt, zwischen Substanzmetaphysik der Griechen und einer Philosophie des sich selbst wissenden und als Freiheit wissenden Subjekts nicht mehr als eine vulgäre Konzeption, die mit einem wirklich geschichtlichen Verständnis der philosophischen Wandlung nichts zu tun hat.

Wir müssen also mit äußerstem Mißtrauen uns alle üblichen Einteilungen der Philosophiegeschichte vom Leibe halten, besonders jener Periodisierungen, die ihre Einteilungsgründe der „allgemeinen Geistesgeschichte" entnehmen.

Noch ist eine wichtige Frage zu nennen, bevor wir uns an die Arbeit machen; eine Frage, die auch unser Verhältnis zu den Griechen und die Problematik dieses Verhältnisses mitbestimmt: Ist nicht durch die zweitausendjährige Geschichte des Christentums eine Entfernung von den Griechen vollzogen, die unseren Zugang erschwert? Bei dieser Frage handelt es sich nicht um das Problem des Verhältnisses von Philosophie und Religion. Nicht das Faktum der christlichen Offenbarungsreligion betrifft die Geschichte der Philosophie. Philosophie ist immer ein endliches Menschenwerk und hat darin allein ihre Größe und Grenze. In der Philosophie kann es keine Stimme Gottes geben, die den Menschen lehrte, was das Seiende sei. Philosophie bleibt immer die Anstrengung der endlichen menschlichen Vernunft, denkend zu entwerfen das Wesensgefüge alles Seins, um sich auf dem Grunde solchen Entwurfs zu verhalten zu jeglichem, was ist: zu Stein, Pflanze, Tier, Mensch, aber auch zum Staat, zum Kunstwerk, zum Schicksal, zu den unnennbaren Mächten. In der Religion dagegen redet die Gottheit zum Menschen. Das Christentum bedeutet ein schwerwiegendes Problem der Philosophiegeschichte, weil die christliche *Theologie* eine bestimmte Rezeption der antiken Philosophie vollzog und zum Gefäß der Tradition wurde. Aus christlichen Kelchen wurde das lebendige Wasser der heidnischen Weisheit verwandelt getrunken. Die Überlieferung der antiken Philosophie durchläuft eine lange Zeit der christlichen Interpretation. Gewiß sind auch andere Vermittlungen geschehen, über die jüdische und arabische Spekulation, aber auch diese mündet wieder im einheitlichen Geistesraum der abendländischen Kultur, die nicht einfach aus zwei heterogenen Momenten besteht, sondern aus zwei Motiven, die eine eigentümliche Symbiose eingegangen sind, eine Verflechtung und Verschlingung, eine gegenseitige Verwandlung und Überfremdung, die zu den schwierigsten Fragen Anlaß gibt. Man könnte dagegen sagen, wir haben doch jederzeit die Möglichkeit, die antiken Texte, soweit sie einwandfrei vorhanden und durch eine kritische Philologie gesichert sind, ausschließlich für unser Studium zugrundezulegen und abzusehen von allen späteren christlichen Kommentatoren. Sicherlich ist die Aristoteles-Interpretation von Thomas von Aquin ausschaltbar bei dem Versuch, Aristoteles aus seinem Schrifttum zu verstehen. Aber fraglich bleibt es, ob wir, *die Interpretierenden*, uns nicht auch dort durch eine *christlich* gedeutete Antike den freien Blick verstellen, wo wir nur zum Verständnis der antiken Begriffe eben zurückgreifen auf Begriffe, Denkweisen, Vorstellungen, die wir also haben. Nicht dort liegt die Gefahr, wo die massiven und plumpen Versuche gemacht werden, Platon und Aristoteles als eine „anima naturaliter christiana" aufzufassen und im Heidentum ein präexistentes Christentum zu sehen. Die Gefahr liegt vielmehr dort, wo wir anscheinend ganz „vorurteilsfrei" auslegen, in solchem Auslegen aber Gebrauch machen von den zunächst unausgearbeiteten, uns überkommenen ontologischen Vorstellungen, die in unserem Alltag liegen. Nicht nur die Antike, die antike Ontologie ist trivialisiert worden und in der Form der unauffälligen Trivialität in die Alltagsauffassung vom Seienden zurückgegangen; auch die christliche Verwandlung antiker Probleme ist so zurückgegangen und bildet mit die Luft des

„Selbstverständlichen", in welcher wir atmen. Und wenn immer wieder darauf hingewiesen wird, daß die Verschmelzung von griechischer Philosophie und christlicher Theologie nicht nur dort statt hatte, wo die Kirchenväter die Theologie ausarbeiteten, sondern auch dort, wo nach dem Mittelalter eine fortschreitende Säkularisierung religiöser Motive, eine Verweltlichung ursprünglich religiöser Erfahrungen aufkommt, so ist damit eine besonders bedenkliche Seite gekennzeichnet; die in der Nachfolge der Griechen stehende neuzeitliche Philosophie nimmt aus der christlichen Religion geistige Impulse auf, die unsere Situation von den Griechen entfernen. So sagt man, die christliche Erfahrung der Freiheit vor Gott wird in säkularisierter Form ein wesentlicher Gehalt der modernen Philosophie.

Wie immer es mit solchen Thesen stehen mag, die abendländische Philosophie ist durch die Religion des Christentums mitgeformt, nicht nur in ihrem geistesgeschichtlichen Ausdruck, auch in ihrer Problematik. Das ist ein Schicksal, das seine bedeutsamen Folgen hat. Es mag offen bleiben, ob es der Philosophie zum Segen gereichte. Eines aber ist sicher, daß die antike Philosophie für uns dadurch schwerer zugänglich geworden ist. Die antiken Grundvorstellungen vom Sein sind jetzt wie überlagert durch Denkweisen, die anderen Ursprunges sind. Sie tragen zwar auch in dieser verdeckten Gestalt noch unsere Welt. Um ein Beispiel zu geben: die christliche Theologie operiert mit dem Begriff der Schöpfung. Schöpfung der Welt, d.h. alles endlich Seienden durch das unendlich Seiende, durch Gott. Schöpfung ist creatio ex nihilo. Welches Seinsverständnis ist in diesem theologischen Begriff wirksam? Ist im Raume der antiken Ontologie überhaupt ein Platz für einen solchen Schöpfungsbegriff? Oder widerstreitet er allen antiken Gedanken vom Sein? Macht er nicht selbst Gebrauch von ontologischen Begriffen, von Sein, Nichts, Werden, also Begriffen, welche im antiken Denken eine Entfaltung erfahren? Übersteigt der Schöpfungsbegriff am Ende alle ontologischen Möglichkeiten der Antike, weil er in Kategorien der Freiheit formuliert wird? Das sind zunächst nur Fragen, in denen sich das Bedenkliche der christlichen Bestimmtheit unserer Situation anmeldet. Stehen wir nicht immer in der Versuchung, den antiken Gedanken des „am meisten Seienden" vom christlichen Gottesbegriff zu interpretieren, zumal wenn die Griechen hier selbst vom *theíon* sprechen, von der Philosophie als einer *epistéme theologiké*, einer theologischen Wissenschaft reden? Und werden wir nicht noch in solcher Auffassung bestärkt, wenn wir sehen, daß der Begriff des „Absoluten", der in der Vollendung der neuzeitlichen Philosophie im Deutschen Idealismus eine so beherrschende Rolle spielt, zugleich eine Wiederaufnahme antiker Fragestellung nach dem „am meisten Seienden" ist und auch unverkennbare Züge der säkularisierten christlichen

Gottesidee zeigt? Es bleibt also eine schwere und entscheidungsträchtige Frage, ob ein Zugang zum antiken Denken, und zwar ein aus unserer Situation heraus mitfragender Zugang möglich ist, solange wir die christlichen Elemente im Arsenal der ontologischen Begriffe festhalten — oder ob eine „Abstraktion" vom Christentum notwendig wird. Und wie sollte eine solche Abstraktion aussehen? Genügt es, die religiös-theologischen Überzeugungen und Begriffe aus der philosophischen Fragestellung herauszuhalten? Oder wird mehr gefordert, als nur im Philosophieren keinen Gebrauch zu machen von Überzeugungen, die aus außerphilosophischen Gewißheiten sich herleiten? Wird es notwendig, sich im Ganzen in die weltweite Fragwürdigkeit des Seienden einzulassen, in jene Not sich einzulassen, wo nichts mehr gilt, in jene absolute Gottverlassenheit des sich auf sich selbst stellenden Menschen, der nur das Fragen wagt? Ist Philosophie, d.h. das aus der Frage aufsteigende Denken möglich, wenn das Fragen nur ein methodischer Kunstgriff und alle methodische Ungewißheit schon überholt ist von einer Heilsgewißheit und von einer Wahrheit, die Gott uns selbst schenkt und verbürgt? Dies sind Fragen von einer Härte, die keine Beschönigung zulassen. Gerade angesichts der antiken Philosophie gilt es sie zu stellen — und zu beantworten, nicht in einer vorschnellen These, nicht in einer Option des Herzens, sondern im Ringen um das unverstellte Heidentum des antiken Denkens.

Damit ist hier nichts vorweg festgelegt, es ist nur das Problem genannt, welches in der christlichen Situation unserer Frage nach der heidnischen Philosophie liegt. Hegel, der nicht nur die griechische Philosophie in sich aufgenommen, sondern den *ganzen* Geist des Abendlandes, und wesentlich durch das Christentum im Philosophieren bestimmt ist, sagt am Ende seiner Schrift „Glauben und Wissen", daß es wesentlich darauf ankommt, der „Philosophie die Idee der absoluten Freiheit zu geben, und damit das absolute Leiden oder den spekulativen Charfreitag, der sonst historisch war, und diesen selbst, in der ganzen Wahrheit und Härte seiner Gottlosigkeit wiederhergestellt: — aus welcher Härte allein ... die höchste Totalität in ihrem ganzen Ernst und aus ihrem tiefsten Grunde, zugleich allumfassend, und in die heiterste Freiheit ihrer Gestalt auferstehen kann und muß."[2] Diese Gott-losigkeit der Philosophie ist alles eher als ein dogmatischer Atheismus; es ist die radikale Absage an jede Einschränkung des sich dem Ganzen des Seienden öffnenden Fragens. Dort, wo man heute vom Ende des Christentums spricht, eben im Hinweis auf die geistesgeschichtliche Situation des wie ein Weltbrand um sich greifenden Nihilismus, hat man das Problem, das ich die „Abstraktion vom Christentum" genannt, nicht gelöst. Hat man dort vielleicht schon ein wahrhaftes nachchristliches Verständnis von den Strukturen des Seins alles Seienden, aus welchem ein Weg führen könnte zum vor-christlichen Seinsverständnis der Antike? Noch ist der Chor der Stimmen dünn, denen dies wirklich zugetraut werden kann, weil sie das bereits schon wieder denkend und dichtend ansagen, was das unerschaffene, alles Seiende aus sich entlassende, allumfangende Eine ist, jenen Grund, in welchen alles, was ist, heimgehört, dem es entsprossen ist, eben die allgegenwärtige *physis*. Die ersten griechischen Denker zwangen ins Wort, was die *physis* sei. Sie waren *physiológoi*.

Mit diesem Hinweis schließen wir unsere vorbereitenden methodischen Betrachtungen und versuchen den Gang zu den Griechen.

4

Die methodischen Besinnungen, die wir bislang durchgeführt haben, waren alle *negativer* Art; sie waren im wesentlichen Warnungen an uns selbst. Der Rückgang in die Grundfragen der antiken Philosophie kann nie vollzogen werden, wenn wir selbst unbewegt und fraglos in der unseren Alltag beherrschenden Seinsauffassung stehen bleiben und ihr „ganz selbstverständlich" die Begriffe entnehmen für die Deutung der griechischen Philosophie. Wir müssen uns fern halten von einem äußerlichen Bericht über bloße Lehrmeinungen ebenso wie von einer Auffassung der antiken Philosopheme als symptomatischer Zeugnisse des hellenischen Geistes, in welchem sich geistesgeschichtlich ein Gesamtstil der griechischen Kultur ausdrücke. Und endlich verwehren wir uns die Festlegung auf eine philosophische Position, wobei etwa die Philosophie der Gegenwart als der Maßstab angesetzt würde für die Beurteilung von „Vorstufen". Das besagt aber keineswegs, daß wir unsere Situation überspringen könnten, um unmittelbar *bei und mit* den Griechen wieder anzufangen. Das wahrhafte geschichtliche Verhältnis, das wir anstreben, ist die *„Wiederholung" der Fragen*, die das antike Denken treiben.

Fragen aber sind nicht wiederholt, wenn sie nur genannt sind. Die Nennung als solche bedeutet noch gar nichts. Fragen sind dort erst wirklich, wo das Unverständliche uns bedrängt, die Verborgenheit uns ängstigt, das Geheimnis uns anrührt, das Staunen uns überfällt und alles Seiende fragwürdig wird. Was ist das für eine merkwürdige Verwandlung? Die *Frage*? Zunächst, kann man sagen, ist so etwas wie Fragen beheimatet im menschlichen Miteinandersein und ist eine besondere Weise der Rede. Rede ist Sagen als Aussagen über ..., Urteilen, Wünschen, Befehlen, Fragen. Der Mensch ist redend in der Welt; er ist das *zóon logon échon*, das animal rationale, das redende Tier. Redend ist er zusammen mit anderen in der Welt bei den seienden Dingen. In allem Reden verhält er sich zum Seienden, und zwar zum anwesenden wie zum abwesenden Seienden. Alle Rede aber ist nicht nur Aussage über das an- oder abwesende Seiende, sondern zugleich immer Hinsage zu einem mitseienden Mitmenschen. Alle Rede ist adressiert. Die Adresse ist auch dort sinnhaft da, wo sie nicht in dem Wortlaut eigens miterscheint. Der Satz „Die Tafel ist schwarz" ist nicht nur eine Aussage über ein Ding, sondern ist als verlautbarter Satz immer schon adressiert an sinnverstehende andere. Sprechen ist immer ein Gespräch. Auch der Monolog ist nur eine einsame Rede, wobei die anderen als abwesende, als ausgeschlossene und abgewehrte doch mitbestimmend sind für den Sinn. Einsamkeit ist eine Weise des Miteinanderseins, die Weise des ausdrücklichen Sichverschließens gegen die Mitwelt. Bei Wunsch, Befehl und Frage nun wird das Moment der Hinsage eigens auch im Wortlaut deutlich; hier ist die Adresse auffällig. Fragen ist immer ein Anfragen bei einem anderen. Solches Anfragen erfrägt ein fremdes Wissen. Wir fragen einen nach dem Weg, von dem wir annehmen, daß er ihn weiß und ihn uns weisen kann. Das Fragen spielt also zwischen Unwissenden und Wissenden, genauer zwischen solchen, die ihr Nichtwissen wissen, die in Verlegenheit sind, und solchen, von denen angenommen wird, sie verfügten über das gesuchte Wissen. Die ganze Alltäglichkeit des menschlichen Lebens ist von diesem Frage- und Antwortspiel des Miteinanderredens bestimmt. Fragen ist dabei nichts besonders Ausgezeichnetes; alltäglich fragen wir nach den alltäglichen Dingen; alle unsere Fragen halten sich in einem Bereich der Bekanntheit und der geläufigen Weltkenntnis.

Anders in den Wissenschaften. Wissenschaften entspringen aus der Alltagskenntnis des Seienden, so zwar, daß gerade diese Alltagskenntnis fragwürdig wird; man beruhigt sich nicht mit den je und je gegebenen Antworten; man stellt Fragen nicht als ein einfaches Anfragen bei einem anderen, sondern als eine Anfrage bei sich selbst, bei seiner eigenen denkenden und beobachtenden Einsicht. Dort Fragen zu sehen, wo das unwissenschaftliche Bewußtsein keinen Anlaß dazu sieht, charakterisiert die Wissenschaft; wissenschaftliches Wissen überhöht und übertrifft das vorwissenschaftliche nicht allein durch den Umfang, die Systematik, die Vergemeinschaftung aller Einzelbeobachtungen, sondern vor allem durch die Öffnung einer *Fragebahn*, einer Forschungsrichtung; im Fragenstellen an sich selbst bricht der Wissenschaftler sich den Raum auf für seine methodischen Beobachtungen; das Experiment ist eine Fragestellung auch an die Dinge, die Natur usf.; die Natur antwortet in der Weise, wie sie auf die Versuchsanordnung reagiert. Man sieht leicht, daß damit der Begriff der „Frage" bereits ausgeweitet und in einem übertragenen Sinne genommen ist. So wie man sonst im gewöhnlichen Fragen einen anderen Mitmenschen fragt, so fragt man als Wissenschaftler sich selbst und die Natur. Wenn die Wissenschaften insgesamt das Feld der vorwissenschaftlichen Kenntnisse überhöhen und übertreffen und in solchem Übertreffen stetig „fortschreiten", also fortschrittlich sind, so haben sie doch mit der verlassenen Ausgangssituation eine wesentliche *Gemeinsamkeit*: sie lassen das Seiende stehen, d.h. sie denken und forschen und fragen nicht aus, was das Seiende als solches ist; sie stehen auf dem Boden derselben unbewegten Seinsinterpretation wie das vorwissenschaftliche Leben. Sie haben hier kein Problem, keine Frage. Und sie können auch nicht fragen, solange sie ihre wissenschaftlichen Fragen stellen; stehen bleiben muß der Grund, wenn die Wissenschaften das Seiende denkend, forschend, beobachtend, experimentierend bestimmen sollen. Das Stehenlassen des Seienden ist eine Voraussetzung für alle Wissenschaft; nur so kann sie sich ihm anmessen und sich von den „Sachen selbst"sagen lassen, was und wie sie sind. Das oberste Gesetz aller Wissenschaft, sagt man, ist die Objektivität, die unbedingte, getreue Anmessung an das Seiende; in solcher Angemessenheit allein verwirklicht sie „objektive Wahrheit". Vorausgesetzt ist also in aller Wissenschaft, ebenso wie in der Vorwissenschaft, die unverrückt stehende Natur des Seienden und der Wahrheit; gesucht werden Bestimmtheiten am Seienden, gesucht werden Wahrheiten über das Seiende; aber nicht gesucht wird die Seiendheit des Seienden selbst, nicht gesucht wird die Natur der Wahrheit. Das ist in aller Wissenschaft fraglos geblieben.

Was ist aber das für ein Fragen, das auch noch diesen tragenden Grund alles Lebens angreift? Ist überhaupt ein Fragen möglich, das ausdrücklich aus dem immer gängigen Verständnis des Seienden heraustritt, das nicht immer schon Dinge voraussetzt, sondern einmal radikal fragt, was ist überhaupt ein Ding? Ist ein Fragen möglich, das nicht nur an bestimmten Wahrheiten zweifelt, sondern an der Wahrheit selbst, an dem, was wir für das Wesen der Wahrheit halten? Ist ein solches Fragen, wenn es überhaupt möglich ist, noch ein Anfragen bei einem anderen, oder ein Anfragen bei sich selbst und bei den Dingen, bei der Natur? Bleibt überhaupt noch etwas, wobei angefragt werden könnte? Oder gerät dabei nicht alles in eine irrsinnige Drehung, wo es keinen festen Stand, kein Fundament mehr gibt? Aber ist ein solches Fragen nicht einfach sinnlos, weil es die Fundamente angreift, auf denen sonst jede vernünftige Frage beruht? Ist das nur die Narretei, die immer mehr fragen kann, als alle Weisen zu beantworten vermögen? Oder ist es am Ende gerade die *eine* Frage, die alle Weisen immer wieder fragen? Was ist das für eine Not, aus der solches Fragen — sei es nun Narretei oder Weisheit — aufsteigt? Denn daß hier etwas anderes im Spiele ist als nur ein übersteigerter Scharfsinn, daß gleichsam der ganze Boden der menschlichen Existenz, ihre Weltsicherheit einbricht, wird erfahren, wenn auch nur ein Schatten dieser Fragwürdigkeit des Seienden im Ganzen uns überfällt. Wir verlieren den Boden unter den Füßen und sinken ins Grundlose. Es ist ein unheimlicher Gast, der sich dann dem Menschen gesellt. Er kommt nicht von außen, er kommt aus uns selbst, er steigt auf als eine sonst verdeckte und versteckte, verleugnete Möglichkeit unseres Daseins, als unser geheimes Selbst. Die schlafwandlerische Sicherheit, mit der wir als ein Seiendes mitten unter den Dingen dahinleben, in der Welt unsere Ziele verfolgen, lieben und hassen, uns umsehen und planen, die Natur unterwerfen, Wissenschaften treiben, Tempel der Götter errichten, Kunstwerke fertigen, Kulturen erbauen und vernichten, geht verloren; die Unbefangenheit des Daseins ist dahin, wo eben ausgemacht war und feststand, was das Seiende sei und die ewige unverrückbare Natur der Wahrheit; der Mensch hat jeden Weg verloren, nicht weil er nicht wüßte, welchen er einschlagen sollte, sondern weil überhaupt kein fester Boden, keine tragende Bahn mehr da ist; er ist in die *„Weglosigkeit“* geraten: die *aporía*. In dieser Not der Weglosigkeit, wo nichts mehr feststeht, gibt es dann kein Anfragen bei einem anderen; der Mensch ist vereinzelt und auf sich zurückgeworfen; die gemeinsame Welt war ja gerade die Gemeinsamkeit des Vorurteils, je schon zu wissen, was das Seiende und was die Wahrheit wäre; die gemeinsame öffentliche Welt war eine gemeinsame vorgefundene, überlieferte und übernommene *Seinsauslegung, die stillstand*. Wie geschieht aber ein Fragen aus der Fragwürdigkeit dieses tragenden Grundes heraus? Sind solche Fragen schon da, wenn wir sie nennen? Was ist das Seiende? Was die Seiendheit selbst? Solche Fragen sind keineswegs schwer nachzusagen. Wenn sie einmal ausgesprochen sind, können sie selbst jederzeit vom öffentlichen Gerede nachgesagt und gar wissenschaftlich zu einer sogenannten „Problemgeschichte“ verarbeitet werden. Der *Ursprung* aber, aus dem sie herkommen, bleibt allem Gerede entzogen. Denn sie erwachsen, wo ein Mensch sich denkend öffnet dem Geheimnis der Welt und sich aussetzt der abgründigsten Befremdung durch das unverstandene Sein. Das Fragen, das wir meinen, ist keines, das man jederzeit in Gang setzen kann; die *radikale* Frage greift an die Wurzeln unserer Existenz; wir können sie nicht rufen und wieder verjagen; sie bricht immer ein als ein Schicksal; sie widerfährt. Aber gerade weil sie ein Widerfahrnis und nicht eine beherrschbare Möglichkeit ist, verlangt sie die höchste Anstrengung der denkerischen Ausarbeitung. Das, was jederzeit in unserer Macht steht, was wir von uns aus „machen“ können, ist im Grunde auch das Belanglose. *Pónos kai agón*, Mühe und Kampf, ist das Los der Seele, die, sich mit sich selber unterredend über das Sein, den Aufstieg sucht zum wahren Wesen alles Seienden.

Das antike Verständnis solchen Fragens begreift sich als Philosophie. Am

Ausgang der Antike, im hellenistischen Zeitalter, sind es vor allem sechs Bestimmungen der Philosophie, die nebeneinander aufgeführt werden: 1. *gnosis ton ónton he onta estin*, Erkenntnis des Seienden, sofern es Seiendes ist; 2. *gnosis theion te kai anthropínon pragmáton*, Erkenntnis der göttlichen und menschlichen Dinge; 3. *meléte thanátou*, die Sorge um den Tod; 4. *homoíosis theó katá to dynatón anthrópo*, die Verähnlichung mit Gott, soweit dies dem Menschen möglich ist; 5. *techne technón kai epistéme epistemón*, die Auskenntnis der Auskenntnisse und die Wissenschaft der Wissenschaften; 6. *philía sophías*. Die beiden ersten Bestimmungen sind *apó tou hypokeiménou*, vom Gegenstande der Philosophie her gesehen, die beiden folgenden *ek tou télous*, die 5. *ek tes hyperochés*, aus ihrer Überlegenheit und die 6. aus der Etymologie. In diesen Begriffsbestimmungen der Philosophie, die teils auf Pythagoras und Platon zurückgedeutet werden, spricht sich eine nachträgliche Systematisierung aus, die nicht mehr aus dem ursprünglichen Fragen lebt, sondern aus der Tradition der Philosophie heraus denkt. Dies ist noch mehr der Fall, wo die Philosophie bereits aufgegliedert wird in Physik, Ethik, Logik, wie in der Stoa; diese Einteilung in Fächer ist in der Folgezeit verhängnisvoll geworden und gar in einer Zeit, die Wissen überhaupt nur noch als Fachwissen zu kennen scheint. Müßte man dagegen nun nicht die Frage stellen, wie die Selbstinterpretation der Philosophie in der Zeit ihres ursprünglichen Fragens aussah? Beginnt die Philosophie mit einem ausgebildeten Begriff ihrer selbst — oder wächst ihr erst im Geschehenlassen der neuen menschlichen Möglichkeit ein Begreifen davon zu, was eigentlich dabei geschieht? In der Tat. Philosophie vollzieht sich zwar nie als ein gleichsam blindes Geschehen, das erst durch eine nachträgliche Reflexion zur Wahrheit über sich selbst gebracht werden müßte; denn sie geschieht in der scharfen Vereinsamung und Vereinzelung, die den von ihr Ergriffenen heraushebt aus allen Bezügen. Aber gerade deshalb hat sie nicht die Begriffe vorweg, in denen sie ihre Selbstcharakteristik leisten könnte. Von den vorsokratischen *physiológoi* bis zu Platon und Aristoteles ringt das Philosophieren immer auch zugleich um ein angemessenes Selbstverständnis. Die Weite des dabei von den Griechen durchmessenen Spielraumes ist erstaunlich; sie reicht von den wunderbaren platonischen Zeichnungen des philosophischen Lebens bis zu der knappen und hintergründigen Bestimmung, die gelegentlich einmal Aristoteles von der Philosophie gibt, wenn er sie bestimmt als die Wissenschaft, die zu untersuchen habe, ob Sokrates und der sitzende Sokrates dasselbe sei. Die Begriffe *philósophos, philosophía, philosophein* haben etymologisch die beiden Bestandteile *philía* und *sophós*. *Sophós* heißt nun zunächst keineswegs „weise" im philosophischen Sinne, sondern *sophós* ist derjenige, der den rechten Geschmack hat, der sich auskennt.

Bei Hesiod heißt *sophós* ein jeder, der sich durch irgend eine Kunst oder Geschicklichkeit vor der Menge hervortut; *sophós* also einer, der etwas versteht, der einer Sache vorstehen kann, der sich auskennt, der etwas von Grund aus versteht und mit instinktiver Sicherheit versteht, und ferner dessen Verstehen ein vorbildliches, maßgebliches ist. Ursprünglich hat auch *sophistés* den gleichen Sinn und meint den Verständigen, sich auf etwas Verstehenden und in solchem Verstehen Hervorragenden, als Vorbild Wirkenden. Ein Handwerk, eine *techne* ist ein ursprüngliches Verhältnis zu den Dingen, ein Verhältnis, das gerade in sich einen Spielraum offen läßt für den Verständigen, den *sophós*, und den nur Angelernten. Die Ausweitung auf andere Weisen menschlichen Verstehens und Könnens nimmt noch diesen ursprünglichen Sinn mit; im Philosophen steckt dann noch dieses Moment der echten verstehenden Auskenntnis, wenngleich es nicht mehr irgend eine besondere Kunst oder Fertigkeit ist, kein Verhalten zu irgend einem Seienden, sondern zum „Seienden überhaupt". Auch *sophía* meint anfänglich noch die auf Sachkunde beruhende Tüchtigkeit; Homer gebraucht es z.B. von der Kunst des Zimmermanns. Bei Heraklit tritt erstmalig im Fr. 35 (Diels) der Ausdruck *philósophos* auf. Aber auch dort ist es noch strittig, ob er einen Weisheitsfreund meint. Die Vorsokratiker endlich werden *physiológoi* genannt. Zusammengefaßt: die Philosophie beginnt nicht mit einem begrifflich festliegenden Selbstverständnis, sondern gewinnt langsam in einer *Verwandlung* übernommener Begriffe des *sophós*, des *sophistés*, der *sophía* und der *philosophía* eine Einsicht in ihr eigenes Wesen. Bei Platon finden wir an vielen Stellen das Wesen der Philosophie ausgesprochen; in der „Apologie" wird sie gekennzeichnet als ein Dienst, den Sokrates dem Apollon leistet; im „Phaidon" heißt es: *to onti hoi orthós philosophoúntes apothnéskein meletósi*, „in der Tat trachten die richtig Philosophierenden danach zu sterben" (67e 4-5), im „Symposion" endlich wird Eros, der Sohn der Penía und des Poros, des Mangels und des Reichtums, als der in allem *Philosophieren* wirkende Gott begriffen, der uns antreibt, über den schönen Leib aufzusteigen zu dem Schönen an sich (203b 1 ff); in der „Politeia" endlich wird die Philosophie als das Wissen von dem an sich Guten verstanden, das so die rechte Lebensordnung des gerechten Staates möglich macht; im 7. Brief endlich sagt Platon, daß die Philosophie nichts *Erlernbares*, ja nicht einmal Sagbares sei, sondern ein Geschehnis in der Seele aufgrund eines reichen Zusammenseins mit der Sache selbst. (341c5-d2) Im „Theätet" zeichnet er ein Bild, das den Spott der Menge erregt, den Philosophen als einen, der nichts weiß von den Nichtigkeiten und Wichtigkeiten des alltäglichen Daseins, von den politischen Kämpfen, den Intrigen in der Stadt, vom Ruhme der Wettkämpfer und den langen Ahnenreihen edler Geschlechter, „sondern es wohnt nur sein Körper im Staate, und hält sich darin auf; seine Seele aber, dies alles für gering achtend und nichtig, schweift verachtend nach Pindaros überall umher, was auf der Erde und was in ihren Tiefen ist, messend und am Himmel die Sterne verteilend, und überall jegliche Natur all dessen, was ist, erforschend, — zu nichts aber, was in der Nähe ist, sich herablassend" (Theait. 173e 2-174a 2). Der Philosoph also ist ein solcher, der ein Wissen sucht und erstrebt, das über alle Nähe hinausgeht; philosophisches Wissen als ein Wissen der *Ferne*, zunächst gekennzeichnet als das Wissen vom ganzen Erdkreis und vom gestirnten Himmel, dann aber übergehend zu einer größeren Ferne: zur Erforschung der Natur des Seienden als solchen. Und für diesen in die Ferne Sinnenden gilt dann nach Platons Wort der Spott, „mit dem man immer noch ausreicht gegen alle, die in der Philosophie leben" (174a 8). „Wie auch den Thales, als er um die Sterne zu beschauen, den Blick nach oben gerichtet in den Brunnen fiel, eine artige und witzige thrakische Dienstmagd soll verspottet haben, daß er, was am Himmel wäre, wohl strebte zu erfahren, was aber vor ihm läge und zu seinen Füßen, ihm unbekannt bliebe." (Theait.174a 4-8) Das Nächste und uns gemeinhin immer Fesselnde geht den Philosophen nichts an: „Denn in der Tat ein solcher weiß nichts von seinem Nächsten oder Nachbar, nicht nur nicht, was er betreibt, sondern kaum, ob er ein Mensch ist oder etwa irgend ein anderes Geschöpf. Was aber der Mensch an sich sein mag, und was einer solchen Natur ziemt, anders als alle anderen zu tun und zu leiden, das untersucht er und läßt sich keine Mühe kosten es zu erforschen" (174b 1-6).

In diesen wenigen Sätzen Platons steht ein Existenzbild des philosophischen Daseins uns eindringlich vor Augen. Zugleich zeigt aber dieses Bild deutlich ein Moment, das wir jetzt ausdrücklich herausheben müssen. In der antiken Philosophie verbindet sich der Ursprung des eigentlichen philosophischen Gedankens eigentümlich mit den Anfängen der Wissenschaften. Der Philosoph ist, wie wir eben sahen, auch derjenige, der die Erde ausmißt und die Sterne am Himmel verteilt. Grob gesprochen, er ist zugleich Astronom, Physiker und — Ontologe. Gewiß hat die antike Naturdeutung, vor allem in der vorsokratischen Epoche, nicht den Charakter der von der Philosophie ausdrücklich abgesetzten „Einzelwissenschaft"; schwer mag hier zu scheiden sein, was in diesen kosmogonischen Theorien Naturphilosophie und Naturwissenschaft ist; aber es ist höchst bedeutsam und auch folgenreich, daß die antike Philosophie zugleich auch die Wissenschaften anfängt. Die Antike gebraucht den Begriff der Philosophie pluralisch; sie spricht von *philosophíai*; bei Aristoteles wird dann das eigentliche philosophische Fragen zusammengefaßt in der *ersten* Philosophie, der *prote philosophía*; erste ist diese nicht im Sinne einer Grundwissenschaft, sondern sie ist die eigentliche Philosophie, Philosophie im eigentlichen Sinne; während die Neuzeit in der Gefahr steht, das Wesen der Philosophie dadurch zu verfälschen, daß sie diese subsumiert unter den Oberbegriff der Wissenschaft und so zusammenstellt mit dem einzelwissenschaftlichen Wissen, das einen ganz anderen Wissenssinn hat, ist es bei der Antike eher die Gefahr, das positive Wissen von der Philosophie her zu mißdeuten. Erinnern wir uns daran, daß zur Struktur des einzelwissenschaftlichen Wissens gehört, daß es in einem Gang des Fortschritts aufsteigt, so ist leicht einzusehen, daß das, was als einzelwissenschaftliche Erkenntnis bei den antiken Philosophen anfänglich auftritt, notwendig *primitiv* ist, erste tastende Versuche darstellt, die von uns aus gesehen nur überholte Vorstufen sind. Aber es ist sehr die Frage, ob das gleiche auch gilt von ihren philosophischen Gedanken, von ihrer Deutung des Seins — oder ob wir immer noch auf den von ihnen gelegten Fundamenten stehen. Könnte es nicht sein, daß gerade die primitiven naturwissenschaftlichen Theorien der alten Denker einer Auffassung Vorschub geleistet haben, wonach sie überhaupt und im ganzen noch unentwickelte geistige Gestalten darstellen, ehrwürdige Figuren aus den Kindheitstagen der Menschheit? Nimmt man des Thales Lehre vom Wasser als dem Urstoff, des Anaximenes These von der Luft, des Herakleitos vom Feuer im Sinne einer naturwissenschaftlichen Kosmogonie, so fallen sie jäh ins Unbedeutende zusammen; sie haben dann nur noch historisches Interesse, aber sie stellen uns selbst nicht mehr vor eine Entscheidung; wir brauchen dann nicht mehr zu fragen, ob wir in den Raum der Wahrheit dieser Denker eingedrungen sind. Wenn aber das nur Naturwissenschaftliche gerade das Nebensächliche ist an der Philosophie der griechischen Frühzeit, wenn es darauf ankommt, nachzuverstehen, was als Auffassung des Ganzen, der Einheit und Grenzenlosigkeit des Seienden, der Beseeltheit und Durchwaltetheit vom *nous*, der Ständigkeit, des Bleibens, des Werdens und Vergehens, der Gegensätzlichkeit in allem Sein, der Mischung aller Dinge aus gegenteiligen Prinzipien usf. gedacht wird, dann rücken auf einmal auch die uns so primitiv erscheinenden Wasser-, Luft- und Feuerlehren in ein anderes Licht: in ihnen spricht sich eine *Wandlung der Seinsauffassung* aus. Wie aber können wir überhaupt in der rechten Weise scheiden zwischen dem, was nur den einzelwissenschaftlichen Anfängen zugehört, und dem, was für den philosophischen Gedanken bedeutsam ist? Ist das überhaupt eine zulässige Unterscheidung? Gewiß ist es vielfach so, daß eine neue ontologische Auffassung auftritt in der Einkleidung in eine Lehre über das Geschehen am Himmel. Ist es nicht eine moderne Trennung, die wir so in das griechische Denken verlegen wollen? Ist dort nicht noch eine uns schwer begreifbare Einheit des Wissens? Das ist keineswegs zu bestreiten. Wir dürfen nicht in den Fehler verfallen, Lehren als nur „naturwissenschaftliche“ ausschalten zu wollen, die vielleicht eine besondere, zunächst nicht erkennbare ontologische Bedeutung haben. Wir dürfen überhaupt nichts ausschalten von den griechischen Texten. Aber wir müssen zumindest das moderne Vorurteil ausschalten, daß die „naturwissenschaftliche Primitivität“ der Griechen auch eine philosophische Primitivität nach sich ziehe.

Um einen ersten Weg zu versuchen, zum wesentlichen Denken der Antike vorzudringen, gehen wir aus von einer selbst der Antike angehörenden Sicht auf ihren Anfang, — von einem philosophischen Rückblick von der Höhe des entfalteten antiken Denkens zu seinen Anfängen. Wir meinen damit die Interpretation, die Aristoteles im ersten Buch der „Metaphysik“ gibt. Zuvor aber wollen wir noch in einem vorläufigen Überschlage den Begriff der Philosophie anzeigen, von welchem Aristoteles selbst geführt ist. Wir gliedern also: Anzeige des Philosophiebegriffs des Aristoteles; die aristotelische Interpretation der Anfänge des griechischen Denkens.

Dieses methodische Vorgehen mag einiges Kopfschütteln erregen; zäumen wir hier das Pferd am Schwanze auf? Von hinten, von dem historisch Späteren soll das Licht fallen auf die Anfänge? Verstellt uns Aristoteles nicht auch durch seine eigene Philosophie den unvoreingenommenen Zugang zu den Früheren? Solche Bedenken mögen ihr Recht haben, wenn es gälte, nur die kritische Vorsicht zu bewahren gegen die „Beurteilungen“, die Aristoteles austeilt. Aber was wir suchen, ist das fragende Denken der Griechen; alles Verstehen eines Fragens aber ist nur möglich in einem Mitfragen. Das heißt, es geschieht immer aus unserer Situation. Also immer vom Späteren zum Früheren hin. Wir sind selber in keiner anderen Lage, als es der aristotelische Rückblick ist, — nur noch weiter entfernt und ohne die Möglichkeit, unmittelbar aus der Philosophie heraus zu sprechen. Wir Spätlinge müssen erst wieder bei den Griechen in die Schule gehen, um einen Hauch von jener geistigen Freiheit des sich selber begründenden Menschentums zu erfahren, welche die Lebensluft des Altertums ist.

5

Wir suchen den Rückweg zu den Griechen. Von ihnen sind wir entfernt durch eine lange Tradition, in welcher die griechischen Gedanken vom Sein entfaltet und weitergedacht wurden, aber auch verfielen in die Unauffälligkeit des Selbstverständlichen. Wir stehen auf dem Fundament, das die Griechen legten, wir wohnen in dem von ihnen errichteten Haus. Wenn anders es zum *Wesen* des Menschen gehört, nicht wie Blume oder Tier einfach zu sein, mit Rilkes Worten „unendlich, ungefaßt und ohne Blick auf seinen Zustand“[1], sondern nur so sein zu können, daß er sich zu sich selbst und zu allem anderen Seienden verhält, dann ist der denkerische Entwurf jener Gedanken vom Sein die Gründung der menschlichen Existenz im Weltall. Wir sind in der uns eigenen abendländischen Möglichkeit des Menschseins gegründet von den Griechen. Die Rückbesinnung auf diese Gründung aber ist kein Anliegen bloßer historischer Neugier, sondern die Aufgabe unserer Selbsterhellung. Wir sollen uns auf den Grund richten, der uns trägt, sollen versuchen, zurückzugehen in jene längst vergangene, aber immer noch uns tragend-bestimmende Auseinandersetzung der griechischen Denker mit dem dunklen Rätsel des Seins. Ein solcher Rückgang ist weder leicht noch sicher. Er kann keine bloße Erzählung über die Griechen sein. Die Fragen, aus denen das griechische Denken lebt, sollen „wieder geholt“ werden, um so ihre Macht in unserem Dasein zu zeigen. Wie weit wir aber wirklich die Kraft haben, uns unter die Gewalt jener uralten Fragen zu stellen und uns ihnen offenzuhalten, das zu entscheiden liegt nicht bei uns. Es ist also ein Unterfangen ohne alle Sicherheit, ein Versuch, der selbst durch und durch fragwürdig bleibt.

Im Hinblick auf die so angedeutete Schwierigkeit und Unsicherheit unseres Unternehmens steht zu erwarten, daß wir nicht in einem Zuge und sozusagen „in einem Handstreich“ uns der griechischen Grundfragen bemächtigen können, daß wir nicht direkt uns in sie versetzen lassen können; vielmehr bedarf es verschiedener und immer wieder erneuter Anläufe, um jenen „Sprung“ zu wagen, der uns zum „Ursprung“ unserer geistigen, d.i. von Seinsgedanken erhellten Existenz inmitten der Dinge zurückbringt.

Zu diesem vorläufigen Bemühen gehört jetzt fürs erste unser Ausgang von der Interpretation, die Aristoteles in Met.A, d.h. dem ersten Buch seiner Metaphysik, gibt von den vorausgegangenen Philosophen. Dieser rückschauende Überblick des Aristoteles ist keine Aneinanderreihung von Lehrmeinungen, keine Doxographie, die mit vulgären Alltagsbegriffen Philosophien beschreibt, sondern ist eine *philosophierende Sicht* auf die vorausliegenden Denker; sie werden insgesamt aus einem Grundproblem her gesehen. Das ist das Problems des „Anfangs“. *Arché und aítion*: diese beiden Titel umzeichnen eine zentrale Problematik des aristotelischen Denkens; von hier aus gewinnt Aristoteles die Möglichkeit, das ganze ihm voraufgegangene Denken aus einem systematischen Blickpunkt zu sehen; sein von ihm erarbeitetes Verständnis von *arché und aítion* wird ausdrücklich zugrundegelegt in seiner Interpretation. Dabei ist ihm aber die Geschichte der Philosophie nicht bloß ein Anwendungsbereich der von ihm ausgearbeiteten Problematik des Grundes, des Anfanges, der Ursache, sondern eine *Erprobung*. Er stellt seinen Gedanken dem Gerichte der Geschichte, er prüft ihn daraufhin, ob er in allem fragenden Denken der voraufgegangenen Philosophen anwesend war. Aristoteles verhält sich so in echter Weise geschichtlich, wie es dem Wesen der Philosophie angemessen ist. Das Wahre ist immer „gegenwärtig". Die früheren Philosophen sind ihm nicht die Überholten, die bloßen Vorgänger, sondern die *Mitfragenden*; was er sucht, ist das dort geschehene Fragen nach *arché und aítion*; er begreift die Vorgänger als *„Märtyrer"*, als Zeugen; er faßt seinen Überblick zusammen: *hoti men oun orthós dióristai perí ton aitíon, kai posa kai poia, martyreín eoíkasin hemín kai houtoi pantes, ou dynámenoi thigeín alles aitías*, daß also „bezüglich der Ursachen richtig entschieden wurde, was ihre Zahl wie ihre Beschaffenheit angeht, scheinen uns auch alle diese zu bezeugen, da sie keine andere Ursache entdecken konnten" (Met.A 988b 16). Aus dem Problemverständnis von *arché und aítion* her überblickt Aristoteles das Denken von Thales, Anaximenes, Heraklit, Empedokles, Anaxagoras, Leukipp, Demokrit, der Pythagoreer, Xenophanes, Parmenides, Melissos, Kratylos, Sokrates und Platon. Wir nehmen diese Interpretation des Ganges des anfänglichen griechischen Denkens als eine erste Weg-Weisung. Ob aber das aristotelische Verständnis von *arché und aítion* das wahrhaft angemessene ist, um das Fragen der ursprünglichen Denker zu fassen, muß zunächst offen bleiben. Vorerst fragen wir ganz am Rande, wie ist die beherrschende Stellung des *arché- und aítion*-Problems zu verstehen? Wie kann Aristoteles von da aus den Angelpunkt ansetzen, um den sich die vorausgegangene Philosophie dreht? In welchem Bezug steht das Philosophieren überhaupt zur Frage nach *arché und aítion*? Ist das irgendeine der philosophischen Fragen oder in einer ausgezeichneten Weise eine Grundfrage? Um das vorläufig deutlich zu machen, gehen wir aus von einer Anzeige des Philosophiebegriffs, die Aristoteles im ersten Buch seiner „Metaphysik" entwirft. Es ist eine Anzeige, als Leitidee von Aristoteles gemeint. Keineswegs liegt darin schon eine dogmatisch verfestigte Auffassung vom Wesen der Philosophie vor, keine Auffassung, die sich der bestimmte Denker aus seinem ihm eigentümlichen Weltbild macht; die Leitidee der Philosophie, auf welche Aristoteles hier aus ist, ist ein Verständnis der Philosophie als einer dem Menschen überhaupt offenen Möglichkeit. Diese Möglichkeit ist gleichsam immer gewußt, — gewußt in einer seltsamen Weise, eben in der Weise der Ahnung; sie schläft zumeist und wird nicht als Möglichkeit geweckt und ergriffen, aber steht doch immer herein in alles menschliche Wissen. Den Leitbegriff der Philosophie entwickelt Aristoteles aus der Natur des Menschen. Dieses Moment ist von größter Bedeutung. Es ist keineswegs so, daß Aristoteles sich dabei auf „die zweifelhafte Autorität der durchgängig herrschenden Auffassung der Menschen“[2] beruft, eben auf die gängigen Meinungen über das Weise-sein und dergleichen. Nicht was man so denkt und meint über den Weisen und das Weise-sein, nicht die Alltagsmeinungen des „Man“ sind leitend, wenn es für eine oberflächliche Ansicht auch so aussehen mag. Aristoteles zeigt die Philosophie an, sofern sie zum Wesen des Menschen gehört und als eine wesentliche Möglichkeit auch dort noch geahnt wird, wo sich das menschliche Dasein gerade ihr verschließen will, eben in der Weise des Sichgenügenlassens beim leicht faßbaren Wissen. Das Wissen ist in sich selbst, seiner Natur nach, aus auf eine Steigerung, es entwirft sich selbst auf ein Maximum hin; es ist als Wissen unterwegs; alles Wissen hat die Natur, mehr sein zu wollen, und das heißt nicht primär mehr Wissensgegenstände oder größere Gewißheitsgrade erstreben; all dies ist nur eine Folge des dem Wissen eigentümlichen Dranges, mehr Wissen, ein noch mehr Wissen-seiendes Wissen zu werden; in allem Wissen drängt und bedrängt *als möglich* das wissendste Wissen; in alles Wissen steht so die Philosophie herein. Diese komparativische Natur des Wissens, sein in ihm waltender Drang, der es erhellende Entwurf auf ein Maximum, — das wird von Aristoteles klar gesehen und wesentlich begriffen. Er beginnt mit dem Satz: *pantes ánthropoi tou eidénai orégontai physei*, alle Menschen verlangen von Natur aus nach Wissen (Met.A 980a 21). Dieser Satz ist kein Ausdruck etwa einer optimistischen Einschätzung des Menschen; es ist ein Satz, der von einer optimistischen wie pessimistischen Beurteilung des faktischen Menschentums gleich weit entfernt ist. Darin wird das Wesen des Menschen wesentlich ausgesagt. Die *órexis tou eidénai*, die Begierde nach Wissen treibt den Menschen von Natur aus; das Wissenwollen ist ein ursprünglicher Trieb. Aber noch mehr ist damit gemeint. Es ist nicht nur eine Begierde nach Wissen, die den Menschen durchwaltet, ähnlich wie die Begierde nach Trinken und dgl., sondern das Wissen ist in sich selbst *órexis*, Begierde; das Wissen begehrt nicht nur nach seinem Gegenstand und nach einer Fülle von Gegenständen, sondern es begehrt in sich nach sich selbst, nach einer *Steigerung* seiner selbst; es ist immer schon, wenn auch unklar, erhellt durch eine Ahnung eines noch wissenderen Wissens, und diese Ahnung wird ihm zum treibenden Stachel. Aristoteles weist zunächst hin auf die *Freude* an den Sinneswahrnehmungen; mit Aug und Ohr vernehmen wir die bunte Fülle der uns erscheinenden Dinge, den Zauber und den goldnen Rauch der schönen Welt, die Helle des Tages und das Funkeln des nächtlichen Firmaments; die *aísthesis*, die Sinneswahrnehmung, als menschliche, ist immer gestimmt, ist immer eingehalten in das Ganze des menschlichen Weltverhaltens; die Sinneswahrnehmung, die *aísthesis* ist freudig offen für das sinnlich vernehmbare Seiende. Sinneswahrnehmung, sagt Aristoteles, gehört zur Ausstattung aller belebten Wesen. Das teilt also der Mensch auch mit den Tieren; mit einigen von ihnen teilt er auch die Möglichkeit des Gedächtnisses; Mensch und Tier stehen so gesehen sich noch gleich; Wissen als *aísthesis*, als Sinneswahrnehmung, und als *mneme*, als Gedächtnis, bilden also die natürliche Ausstattung; erst auf diesem Naturgrunde des Wissens erhebt sich dann die Steigerung, die dem Menschen möglich ist. Aristoteles stellt mehrere Stufen des Wissens zusammen, sie bilden insgesamt einen Stufengang. Diese Stufen sind vom Menschen her gesehen: 1. *aísthesis*, 2. *mneme*, 3. *empeiría*, Erfahrung, 4. *techné*, die Kunstfertigkeit, 5. *epistéme*, die Wissenschaft, 6. die *sophía*, die Weisheit. Diese Stufenfolge enthält also als letztes Glied die Weisheit. Von dort aus also wäre doch wohl die Bestimmung der Philosophie zu gewinnen, wie sie Aristoteles vorschwebt. Wichtig aber ist, daß in allen Stufen, sofern sie menschliche und nicht tierische sind, bereits schon die Ahnung der *sophía* als treibendes Motiv auftritt und zur Übersteigerung der Stufe hindrängt. Mit anderen Worten, die Weisheit ist nicht eine letzte und höchste Stufe des menschlichen Wissens, mit der man sich auch noch abgeben kann, wenn andere und wichtigere, lebenswichtigere Ziele erreicht sind, sondern diese höchste Stufe ist immer in allem menschlichen Wissen mit da als die Unruhe, die alle Sicherheit zerbricht und jedes Genügen schal werden läßt. Von außen gesehen sieht es so aus, daß je höher eine Stufe des Wissens liege, desto weniger sie allgemein sei. *Aísthesis* kommt allem Lebendigen zu, *mneme* einigen Tieren und Menschen, und dann wieder *empeiría*, Erfahrung, zeichnet im Kreise der Menschen diejenigen aus, die aus dem Umgang mit dem Seienden lernen, *techne* gehört wieder einem kleineren Kreise an; die Kunstfertigkeit ist je auch eine bestimmt geartete, die *techne* des Arztes, des Häuserbauers, des Webers, des Schiffbaumeisters usf., der Technit der einen *techne* ist ausgeschlossen von den anderen; noch geringer endlich ist der Umkreis derjenigen, die sich der Wissenschaft, der *epistéme* widmen, und noch enger derjenigen, die die *sophía* erstreben; es ist also gleichsam eine Pyramide der Wissensstufen, wenn man auf den Umkreis der damit Befaßten hinblickt. Dieser nach oben hin abnehmenden Zahl der Teilnehmer steht aber umgekehrt eine immer steigende „Allgemeinheit“ des Gewußten gegenüber; die *aísthesis* ist das Vernehmen von einzelnem, von gerade diesem Anwesenden, dieser Farbe, diesem Klang, diesem Geschmack usf.; die Erinnerung und das Gedächtnis aber vergegenwärtigen auch das Vergangene und Abwesende; die *empeiría*, die Erfahrung ist schon ein allgemeines Verstehen der Dinge; die Kunstfertigkeit ist schon eine allgemeine Auskenntnis im Seienden, die sich auf die *Gründe* versteht; Wissenschaft ist immer Wissen um die Gründe, und endlich die *sophía* ist das Wissen um die *ersten Gründe* alles Seienden. Diese

Stufung steht aber nicht so abgesetzt in ihren Gliedern da; die Stufen stehen zueinander in einem eindeutigen Verhältnis; die höheren überholen die niederen; diese Überholung wird nur verständlich, wenn ausdrücklich hingeblickt wird auf die Tendenz, die in allem Wissen treibt und letztlich immer auf die höchste Weise des Wissens, die *sophía* aus ist. Diese ist das immanente *telos*, der innere Zielsinn alles Wissens. Im ersten Kapitel des ersten Buches der „Metaphysik" hat Aristoteles zuerst den Stufengang des Wissens hingestellt. Im zweiten Kapitel nun wird das Verständnis von Wissen, Weisheit und Weisesein entwickelt, in dem wir uns immer schon aufhalten; dieses uns bekannte Wesen der Weisheit wird zum ausdrücklichen Leitfaden genommen für eine Besinnung, in welcher sich diese uns immer schon beherrschende Idee klären soll zur ausdrücklich ergriffenen Leitidee für ein Fragen nach der Philosophie. Mit anderen Worten, wir können die Philosophie nur suchen, weil wir sie im Grunde schon kennen; wir kennen sie aber nur als eine erahnte Möglichkeit. Aristoteles geht also jetzt aus von diesem gängigen Wissen, in welchem uns die Philosophie bekannt und zugleich unbekannt ist. Nicht legt er die Allerweltsmeinungen, die Ansichten der *polloí*, der Vielen-Allzuvielen dabei zugrunde, das was sie von der Philosophie halten; er deckt jenes Wissen auf, in dem widerwillig sich auch der gemeine Verstand befindet, wenn er die Philosophie ahnt, aber mit ihr nichts zu tun haben will. In den populären Meinungen vom *sophós* spricht sich gleichsam unabsichtlich diese Ahnung von der Philosophie aus. Weise wird so genannt, wer alles weiß; aber ist dies überhaupt eine Möglichkeit des Menschen? Kann man alles wissen? Aber heißt denn alles = die Summe alles wißbaren Einzelnen, alle möglichen Einzelerkenntnisse? Der Weise, der *sophós*, wird genommen als einer, der alles weiß, aber eben nicht in der Art der Allwissenheit von allem Einzelnen, sondern der das Ganze, das Allbetreffende weiß; die Art solchen Wissens bleibt offen; der Weise ist einer, der sich auf die Welt versteht; Welt ist kein Gegenstand neben anderen für die Philosophie, – diese ist Weltweisheit, das Wissen des Seienden im Ganzen. Ferner wird „weise" genannt, wer Schwieriges und nicht leicht Erkennbares weiß; die Weisheit also bezogen auf eine Anstrengung des Menschen; das Wissen ist in sich entworfen auf einen Horizont möglicher Steigerung, ausgehend vom leichten Wissen von den Dingen, bei denen wir sind, die wir sehen, hören, tasten; das Wissen versteht sich so in einer Bahn der Schwierigkeit; schwierigerwerden gehört zum Wesen des Wissenswachstumes; der Weise wird gemeint als ein solcher, der zum Schwierigsten ausgreift, der am meisten ringt und kämpft mit der Undurchdringlichkeit des Seienden. Und ferner gilt uns als weise derjenige, der mehr als andere genau ist in seinem Wissen und mehr als andere die Ursachen lehrt; Wissen ist so offengehalten in eine Richtung der sich steigernden Genauigkeit und Lehrbarkeit aus den Gründen; ein Höchstmaß an Genauigkeit und begründender Lehrbarkeit liegt so in der vage geahnten Idee des Weisen. Und nun springt Aristoteles über vom Vorbegriff des *sophós* zu dem ebenso in allem natürlichen Verhalten bereits geahnten Wissen von der höchsten *epistéme*; eine Wissenschaft ist umso mehr „weise", wenn sie um ihrer selbst willen und um des Wissens willen erstrebt wird; und endlich „weiser" ist eine Wissenschaft, die herrschend ist, als eine dienende, und zwar weil der Weise, d.i. der alles Seiende im Ganzen im schwierigsten und schwerst erlernbaren Wissen am genauesten und lehrbarsten Verstehende, befehlen soll. Vom Kundigsten aus soll die Ordnung der menschlichen Dinge geschehen, auf daß sie im Einklang seien mit der Ordnung der Welt. Diesen populären Vorbegriff des *sophós* und der *epistéme* interpretiert nun Aristoteles und geht in solcher Auslegung bereits über das alltägliche Verständnis hinaus; er deckt jetzt thematisch auf, was vorher gleichsam unentfaltet und nur geahnt im gewöhnlichen Vorverständnis lag. Jetzt beginnt bereits die Leistung einer Interpretation, die auf ein Ziel zusteuert, einen Leitbegriff der Philosophie entwickeln will aus den populären Vorstellungen heraus.

Der *sophós*, so legt er jetzt aus, weiß alles, weil er am meisten im Besitz der allgemeinen Wissenschaft, der *epistéme kathólou* ist; wer das Allgemeine weiß, weiß in gewisser Weise auch alles, was im Einzelnen je darunter fällt, weil es vorher schon gewußt ist in seiner Natur, seinem Wesen. Das Allgemeinste aber ist auch das Schwierigste; wir halten uns immer schon in einem vagen Wissen des Allgemeinen, wir kennen die allgemeinste Natur des Seienden; in allem Verhalten zu den Dingen ist schon mitverstanden, daß sie sind, daß sie je so und so sind; aber dieses vorweg verstandene Sein der Dinge ist auch dasjenige, was wir zwar immer kennen, aber gerade nicht *er*kennen; die Erkenntnis davon, die Erkenntnis dieses Allgemeinsten ist gerade das Schwerste. Wie Aristoteles hier die populäre Vorstellung des schwierigsten Wissens bereits schon interpretiert auf das Verstehen des Allgemeinsten und dieses als das Sein am Seienden andeutet, so legt er auch den zunächst aufgenommenen Begriff der größten Genauigkeit aus; nicht das bestimmt er als das Genaue, was „man" für genau hält, etwa das mathematische Wissen; Genauigkeit wird gesehen vom Zusammenhang des Gegründetseins des Seienden her; genauer ist eine *epistéme*, die mehr als eine andere auf das *Erste*, das Grundlegende geht, und dabei ist die am meisten genau, die auf das am meisten Erste geht; ebenso wird jetzt die Lehrhaftigkeit interpretiert auf die Gegründetheit hin; am meisten lehrbar ist eine Wissenschaft, wenn sie die letzten Gründe anzugeben weiß.

Zusammengefaßt bis hierher: Aristoteles zeigt die innere, im Wissen selbst liegende Gradualität, seine komparativische Natur auf im Hinblick auf das

Phänomen des *Grundes*. Die Natur des Wissens, in sich selbst angelegt zu sein auf eine Steigerung und durchwaltet zu sein von einem Drang zu dem in ihm liegenden *telos*, wird erleuchtet durch den Hinweis auf die Gegründetheit alles Seienden, sein Herkommen aus Gründen. Im Hinzeigen darauf gewinnt Aristoteles dem populären Verständnis des *sophós* und der *epistéme* erst den verborgenen Hintersinn ab. Der vierte Punkt, den er in diesem Zusammenhang interpretiert, ist hinsichtlich des Wissens das *heautés héneken kai tou eidénai charin* (Met.A 982a 15); jenes Wissen ist weise, das um seiner selbst willen und um des Wissens willen erstrebt wird. Das kann zunächst in einem äußerlichen, oberflächlichen Sinne aufgefaßt werden. Um seiner selbst willen ist ein Wissen gesucht, wenn es nicht zu etwas anderem dienen soll, wenn es nicht nur Durchgang, Umweg, Mittel für ein anderes Wissen ist; wenn sich der Mensch im Streben nach solchem Wissen einzig darauf verlegt, es zu gewinnen, wenn er damit nicht noch etwas will. Jede Liebhaberei, die bis zur Leidenschaft gehen kann, jedes Sammeln z.B. ist aus auf das angehende Wissen; der Sammler will Kenntnisse über sein Sammelgebiet rein um des Wissens willen; er will außerdem nichts damit anfangen. In diesem Sinne aber ist die Stelle bei Aristoteles gar nicht gemeint. Es handelt sich nicht nur um ein Wissen, das an sich selbst gewollt wird, sondern um ein Wissen, das um seiner selbst willen (*heautoú héneken*), um seiner selbst als *Wissen* willen gewollt wird. Der Ausdruck „um seiner selbst willen" ist zweideutig: er besagt einmal nur „absolut erstrebt sein", „nicht Mittel sein"; dann aber — und das ist die wesentliche Bedeutung: um *seiner* selbst willen, das Wissen *um des Wissendseins willen*; nicht der Wissensinhalt begrenzt und hält das gesuchte Wissen in einer festen Gestalt fest, sondern das Wissen wird erstrebt *als Wissen*; als Wissen aber ist es nie in einer fixen Gestalt fertig, sondern steht im Horizont möglicher Steigerung bis zum höchsten, zum wissendsten Wissen. Deswegen sagt Aristoteles noch „*kai tou eidénai charin*", um seiner selbst willen und um des Wissens willen; dieser Zusatz ist explikativ und erklärt das „um seiner selbst willen."

Voll verständlich wird das erst in der Deutung, die Aristoteles diesem Moment der populären Vorstellung von Weise-sein gibt. Er sagt, daß derjenige das Wissen um seiner selbst willen, d.h. um seiner höchsten Möglichkeit willen begehrt, welcher nach der am meisten Wissenschaft seienden Wissenschaft strebt. Am meisten Wissenschaft aber ist die Wissenschaft des am meisten Wißbaren, am meisten wißbar aber sind das Erste und die Ursachen. Auch hier erfolgt die Interpretation im Hinblick auf die Gegründetheit des Seienden. Seiendes wird am meisten gewußt, wenn es aus seiner Gegründetheit her, aus seinen Gründen verstanden wird. Das Wissen von den Gründen aber ist die höchste Möglichkeit des Wissens. Und endlich noch interpretiert er das

Verhältnis der herrschenden und dienenden Wissenschaft ebenfalls auf ein Gründungsverhältnis hin: der Herrschende ist ein solcher, der aus der Einsicht in das Ziel und den Zweck anordnet und befiehlt; die herrschende Wissenschaft aber ist das Verstehen des Zieles, des Zweckes, des *hou héneka*, des Weswegen; das ist in den einzelnen Handlungen je das Gute, im Ganzen gesehen das, was alle Handlungen zu einer sinnvollen Ordnung zusammenfügt: das Beste. Die aristotelische Einführung des Guten hier scheint, gerade weil ja ein menschliches Verhältnis zum Ausgangspunkt genommen wurde, eben das Verhältnis des Herrschens und Dienens, auch ein nur menschlicher Begriff, eine nur im Menschenbereich wirkende Beziehung zu sein. Grundsätzlich aber ist sie von ihm bereits schon allgemein, über den menschlichen Bezirk hinausgehend verstanden. Ein aufmerksamer Nachvollzug dieser Analyse des Vorbegriffs der Philosophie, wie sie hier Aristoteles im Anschluß an die populären Meinungen von *sophós* und *epistéme* gibt, läßt den *gesteuerten* Charakter dieser Analyse erkennen; Aristoteles spricht bereits aus der Philosophie her, er legt die Weise aus, wie sie in das vor-philosophische Dasein des Menschen hereinsteht, geahnt und doch verdeckt, gewußt als all-umfassendes, schwieriges, genaues Wissen, aber eben doch nicht verstanden in der Art, *wie* sie das Ganze weiß, worin ihre Schwierigkeit und Genauigkeit und Lehrbarkeit, ihre Selbstbezogenheit und herrschende Rolle wirklich bestehen. Erst in der Interpretation, die alle diese Momente von der Gegründetheit des Seienden her sieht, fällt das Licht eines latenten Verständnisses herein, das zu einer Leitidee der Philosophie werden kann. Aristoteles faßt also zusammen: „nach allem Gesagten kommt der fragliche Name einer und derselben Wissenschaft zu, derjenigen, welche die ersten Prinzipien und Ursachen erforscht" (Met.A 982b 8).

Im Aufriß der Stufenfolge des Wissens steht zuhöchst als die alle anderen überholende und in sich aufnehmende Stufe die *sophía*. Das, was zur *sophía* gehört, wurde aufgenommen aus den populären Vorstellungen vom Weise-sein, aus der darin wirksamen Ahnung einer höchsten Möglichkeit des Wissens; und diese gängigen Meinungen wurden in ihrem eigentlichen und sonst verdeckten Sinne aufgehellt durch die Interpretation von der Gegründetheit des Seienden her. Die *sophía*, das ist nun der Leitbegriff, ist die Wissenschaft von den *archaí* und den *aítia* des Seienden. Im weiteren Gange des Gedankens spricht Aristoteles dann vom Ursprung der Philosophie, von der darin wirksamen menschlichen Existenzweise und dem Verhältnis zum Göttlichen. Damit wird die populär ansetzende Gewinnung der Leitidee verlassen, der Denker spricht jetzt unmittelbar *aus der Philosophie* über sie selbst. Der Ursprung der Philosophie aus dem Staunen, die menschliche Existenzweise der Freiheit und der Bezug zum Göttlichen aus dem Gegenstand der Philosophie: — diese dort nur berührten Gedanken auch nur im Ungefähren auszulegen, sind wir jetzt nicht zugerüstet. Sie stehen auch noch außerhalb unseres Interesses. Wir fragen, welchen Begriff, genauer: welchen Leitbegriff entwickelt Aristoteles aus der analytischen Interpretation des ahnenden menschlichen Wissens um die Philosophie? Der so gefundene Leitbegriff als Wissenschaft von den *archaí* und den *aítia*, von den „Anfängen" und „Ursachen" bleibt noch in einer Unbestimmtheit stehen, auch wenn bereits ganz bestimmte Verhältnisse des Gründens des Seienden in dieser Analyse aufscheinen. Am Anfang des dritten Kapitels aber greift Aristoteles dann ausdrücklich zusammen, was als systematische Erkenntnis hinter seiner Auslegung der populären Ahnung der Philosophie stand. Er stellt *vier Weisen des Ursacheseins* auf. Diese Tafel der *aítia* bildet den Raum, von welchem aus Aristoteles den Rückblick wirft auf das Denken der vor ihm Philosophierenden. Sie ist keine stillschweigende Voraussetzung seines historischen Bezugs, sondern von ihm selbst ganz ausdrücklich als die Basis seiner Auseinandersetzung mit den alten Denkern und seiner Absetzung von ihnen hervorgehoben. Daran mißt er all ihr Denken; diese Tafel der *aítia* wird zum Bezugsraum und zum Maßstab seiner historischen Kritik. Die Vierfalt der *aítia* wird an dieser Stelle nicht begründet; es ist überhaupt die Frage, ob Aristoteles auch dort, wo er *grundsätzlich* darüber nachdenkt, zu einer inneren Erhellung der Vierfalt vorgedrungen ist.

Wir nehmen aber zunächst, im Bemühen, das Fragen der Griechen zu lernen, den Leitfaden des Aristoteles auf. *Ta d'aítia légetai tetrachós*: „die Ursachen werden vierfach gesagt": 1. *ousía kai to ti en einai*; 2. *hýle kai to hypokeímenon*; 3. *hóten he arché tes kinéseos*; 4. *to hou héneka kai t'agathón* (Met.A 983a 26). Alle diese Begriffe verlangen eine Auslegung, um den darin liegenden ontologischen Sinn zu erhellen. Denn es sind keine Ursachen als Dinge, auf die man hinzeigen kann, sondern Gedanken, in denen das Grundsein von Seiendem gedacht wird.

6

Wir sind dabei, den Vorbegriff der Philosophie auszulegen, welchen Aristoteles im ersten Buche seiner „Metaphysik" gewinnt in einer Betrachtung der Natur des Wissens. Dieser Vorbegriff bildet für Aristoteles selbst die ausdrücklich genannte Basis für sein Verhältnis zu der vorausgegangenen Philosophie von Thales bis Platon. Er erzählt dabei keine Geschichten, reiht nicht in bunter Folge eine Weltentstehungslehre an die andere, sondern arbeitet die tragenden Grundvorstellungen vom Seienden heraus, die jeweils in den Wasser-, Luft- und Feuerlehren am Werk sind. Aristoteles „wieder-holt" das Fragen der Vorgänger, indem er eigens und ausdrücklich herausfragt, was dort gleichsam noch eingehüllt war. Die aristotelische Geschichtsbetrachtung ist „Interpretation". Im Blick darauf sollen wir lernen, was die *Aufgabe* und das *Risiko* der interpretierenden Wiederholung philosophischer Fragen eigentlich ist.

Den Vorbegriff der Philosophie stellt Aristoteles nicht einfach auf als eine Leitidee, die sich erst in der Durchführung bewährt; sie ist kein Vor-Griff des Denkers auf sein System. Vielmehr entnimmt er dem *gewöhnlichen* menschlichen Wissen eine es immer leitende Idee, welche keineswegs klar und deutlich, sondern in einer vagen und ungenauen Art darin haust. Im Wissen liegt immer ein gewisser Vorblick. Ein Vorblick auf eine Steigerung. Wissen ist nicht etwas, das als ruhiger Besitz festliegt, sondern versteht sich selbst als „unterwegs", als im Gang befindlich, als eine Bewegung, als ein Zunehmen- und Wachsenkönnen; das menschliche Wissen fühlt sich immer beengt und beschränkt, als begrenzt und endlich; das Wissen ist ein Trieb, der immer über sich hinaustreibt; das Wissen ist immer erhellt durch den Vorblick auf ein *málista*, auf ein „am meisten"; und auch im gewöhnlichsten Alltag, wo wir weit davon entfernt sind, daß das Wissen uns zur Leidenschaft wird, bewegen wir uns ganz selbstverständlich in einer Kenntnis der Spielräume, in denen Wissen zu steigern ist: „wenig" und „viel" wissen, „ungenau" und „genau" wissen, auf „lehrbare Weise" wissen oder nicht, „mittelbar" oder „unmittelbar" wissen und endlich „teilhaft" wissen oder so wissen, daß eine „ganze Lebenssituation" wissend beherrscht wird. Diese fünf Spielräume der möglichen Steigerung des Wissens werden von Aristoteles in einer eindringlichen Analyse herausgearbeitet. Dabei hat es den Anschein, daß er fast Allzuselbstverständliches sagt. Das weiß ja im Grunde jedes Kind. Die Leistung des Aristoteles ist hier, daß er auffallen läßt, was jedes Kind weiß; daß er diese Selbstverständlichkeit nennt und ausdrücklich damit zu einem Problem macht. Was hat es damit auf sich, mit dem menschlichen Wissen, daß es immer so „zwischen" steht, zwischen dem Nichtwissen und dem Alleswissen, in einem dämmerigen Zwielicht, das weder Nacht noch Tag ist? Verrät sich in dieser Eigenart menschlichen Wissens eine Zwischensituation, eine Stellung zwischen dem Nichts und dem Sein? Ist es ein Index der Endlichkeit des Menschen, daß er nicht „mit einem Schlage" sozusagen alles weiß, wissend bei allem Seienden ist, sondern nur in einer mühevollen Wanderung immer unterwegs ist, Wissen als „zeitlichen" Prozeß sich zueignen kann und dabei bei allem erreichten Wissen immer wieder übertroffen wird von der geahnten, fernen Fülle des Wissens, auf die er ständig vorblickt? Ist menschliches Wissen und alle menschliche Wissenschaft so geartet, daß sie faktisch immer zurückbleiben muß hinter der sie leitend-erhellenden Idee? Mit solchen Fragen wird nur das Problem angedeutet, das unausgesprochen hinter der so selbstverständlich und billig erscheinenden Analyse des Aristoteles steht: das Problem der Endlichkeit des menschlichen Wissens. Als wichtiges Moment gilt es festzuhalten: Aristoteles stellt einen Vorbegriff der Philosophie auf, indem er diesen aus dem gewöhnlichen Wissen entnimmt, eben als die dort ungenau und vage ihr Wesen treibende Idee eines *málista*, eines „am meisten“. Die Philosophie wird begriffen als die immer schon hereinstehende Möglichkeit der höchsten Steigerung des Wissens. Das unterscheidet aber den Menschen vom Gott. Der Gott gewinnt nicht auf einem *mühsamen Weg* das höchste Wissen, er steht immer schon darin; sein Wissen hat nicht die Natur der Bewegung; Menschenwissen aber geht immer aus vom wenigen, ungenauen und steigert sich mühsam, getrieben von der voranleuchtenden Idee eines ganzen, allumfassenden, genauen und gesicherten lehrbaren Wissens. Menschenwissen ist Stückwerk; das zeigt sich nicht nur in der faktischen Begrenztheit des jeweiligen Wissensbestandes, sondern am schärfsten vielleicht gerade darin, daß es immer durch einen Vorblick auf eine „aufgegebene“ höchste Möglichkeit erhellt wird. Weil das faktische Wissen sich immer selbst mißt an einem Ideal, weil es so des treibenden Ideals bedürftig ist, ist es in einem unaufhebbaren Sinne endlich. Alle Wissensstufen des Menschen sind in sich vorblickend, sind angetrieben durch diesen Vorblick, sich zu überhöhen, überzugehen in die höhere Wissensweise und hinzudrängen auf die höchste: die höchste aber wurde charakterisiert als die *sophía*. Besitz aber ist die *sophía* nur dem Gott; dem Menschen bleibt sie das ihn aus aller Genügsamkeit aufjagende Ideal, das in ihm die Begierde entzündet, die Liebe, die *philía*. Nicht die *sophía* selbst, aber die *philosophía* ist dem Menschen möglich: jene Existenzweise, in der er sich entwirft auf das am meisten Wissen hin, wo er aufbricht aus allen Begrenzungen und strebend sich bemüht, soweit es dem Menschen möglich ist, das höchste Wissen zu erlangen. Die Philosophie ist die Bewegung des endlichen Wissens auf die *sophía* zu; als Menschenwerk ist sie ein „Weg“. Der tiefe Zusammenhang von Endlichkeit, Bewegungsnatur des menschlichen Wissens und dem Weg-Charakter der Philosophie bleibt im abendländischen Denken gewahrt bis zum Deutschen Idealismus: auch Hegels Philosophie selbst, die der oberflächlichen Beurteilung als ein utopischer Versuch erscheint, den Menschen, seiner Endlichkeit vergessend, an die Stelle Gottes zu setzen, hat ja das schärfste Wissen vom Wegcharakter der Philosophie, von ihrem Ausgang aus dem erscheinenden Wissen und von ihrer Vollzugsform als Bewegung. In einem verwandelten Sinne kehren gerade in der „Phänomenologie des Geistes“, dem ersten Systementwurf

Hegels, die einander überholenden Wissensstufen wieder, von der *aísthesis* bis zur *sophía*, die wir im Aufriß des Aristoteles kennenlernten.

Gegen ein naheliegendes Mißverständnis müssen wir die aristotelische Analyse des Wissens, welche seine Gradualität und die fünf Spielräume der Steigerung herausgearbeitet hatte, noch eigens sichern und abschirmen. Sieht es nicht so aus, als wäre die Philosophie dann nur graduell verschieden vom sonstigen Wissen? Gibt es dann noch einen tiefen Abgrund, der die philosophische Existenz trennt von den sonstigen Verhaltungen des Menschen? Weiß die Philosophie dann auf die gleiche Weise die Dinge wie der Alltag, nur eben umfassender, genauer, lehrbarer usf.? Ist Philosophie nur eine Aufsteigerung auf dem bereits gelegten Boden? Wenn dies so wäre, wäre sie nichts anderes als positive Wissenschaft. Deren Wesen ist es, das gewöhnliche Wissen zu übertreffen, es zu vervollkommnen nach Umfang, Systematik, Genauigkeit und Zuverlässigkeit; aber alle Wissenschaft hat ja mit dem Alltag das eine gemein: sie stehen auf dem Boden der gleichen überkommenen Grundvorstellungen vom Sein; sie fragen nicht erst nach dem Bau und nach der Natur des Seienden. Von entscheidender Wichtigkeit ist die Einsicht, daß die Spielräume der möglichen Wissenssteigerung auf eine zweifache Art interpretiert werden können: einmal in einem mehr naheliegenden Sinne, das führt zu den positiven Wissenschaften; und das andere Mal in einem radikalen und profunden Sinne, wie wir es bei Aristoteles gesehen haben. Dort vollzieht sich eine Auslegung der möglichen Wissenssteigerung in die Richtung eines Wissens der Anfänge und Ur-Sachen. Die *sophía* ist ihrer Idee nach das Wissen um die ersten Anfänge und die ersten Ur-Sachen. Was versteht Aristoteles unter Anfang, *arché* und *aítion*, Ursache? Auf diese Frage eine Antwort geben, hieße, die ganze aristotelische Philosophie in ihren Grundzügen zu entfalten. Es ist keineswegs so, daß eine terminologische Fixierung festgehalten werden kann, vielmehr radikalisiert sich im Zuge seiner Philosophie das Verständnis von *arché* und *aítion*. An diesen Begriffen könnte gerade gezeigt werden, wie Aristoteles zunächst an den sich zeigenden Dingen bestimmte Phänomene aufgreift: verschiedene Weisen des Gründens, — und dann am Modell solcher vorgefundener Verhältnisse durchstößt zum reinen Seinsverhältnis, das als ermöglichender Grund dahintersteht. Die Termini haben verschiedene Übersetzungen erfahren. *Arché* ist wörtlich der Anfang, lateinisch principium; der deutsche Ausdruck Prinzip hat vielfach schon etwas Verschwommenes, etwas Ungenau-Abstraktes. Etwa die Wissenschaft der ersten Prinzipien? Was soll man dabei sich denken? Im alltäglichen Gerede nennen wir bald dies, bald jenes ein Prinzip. Wir reden von den ewigen Prinzipien der Humanität, vom Prinzip eines Ordens, vom Prinzip eines Dieselmotors usf. und meinen dabei immer so etwas wie das Grundsätzliche. Genügt dieser Begriff, um den Gedanken des Aristoteles zu fassen? Keineswegs. Ist es nicht zufällig, daß *arché* als Anfang zunächst einen ursprünglichen *räumlichen* oder *zeitlichen* Sinn mitenthält? Im 5. Buch der „Metaphysik" gibt Aristoteles einen ersten Hinblick auf das, was er unter *arché* versteht. *Arché* = „Anfang" ist einmal der Teil eines Dinges, bei welchem eine Bewegung begonnen wird, z.B. bei einem Weg ist das der Anfang, von wo aus der Weg durchmessen wird; ein Weg kann von der einen oder anderen Seite her angefangen werden; Anfang ist ein Wegstück nur im Hinblick auf eine Bewegung; anders wiederum ist „Anfang" gemeint etwa beim Lernen; der Anfang wird gemacht bei dem am leichtesten Faßlichen, etwa in der Mathematik fangen wir an bei dem Rechnen mit den ganzen Zahlen; Anfangen ist hier also gemeint als das Woher auch einer Bewegung, eben der Bewegung des Lernens; und dabei können wir unterscheiden den Anfang einer Sache für das Kennenlernen und den Anfang, den eine Sache an sich selbst hat; z.B. ist die Reihe der ganzen Zahlen wohl für das Lernen der Anfang der Mathematik, für sie selbst der Sache nach ist der Begriff der Größe der Anfang. In einem anderen Sinne ist z.B. der Kiel des Schiffes oder das Fundament des Hauses der „Anfang", hier ist er ein Teil einer Sache, mit welchem sie entsteht. Anders wieder gebrauchen wir „Anfang", wenn wir sagen, daß das Kind aus Vater oder Mutter entsteht; was hier Anfang heißt, ist nicht selbst ein Teil des Gewordenen, sondern bleibt außer ihm, ist etwas, woraus jenes wird. Und endlich sprechen wir von „Anfang" auch dort, wo etwas geschieht um eines anderen willen; so ist der Herrscher ein Anfang für das von ihm geordnete Geschehen. Jede *techne*, jede Kunstfertigkeit endlich ist *arché*, ist „Anfang", sofern sie etwas bewirkt, hervorbringt um eines Zieles willen; neben diese aufgezählten Fälle, in denen wir von Anfang sprechen, stellt Aristoteles zuletzt dann noch einen Sinn: „Anfang" im Sinne der Voraussetzung, der Prämisse eines Beweises. Die erst erwähnten Fälle enthalten alle Weisen des Anfangseins, die beheimatet sind im Bereich der wirklichen Dinge, — das Anfangsein der Prämisse für die Folge ist ein logisches Verhältnis. Aber auch dieses zeichnet für ein wirkliches Geschehen, eben das Verstehen solchen Beweisganges, einen Weg vor. Von größter grundsätzlicher Bedeutung ist nun die Art, wie Aristoteles aus den vielen Weisen, wie wir *Gebrauch machen* von einem Verstehen von „Anfang", das in solchem Gebrauch latent bleibende Wissen herausholt und selbst zu einem Gegenstande des Denkens macht. Diese Methode ist keine bloße Reflexion, ja es ist überhaupt keine Methode im Sinne eines einlernbaren Verfahrens; es ist Methode als *méthodos*, als *Weg* der Philosophie. Das in allem Umgang mit dem Seienden schon „gebrauchte" Seinsverständnis eigens abzuheben und in den Griff des Fragens zu zwingen, ist das schwere Geschäft allen Philosophierens. Wir halten uns immer schon auf in einem Verständnis aller Grundweisen des Seins, wir bewegen uns in einer artikulierten und grammatikalisch ausgebildeten Sprache in Grundbegriffen, mit welchen wir die Strukturverfassung des Seienden denken, aber wir sind zumeist himmelweit entfernt von der Möglichkeit, dieses von uns ständig in Gebrauch genommene Seinsverständnis an ihm selbst zu fassen und zu befragen. Aristoteles greift in unserem Falle nicht einige ihm gerade vorkommende Fälle von Anfang blindlings auf und zieht durch „Abstraktion" das diesen Fällen Gemeinsame heraus. Es wäre ein heilloses Mißverständnis, die Eigenart des Denkens, das sich auf das von uns immer schon gebrauchte Seinsverständnis besinnt, das „ontologische Denken", als eine bloße „Abstraktion" zu nehmen. Abstraktion ist berechtigt in der Sphäre der Erfahrung; durch *Absehen*, durch Weglassen gewinnen wir den empirischen Allgemeinbegriff. Nie aber führt ein Weglassen, ein bloßes Absehen vom Einzelfall zur Erkenntnis einer ontologischen Allgemeinheit. Hier ist das Entscheidende immer die Umwendung vom latenten Gebrauch einer ontologischen Grundvorstellung auf sie selbst hin, das Herausreißen des verdeckten Seinsgedankens. Aristoteles leistet dieses Herausreißen, indem er „Anfangsein" in den folgenden Grundriß der *arché* zwingt: *to próton einai hóthen e éstin e gígnetai e gignósketai*, „das Erste zu sein, woher etwas entweder ist oder wird oder erkannt wird." (Met.Δ 1013a 18) Das Wesen des Anfangs ist also, ein Erstes zu sein für ein anderes, das aus ihm her ist oder wird oder erkannt wird; Erstes für ein anderes aber heißt *Grundsein*. Anfang, *arché*, Grund fordert von sich aus etwas, dem es Grund und Ermöglichung sein kann. Anfang kann es nur geben, wo das Seiende so geartet ist, daß es in einer Folge des Früheren und Späteren, des Grundes und des Begründeten aufgebaut ist. Wenn es zum Wesen des Seienden gehört, daß es *gründet*, daß es zurückweist in einen ersten Anfang, aus dem es herkommt, von woher es in Bewegung und Ruhe ist, oder von welchem aus es einsichtig und erkennbar ist, — mit andern Worten, wenn es in einer gründenden Seins- und Erkenntnisordnung steht, dann ist die Erkenntnis der *ersten Gründe* mit Recht die höchste Möglichkeit des Wissens, Philosophie. Aber ist das nicht eine Voraussetzung? Ist es denn so sicher, daß alle Dinge zusammenhängen mit ihren Gründen? Ist der Satz vom zureichenden Grunde mit Recht ein Fundamentalsatz der abendländischen Metaphysik? Wir können hier diese Frage nicht beantworten, ja nicht einmal zureichend als Frage ausarbeiten. Sie soll nur aufmerksam machen auf eine Grundvoraussetzung, in der unser Denken gemäß der antiken Tradition steht. Wäre es nicht möglich, daß alle Dinge „grundlos" nebeneinander vorkommen? Daß keine Fundierungsverhältnisse zwischen dem Seienden walten; daß alles, was ist, eben einfach und schlicht ist und auf nichts zurückweist? In einer solchen Welt könnte es kein Geschehen geben, nur die unbewegte, starre Ruhe des Seins. Vielleicht daß eine solche Möglichkeit einmal im Denken der Griechen ausgedacht wurde, eine Welt, in der es kein Gründen, kein Geschehen, überhaupt nicht die vielen einander begrenzenden Dinge, sondern nur das einfache, ungegliederte, bewegungslose und grundlose Sein gibt. Allerdings hat dort in der eleatischen Schule dieser Gedanke einen Tiefgang, der von dieser Andeutung nicht betroffen werden kann.

Die durchgängige Gegründetheit des Seienden ist der ontologische Boden, auf welchem Aristoteles die Idee der Philosophie entwirft als das Wissen von den ersten Gründen, den ersten Anfängen und Ur-Sachen. Wir haben bereits die Tafel der *archaí und aítia* genannt, die Aristoteles aufstellt. Vierfach werden Anfänge und Ursachen *gesagt*. Das Sagen und Ansprechen der Gründe also gibt für Aristoteles die Anweisung, ihre Vierzahl zu entdecken. Gesagt werden sie nicht so, als ob man immer schon über diese Vierzahl gesprochen hätte; Aristoteles nennt damit keine schon bestehende Theorie, über welche unter den Denkern Einstimmung bestünde — oder gar eine alltägliche Tatsache. Im Sagen, in der Rede werden die Gründe vierfach gesagt, aber eben nicht thematisch; das Sagen gebraucht vierfältig ein unausdrückliches und unabgehobenes Verstehen von Grund; in der Sprache ist also gewissermaßen eine verborgene Philosophie versteckt, nur weiß sie es selbst nicht. Aristoteles nimmt in vielen seiner philosophischen Anläufe die verborgene Weisheit der Sprache zum Leitfaden für die Entdeckung des dort latenten Seinsverständnisses. Der Zusammenhang von *on*, dem Seienden, und dem *logos*, der Rede, bleibt für die antike Philosophie immer der Horizont der Arbeit am Seinsbegriff, auch dann noch, wenn sie gegen den Sprachgeist kämpft. Und wenn Kant in der „Kritik der reinen Vernunft“ die Tafel der Urteile als Leitfaden nimmt für die Entdeckung der Kategorien, d.h. der obersten Seinsbestimmungen, dann steht er noch in der Nachfolge dieses antiken Motivs. Aristoteles reißt aus den vierfachen Weisen, wie „Anfang“ und „Ur-Sache“ gesagt werden, die Vierfalt der Gründe selbst ans Tageslicht. Zunächst stellen wir diese vier Gründe einfach nebeneinander. 1. *ousía kai to ti en einai*: die Seiendheit und das Wesen (Met.A 983a 27). Ist eine solche Übersetzung nicht schon eine fragwürdige Interpretation? Wir lassen vorerst alles beiseite, was zu den eigentlichen Fragen der Aristotelesinterpretation gehört; wir halten uns nur in einem vorläufigen Verständnis; denn es geht uns hier ja einzig darum, im Nachgang zur aristotelischen Auslegung der ersten Philosophen einen Einstieg zu finden in die sonst unzugänglichen Wände jenes Gedankengebirges aus den schöpferischen Urtagen der Philosophie. Die Denker, die wir im Laufe unseres Gedankenganges auslegen wollen, sind *Anaximander*, *Heraklit* und *Parmenides*. Aristoteles deutet deren Fragen von seinen Gedanken über *arché* und *aítion* aus. Gesetzt den Fall, diese Deutung beruhe auf einem Fundament, das den frühen Denkern unangemessen wäre, so müßte doch die Erfahrung des Scheiterns mit den aristotelischen Voraussetzungen uns immer noch ein echteres Verhältnis verschaffen, als ein ungeprüfter Umgang mit Begriffsarsenal, das wir unserem Dasein entnehmen. Was sollen wir also zunächst verstehen unter der *arché der ousía*, dem „Anfang" der Seiendheit? Ein Seiendes, ein Ding ist mannigfach bestimmt, es hat eine Menge von Eigenschaften; dieses Katheder z.B. ist so und so gestaltet, so gefärbt usf.. Alle die vielen Eigenschaften aber stehen nicht nur beieinander, sondern sie eignen diesem bestimmten Ding, das als solcher Eigentümer etwas ist, was ein fest umrissenes Wesen hat, das, was wir im Begriff erfassen, wenn wir von ihm sprechen. Das Ding hat eine „Natur", ein Wesen, einen Begriff, ein *Was-Sein*, das es eben als ein Katheder bestimmt; dieses wesentliche Was-Sein, das abzugrenzen ist gegen zufällige, ihm auch noch zukommende Eigenschaften. Jedes Ding überhaupt in der Welt hat seine ihm eigene Natur, darin besteht sein Sein, daß es etwas Selbständiges ist, *an* welchem Bestimmtheiten vorkommen. Der Begriff der *ousía* ist bei Aristoteles nicht immer im selben Sinne gebraucht; man unterscheidet gewöhnlich einen Doppelsinn: einmal, sagt man, meint er das Was-Sein, dann aber auch die Substanz, einmal die Seiendheit, dann das Seiende. Diese Distinktion hat ihre großen Gefahren, weil sie auseinanderzerrt, was dort einheitlich, wenn auch als Problem, gesehen wurde. Man könnte vielleicht sagen, die Seiendheit alles Seienden besteht gerade darin, daß dieses als je ein selbständiges Seiendes nur sein kann. Als ein Selbständiges aber ist es immer faßbar in einem Was: es ist *ein* Haus, *ein* Baum, *ein* Tisch. Wie ist nun die *ousía* ein Anfang? Sie ist das Erste, von wo aus etwas ist. Alle Bestimmungen sind an ihr, sie weisen auf sie zurück; in solcher Rückverweisung der Prädikate auf das Substrat, dem die Prädikate zukommen, liegt eine besondere Weise des Gründens. Und ähnliches könnte von der Erkenntnisordnung her über die *ousía* gesagt werden. Sie ist auch das Erste, von wo her etwas erkannt wird; gleichsam explikativ steht das *to ti en einai* daneben, dieser ins Deutsche fast unübersetzbare Ausdruck des Aristoteles: „das, was sein war"; das *Wesen* hat im Deutschen den gleichen Tiefsinn: das Wesen eignet einem Seienden so, daß es immer schon gewesen sein muß, was es ist; das Wesen ist eine das Seiende ursprünglich bestimmende *Gewesenheit*. Wesen meint im Deutschen 1. das allgemeine Was, die ein Ding bestimmende Gattungsallgemeinheit, die es zu einem gattungshaft bestimmten Seienden macht; 2. soviel wie ein selbständig Seiendes, wie ein wirkliches Ding, etwa in der Rede von Lebewesen; 3. endlich eine ursprüngliche Gewesenheit. Die ontologische Diskussion dieser Begriffe können wir hier nicht beginnen, es handelt sich nur um eine vorläufige Anzeige.

Die zweite Weise von Grund nennt Aristoteles *hýle kai hypokeímenon* (Met.A 983a 29/30), der Stoff und das Zugrundeliegende. Seiendes ist nicht nur je ein selbständiges was-bestimmtes Ding, sondern es besteht aus etwas, es ist geformter Stoff, der Stuhl ebensogut wie irgendein Tier oder Mensch. Das, woraus etwas besteht, ist für das Ding auch ein Anfang, ein erstes, woher es kommt. Mit dem Bestehen aus einem zugrundeliegenden Stoff aber ist sofort die *Gewordenheit* des Seienden mitgesetzt; alles Werden aber ist *kínesis*, ist Bewegung. Bewegung aber hat in einem doppelten Sinne „Anfang": einmal als *hóthen he arché tes kinéseos* (Met.A 983a 30), als das Woher des Anfanges der Bewegung; Bewegung weist in sich zurück auf einen Anstoß, eine Veranlassung; und ferner wird auch Bewegung verstanden von dem Ziel her, auf das sie aus ist; das Werden ist um willen; dieses „Um willen" ist das in allem Werden Erstrebte, als Zielsinn Wirkende: das Gute. Man ist vielleicht schnell bei der Hand, hier von einer teleologischen Weltbetrachtung des Aristoteles zu reden, von sogenannten „Endursachen", und diese angesichts der modernen Naturwissenschaft zu verwerfen. War es nicht gerade der Kampf gegen die finale Weltbetrachtung, die zu den Entdeckungen der neuzeitlichen Physik geführt hat? Mag sein, daß die finale Ansicht des *Natur*geschehens eine überholte Denkweise ist, aber es ist die Frage, ob der eigentliche Sinn der aristotelischen Interpretation der Bewegung vom *hou héneka* (Met.A 983a 31), vom Umwillen her in einer Deutung des Naturgeschehens liegt und nicht vielmehr im Aufriß des ontologischen Wesens von Bewegung überhaupt. Die *Modelle*, die Aristoteles wählt, entstammen allerdings zumeist dem Bereich des menschlichen, zielgelenkten Handelns oder des organischen Wachstums, und das verführt leicht zur Verkennung seiner eigentlichen Absicht.

Wir können hier noch in gar keiner Weise Stellung nehmen zur Frage, ob diese Vierfalt der Gründe bereits auf einer zureichenden Ausarbeitung der Seinsverfassung des Seienden beruht. Wir nehmen sie zunächst nur als den Ariadnefaden, der uns durch die aristotelische Kritik der vorangegangenen Philosophie hindurchleiten soll. Die vier Gründe umzirken den Bau des gegründeten Seienden, wie ihn Aristoteles versteht: Seiendes ist solches, das ein Wesen ist und hat; ist etwas, das aus etwas besteht; das in Bewegung ist, und als in-Bewegung-Begriffenes ein Woher und Wohin der Bewegung hat. Die Ausarbeitung aber der Seinsverfassung des Seienden ist das Wesen der „Metaphysik". Die Geschichtsphilosophie des Aristoteles entspringt auf dem Boden der Metaphysik. Von dem in seinem Denken gelegten Grunde fragt er zurück und mißt das Fragen der alten Philosophen an seinem Entwurf des Wesensgefüges des Seienden. Seit Aristoteles steht das ganze Denken der abendländischen Philosophie auf dem Boden der Metaphysik: das Sein wird seither gedacht, wie es *am Seienden* sich zeigt, es ermöglicht und begründet. Was aber ist es in sich selbst? Vielleicht, daß die *physiológoi* noch wußten, was das Sein selber ist. Vielleicht daß die Wahrheit des Denkens von Heraklit und Parmenides gar nicht mehr gefaßt werden kann, wenn wir sie von der Metaphysik her denken wollen, das heißt von jenem Seinsverständnis, das hinblickt auf das Sein an den Dingen. Aber gerade deshalb muß zunächst der Versuch gemacht werden, vom Boden der durch Aristoteles vollendeten antiken Metaphysik her zurückzufragen. Dazu nehmen wir als Leitfaden seine historische Auseinandersetzung mit dem Denken der alten Giganten.

7

Wir nehmen die Philosophiegeschichte, die Aristoteles im ersten Buche der „Metaphysik" entwirft, zum Leitfaden unserer Rückfrage. Dadurch werden wir in die Notwendigkeit versetzt, die Vorstellungen zu verabschieden, die uns alltäglich umgeben — und die eine zur Trivialität abgesunkene Erbschaft der Griechen darstellen. Dabei sind wir uns allerdings bewußt, daß wir noch lange nicht *wirklich* mit und aus Aristoteles nach den alten Giganten fragen. Wir sind noch nicht selbst in das Problem zurückgegangen, aus welchem die aristotelische Philosophie lebt. Obgleich wir also nur in Vorläufigkeiten stehen, von Aristoteles noch nicht mehr als eine erste *Anzeige* seines Philosophiebegriffs kennen, entscheiden wir uns für den Versuch, aus seiner Perspektive den Anfang der griechischen Philosophie zu sehen. Er selbst bringt den historischen Überblick *am Eingang*, im ersten Buche. Das besagt, dieser Überblick hat selbst die Funktion, „einzuleiten"; er ist nicht eine Auseinandersetzung mit dem Denken der Vorgänger, die aus der *Fülle* des voll entfalteten Problems her vollzogen wird; es ist vielmehr die vorläufige Anzeige der Philosophie, die Aristoteles als Basis, als Blickpunkt für seine Überschau nimmt. Philosophie ist das Wissen von den *archaí und aítia*, von den Anfängen und Ur-Sachen. Das Wesen der *arché* wurde bestimmt als „das Erste zu sein, von woher etwas ist, wird und erkannt wird." (Met.Δ 1013a 17) Ursprung und Grund zu sein für das Sein, das Werden und das Erkennen macht also die *arché* aus. *Arché* wird verstanden als solches, woraufhin Sein, Werden, Erkennen zurückweisen. In dem, was *arché* ist, sammelt sich also das Fragen nach dem Sein, das Seinsproblem, das Fragen nach dem Werden, und das Erkenntnisproblem. Die innere Verklammerung der drei Momente „Sein", „Werden" und

„Erkennen" wird zunächst nicht sichtbar. Es hat den Anschein, als wäre *arché* jeweils in solcher oder anderer Hinsicht als das „Erste, von woher" verstanden. Auch in der Auseinanderlegung der *arché* in die *tetraktýs*, die Vierfalt der Gründe, kommt die innere Bezüglichkeit, die hinter diesem Schema steht, vorerst nicht ans Licht. Die Frage bleibt zunächst offen: wie muß diese Vierfalt im philosophischen Fragen nach dem Seienden begriffen werden? Ist das einfach ein aufgerafftes und zusammengelesenes Schema, das vielleicht mit genialem Instinkt gefunden wurde? Oder ist die Vierfalt in einer *Vierfaltung des Seins* selbst zu suchen? Zunächst spricht sich Aristoteles nicht über den inneren Einheitsgrund dieser *tetraktýs* aus. Aber sie umzeichnet für ihn das *volle* Wesen der *arché*; auch die vorangegangenen Denker haben keine anderen Gründe des Seienden gedacht; ja sie haben nicht einmal alle diese vier in den Griff bekommen. Sie werden von Aristoteles insgesamt daran gemessen, ob sie ihr Fragen in allen vier Horizonten der *arché* ausspannen konnten. Der Grundriß der *arché* ist also einmal von Aristoteles entworfen als die Vorzeichnung der philosophischen Problematik überhaupt, und zugleich als die Basis für den rückschauenden Überblick über die Fragen der vorausgegangenen Denker. Die Historie wird zum Zeugen genommen, und zugleich in ihrer Zeugenschaft von dem her aufgehellt, wofür sie Zeugnis ablegen soll. Diese Methode mag auf den ersten Blick als eine Voreingenommenheit erscheinen. Es sieht so aus, als lege Aristoteles seine Fragestellungen in die Vorgänger zurück und kritisiere sie dann, eben nach Maßgabe dessen, inwieweit sie diese wirklich ergriffen und begriffen hätten. Gerade weil er von einem bestimmten Problemaufriß her das geschichtlich vergangene Denken auslege, unterschiebe er ihm eine spätere Denkform und verstelle sich so die gesuchte Wirklichkeit. Dieser Anschein aber gehört zum Wesen aller philosophischen Interpretation. Er macht gerade das Risiko aus, das in allem wahrhaften *Mit*fragen liegt. Es kann wohl sein, daß Aristoteles von einer wesentlich anderen Problematik her das uranfängliche Denken interpretiert; aber das ist selbst wieder nur zu sehen und aufzudecken aus einer anderen Fragestellung her, die ihrerseits voller Risiko bleibt. Eine risikolose Interpretation ist gar nicht möglich, weil Philosophien keine Gegenstände sind, auf die man in einer selbstverständlichen Gemeinsamkeit des Augenscheins hinzeigen könnte. Nur in der Helle einer wirklichen Frage kommt überhaupt ein vergangenes Philosophem aus dem Schattenreich des historischen „Vorbei" — und leuchtet auf in seiner ewigen Gegenwart, die keinen Staub der Vergänglichkeit kennt. Aber Blut wollen auch diese Schatten trinken, wie die Abgeschiedenen im Hades, daß sie den Spätgeborenen vernehmlich werden.

Die Geschichtsbetrachtung des Aristoteles entspringt dem blutvollen Leben einer Grundfrage: der Frage nach den *archaí und aítia*. In der Vierfalt der *archaí* ist der Bau des Seienden umrissen, sind die Grundvorstellungen abgesteckt, die das *Sein am Seienden* denken. Das Seiende in seinem Sein zu bestimmen aber ist das Geschäft der „Metaphysik". Wir müssen zunächst den populären Begriff der „Metaphysik" ausdrücklich ausschalten, wonach diese genommen wird als ein Inbegriff von Ansichten, Theorien über solches, was jenseits unserer erfahrenen Welt liegt: die Hinterwelt der Letzten Dinge, Tod, Jenseits, Gericht und Auferstehung; Metaphysik in einem uneigentlichen Sinne ist heute gebräuchlich für die Anschauungen, in denen eine säkularisierte Religion sich ausspricht; *metá ta physiká*, das jenseits der *Physik* Liegende; das hinter den uns gegebenen Dingen liegende Eigentliche; diese populären Mißdeutungen sind aber nicht von ungefähr; sie haben eine Geschichte; in den Banalitäten des Alltags laufen zumeist geschichtliche Prozesse aus, um dort zu versanden. Es ist hier nicht die Stelle, die Geschichte des Metaphysikbegriffs, seiner Wandlungen und mannigfachen Überlagerungen nachzuzeichnen. Eine Metaphysik im Sinne einer Lehre von einer hinter der sich zeigenden Welt liegenden eigentlichen Welt, einem Jenseits, hat Aristoteles überhaupt nicht. Er selbst gebraucht gar nicht den Titel Metaphysik. Dieser Titel ist entstanden aus einer buchtechnischen Verlegenheit. Die Schriften des Aristoteles, die wir heute als seine Metaphysik kennen, wurden in der hellenistischen Ordnung seiner Bücher so eingeordnet, daß sie hinter die Bücher über die Physik zu stehen kamen. Sie standen in diesem Ordnungsschema *metá ta physiká*, nach den Büchern über die *physis*. Diese bloße Einordnungsbezeichnung hat dann in der Folgezeit verhängnisvoll gewirkt, sofern das Eigentümliche dieser Schriften gekennzeichnet wurde aus einem Bezug zur Physik, das „metá" in eine *inhaltliche* Beziehung umgedeutet wurde. Metaphysik also als die *epistéme*, die Wissenschaft, die das erforscht, was „metá", oder lateinisch „trans", jenseits der Physik liegt. In dieser Fehldeutung ging dann der wesentliche Gehalt des aristotelischen Fragens unter. Aristoteles selbst bestimmt die *epistéme*, die er in der Metaphysik entwickelt, als *próte philosophía*, als Erste Philosophie. Im ersten Buch kennzeichnet er diese als die Wissenschaft von den „Anfängen" und „Ursachen", im vierten Buche aber als die *epistéme he zeteí to on he on*, (Met.Γ 1003a 21) die Wissenschaft, welche forscht nach dem *Seienden als Seiendem*. Die Erste Philosophie oder die Philosophie in eigentlicher Bedeutung ist die Frage nach dem Seienden als solchem, die Frage nach der Seiendheit des Seienden, nach dem *Sein am Seienden*. Die Metaphysik des Aristoteles müßte noch ausdrücklich in ihrem Verhältnis zur Logik und zur Physik bestimmt werden, wenn man den Gründen nachgehen wollte, die zu dem historischen Mißverständnis geführt haben. Aber wir lassen es bei einer kurzen Andeutung. Die

Physik ist ihm natürlich nicht das, was wir unter diesem Titel denken, ist *nicht* eine positive Wissenschaft von der res corporea, sondern ist *Philosophie der Natur*. Natur aber ist der Inbegriff des *bewegten Seienden*. Die Ausarbeitung des Wesens der Bewegung bleibt das vorherrschende Anliegen der aristotelischen Physik. Sie ist somit eine Ontologie eines Grundbereichs des Seienden, jenes Grundbereichs, der zumeist für das Ganze selbst genommen wird. Das Denken der *physiológoi* erscheint für Aristoteles gleichsam gebannt von dem Ganzheitsbereich der *physis*; sie denken nicht darüber hinaus; sie machen den Fehler, daß sie das Unbewegte nicht aufnehmen in den Kreis ihrer Fragen, sich so verhalten, als gäbe es nur Bewegtes, nur *physis*. Die von Aristoteles erstmals in der Geschichte der Philosophie aufgegriffene Idee der Logik hat es mit dem Beweisverfahren, mit den Gesetzen des Denkens und den Sinnverhältnissen der Gedanken unter sich zu tun; das Element der Logik ist der Allgemeinbegriff. Wie steht nun eine *epistéme*, die es mit dem Seienden als solchen zu tun hat, zwischen Physik und Logik? Sie ist doch offenbar allgemeiner als die Physik und weniger allgemein als die Logik? Sie ist in der ihr eigentümlichen Problematik schwer zu fassen. Sie geht in ihrer Fragestellung hinaus über die bewegten Dinge, sie fragt ja nach allem Seienden, sofern sie überhaupt ausdenkt, was das Seiendsein am Seienden ist; sie ist die Wissenschaft vom *Sein des Seienden*; was aber ist dieses Sein? Es ist weder selbst ein Ding, noch auch nur ein logischer Begriff. Die Geschichte der Metaphysik bleibt fortan durch die Ungeklärtheit des Bezugs der Metaphysik zur Logik und Physik verhängnisvoll bestimmt.

Die Basis für die aristotelische Interpretation der vor ihm liegenden Philosophiegeschichte ist die Metaphysik, allerdings in der Weise der nur ersten und vorläufigen Anzeige ihres Wesens als der Frage nach den *archaí und aítia*. In der Vierfalt, wie *arché* verstanden wird, zeigt sich der ontologische Grundriß des Seienden. Seiendes ist Gegründetes und so auf ursprüngliche Gründe Zurückweisendes. Das Durchdenken dieser Gründung des Seienden aber ist der ontologische Entwurf der Seinsverfassung.

Es ist von grundsätzlicher Wichtigkeit, sich gegenwärtig zu halten, wie die Auseinandersetzung des Aristoteles mit den vorausgegangenen Denkern ausschließlich geführt wird von diesem Problemverständnis der Seinsverfassung des Seienden. Einzig in diesem Sinne ist seine Interpretation eine „metaphysische“. Wir versuchen nun, die Grundschritte dieser metaphysischen Interpretation nachzugehen. Er beginnt mit einer Feststellung. Er sagt aus über die „meisten“ (*hoi pleistoi*); er beginnt also schon aus einem Überblick heraus. Die meisten von denen, die zuerst philosophiert haben, hielten nur die „Anfänge“, die das Aussehen der *hýle* haben, für die Gründe von allem. Aristoteles springt mit diesem Satz unmittelbar in das zurück, was ihm als die treibende Grundfrage des früheren Denkens erscheint. Das erste Fragen ist ihm bereits ein ontologisches. Er weist damit gerade ein Verständnis der Philosophie ab, das etwa im Rückgang auf bereits vorgebildete Formen des Geistes, etwa das mythische Denken, ein Motiv sucht. Gewiß, der Mythos ist eine Form, in der sich der Mensch über die Verflechtung an die einzelnen Dinge, an das begrenzte Interessenfeld des gewöhnlichen Lebens erhebt und sich schon zum Ganzen aller Dinge verhält. Die mythologische Theologie entwickelt bereits eine Kosmogonie, etwa Uranos - Chaos, Gaia - Chronos usw.; Mythen haben einen Tiefsinn, der für die Philosophie vielleicht zur Aufgabe einer Auslegung werden kann, in der sie selbst zu ungeahnten Einsichten gelangen mag. Aristoteles — und das ist das Großartige seiner Sicht — beginnt die Philosophie nicht aus der Mythologie, überhaupt nicht aus irgendeiner anderen Weise des menschlichen Geistes, sondern läßt sie am Anfang bereits schon Philosophie sein. Es ist eine ontologische Frage, mit der sie für ihn anhebt. Philosophie springt ins Dasein, fertig als Möglichkeit, ist bereits schon als Seinsfrage ausdrücklich; Aristoteles begreift so die Unzurückleitbarkeit der Philosophie. Die meisten also der ersten Philosophierenden fragten die Seinsfrage als Frage nach der *hýle*. Ihr Verstehen von *arché* war vorwiegend geführt von *einer* Weise des Gründens des Seienden. Aristoteles sagt an dieser Stelle: „Denn dasjenige, woraus alles Seiende besteht und woraus es ursprünglich entsteht und in das es letzthin vergeht, indem das Seiende zwar beharrt, aber in den Eigenschaften wechselt, das ist ihnen zufolge Element und Anfang des Seienden ..." (Met.A 983b 7). Dieser Satz bedarf einer kurzen Beleuchtung. Wir sind allzusehr gewohnt, in abgegriffenen und nicht mehr wirklich durchdachten Vorstellungen zu leben, als daß wir sofort den notwendigen Abstand gewinnen könnten, um die Befremdlichkeit dieser Vorstellung vom Sein zu erfahren. Damals mußte solches überhaupt erst gestiftet werden, entworfen werden in einer Anstrengung, die ein Kampf des Denkens mit der Nacht der Welt war. In der nächtigen Welt lichtet der begreifende begriffliche Gedanke die Verborgenheit aller Dinge, indem er sie einrücken läßt in ein Grundverhältnis. Seiendes ist nun gedacht als solches, das aus etwas besteht. Was aber ist das „Aus-etwas-Bestehen"? Können wir einfach hinzeigen auf bekannte Verhältnisse? Dieses Katheder besteht aus Holz, wir Menschen aus Knochen und Fleisch, dieses Gebäude aus Steinen, diese Stadt aus dem tragenden Grund und den darauf errichteten Häusern, dieses Firmament aus Luft, Wolken und wandelnden Gestirnen. Ist das gemeint, das „Aus-etwas-Sein"? Das aus einem Stoff Bestehen? Oder steht selbst dahinter noch etwas Ursprünglicheres? Alles einzelne, in den Umriß einer Gestalt Eingerückte *„besteht" die tragende Erde*, ist auf ihr, ist errichtet auf ihrem Grunde; alles, was als einzelnes ist, ist ihr gleichsam abgerissen, ist dem gestaltlosen Grunde der Erde entrissen, um gestaltet auf ihr zu stehen, sie zu be-stehen. Und alles solches einzelne hat Bestand nur, solange es eben das Gestaltlose be-steht; das Bestehen aus einem Stoff, so könnte man vielleicht sagen, ist nur möglich als das *Bestehen der Erde*; aus ihr nimmt alles einzelne den Stoff, das, woraus es sich formt, und „besteht" in dem angezeigten Doppelsinn. Alle Dinge, alle einzelnen wirklichen, bestehen aus Erde und bestehen die Erde; Erde ist jetzt noch keineswegs als das bestimmte Element genommen, sondern meint die *physis*, die Natur. Die Dinge können nur aus Naturstoff bestehen, weil sie ständig die Natur bestehen. Diese tiefe Merkwürdigkeit, daß ein Seiendes so ist, daß es aus etwas besteht, kann nicht befremdlich genug erfahren werden. Warum muß es *aus* etwas sein? Warum weist es in sich selbst auf etwas hin, aus dem es ist, ist es nicht aus sich selbst? Die wirklichen Einzeldinge können nie „aus sich selbst" sein, sondern sind immer aus etwas anderem, aus einem „Stoff" – und dieser Stoff ist immer die Erde. Alles einzelne ist aus der *physis*. Das Bestehen aus ... nimmt Aristoteles zusammen mit dem Entstehen, worausher erstlich das Seiende wird; alles Bestehende ist als Abgerissenes vom Grunde der Erde ein *Entstandenes*, ein Gewordenes; etwas wird aus etwas, der hölzerne Tisch wird aus Holz, das Holz, als Baum, wird aus dem Samen, der aufwächst aus dem nährenden Grunde der Erde; ein Ding wird aus einem anderen, aber erstlich werden sie alle aus der *physis*; sie ist das „Woraus als Erstem", *ex hou gígnetai prótou*, woraus als Erstem alles wird, und worein als Letztem alles vergeht. Das Erste im Woher des Werdens ist auch das Letzte im Wohin des Vergehens. Die Dinge gehen zugrunde, indem sie in den Grund gehen, aus dem sie gekommen sind, um den tragenden Grund zu be-stehen. In dem ersten ursprünglichen Verständnis von Bestehen, Entstehen und Vergehen ist immer die *physis* mitverstanden: sie ist, woraus alles Seiende gemacht ist, aus welchem es herkommt und wohin es geht; die *physis* ist auch dabei die *ousía hypoménousa*, das verbleibende und verweilende Seiende, das allen Wandel trägt, im Entstehen, Bestehen und Zugrundegehen bleibt, in solchem Bleiben aber gerade sich verändert, auch die *ousía metabállousa*, das umschlagende, in seinen *páthe*, seinen Eigenschaften wechselnde Seiende. Die Erde bleibt, wenn auch die Dinge auf ihr wechseln; die Dinge sind als bestehend aus der Erde, entstanden aus ihr und vergehend in sie, in einem dauernden Wechsel. Die *physis* ist das immerseiende, bleibende, unvergängliche, Entstehen und Vergehen tragende Ureine, und so ist sie das *stoicheíon*, das Element, und *arché*, „Anfang" der Dinge. Die *physis* wird so gesehen auf dem Boden eines Verstehens von *hypoménein*, Zugrundebleiben, von *metabállein*, von Umschlagen (Wechseln), von *génesis*, von

Werden, und von *apóllysthai*, von Vergehen, oder — genauer: sie ist das Seiende, die *ousía hypoménousa kai metabállousa* (Met.A 983b 10), das durch Bleiben, Wechseln, Werden und Vergehen gedacht wird. Wie wird dabei die *physis* begriffen, in welcher Dimension bewegen sich die Grundbegriffe, zu welchen die Auslegung gedrängt wird? Wohin gehören Bleiben, Wechseln, Werden und Vergehen? Offenbar sind das doch Weisen, in denen ein bestimmtes Verhältnis zur *Zeit* ausgesagt wird. Was aber ist für ein Zusammenhang von Sein und Zeit? Warum gerät die uranfängliche Auslegung des Seienden, der erste ontologische Entwurf am Anfang der abendländischen Philosophie, in den Bereich der Zeit? Hat die Zeit in sich einen Bezug zum Sein? Und am Ende gar einen Bezug zu der *physis*?

Aber so könnte man, nicht zu Unrecht, ein Bedenken anmelden gegen diese Interpretation, mit der Frage, ob damit nicht das Absehen des Aristoteles überschritten und gleichsam in seinem Fragesinn überspannt worden sei. Steht in der Tat denn die *physis* als das allen Stoff liefernde, in allem Wechsel bleibende Seiende da? Oder, — wie man vielleicht auch interpretieren könnte, — gibt Aristoteles den Aufriß des *Dinges*, die Dingheit aller Dinge, sofern sie eben *„en hýles eidei"*, im Aussehen der *hýle*, gedacht wird? Diese Frage ist sehr wesentlich und bezeichnet eine zentrale Schwierigkeit der Interpretation. Handelt es sich nur um ein ontologisches Modell des Dinges überhaupt, sofern es ein wirkliches Einzelding ist? An einem Ding können wir immer unterscheiden seine Gestalt und seinen Stoff, am Tisch die Tischform und das Holz; ein Tisch beharrt im Wechsel seiner Eigenschaften; er ist neu und blank, wird alt und wurmstichig; aller Wechsel setzt das Bleiben voraus, und Bleiben zeigt sich im Wechsel; ein Tisch entsteht in der Herstellung und vergeht im Zerbrechen. Das wirkliche Einzelding hat also *in gewisser Weise* auch die Strukturen des Bleibens, Wechselns, Entstehens und Vergehens, von denen wir im Hinblick auf die *physis* gesprochen haben; es ist *physis tis*, eine „gewisse *physis*". Aber, so kann man die Frage verschärfen, ist die *physis* letzten Endes eben auch ein Ding und fällt sie unter das allgemeine Wesen der Dingheit — oder können die Dinge nur einen ähnlichen Bau haben, weil sie alle in der *physis* gründen? Das, woher *als Erstem* etwas entsteht und worein als Letztem es vergeht, und das, was so als Erst-Letztes bleibt und an sich wechseln läßt, das ist der tragende Grund der Erde, die *physis*. Die Dinge sind gestaltet und geformt aus Stoff, der selbst wieder ein Ding ist, und so vielfach zurücklaufend. Am Ende aber dieses Rücklaufes steht kein „Ding" mehr, steht die allumfangende Erde. Die Schwierigkeit der Stelle, die wir uns vorgenommen haben, liegt in einer Unentschiedenheit der vorhin genannten Frage: ist die *arché*, die das Sein des Seienden denkt als *hýle kai hypokeímenon*, als Stoff und Zugrundeliegendes, ein ontologischer Gedanke, der die *physis* faßt oder nur die Dingheit? Anders ausgedrückt: das Sein, aus dem alle Dinge entspringen, oder das Sein *am* Seienden? Und das ist gleich mit der Frage: wird das Denken der *physiológoi* aus seiner eigenen Urkraft verstanden oder bereits schon von der Metaphysik her? Aristoteles fährt an der Stelle fort: „und deswegen glauben sie, daß nichts entsteht, noch vergeht, da ja eine solche *physis* immer gerettet wird ..." (Met.A 983b 11-13). Das meint nicht, daß die früheren Philosophen der Ansicht waren, es gäbe kein Entstehen und Vergehen; wir haben ja vorhin gerade gesehen, daß alles Entstehen aus etwas als dem Ersten herkommt und in etwas als das Letzte vergeht. Entstehen und Vergehen ist immer *solches von Dingen*. Dinge aber entstehen nicht aus nichts und vergehen nicht in nichts. Dinge entstehen aus der bleibenden, immer geretteten *physis* und vergehen in sie. Was also so aussieht wie ein Herkommen aus dem Nichts, ist die Herkunft aus der Erde, und was aussieht wie ein Verschwinden, wie ein Sichauflösen in Nichts, ist das Zugrundegehen in den Grund, der alles trägt. Und nun erläutert Aristoteles diesen Gedanken durch einen Hinweis, der ebensosehr erhellt als er auch andererseits verdunkelt. Er sagt: „so wie wir auch von Sokrates nicht sagen, daß er schlechthin wird, wenn er schön oder gebildet wird, noch daß er schlechthin vergeht, wenn er diese Eigenschaften verliert, weil das Zugrundeliegende, Sokrates selbst, zugrundebleibt" (Met.A 983b 13-16). An diesem Beispiel wird einsichtig, daß das Werden, das als solches Entstehen und Vergehen ist, an einem Zugrundeliegenden haftet und dieses voraussetzt; aber fragwürdig wird dieses Beispiel wiederum dadurch, daß ja Sokrates selbst etwas ist, das ein Entstehen und Vergehen hat. Aristoteles sagt deswegen ja auch *„hosper"*, *wie*. Das ist also ein Gleichnis, genauer eine Analogie, die eigens ausgedacht werden muß. So wie das Verhältnis des bleibenden Sokrates gegenüber den an ihm wechselnden Eigenschaften ist, so ist das Verhältnis aller Dinge in Bezug auf die *physis*, sofern diese in einem radikaleren Sinne das Bleibende und Zugrundeliegende ist. Auch hier ist wieder das Problem, was die Analogie überhaupt möglich macht. Warum kann die *physis* in ihrem Zugrundeliegen überhaupt erläutert und beispielhaft gedacht werden am Modell der Seinsverfassung des Dinges? Das Ding beharrt in seinen Eigenschaften; die *physis* aber beharrt im Wechsel aller Dinge. Sind Dinge, die Eigenschaften haben, ihrerseits etwas Ähnliches wie Eigenschaften der *physis* — oder versagt diese Übertragung vollkommen? Diese Fragen können wir zunächst nicht beantworten. Es ist das Problem der Grenze der metaphysischen Betrachtungsweise; vielleicht daß wir im Verlauf dieser Erörterung der alten Denker etwas von dieser Grenze an uns selbst erfahren. Aristoteles faßt den Grundgedanken der „meisten" seiner Vorgänger, die im Bilde der *hýle*, des Stoffes und des Zugrundeliegenden, den „Anfang" des Seienden denken, dahin zusammen, daß sie meinen, es muß eine *einzige physis* oder auch mehrere geben, aus welchen alles andere entsteht, während jene *gerettet* bleibt. Sie unterscheiden sich nur, sofern sie hinsichtlich der Art und der Zahl des ersten Zugrundeliegenden uneins sind.

Damit schließt Aristoteles seine erste vorausspringende Gesamtcharakteristik der alten Denker und wendet sich dann den einzelnen zu, zuerst dem Thales. Wir sind bei dieser Gesamtcharakteristik so lange geblieben, weil sie bei aller Schlichtheit des Ausdrucks die innere Großartigkeit der anbrechenden Philosophie sehen läßt. Die Philosophie steht auf mit einer *Frage des Gedankens*; sie kommt nicht aus der unbestimmten Weite des Weltgefühls oder aus der Ergriffenheit der Religion. Sie ist der denkende Entwurf des Menschen, in welchem das Gerüst gestiftet wird, das fortan alles Weltverhalten trägt. Das Sein ist fragwürdig geworden und wird nunmehr gedacht in einem *logos*, der die *physis* selbst ansagt. Alle Dinge bestehen aus ..., entstehen aus ... und vergehen in ...; das Sein aller Dinge ist ein *In-der-Zeit-Sein*: ist *Bleiben*, *Wechseln*, *Werden*. Die *hýle* wird auf ein Schema hin entworfen, das diese Bezüge der Zeitlichkeit ausdrücklich in das Sein eindenkt. Aristoteles sieht den Anbruch der Philosophie also im Aufreißen eines Grundproblems, das seitdem nie mehr zur Ruhe gekommen ist.

Er begreift damit, daß diese Möglichkeit des Menschen von allem Sonstigen von Grund auf verschieden ist, und daß sie nie ins Dasein treten konnte als Fort- oder Umbildung eines schon Bestehenden, daß sie vielmehr mit ihrer „Grundfrage" auftreten muß und nur so ins Dasein springen kann wie ihre Schutzgöttin, wie Pallas Athene aus dem Haupte des Zeus.

8

Wir haben *einen* Satz des Aristoteles interpretiert. Jenen nämlich, in welchem er in einem vorgängigen Überblick über die „meisten" der früheren Philosophen die Weise aussagt, wie diese die *arché*, den Anfang des Seienden, gedacht haben: *en hýles eídei*, im Aussehen, im Bild der *hýle* (Met.A 984a 17/18). Die *hýle* aber ist, wie wir gesehen haben, nur *eine* Weise der *arché*. Aristoteles selbst kennt *vier* Weisen. Diese Vierfalt der Anfänge bildet die ausdrückliche Basis seiner Interpretation. Wir sagten, die Interpretation des Aristoteles ist eine „metaphysische". Metaphysik bezeichnet dabei für uns, im ausdrücklichen Gegensatz gegen die umgehende populäre Auffassung, nicht eine Lehre von einer übersinnlichen, jenseits der Erfahrbarkeit liegenden Hinterwelt, sondern das Denken, das das *Sein am Seienden* oder anders die *Seinsverfassung des Seienden* aussagt und auf den Begriff bringt. In der Vierfalt der *archaí* wird von Aristoteles der *Wesensbau des Dinges* gedacht. Also am metaphysischen Denken der Dingheit des Dinges mißt Aristoteles das Fragen der ersten Philosophen. Aus solchem Blickpunkt heraus erscheint es ihm *befangen* zu sein. Das erste, urtümliche Denken bewegt sich nur in einem Verständnis der *einen arché*. Allerdings werden auch die anderen Weisen „irgendwie berührt", sie stehen bereits im Blick, aber kommen nicht in die Deutlichkeit des Begriffs. Von ihnen spricht die anhebende Philosophie noch, wie Aristoteles sagt, „mit lallendem Munde" (Met.A 993a 15).

Hýle kai to hypokeímenon, der Stoff und das Zugrundeliegende also ist der ontologische Grundgedanke, den die anbrechende Philosophie zuerst denkt. Und sie denkt das Zugrundeliegende als Wasser, als Luft, als Feuer usf.. Das Entscheidende dabei ist nicht, *welcher* Stoff jeweils als *hypokeímenon* behauptet wird, sondern — und das hebt Aristoteles eindringlich genug heraus — *wie* das Zugrundeliegen ausgedacht wird. Wir sind sehr schnell bei der Hand, überheblich herabzusehen auf Versuche, die Wasser, Luft oder Feuer als die Substanz aller Dinge behaupten; wir sind naturwissenschaftlich nicht mehr so „primitiv"; aber die Frage ist, ob wir nicht im Felde der ontologischen Gedanken „primitiv" sind. Machen wir nicht ganz ohne eigenes Denken Gebrauch von der Vorstellung, daß Dinge eben aus etwas bestehen? Das gehört doch zu den Selbstverständlichkeiten, gewiß, zu den tiefen Gedankenlosigkeiten, die unser Leben halten und tragen. Was einstmals in einer höchsten Anstrengung in den Griff des Denkens gerissen wurde, ist banal geworden; wir gehen damit um, machen davon Gebrauch — und wissen im Grunde nicht, was wir tun. Die beginnende antike Philosophie denkt das Zugrundeliegen des Zugrundeliegenden, das Stoffsein des Stoffes. Sie denkt das Sein als das *Bleibendsein im Wandel*; der Gedanke der *hýle* ist bereits so entfaltet, daß Sein als ständiges Bleiben im Bezug steht zum Wechsel, zum Werden, Entstehen und Vergehen, Nichts und Bewegung. Dieses sich im Bezug von Sein und Zeit ausarbeitende Seinsverständnis aber ist der eigentliche Ertrag der ersten Schritte der abendländischen Philosophie. Genaugenommen sind es keine „Schritte" auf einer schon eröffneten Bahn, sondern ein *Sprung*, der *Ur-Sprung* des Gedankens in das Wesen des Seins.

Vergegenwärtigen wir uns kurz noch einmal den von Aristoteles vorangestellten Gedanken über die *hýle*. Er stellt ihn voraus, bevor er sich den einzelnen Denkern zuwendet, die jeweils als Wasser oder als Luft oder als Feuer das Zugrundeliegende bestimmen. Die *hýle* ist das, woraus alle Dinge bestehen, was immer bleibt, was selbst ungeworden und unvergänglich ist, aber aus dem alles Werden und Vergehen herkommt. Alles Werden und Vergehen ist auf dem Grunde eines ungewordenen Bleibens. Dieser Grundriß der *hýle* zeigt eine Ineinanderbindung von Zeitverhältnissen: das Bleiben ist Ständigkeit im Wechsel; das Zugrundeliegende bleibt so, daß *an* ihm, dem Ständigen, der stetige Wechsel ist: die *ousía hypoménousa*, das Bleibende, ist auch die *ousía metabállousa*, das Umschlagende, das Wechselnde; an ihr gibt es nur das Entstehen und Vergehen. Dieses Zeitschema bleibt in der abendländischen Metaphysik bestimmend für die Auffassung des Seienden. Noch in Kants Lehre von der Substanz als dem Beharrlichen in allem Wechsel haben wir den Widerschein dieser frühen temporalen Deutung.

Was uns aber fragwürdig erschien, war die Weise, wie wir die *hýle* begreifen sollten. Ist damit nur die Dingheit gemeint: das Verharren, Bleiben des Dinges in allen seinen Eigenschaften und im Wechsel seiner Zustände — oder ist die zugrundeliegende, allumfangende *physis* das im Denken der *physiológoi* Angedachte? Diese Frage lassen wir offen, nicht um sie beiseite zu schieben, sondern sie vielmehr immer wieder radikaler zu fragen. Wir werden sie erst in ihrem vollen Fragegehalt und ihrer Tragweite begreifen lernen, wenn wir uns in der Auslegung Heraklits und Parmenides' der Grenze der metaphysischen Betrachtung genähert haben.

Das älteste Wort der Philosophie über das Seiende ist, wenn wir also zusammenfassen, was im Gedanken der *hýle* liegt: *das Seiende ist*; es ist ungeworden, ist immer, ist *aeí*, ist ewig. Ungeschaffen und unvernichtbar bleibt es „im Grunde". Kein Gott kann das Seiende selbst ins Dasein rufen. Der Gedanke einer Weltschöpfung ist außerhalb des philosophischen Begriffs. Für den oberflächlichen Blick könnte es so aussehen, als wären die frühen Philosophen ja auch in einem gewissen Sinne Lehrer der Weltschöpfung: sie lassen ja alle Dinge hervorgehen aus einem Urstoff; es scheint, daß sie nur begrifflich wiederholen, was die kosmogonische Mythologie erzählt. Aber alles Werden, welches die anfängliche Philosophie denkt, ist ein Werden an einem ungewordenen, immerseienden Zugrundeliegenden. Sie denkt erstmals das Werden zurück in das es tragende und ermöglichende Sein. Wenn man nur hinblickt auf die Lehren, daß alles aus dem Wasser, aus der Luft oder dem Feuer wird, und so das Werden gleichsam isoliert nimmt, dann versteht man überhaupt nicht mehr das Eigentümliche der anhebenden Philosophie; dann ist sie nur säkularisierte Theologie. Das Werden aus ... wird philosophisch begriffen vom *Bleibenden* her: aus dem bleibenden und sich wandelnden Urstoff werden die Dinge, und in ihn kehren sie letztlich wieder; er selbst ist allem Werden entrückt; ja er ist in seinem ewigen, ungewordenen Bleiben die Ermöglichung dafür, daß an ihm etwas wechselt, daß aus ihm etwas wird, das nun aus ihm besteht, bis es wieder zu-Grunde-geht. Es ist nicht zufällig, daß Aristoteles seinen Bericht über die ersten Denker eröffnet mit einer vorausgestellten allgemeinen Bestimmung der *hýle*; es ist nicht allein das Gemeinsame, das diese Philosophen verbindet, sondern auch das, worauf es ihnen eigentlich ankommt. Sie haben nicht die ontologische Vorstellung der *hýle* voraus und nehmen nun bald dies, bald jenes als *hýle* an, der eine das Wasser, der andere die Luft. Wir verfallen allzu leicht in den Fehler, daß wir so interpretieren; daß wir meinen, für jene frühen Denker stünde die Denkform *hýle kai hypokeímenon* schon zur Verfügung und sie wären nur verschieden in der Ansetzung des bestimmten Urstoffes. Es ist gerade umgekehrt: was sie denkerisch erobern, ist der ontologische Gedanke von einem Bleibenden, allen Wechsel an sich tragenden Seienden, an welchem alle Bewegung des Entstehens und Vergehens vorkommt. Aber dieser Gedanke ringt sich nur zäh und langsam und unendlich mühsam los aus den phänomenal erfahrenen Verhältnissen, die an den Dingen sich zeigen. Die Beständigkeit des Wassers, sein Vorkommen in vielen Formen und Wandlungen, wird zum Leitfaden für die Idee eines bleibenden Urstoffes. Daß Aristoteles klar und entschieden die *arché* der *hýle* voranstellt und zergliedert in ihren wesentlichen Sinnbezügen, unterstreicht, daß es *darauf* den ersten Philosophen ankam. Sie dachten nicht *gemäß* einer schon ausgebildeten Kategorie, sondern sie suchten und entdeckten erst diese Kategorie. Sie dachten den Anfang des Seienden „im Bilde der *hýle*".

Diesen Ausdruck *en hýles eídei*, im Aussehen der *hýle*, gebraucht nun Aristoteles in einem zwiefachen Sinn, den wir wohl unterscheiden müssen. Einmal bedeutet es das bereits Erörterte: daß die ersten Denker vorwiegend nur in einer Weise die *arché* des Seienden gesucht haben, eben als *hýle kai hypokeímenon*, daß sie die anderen Weisen zuweilen geahnt, irgendwie berührt, aber nicht eigentlich begriffen hatten; daß sie also kein ausdrückliches Verständnis von *ousía kai to ti en einai*, vom Woher des Anfangs der Bewegung und vom Worumwillen (Guten) aufgebracht haben. Von Aristoteles her gesehen erreicht das anfangende Denken nur *eine arché* und *nicht alle vier*. Das ontologische Verständnis erscheint so beschränkt. Aristoteles aber begnügt sich nicht mit einer hochmütig-kritischen Feststellung solcher Beschränktheit seiner Vorgänger. In der Philosophie gibt es kein Vorrechnen von Irrtümern und nicht den einfältigen Stolz der Besserwisserei. Aristoteles sucht vielmehr sachlich zu begreifen, warum das ursprüngliche Denken zuerst *en hýles eídei*, im Bilde des Urstoffes, das Seiende begreift. Er konstruiert einen Weg des Gedankens, der ihm zum Leitfaden wird für die Gesamtschau. Was ist das für ein Weg? Ist er nur zufällig oder hat er eine innere Notwendigkeit in sich? Die Sache selbst, sagt Aristoteles, bahnt den Weg. Das erste ist, zu begreifen, daß die

Dinge bestehen aus ...; das Bestehen aus ... führt zur Idee des zugrundeliegenden Stoffes, aus welchem die Dinge werden und in welchen sie wieder vergehen; das Bleiben und der Wechsel werden so in ihrem Wesenszusammenhang gedacht. Aber woher kommt die Bewegung, die sich als das Entstehen und Vergehen vollzieht? Hat nicht die Bewegung als solche selbst einen Anfang? Damit nun, daß das Entstehen und Vergehen ausdrücklich als Bewegung begriffen wird, eröffnet sich eine neue Dimension in der Frage nach dem Sein der Bewegung. Bewegung kommt woher und führt wohin; sie ist damit noch nicht geklärt, daß eingesehen wird, daß alles Entstehen aus dem Zugrundeliegenden herkommt und dahin führt; das *Bewegte*, das Entstehende und das Vergehende, kommt aus der *hýle* und kehrt in sie zurück; aber die *Bewegung* selbst ist damit nicht begriffen. Für die Bewegung ist erfordert, sie als solche zu verstehen aus einem Woher und Wohin: und das leistet für Aristoteles das *hóthen he arché tes kinéseos*, das Woher des Anfangs der Bewegung (Met.A 983a 30), und das *hou héneka kai agathón*, das Weswegen und das Gute (a 31/32), als das Ziel der Bewegung. Diese von der Problematik der Bewegung her motivierten *archaí* liegen dem suchenden Denken näher; sie sind die ontologischen Gedanken, zu denen das Philosophieren zunächst gedrängt wird, wenn es die *hýle* begriffen hat. Am weitesten ab aber liegt die *arché* der *ousía kai to ti en einai* (Met.A 983a 27/28), das „Wesen". Der Weg also, den Aristoteles konstruiert, ist ein Weg der steigenden Schwierigkeit des seinsbegrifflichen Denkens; er beginnt beim Urstoff und endet beim „Wesen". Der sachliche Weg ist aber für Aristoteles zugleich der historische. Die innere Entwicklung des Seinsbegriffes ist zugleich auch seine äußere Geschichte. In dieser Konstruktion des Aristoteles sind bereits alle Elemente enthalten, die später in Hegels Zusammenschau der geschichtlichen und sachlichen Entwicklung der Philosophie behauptet wurden.

Wir verfolgen nun diesen zugleich sachlichen und historischen Gang des Aristoteles in seinen Grundzügen. Nicht daß wir alle von ihm erwähnten Denker ausführlich in seiner Sicht darstellen wollten. Die Geschichte des Aristoteles reicht von Thales bis Platon. Wir wollen nur das Allgemeine seiner Sichtweise uns vergegenwärtigen, um uns dann dem Wagnis auszusetzen, Anaximander, Heraklit und Parmenides aus ihren Fragmenten selbst zu deuten. Aristoteles beginnt mit *Thales*. Thales denkt *en hýles eídei*, im Bilde der *hýle*. Einmal sofern er das *arché*-Sein nur als zugrundeliegenden Urstoff faßt, dann aber auch in einem anderen Sinne. Wie bereits gesagt, verwendet Aristoteles diesen Ausdruck „im Bilde der hýle" zwiefach. Es kann nunmehr auch heißen, die *hýle* selbst erscheint in vielfachem Aussehen, bei dem einen Denker als Wasser, beim anderen als Luft und beim dritten als Feuer. Die *hýle* hat je ein anderes Aussehen, aber in allem verschiedenen Aussehen ist es derselbe ontologische Gedanke, der dabei gedacht wird. Thales setzt das Wasser als den Urstoff. Das heißt also: alle Dinge bestehen aus Wasser; aus Wasser als dem Ersten entstehen sie und in Wasser als Letztem vergehen sie, wobei das Wasser immer zugrunde bleibt und nur umschlägt, wechselt in dem, als was es sich dann zeigt; im Grunde ist alles Wasser, alles aus Wasser geworden und zu Wasser werdend. Das Wasser ist das wahrhaft Bleibende, das Unvergängliche, das Beharrliche im Wandel aller Dinge. Ist eine solche Konzeption nicht überaus befremdlich? Warum wird der Urstoff gerade als Wasser gedacht? Liegt es nicht unserem Gefühl näher, das Bleibende im Bilde der unveränderlichen tragenden Erde zu denken? Ist es eine jonische Erfahrung, ist es bezogen auf ein Menschentum, das an der Küste lebte angesichts der schimmernden Weite des Meeres? Man hat vielerlei dergleichen Mutmaßungen angestellt. Die Philosophie aber nimmt nicht ihre Gedanken auf aus der umgebenden Umwelt und spiegelt diese im Begriff wider; sie denkt vielmehr das Seiende selbst. Das aber, was das Seiende ist, finden wir nicht herumliegen, sondern treffen es ursprünglich in jenem schweigenden Raume, den allein der Gedanke betritt. Das Wasser, als der Urstoff gesetzt, aber verschärft eine Schwierigkeit, die wir schon genannt haben. Zunächst: wie begegnet uns das Wasser? Wir sagen in vielen Formen: als Regen, als Tau, als Bach und Gewässer, als Meer; so ist es etwas, was neben anderem Seienden vorkommt, neben dem Felsgestein des Ufers, dem Sturmwind, der die Woge peitscht, dem Feuer, das im Wasser erlischt oder das Wasser zum Verdampfen bringt. Wasser ist etwas neben anderem. Es ist kein „Ding", kein abgegrenztes, festumrissenes Ding, es ist kein einzelnes so wie ein Mensch, ein Tier, ein Baum; es hat gegenüber solchen Einzeldingen eine Formlosigkeit; Wasser ist überall nur *eines*; alle Wasser rinnen zusammen in eines; was wir absondern, etwa einen Krug voll, ist nur ein abgestückter Teil eines Ganzen, das immer zusammenhängt; Wasser ist kein Einzelding, sondern ein Element. Das Elementhafte am Element ist, daß es ein alldurchwaltender Einheitszusammenhang ist; alle Gewässer sind *ein* Wasser. Diese Natur des Elements, eines zu sein in allen seinen abgestückten Teilen, und nicht wie ein Tier, ein Mensch, ein Baum je gesondert zu sein, gibt gleichsam schon einen ersten Hinweis und Fingerzeig auf ein Zugrundeliegen. Das Wasser ist zunächst ein Element, ein einfacher Körper, wie Aristoteles sagt. Als Element kommt es neben anderen Elementen vor, neben Erde, Luft und Feuer. Inwiefern hat es einen Vorzug vor diesen? Inwiefern ist es das wahrhaft Bleibende in allem Wandel, inwiefern entstehen auch die anderen Elemente aus dem Wasser und sind im Grunde Wasser? Was motiviert das Herausheben des Wassers aus der phänomenal begegnenden Gleichstellung mit den anderen Elementen? Zugegeben also, daß der *Elementcharakter* ein sinnliches Bild abgibt, an welchem der Gedanke aufblitzen kann vom Einheitsgrund aller Dinge; warum aber gerade dieses bestimmte Element des Wassers? Wir würden die jonische Physik des Thales von Grund aus mißverstehen, wenn wir die darin drängenden Seinsgedanken auslegten in die Richtung einer naturwissenschaftlichen Hypothese; etwa so: nach Ansicht des Thales ist alles erscheinungsmäßig sich Zeigende Wasser, auch das, was sonst nicht so aussieht, das Feste, die Luft und das Feuer; die anderen Elemente sind nur andere Aggregatzustände des Wassers, wie sonst das Eis oder der Dampf. Damit wäre die Philosophie des Thales auf eine unglaubliche, phantastische und primitive Hypothese herabgezogen; und das heißt: sie wäre überhaupt nicht mehr Philosophie. Leider sieht es in vielen Geschichtsbüchern der Philosophie so aus, als ließe sich die Meinung des Thales zusammenfassen in den Satz: alles Seiende = H_2O. Das Wasser ist aber von Thales gedacht als die *ousía hypoménousa kai metabállousa* (Met.A 983b 10), als das zugrundebleibende und umschlagende, den Wechsel ermöglichende Seiende. Die Frage, die sich hier dem Nachverständnis immer wieder stellt, ist: warum gewinnt das Wasser, ein phänomenal begegnendes Element neben anderen, diese Auszeichnung, daß in seinem Bild das *Zugrundeliegende* gedacht werden konnte? Wir kehren also die übliche Ansicht um. Dort gilt es als verständlich, was Urstoff ist, und der Anfang der Philosophie wird gesehen in einer dogmatischen These: dies, das Wasser, ist der Urstoff. Es gilt aber zu begreifen, und zuvor als Frage auszulegen, wie das Denken des Menschen *am Leitbild des Wassers* durchbricht zum Gedanken eines *hypokeímenon*. Aristoteles führt eine Reihe von Motiven an. Für Thales liegt nicht das Wasser in einer Mulde der Erde, sondern umgekehrt, die feste Erde ist auf dem Wasser; das Festland schwimmt auf dem Wasser. Vielleicht, fährt Aristoteles fort, komme Thales zu seiner Ansicht durch die Beobachtung, daß alles Lebendige sich durch Feuchtes nähre, und aus solcher Nahrung den Lebewesen die Wärme entstehe; ferner daß der Samen seiner natürlichen Beschaffenheit nach feucht sei; ferner sei die Ansicht von der Ursprünglichkeit des Wassers eine alte und ehrwürdige, die bereits in den ältesten Mythen von Okeanos und Tethys ausgesprochen sei; und endlich sei noch das, wobei selbst die Götter nach den Zeugnissen der Dichter schworen, ein Wasser: der Styx. Der Eidschwur aber sei das Ehrwürdigste; das Ehrwürdigste aber auch das Älteste (Met.A 983b 22-33). Das Wasser ist also das im ehrwürdigsten Eid angerufene Älteste. Man sieht sofort, daß die von Aristoteles angegebenen Motive sich himmelweit entfernt halten von einer naturwissenschaftlichen Hypothese. Das spricht nicht gegen, sondern ganz eindringlich *für* den philosophischen Charakter des Gedankens des Thales. Es sind zunächst verschiedene Weisen, wie ein

„Gründen" von Seiendem erfahren ist: das Land liegt auf dem Wasser, das Wasser *trägt*; alle Nahrung ist feucht, das Feuchte *nährt*; das Feuchte aber ist der Samen und so der *Ursprung von etwas*, und das Wasser ist das mythologisch bezeugte *Älteste*. Tragen, Nähren, Entspringenlassen und „am ältesten sein" sind also die auf das Wasser hin sich sammelnden Bezüge, die zusammen mit dem elementarischen Charakter des Wassers zum *Analogon* werden für den aufblitzenden Gedanken, in welchem nun das Zugrundeliegen rein gedacht wird. So wie das Wasser als das tragende, nährende, entspringenlassende und älteste sich zu den anderen Dingen verhält, so verhält sich ein Zugrundeliegendes, ein unwandelbares Seiendes zu allem Wandel, in dem die Dinge entstehen und vergehen. Der ontologische Gedanke tritt aber für die ersten Philosophen noch nicht heraus aus diesem Raume der Analogie; er bleibt für sie noch darin eingewickelt. Das Gleichnis tritt selbst an die Stelle des sich noch nicht selbst durchsichtigen Gedankens. Aristoteles erst interpretiert, d.h. er holt heraus, was verhüllt im Denken der alten *physiológoi* versteckt liegt. Am Modell phänomenaler Verhältnisse also werden *analogisch* reine Seinsverhältnisse aufgespürt und entdeckt. Diese Analogie ist keine methodische Minderwertigkeit der anhebenden Philosophie. Solange überhaupt philosophiert wird, steht das menschliche Denken in der Not, in Vorstellungen und Gedanken, die zunächst die Dinge betreffen, das Dingsein des Dinges zu denken und gar das Sein selbst. Diese Not ist nicht aufhebbar. Sie ist nur einsehbar, und als eingesehene bestimmt sie allen Kampf des Begriffs. Das gilt für Thales ebensogut wie für uns heute. Von Thales geht Aristoteles in schneller Folge über zu Anaximenes, der die Luft als das Zugrundeliegende ansetzt, wie dann Heraklit das Feuer und endlich Empedokles, der alle vier Elemente als das *hypokeímenon* behauptet. Alle diese Denker kommen in dem überein, daß sie den Anfang, die *arché* des Seienden als *hýle* denken, unterscheiden sich jeweils in der bestimmten Interpretation der *hýle*. Für Aristoteles aber gewinnen sie Wert vor allem durch die steigende Differenzierung, in welcher dabei das Seinsverhältnis des Zugrundeliegens ausgedacht wird. Während bei Thales noch offen bleibt, in welchem Bezug das Bleibende zum Werdenden steht, wird in der Folge gerade das Werden als Entstehen aus ..., Bestehen, Vergehen weiter entwickelt. Die Dinge entstehen aus einem Zusammenwirken der Elemente, durch Mischung, durch Verdichtung und Verdünnung usw.. Der Prozeß der *ontologischen Generation* des Seienden aus dem Ur-Einen wird in mannigfachen, selbst noch modellhaft gebundenen Gedanken entfaltet. Im einzelnen können wir darauf jetzt nicht mehr eingehen. Es genügt uns, von Aristoteles die Einsicht gelernt zu haben, daß es im Philosophieren der *physiológoi* nicht um Wasser, Luft oder Feuer geht, sondern eigentlich um ein Verständnis der Seinsstrukturen, die sich in jenen Modellen analogisch anzeigen.

Diese Einsicht soll uns den Weg zeigen, wo wir uns den schwer verständlichen, dunklen Fragmenten der ersten Philosophen gegenüber sehen. Die Philosophie ist vom ersten Tag ihrer Geschichte an *Ontologie*. Und sie bleibt es, solange sie in der Nachfolge der Griechen steht. „Ontologie" ist dabei nicht ein Sonderproblem, das neben anderen philosophischen Fragen steht, etwa neben der Ethik, der Logik, der Erkenntnistheorie. Ontologie ist die Philosophie, sofern sie nach dem Sein aller Dinge fragt, nicht nur der sichtbaren Einzeldinge, sondern auch nach dem Sein des Menschen, das ihm aufgegeben ist, nach dem Sein der logisch-mathematischen Gebilde und nach dem Sein der Wahrheit. Die Philosophie zerfällt nie in Fächer, die nebeneinander gleichberechtigt vorkommen; Philosophie ist immer ein in *einer* Bewegung stehendes, von *einer* Grundfrage angetriebenes Denken, das ins Ganze ausgreift und den Menschen ins Herz trifft, weil *er* das Wesen ist unter allem Lebendigen, das allein den „Begriff" braucht, um inmitten der Weltnacht als lohende Fackel zu existieren. In diesem dunklen Bilde Heraklits ist die Notwendigkeit des Begriffs angesprochen. Der Seinsgedanke, den die Philosophie entwirft und ausarbeitet, ist nicht eine bloße Angelegenheit spintisierender Köpfe, ein unfruchtbarer Müßiggang, der doch zu nichts nützt. Gewiß „nützt" alles Philosophieren nichts, wenn der Maßstab des Nutzens der gemeine Verstand ist; man kann damit nichts anfangen. Aber ohne die Philosophie, ohne die getane Arbeit von zweieinhalbtausend Jahren, ohne die Griechen und ihre Nachfolger wäre unser Dasein „bodenlos". Vielleicht wäre es gehalten in einem Mythos, in einer Religion; aber es wäre kein Dasein eines freien, sich selbst begründenden Menschentums. Alle Selbstbegründung des Menschen als des weltoffenen Wesens aber beginnt mit dem Denken des Seins. Wenn die Philosophie wesenhaft Ontologie ist, wenn es ihr innerster geschichtlicher Auftrag ist, vorgängig vor aller Weltverhaltung das Seinsgefüge selbst zu entwerfen, so ist sie darin vielleicht aber doch mehr als nur „Metaphysik". Was soll das heißen? Unter Metaphysik verstanden wir den ontologischen Entwurf der Dingheit. Metaphysik ist umgrenzt in der Weite ihrer Fragestellung durch das Seiende, das sie in seiner Seinsverfassung erhellt und lichtet. Die aristotelische Interpretation der vorangegangenen Philosophie der *physiológoi* geht aus von der Basis einer sich als Metaphysik verstehenden Philosophie. Das *Wesensgefüge der Seiendheit*, die sich im Aufriß der vierfachen *archaí* zeigt: als das Ding, das bleibt im Wandel seiner Zustände und Eigenschaften, als das Ding, das ein Wesen hat, das sich in dem ihm zugeordneten Begriff ausspricht, als das Ding, das in einer Bewegung steht, die ein Woher und ein Wohin hat, — dieses Wesensgefüge der Seiendheit bildet also, wie wir gesehen haben, die Interpretationsbasis des Aristoteles. Unter seiner Führung konnten wir die Einsicht erwerben, daß die Philosophie nicht als mythische Erzählung über Wasser, Luft und Feuer beginnt, sondern als der denkerische Kampf um verborgene und schwer herausreißbare Seinsverhältnisse. Die Frage bleibt nur, ob wir uns nicht auch eine wesentliche Dimension im Denken der *physiológoi* verschlossen haben durch den Ausgang von Aristoteles, d.h. von der metaphysischen Basis seiner Philosophie. Das ist kein leerer Verdacht.

Wir wollen den Versuch machen, die noch verschlossene Dimension in den Griff zu bekommen und zu öffnen in einer Interpretation eines von Aristoteles fast übergangenen alten Denkers: des *Anaximander*.

9

Die abendländische Philosophie beginnt mit einem großen Wurf. Sie springt ins Dasein mit ihrer größten Frage. Sie fragt nach dem Ursprung aller Dinge, nach der *arché*. Das Ganze des Seienden wird überblickt — und durchblickt bis in seinen Grund. Das fragende Denken greift aus in die weiteste Weite und gräbt zugleich in eine unauslotbare Tiefe. Das sind keine Bewegungen nach zwei verschiedenen Richtungen. Die Weltoffenheit ist nur dort wahrhaft möglich, wo der Mensch nicht mehr verfallen bleibt dem Augenschein, dem Vordergründigen, wo er ins Wesen der Dinge eindringt; nur dort wird er auch hinausgehoben über das Einzelne und ihn sonst Fesselnde und wird ins Ganze des Seienden eingelassen. Seit Thales ist die weltweite und ursprungsnahe Gelassenheit die Grundstimmung der Philosophie. Mit Thales beginnt aber auch die Arbeit des Gedankens, die im weltweiten Staunen aufgebrochene Fragwürdigkeit des Seienden im Ganzen zu lichten. Die anhebende griechische Philosophie beginnt mit einem großen Wurf, sofern sie ent-wirft, was und wie das Seiende „ist", sofern sie das Sein selber ausdenkt. *Vor* der Philosophie ist „Sein" zwar immer schon verstanden; wir leben ja nie ohne ein solches Verstehen; Sein ist gerade das allezeit und immer Verstandene: in jeder Begierde schon wie auch in jedem Ausweichen vor einem Bedrohlichen, im wortlosen Verhalten zu den Dingen wie dann eigens und ausdrücklich in jeder Sprache. Das Verstehen von Sein liegt allem anderen Verstehen von Menschen, Tieren, Geräten, Werkzeugen, Kunstwerken, Kulturgebilden, Staat usw. zugrunde; immerzu machen wir Gebrauch vom „Ist"-Sagen; immerzu verstehen wir dabei Wirklichkeit, Möglichkeit, Was-Sein, Daß-Sein, Wahrsein usf.; wir streiten z.B. darüber, ob es eine behauptete Sache gibt; wir gehen sogar vor Gericht mit einer Feststellungsklage; wir schwören Eide, um das Sein von etwas zu versichern; aber nie, solange wir eben noch den gesunden Menschenverstand bewahren, streiten wir darüber, ob es das „es gibt" gibt, oder streiten wir über das Wesen der Feststellung überhaupt oder schwören einen Eid, der das Sein selbst vergewissert. Dergleichen fällt nur den Philosophen ein, jener merkwürdigen Sorte von Menschen, die eigens nach dem fragen wollen, was für alle fraglos ist; die sich das ansehen wollen, womit sonst jeder nur umgeht; die ausdrücklich das im Gebrauch stehende Seinsverständnis prüfen wollen. Sein ist immer schon und *umgängig* verstanden. Der Umgang ist die Weise, wie wir darin leben, davon ständig Gebrauch machen — und es doch eigentlich nicht kennen. Der Umgang entzieht sich selbst der Einsicht. Alles Erkennen und Begreifen, Erklären und wissenschaftliche Begründen hält sich je schon im Umgang mit einem vielfältig gegliederten Verstehen von Sein; aber was dieses in Gebrauch Genommene selbst ist, bleibt dabei unbegriffen. Das ist keine nur „methodische" Naivität. Es wäre vollkommen falsch, darin nur ein „erkenntnistheoretisches Problem" zu sehen. Man könnte etwa argumentieren: gewiß bleiben in der sachgerichteten Einstellung des Lebens, in der alltäglichen Praxis und auch in der dingbezogenen wissenschaftlichen Forschung die Denk- und Vorstellungsweisen, mit denen operiert wird, gleichsam latent; es ist dann eine Aufgabe der *Logik*, die Denkschemata des praktischen wie die des wissenschaftlichen Lebens gegenständlich zu machen und in ihren Bezügen zu erhellen. Diese Auffassung ist immer noch weitverbreitet. Hier wird überhaupt nicht begriffen, daß sogenannte „Denkformen" mehr sind als nur eine subjektive Sache, mehr als eine Einrichtung des menschlichen Intellekts, eben ein Verstehen jenes Ungreifbaren und Unsichtbaren und Unhörbaren, das alles Greifbare, Sichtbare und Hörbare allererst ermöglicht: des *Seins*. Die antike Philosophie beginnt, indem sie ausdrücklich darauf zurückgeht, was so vorgängig und umgängig das immer Verstandene, aber Unbegriffene ist; sie ist nur als dieser Rückgang.

Immer blicken wir in die Welt hinein, finden darin Dinge, die uns angehen oder abstoßen, haben vor uns die bunte Fülle des vielfältig sich zeigenden Seienden; die Dinge selbst aber sind begriffen in einem unablässigen Wandel: über die gegründete Erde laufen lauter Augenblicke: in jedem ist alles anders; Dinge treten auf und verschwinden, Blumen gehen auf und verblühen; in allem ist Altern, Werden und Tod, und selbst die ragenden Gebirge verwittern; alles ist in Bewegung, in Bewegung vielfältiger Art. Der Wandel der Vergänglichkeit herrscht allenthalben. Was ist da das Sein, wenn wir nur Werden, Vergehen, Wechsel, Altern und Anderswerden sehen, uns selbst dabei als die Vergänglichsten in der vergehenden Welt erfahren? Die Philosophie beginnt ihr geschichtliches Dasein, indem sie in Thales zum ersten Male ausdenkt, was im Grunde diese flimmernde, zitternde, von Augenblick zu Augenblick huschende und doch so ungeheure weite Welt ist. *Thales er-denkt den Grundriß der Welt.* Der Gedanke stellt gegen alle Erfahrungen, die von den Phänomenen ausgehen, von ihrer jagenden Flucht und Ruhelosigkeit, das *bleibende Sein* auf. Das Bleiben liegt allem Wandel zugrunde. Das Seiende ist, nicht im Sinne einer leeren Tautologie, sondern als die erste und fundamentale Einsicht, die den *logos des on* aussagt. Das Seiende ist ungeworden und unentstanden. Aller wirbelnde Tanz der Erscheinungen wird damit überstiegen. Dort, wo nur hingeblickt wird auf das vielfältige Kommen und Gehen aller Dinge, kann der Gedanke aufkommen, das Ganze des Seienden selbst könnte so gekommen sein wie die flüchtigen Erscheinungen, und es könnte als Ganzes selbst vergehen und verschwinden; dann wird die Welt als in ihrem Dasein zufällig angesetzt; in solcher Zufälligkeit gehalten aber verlangt sie nach einem zureichenden Grunde, der sie ins Dasein bringt; das ist die Weise der Kosmogonie, die vor allem der religiösen Spekulation zugrundeliegt. Die griechische Philosophie denkt von Anfang an die *Ewigkeit der Welt.* Und dies nicht als eine willkürliche Behauptung, sondern aus einem ersten und ursprünglichsten Verstehen von Sein. Die Ewigkeit der Welt ist der erste ontologische Gedanke. Der Grundriß des Seienden ist so geartet, daß alles Werden nur auf dem Grunde eines Bleibenden möglich ist. Die Philosophie denkt aus und faßt in den Begriff, was sonst nur verborgen und bloß umgängig in aller Auffassung von Wandlung liegt: eben das Bleibendsein des Zugrundeliegenden. Wandlung ist nur *am* Bleibenden. Das Stehende und Ständige im Grunde ist das erste Anliegen der philosophischen Besinnung. Das Bleibende hat nicht dieselbe phänomenale Gegebenheit wie der Wechsel und das Wechselnde; es ist vielmehr immer un-thematisch oder umgängig verstanden; vom Bleibenden her wird der Wechsel gesehen; der Wechsel ist das Auffällige und Beängstigende; das Bleiben an ihm selbst wird nicht so unmittelbar aufgenommen. Es war die erste und größte Leistung des antiken Gedankens, die bloße Phänomenalität zu durchstoßen und auf das Bleibende selbst zurückzudenken. Die sogenannten Kosmogonien der ersten Philosophen sind Weltentstehungslehren, die vom ewigen, unentstandenen und unvergänglichen *hypokeímenon* her die Werdenswelt aufbauen, aber eben nicht die Welt selbst. Das Sein der Welt braucht keine Ursache, als das Zugrundeliegende ist es die *arché*, der Anfang von allem. Thales denkt diese ontologische Grundhaftigkeit als das Wasser. Oder genauer: im Hinblick auf das Wasser und seine Ständigkeit entwirft er, gleichsam in das Bild des Wassers noch verhüllt, den ontologischen Grundriß: ein ständig Bleibendes und ein darauf gründendes stetes Wechseln. Das Seiende ist Wasser, heißt also: das Seiende ist im Grunde ein *Einfaches*, das in allem Wandel bleibt. Die Einfachheit und Beständigkeit des Seienden wird als Wasser, im Bild des Wassers gedacht. Wasser ist hier noch ein echtes Symbol, kein bloßes Gleichnis. Der ontologische Gedanke ist hier noch wahrhaft sinnenfällig; er fällt in die Sinne, weil es das Selbe ist, was im Gedanken und hier im bestimmten Element des Wassers anwest. Das Denken ist noch nicht „abstrakt". Das ist nicht so zu verstehen, daß hier am Ende noch „primitive Anfänge" wären, daß es sich noch nicht losreißen könnte von einer übermächtigen Sinnlichkeit, welche ja die glühende Mitte des griechischen Lebens war. Nicht eine Hilflosigkeit des sinnlich befangenen Denkens läßt die anfänglichen Denker zu sinnlichen Substraten für abstrakte ontologische Gedanken greifen; vielmehr ist das, was hier das abstrakte, d.h. das seinsbegriffliche Denken trifft, selbst ein Sinnliches; das Sein ist noch begriffen als *physis*. Es kann manchmal so aussehen, als wäre das frühe Denken der Philosophie eine Art von „Materialismus", der nur dadurch gemildert sei, daß sie die *hýle* als „belebt" angesehen hätten. Man spricht zuweilen vom „Hylozoismus". Mit solchen Begriffen verbaut man sich endgültig die Möglichkeit, zu begreifen, um was es damals ging. Das Denken der *physiológoi* ist weder „materialistisch" noch „spiritualistisch"; solche Schemata sind hier völlig wertlos. Das Sein in allem Seienden wird von Thales gefaßt als das Wasser — und umgekehrt wird im Hinblick auf Ständigkeit, Einfachheit und Einzigkeit des einen, alles Umgreifenden zugleich der Durchblick auf die innere Struktur des Seins gewonnen: Bleibendes als der tragende Grund allen Wechsels. In solchem Hinblick entfaltet das ur-anfängliche Denken die Bezüge von *Sein und Nichts, Bewegung, Ständigkeit, Wandel, Entstehen und Vergehen*. Fassen wir in eine kurze Formel zusammen: Thales erdenkt den Grundriß des Seienden als eines einfachen, bleibenden *hypokeímenon* im Symbol des Wassers.

Die Lehre des Thales bleibt uns in ihren ausführlicheren Bestimmtheiten im Dunkel der Vorzeit verborgen. Wir haben überhaupt keine Schriften von ihm, sondern eben nur die Berichte antiker Autoren, vor allem eben des Aristoteles, dann auch des Diogenes Laertius, des Herodot, des Platon, des Simplicius, des Seneca usf.. Nicht viel besser steht es mit seinem Nachfolger und Schüler *Anaximander von Milet* (geb. um 610 vor Christus). Anaximander galt im Altertum als der erste Philosoph, der eine *Schrift* hinterlassen hatte, die „*Perí physeos*" handelte, über die Natur also, ohne daß allerdings dieser Titel feststeht. Diese Schrift ist verschollen und hat bereits im Altertum, wie es scheint, dem Simplicius nicht mehr vorgelegen. Wir haben nur wenige Fragmente, aus denen uns original die erste Stimme der Philosophie entgegentönt.

Wir wollen hier, wo es nicht um eine Geistesgeschichte des Griechentums geht, alles beiseite lassen, was den Anaximander in der alten Welt schon hochberühmt gemacht hat: die ihm zugeschriebene Erfindung der Sonnenuhr, seine erstmalige Ergänzung der augenscheinlich gegebenen Himmelshalbkugel zur vollen Kugel, seine Erdtafel, die erste Landkarte der bewohnten Welt, die, später von Hekataios ausgearbeitet, eine große Berühmtheit erlangte. Wir wollen allein hinhören auf die Stimme der Philosophie. Eine solche Absicht ist schnell gesagt. Sind wir denn solche, die überhaupt hören können, was aus dem Abgrund uralter Zeit laut wird? Anaximanders entlegene Weisheit fassen wir nicht in einem Zug. Wir sind nicht nur voll von dem Lärm des modernen Daseins, vom Kampf mit der Natur, der sich im Zeichen der Maschine vollzieht und von dem Rilkes Wort gilt: „Zwar ist kein Hören heil in dem Durchtobtsein, doch der Maschinenteil will jetzt gelobt sein ..."[1]; wir sind auch geprägt durch die Geschichte, die Entfaltung und Verfall in einem ist. Zurückzuhorchen in jene uranfängliche Stille, aus welcher das Sagen der Philosophie sich erhebt, fordert zuerst ein Stillwerden in uns selbst; all das Vorlaute und Geschwätzige, das sich gleich andrängt, um ein wesentliches Wort des Denkens zu zerreden und einzuebnen in das immer schon Bekannte, müssen wir unterdrücken, wenn wir uns frei machen sollen für das unbekannte Einfache. Die ersten Philosophen sprechen aus einer Ergriffenheit. Auch dieses Wort bedeutet nur eine Verlegenheit. Wir kennen im allgemeinen die „ergriffene Rede" als die Sprache der Propheten. Wo Gottes unendlicher Schatten über dem Menschenland liegt, stehen sie auf, die Ergriffenen, und hören seine Stimme aus dem brennenden Dornbusch oder in den Gewitterstürmen des Sinai. Und sie wandeln ebenso am Ganges wie in der Wüste Arabiens; die Ergriffenen sind uns vertraut als die Mundstücke übermenschlicher Mächte; in Religion und Dichtung scheint das wesentliche Sagen zu geschehen im Auftrag der Götter. Philosophie aber hat diesen beiden Möglichkeiten der Rede gegenüber eine grundsätzlich andere Wesensart. Sie ist als die freieste Möglichkeit des Menschen auch die endlichste; sie ist nie „inspiriert" möglich; durch des Philosophen Mund spricht keine übermenschliche Macht. Philosophie ist immer Wagnis. Sie ist das wagende Denken, das es auf sich nimmt, den Grund zu legen für die Existenz des Menschen im Ganzen des Seienden. Der Mensch kann nur so von sich her in der Welt sein, daß er sich zu allem, was ist, verhält; zwar ist er immer schon *in* einem Verhalten und immer schon *in* einem ihn umgängig leitenden Seinsverständnis. Philosophie aber ist die ausdrückliche „Prüfung" aller sonst fraglos leitenden Seinsgedanken, eine Prüfung, in welcher auch der Doppelsinn von Leid und „Heimsuchung" nicht umsonst mitschwingt. In der Philosophie sucht das grundlos gewordene Dasein heim in den Grund aller Dinge. Wenn das Philosophieren begriffen wird als ein Geschehen, das als solches die menschliche Freiheit leistet und damit erst Geschichte möglich macht, so ist sie doch weit entfernt davon, eine bloße Selbstherrlichkeit des Menschen zu sein; der Mensch in der metaphysischen Not, denkend den Entwurf zu wagen, was ihm das Seiende ist, steht nicht in der Beliebigkeit und leeren Willkür. Aller ontologische Entwurf kann nur aufsteigen aus einer „ontologischen Erfahrung", aus einer Erfahrung der Verborgenheit und Verschlossenheit des Seienden im Ganzen. Nur wenn das Dasein sich solcher vereinsamenden und vereinzigenden Erfahrung auszusetzen getraut, wenn es alleingelassen in der Weltnacht schweigend und bangend steht, öffnet sich ihm die Stille, in welcher es hinhören kann auf den *logos*, der in allem waltet. Ergriffen aber kann ein Dasein im Philosophieren sein, sofern es sich ergreifen läßt von der Macht der Dunkelheit des „Seienden", wenn es sich losmacht von allen mitgebrachten Sicherungen und dem Fragen Raum gibt. Und ergriffen wiederum ist es dann, wenn es den *logos* hört und ihm sich öffnet. Die Philosophie kennt also eine andere Weise der Ergriffenheit, die verschieden ist von aller Religion und Kunst. Die hohe und dunkle Sprache der ersten Denker ist keine Abhängigkeit von der Mythologie, in welcher für den Griechen Kunst und Religion innig zusammenhingen. Diese hohe und dunkle Sprache entstammt einer eigenen und eigentümlichen Ergriffenheit. Es ist daher nicht das Problem, das dort „dunkel" Gesagte zu übersetzen in die nüchterne und klare Sprache eines kritischen und sich selbst mißtrauenden Denkens; nicht gilt es die frühen Denker von einem „mythischen Sprachgewand" zu befreien, vielmehr gerade umgekehrt, *wir* haben den schweren Versuch zu machen, uns im Nachverstehen in die Erfahrung zurückzustellen, aus der heraus Anaximander und Heraklit sprechen. Das bedeutet aber nie, sie nachzuahmen. Das Erste und auch Schwerste der Interpretation der anhebenden antiken Philosophie ist die rechte Bereitschaft zum Hinhorchen.

Von Anaximander sind uns ganz wenige Sätze überliefert. Diese allein legen wir der Interpretation zugrunde. Anaximander gilt den Alten als der erste Philosoph, der den Ausdruck *arché* aufgebracht hat; solches Aufbringen ist zugleich auch das Aufbringen der Sache. Anaximander begreift das, was vor ihm Thales mit der Ständigkeit des Wasser denkt, als den „Anfang" aller Dinge; die Dinge, das Viele und Vielartige, werden im ganzen überblickt und begriffen von einer *arché* her. Diese *arché* nennt Anaximander das *ápeiron*: das Unbegrenzte. Alle Dinge, jegliches, was immer ist, hat seine Gestalt, seinen Umriß, was es so unterscheidet von den anderen Dingen; etwas ist, solange es währt, in seinem Umriß, in einer endlichen, begrenzten Gestalt; alle Dinge können sich zwar ständig in den bestimmten Formen verändern, größer oder kleiner werden, sich dehnen oder schrumpfen; aber sie haben dann immer irgendeinen Umriß, der sie begrenzt und sie als *dieses* bestimmt, das sie eben sind. Alle Dinge sind begrenzt; nicht nur im räumlichen Sinne, in ihrer Figur, sondern auch in ihrem Wesen; jedes Ding ist etwas und ist nicht zugleich alles; es ist entweder warm oder kalt, hell oder dunkel, entweder ein Tier oder ein Mensch, entweder ein Staat oder ein Gestirn; kein Ding kann unterschiedlos alles sein; alles sein wollen, hieße gerade keine Bestimmtheit mehr an sich tragen; das eine schließt das andere aus. Etwas sein ist zugleich schon „ein anderes nicht sein"; und alle die so begrenzten Dinge zusammen stehen in einer Welt; die vielen begrenzten Dinge machen die Welt aus. Von der Welt her aber verstehen wir ganz ursprünglich das „Alles". Was soll sonst uns alles heißen? Alles, was ist, ist beisammen in einer allbefassenden Welt. Unter Welt verstehen wir gemeinhin das alles Einzelne im voraus überholende und so in sich einbehaltende Ganze. Gewiß kennen wir auch andere Allheiten und Ganzheiten. Alle Bäume, alle Menschen, die ganze Stadt usw.; Allheit meint hier einmal die abzählbare Menge, die wir zusammengreifen, oder dann auch den Inbegriff eines gattungshaft gedachten Was-Seins. Die Menge und der Inbegriff aber heben die Begrenztheit des darin Zusammengenommenen nicht auf; die Menge wird erst zu einem Ganzen dadurch, daß ein Begrenztes und ein Begrenztes zusammengenommen werden; eine Menge ist nicht die Weise, wie das Begrenzte aufhört, begrenzt zu sein; sie ist, bestehend aus endlichen begrenzten Teilen, selbst endlich und begrenzt; eine Schwierigkeit bildet hier nur das Kontinuum und seine ihm zugehörige Teilbarkeit. Der Inbegriff, gefaßt als Gattungsbegriff, hat selbst, obgleich er gerade ein „Allgemeines" ist, nicht eine Unbegrenztheit, sondern ist begrenzt: er umgrenzt ja das Wesen, die bestimmte endliche Natur eines Bereichs des Seienden. Alle begrenzten Dinge stehen in der Offenheit der Welt. Im Hinblick auf die Weltoffenheit also haben wir ein erstes Verstehen des *Unbegrenzten und Grenzenlosen*. Alles Begrenzte ist so im Unbegrenzten. Das ist zunächst nur eine phänomenale Aussage und noch keine These über die Größe der Welt. Vielleicht hat die Welt selbst keine Größe und alle Größen sind in ihr. Doch lassen wir das einstweilen beiseite. Wir nehmen — in dieser bloßen Vorbetrachtung — nur phänomenale Befunde auf. Die durchgängige Begrenztheit aller Dinge fällt uns bald auf. Und ebenso kommen wir leicht darauf, wie diese begrenzten Dinge zusammenstehen oder beisammenliegen im Offenen, Grenzenlosen der Welt. Wir sehen, daß alle Begrenztheit in einer Unbegrenztheit eingelagert ist; wie Begrenztheit der Dinge gerade die Unbegrenztheit des Umfangenden fordert und — vielleicht auch — umgekehrt. Vielleicht, so könnte man einmal denken, ist eine grenzenlose, offene Welt nur möglich, wenn sie nicht eine gähnende Leere, sondern erfüllt ist mit einzelnen, sich voneinander unterscheidenden Dingen. *Vielleicht.* Wir machen ja vielfach den Versuch, das nicht Ausgedachte zu meinen und so eine „weltlose" Einzelheit oder auch eine „leere" Welt anzusetzen. Gehört es, so müßte man wirklich fragen, zum Wesen des Seins, daß Seiendes nur ist als endliches, begrenztes *in* der Welt, und daß umgekehrt so etwas wie Welt nur ist als das Umfangende für Dinge? Die Welt west in allen Dingen an, und die endlichen Dinge kommen nur im Weltganzen vor. Das Begrenzte hat so vielleicht einen inneren Bezug zum Unbegrenzten und ebenso umgekehrt.

Diese vorläufige Erörterung hat noch nicht den Charakter einer Interpretation anaximandrischer Gedanken; sie dient lediglich dazu, unsere mitgebrachten Begriffe des Begrenzten und Unbegrenzten herauszuheben. Ob sie eine legitime Basis bilden für das Verständnis dessen, was Anaximander unter dem *ápeiron* denkt, bleibt offen. Alles Seiende, so sagen wir, ist endlich, ist begrenzt; es ist immer etwas, hat ein „Was" und ist ein „Dieses", das seine Stelle hat im Raum und in der Zeit. Als Was und als Dieses ist es begrenzt; ein Baum kann nicht alles sein. Im Zauber der Märchen und der Primitiven verstehen wir einzig noch die phantastische Möglichkeit, daß etwas alles sein kann, weil es nichts wirklich ist, weil es noch dem Grunde zugehört, dem alles andere, feste und wirkliche ent-sprungen ist. Die Frage ist nun, verhält sich das Unbegrenzte zum Begrenzten nur so, wie wir es anzeigten: als das Umfangende, Offene, als grenzenlose Welt zu den binnenweltlichen Dingen, oder zugleich auch als das Entspringenlassende zum Entsprungenen? Entsprungen: dabei im Doppelsinn genommen, als das daraus Hervorgegangene und als das Entflohene? Vielleicht kehren beide Bedeutungen wieder in der *arché* des Anaximander: *Welt und Ursprung*. Das erste Fragment, dem wir uns zuwenden, ist das dritte in Diels' Fragmenten der Vorsokratiker: *athánaton kai anólethron, hos phesín ho Anaxímandros.* Diese Stelle steht bei Aristoteles, in der „Physik" Γ, 4,203,b 13; Diels übersetzt: „Das *ápeiron* ist ohne Tod und ohne Verderben". Aristoteles bringt dieses Anaximanderzitat im Zusammenhang einer Betrachtung dessen, womit es die *epistéme perí physeos* eigentlich zu tun hat, also dessen, was zum Thema der Naturphilosophie gehört. Auch hier steht er in einem geschichtlichen Überblick ähnlich jenem, den wir in „Metaphysik" A kennengelernt haben; thematisch handelt er hier vom *ápeiron*, vom Unbegrenzten, und verteidigt das Recht, es als *arché* aufzustellen; das Unbegrenzte ist nichts als nur *arché*, es ist nichts anderes. Das Unbegrenzte kann nie aus einem anderen Prinzip abgeleitet werden, sonst wäre jenes ja seine Grenze; das Unbegrenzte ist aber auch ungeworden und unvergänglich; denn alles Gewordene und Vergehende hat ja eine Grenze, seinen Anfang und sein Ende. Das

Unbegrenzte, sagt weiter Aristoteles, ist der „Anfang", die *arché* von allem übrigen, umfaßt alles und lenkt alles und ist das Göttliche. Und in diesem Zusammenhang bringt er das Zitat. Aus dem Munde des Aristoteles klingt uns also wieder, was das *ápeiron* ist: *ohne Tod und ohne Verderben*. Das Unbegrenzte ist eingerückt in die höchste Auszeichnung; es wird als das Göttliche selbst angesprochen. Die weitere Interpretation, die Aristoteles in diesem Zusammenhang sachlich vom *ápeiron*, dem Unbegrenzten gibt, schalten wir aus; sie geht in einer ganz anderen Dimension vonstatten; Aristoteles denkt dort das Wesen des Unbegrenzten wiederum von der Seinsverfassung des „Dinges" her und bewegt sich damit auf einer Problemebene, die nicht dem anfänglichen Denken der Philosophie zugehört, sondern der entfalteten Metaphysik. Wir halten nur fest: im *ápeiron* ist für Anaximander als Grundzug einbegriffen: die Todlosigkeit und die Unzerstörbarkeit. Das heißt aber nicht, es ist etwas, dem diese Prädikate zukommen, sondern es ist *als die Todlosigkeit und die Unzerstörbarkeit*; das *ápeiron* ist das Todlose und Unzerstörbare. Das *ápeiron* ist gesehen als ein *Bleiben*. Damit meldet sich wieder der entscheidende Grundzug, der auch im thaletischen *hypokeímenon* lag: das Bleiben, die *Unvergänglichkeit*. Die *arché*, der Anfang aller Dinge, ist ein todloses, unvergängliches Bleiben. Die Zeit kann ihm nichts anhaben, kann es nicht unter ihre Macht bringen; es ist der Macht der Zeit entrückt; alle Dinge, die kommen und gehen, die in stetem Wandel auftauchen und verschwinden, unterstehen der Zeit; sind ihrer Herrschaft unterworfen; das *ápeiron* aber ist außer der Zeit. *Wie* aber ist es außer der Zeit? Was ist das für ein Draußensein? Hat es selber mit der Zeit nichts zu tun? Was aber sollte dann heißen, daß es „unzerstörbar" und „ohne Tod" ist? Ist es außer der Zeit, wie eine Zahl, unbetroffen von der Zeit — oder ist es das Ständige und Bleibende, das Unwandelbare in allem Wandel? Steht es nicht unter der Macht der Zeit, weil es selber diese Macht ist? Ist das Bleiben des Unbegrenzten das Bleiben der Zeit, in welcher alles Entstehen und Vergehen sich abspielt, — welche aber selbst nicht vergeht und nicht wird, sondern immer ist? Der Zeit kann die Zeit nichts anhaben; sie ist das Unsterbliche und Unzerstörbare, das alles hält unter seiner Herrschaft und alles Begrenzte und Endliche sterblich und zerstörbar macht. Das zweite Fragment lautet in der Diels'schen Übersetzung: „Das *ápeiron* ist ohne Alter". (Fr. 2) Es hat kein Alter, sondern *in* ihm, dem Umfassenden und Umfangenden, ist alles Altern; es hat keine Zeit und keine Stelle in der Zeit, es ist „zeitlos"; aber ist es zeitlos wie das, was in gar keinem Bezug steht zur Zeit — oder ist es zeitlos, weil es das *Zeitlichste* ist, eben die Zeit selber? Eine Reihe von ersten vordeutenden Hinweisen haben wir bislang gewonnen: das *ápeiron*, das Unbegrenzte, dieses Grundwort Anaximanders, weist in verschiedene Bezirke: ist es die allumfangende, alle begrenzten Dinge in sich haltende, grenzenlose offene *Welt*? Ist es der *Ursprung*, aus dem alle Dinge kommen und dem sie entfliehen? Ist es das *theíon*, das *Göttliche*, das kein Endliches und Begrenztes, sondern in gewisser Weise „alles“ ist? Und endlich, ist es die *Zeit* selber, in welcher aller Wandel sich bewegt? Mit diesen Fragen ist vorerst ganz von außen umkreist, was Anaximander uns als dunkles Rätselwort hinterlassen hat.

10

Die Philosophie der Griechen denkt angesichts der ständig sich wandelnden Welt das Unwandelbare, allem Wandel „Zugrundeliegende“. Ihr erster Gedanke entwirft den Grundriß des Seins als den Bezug von Bleiben und Wechsel; ihr erstes Wort, ihr erster *logos* trifft das *on*, ist *ontologisch*. Diese Einsicht gilt es sich immer gegenwärtig zu halten bei aller Auslegung. Die antike Philosophie hat nichts zu tun mit einer Schöpfungslehre, ebensowenig mit einer naturwissenschaftlichen Hypothese. Sie ist weder Religion noch positive Wissenschaft. Von beiden Bereichen aus aber ist die anhebende Philosophie unangemessen ausgelegt worden, und wir stehen ständig in der Gefahr, uns der bekannteren religiösen oder wissenschaftlichen Kategorien bedienen zu wollen; sie drängen sich gleichsam von selbst an — und es bedarf einer Anstrengung, gegen diesen Andrang geläufiger Vorstellungsweisen den philosophischen Sinn der griechischen Gedanken vom Sein zu erobern.

Der Augenschein zeigt, wie heute so auch damals, eine *wogende Welt*: Dinge sind, an ihnen geschehen Veränderungen, sie selbst zerfallen und neue treten auf, aber im Ganzen bleibt das Bild der wogenden Welt; die Erde grünt, Persephone kehrt wieder, und mit ihr kommt das Blütenprangen und der Früchte Reifen; der Sommer geht, und bald fesselt strenger Frost alles Leben; das weite Meer, das ruhelose, schimmert bald in heiterem Glanz, bald schäumt es auf im Sturm; und die Menschen haben kein Bleiben auf der sich immer wandelnden Erde; sie wachsen auf und sind, kaum geboren, „alt genug zu sterben“; und wie die Einzelnen kommen und gehen, so kommen auch Geschlechter, Sippen, Völker, Staaten; alles ist im Wandel, alles wogt, alles *ist im Vergehen. Sein scheint Vergänglichsein*. Und über dem Gewoge hin wandelt der Wechsel von Tag und Nacht, wandeln die leuchtenden Feuer am Himmelsgewölbe, die den Gang der Zeit selbst bestimmen. Der Augenschein zeigt den währenden Wechsel, der Entstehen und Vergehen in eins ist. Und angesichts dieser augenscheinlichen Welt denkt die griechische Philosophie das, was kein Augenschein zeigt: das bleibende Sein im Wechsel, das Unwandelbare im Wandel. Das Bleibende, genauer Zugrundebleibende ist die *hýle*, der Stoff. Der Ausdruck „Stoff" ist bei uns ganz abgegriffen; das hat seinen Grund einmal darin, daß eine lange Geschichte uns geläufig gemacht hat, was die Griechen ursprünglich denkend sich erringen mußten; wir gehen schon wieder um, und zwar auf eine selbstverständliche Weise um, mit dem Unterschied „Stoff und Form"; ja es ist uns ein fast unerträglich einfaches Schema; gerade das ist ein Beispiel dafür, wie ein philosophischer Begriff zur Trivialität verfallen kann. Und dann ist „Stoff" für unser im Titanismus der Technik sich ausrasendes Menschentum nur das Zu-überwältigende, das Material für die Gestaltung. Im Verhältnis zum bloßen Stoff herrscht bei uns eine tiefe Ehrfurchtslosigkeit, die aus unserer Naturentfremdung stammt. Das alles dürfen wir nicht in das antike Dasein zurückverlegen. Daß das bleibende Sein als *hýle* gedacht wird, beeinträchtigt nicht seinen hohen Rang, *arché*, Anfang, Grund und Ursprung aller Dinge zu sein. Aristoteles erst — das müssen wir allerdings beachten — interpretiert die von den ersten Denkern gedachte *arché* als *hýle kai hypokeímenon.* Und von dieser seiner Interpretation ist fast die ganze antike Kommentation der frühen Philosophen bestimmt. Das Altertum sieht also das Eigentümliche der ersten Denker darin, daß sie das allem Wandel Zugrundeliegende als *hýle*, als Stoff denken. Das müssen wir festhalten, auch und gerade dann, wenn dieses Zugrundeliegende in Weisen angesprochen wird, die für unser Denken damit unvereinbar erscheinen. Bei Thales ist das Zugrundeliegende das Wasser als das *Einfache*. Allem Vielartigen und Wechselnden, d.h. von etwas in etwas anderes Umschlagenden, liegt ein Einfaches, wandellos Bleibendes zugrunde, das allen Wandel trägt, *an ihm sein läßt*. Bei Anaximander tritt der Gedanke der *arché* radikaler auf: der Anfang aller Dinge wird gedacht in einer *Negation zu allen Dingen*; das ist von größter grundsätzlicher Bedeutung. Der Gedanke bewegt sich durch die Verneinung. Der Augenschein zeigt die Unbeständigkeit der Dinge: alles wandelt sich, nichts bleibt, jedes Bestehen ist bedroht vom Untergang und kann sich nicht gegen ihn erhalten; „alles, was entsteht, ist wert, daß es zugrunde geht".[1] Im Sein haust das Nichts, im Bestehen ist schon das Vergehen anwesend. Das Seinsverständnis von der vergänglichen Welt ist je schon offen für Sein und Nichts; alles Seiende ist in sich als nur im Vergehen bestehendes nichtig; die Philosophie aber denkt das bleibende unvergängliche Sein als den Grund des Nichtigen: mit anderen Worten und ganz abstrakt formuliert: das *hypokeímenon* ist die Negation des Negativen. Der Augenschein zeigt den Wandel, der Gedanke aber offenbart das Bleiben als den Grund des Wandels. Das Bleibende wird von Anaximander gedacht in einer Negation des Begrenzten. Alle dem Wandel unterworfenen, der Macht der Zeit überlieferten Dinge sind begrenzt, sind endlich;

das aber im Grunde dieses Wandels Bleibende ist *un*-begrenzt, ist *un*-endlich. Das Unbegrenzte, das *ápeiron*, ist die *arché*.

Wir haben versucht, einige Fingerzeige zu geben in die Richtungen, in die sich die Auslegung des *ápeiron* bewegen muß. Das *ápeiron* ist Ursprung. Das Unbegrenzte kann nicht selbst von-woher sein; denn sonst wäre jenes ihm als seine Grenze gesetzt. Das *ápeiron* ist allumfassend, wie Aristoteles von ihm sagt: *periéchein hápanta kai pánta kybernán dokeí*, „es scheint alles zu umfangen und alles zu regieren" (Phys. Γ 4,203b 11); es ist *athánaton kai anólethron*, „*un*-sterblich und *un*-zerstörbar" (b 13/14), und es ist endlich *aídion kai agéro*, „*un*-vergänglich und ohne Alter". Das Alpha privativum kommt in vielerlei Negationen hier vor: verneint werden Tod, Zerstörung, Vergänglichkeit, Alter. Das Wesen des Un-begrenzten wird in Negationen angesprochen, die vom Begrenzten, vom Vergänglichen und Wandelbaren her gesagt sind. Das *ápeiron* zeigt so Wesenszüge, die uns hinweisen auf die allumfangende Welt, den allem zugrundeliegenden Ursprung, auf das *theíon*, das Göttliche, und die alles Vergehen bewirkende, aber selbst unvergängliche und unzerstörbare Zeit. Steht dies alles im Blick Anaximanders? Und wenn — wie? Kann die Zeit und die Welt und der Ursprung und das Göttliche eins sein? Ist das *ápeiron* schwanger von soviel Grundworten? Das zu zeigen, ist die eigentliche Aufgabe der Interpretation. Erst wenn eine solche Auslegung sich ins Recht setzen könnte in der Exegese des schwierigsten Anaximanderfragments, ist sie mehr als eine bloße Behauptung; sie ist dann eine begründete Vermutung. Fraglich und ungewiß im letzten bleibt immer der Sinn des Fragments. Bevor wir uns diesem zuwenden, wollen wir noch einige Momente des *ápeiron* zur Abhebung bringen, die im Altertum diesem Grundbegriff des Anaximander zugeschrieben worden sind. Simplicius und Aetius (Diels Dox Graeci 272) weisen vor allem auf einen Grundzug des *ápeiron* hin, auf seine *Un-Erschöpflichkeit*. Alles endliche Seiende nutzt sich ab, die Berge verwittern und die Meere trocknen aus, die Dinge halten sich eine Weile im Dasein, behaupten sich in ihrem Bestand und brechen doch schließlich zusammen; alle Kraft, zu sein, ist gleichsam selbst endlich; alles vom Ursprung Abgerissene und Abgelöste kann eine Weile sein, aber alles Ent-Sprungene ist erschöpflich; nicht nur die Lebewesen altern und sterben, alle Dinge altern, verwittern, verfallen, vergehen; aber der Grund, aus dem sie alle letztlich aufsteigen und aus dem sie sich, ins Dasein tretend, ablösen, ist selbst unerschöpflich; *immer* ist Werden, *immer* ist Wechsel, *immer* ist Geburt und Tod, *immer* Blühen und Altern. Der Ursprung wird auch als das Unbegrenzte gedacht im Gegensatz gegen die begrenzte Kraft aller Dinge, sich im Dasein zu halten, also gegen ihre Erschöpflichkeit. Das Ur-Verhältnis des Ursprungs, des unerschöpflichen, zu allen erschöpflichen Dingen wird von Anaximander nach mannigfachen antiken Zeugnissen als eine *Bewegung*, eine *kínesis* angesehen; eine Bewegung des Hervorgehens der Dinge aus dem Ursprung und ihrer Rückkehr in ihn; und diese Bewegung wird begriffen als *aídios kínesis*, als *un*-aufhörliche Bewegung. Der Un-Erschöpflichkeit des Ursprungs entspricht die Un-Aufhörlichkeit der Bewegung des Entspringens. Was aber ist das für ein Hervorgehen der bestimmten, begrenzten Dinge aus dem Unbegrenzten? Wie gehen sie hervor? Darin liegt das größte Problem. Und dieses Problem bleibt als drängende und beunruhigende Frage in der ganzen Geschichte der abendländischen Philosophie wach und ist in verwandelter Gestalt eine Frage, die auch heute noch brennend ist. Wenn der vernünftige Gedanke die phänomenale Welt des Augenscheins durchbricht und zurückdenkt in einen bleibenden Grund, wie kann in diesem Grunde selbst der Anlaß gefunden werden, aus sich herauszugehen, — wie kann das in sich Bleibende in den Wechsel drängen, das Unerschöpfliche in die Erschöpfung durch die Zeit, — das Absolute ins Endliche? Zunächst faßt die antike Interpretation des Anaximander gleichsam zaghaft diese Frage an. Dort, wo bei Thales und Anaximenes oder Heraklit oder Empedokles je ein bestimmtes Element oder gar alle vier als der zugrundeliegende Urstoff angesetzt werden, wird das Hervorgehen der erscheinenden Dinge aus dieser *hýle* gedacht in Bildern, in Symbolen: durch Verdickung oder Verdünnung des Urstoffes entstehen die übrigen Elemente und mit ihnen die vielen Dinge. Verdickung und Verdünnung aber sind nicht gemeint als naturwissenschaftliche Hypothesen, wenngleich diese Denker bisweilen sozusagen zur Illustration auf Vorkommnisse an den Phänomenen selbst hinweisen. Die Philosophie hat zunächst ja gar keine anderen Modelle, das Verhältnis des im Gedanken erfaßten *hypokeímenon* zu den Dingen zu denken, als „im Bilde" von Verhältnissen, die wir an den Dingen selbst sehen; Verdickung und Verdünnung ist zunächst ebenso ein augenscheinlich sich Zeigendes wie der Wandel selbst. Das Wasser wird fest, wird zu Eis; das Festwerden sieht aus wie eine Verdickung; der ursprüngliche Stoff zeigt ein anderes Aussehen; das Eis schmilzt, wird wieder zu Wasser; am Verhältnis etwa von Wasser und Eis wird allgemein nun begriffen das Verhältnis von Flüssigem zum Festen. Das Wasser verdampft: das Flüssige wird luftförmig; die Sonne zieht Wasser, das Meer steigt als Dampf auf zum Feurigen: das Wasser wird zum Feuer. So im Rohen gesehen, scheint es nur eine primitive Naturbeobachtung zu sein, der wir nicht einmal den Rang eines Vorstadiums der Naturwissenschaft zuerkennen können. Aber das Entscheidende liegt hier überhaupt nicht in der naturwissenschaftlichen Bedeutung, sondern in der Entfaltung ontologischer Grundvorstellungen. Und mancher Naturwissenschaftler, der sich unendlich überlegen glaubt über jene ziemlich wilde Art, Zusammenhänge zu sehen, ahnt gar nicht, daß er selbst mit all seinem differenzierten Denken ganz naiv auf dem Boden ontologischer Grundauffassungen steht, die damals gelegt worden sind. So wie Wasser zu Eis, zu Dampf, zur Sonne sich verhält, eben als das in allen Verwandlungen doch Bleibende, *so* verhält sich das bleibende Sein, das im Symbol eines Elements gedacht wird, zu den Wandlungen der Dinge.

Die antike Kommentation des Anaximander ist immer in Verlegenheit, *wie* sie das Hervorgehen der Dinge aus dem Unbegrenzten, dem *ápeiron* fassen soll; es fehlen hier die Bilder, die Symbole. Die entschiedenere philosophische Radikalität des Anaximander, die eben nicht ein gegebenes Element zum Urstoff erklärt, sondern in der Negation alles gegebenen Endlichen und Begrenzten das *hypokeímenon* ansetzt als das Un-Endliche und Un-Begrenzte, sieht sich der Schwierigkeit gegenüber, deswegen auch *keine endlichen Verhältnisse* als Modelle und Symbole zur Hand zu haben, in denen sie den Bezug von *arché* und den Dingen ansprechen könnte. Unter den antiken Auslegern herrscht ein Streit, ob Anaximanders *ápeiron* ein *migma*, eine Mischung ist, aus welcher dann die bestimmten Elemente sich aussondern, oder ob in ihm noch keine einzelnen Elemente liegen, also Erde, Wasser, Feuer, Luft erst werden, im Herauskommen aus dem unbegrenzten Urgrund. Nach Ansicht des Aristoteles und des Theophrast ist das *ápeiron* kein *migma*. So sagt auch der Aristoteleskommentator Themistius, daß Anaximander deswegen kein bestimmtes Element als *arché* ansetzen konnte, weil er ja die *arché* als das Unbegrenzte fasse; wenn aber ein Element unbegrenzt wäre, so würde es dank seiner Übermacht alle anderen vernichten.[2] In diesem Gedanken liegt ein tiefer Sinn verborgen. Wir wollen versuchen, ihn uns nahe zu bringen. Die Begrenztheit, die Endlichkeit, die Zeitunterworfenheit und die Erschöpflichkeit sind die Strukturen, die Anaximander an den Dingen erkennt; diese Momente machen das Sein des Wandelbaren, des Vergänglichen aus; allem Wandel liegt das Bleibende zugrunde, das als Unbegrenztes, Zeitloses und Unerschöpfliches gedacht werden muß. Ein Ding, sei es ein Einzelding oder ein Element, aber im Gedanken ausstatten zu wollen mit den Eigenschaften, die in der Negation aller endlichen Bestimmungen des Endlichen gewonnen worden sind, hieße: ein Endliches absolut zu setzen. Kein Mensch und kein Gott, kein ragender Berg, kein Land und kein Meer, kein Gestirn am Himmel kann das Unerschöpfliche und Immerwährende sein, alles ist der Vergänglichkeit unterworfen; das sagt Anaximander von den Göttern, den Himmeln und den darunter liegenden Erden, sie sind *im Wandel*; die Götter sind nur dauernder, standhafter als die Menschen, stärker in ihrer Kraft, sich im Dasein zu halten; aber auch sie müssen hinab in den Grund, aus dem sie aufstiegen; kein Seiendes ist unbegrenzt; das *ápeiron* ist kein Seiendes; *das ápeiron ist strenggenommen das Sein selbst*: nicht jenes, das wir an den Dingen, am Seienden erfassen als seine Struktur, sondern der unerschöpfliche und immerbleibende Seinsgrund, der das allein wahrhaft Göttliche, das *theíon* ist, aus dem heraus alle seienden Dinge, Menschen, Götter, Sterne und Erden ins Dasein fallen, sich eine *Weile* halten in der zehrenden *Eile* der Zeit und dann wieder heimfallen an den Urgrund. Es ist von größter Tragweite, daß bei Anaximander, auch nach den Zeugnissen seiner späteren Ausleger, das Hervorkommen des Seienden aus dem Unbegrenzten gleichsam „gesichtslos" bezeichnet wird als *ekkrínesthai*, als Aussonderung, — daß hier keine bekannten Verhältnisse Modell stehen, sondern nur das leere „Aussondern". Alles Ins-Dasein-kommen der Dinge ist Sonderung. Sie reißen sich los, sondern sich ab und sind dann nicht mehr das Ganze und heil im Ganzen, sie sind *besonderte*. Und zwar sind sie nicht vorher schon, als besonderte, im Unbegrenzten, vielmehr sondern sie sich aus im Hervorgehen; dieses ist gerade die Besonderung. Es wäre hier aber völlig abwegig, diese Gedanken deuten zu wollen von religiösen Grundanschauungen her. Das hat nichts zu tun mit einer orientalischen Stimmung, welche die Individuation als ein Trugbild der Maja ansieht, obwohl Hegel hier von einem „orientalischen Ton"[3] spricht; bei Anaximander spricht allein die *Philosophie* aus der Hoheit ihres ursprünglichen Wesens. Das *ekkrínesthai*, die Aussonderung hat den formalen Charakter des Hervorgehens in Gegensätzlichkeiten. Alles Endliche steht als das Begrenzte in Gegensätzen: es ist dies oder jenes, groß oder klein, warm oder kalt, trocken oder feucht. Alle Besonderung ist nicht nur Entgegensetzung gegen den Ursprung, aus welchem das Seiende hervorgeht, sondern ist zugleich und unvermeidbar ein Stehen im Gegensatz zu anderem Seienden. Das Begrenzte ist unter sich je gegensätzlich und nicht nur gegen das Unbegrenzte. Alles Endliche muß als Gegensätzliches sich behaupten gegen ...; es hat immer ein Wogegen; die Wärme vertreibt die Kälte und umgekehrt, das Feuchte das Trockene; alle Dinge stehen in einer Feindschaft zueinander, behaupten sich gegeneinander; das Leben des einen ist der Tod des anderen.

Versuchen wir nun nach diesen Vorüberlegungen heranzugehen an das entscheidende Fragment. Es ist ein Wort, das schwer und dunkel klingt. Nietzsche sagt davon: „Anaximander aus Milet, der erste philosophische Schriftsteller der Alten, schreibt ... in großstilisierter Steinschrift, Satz für Satz Zeuge einer neuen Erleuchtung und Ausdruck des Verweilens in erhabenen Contemplationen".[4] Nietzsche, sensibel für den Klang und den großen feierlichen Stil der anbrechenden Philosophie, kommt aber nicht zu einer angemessenen Auslegung des Gedankens. Anaximander gilt ihm als der „erste Grieche", der „das

Knäuel des tiefsinnigsten ethischen Problems mit kühnem Griffe" erhascht hat.[5] Anaximander wird vom Leitproblem Nietzsches, vom Moralproblem her gedeutet. Moral aber ist ebenso weit weg wie Mythologie. Anaximander denkt *ontologisch*. Das Fragment lautet: *archén eíreke ton ónton to ápeiron*, „der Anfang der seienden Dinge ist das Unbegrenzte"; *ex hon de he génesís esti tois ousi, kai ten phthorán eis taúta gínesthai katá to chreón*; „woraus aber das Werden ist den seienden Dingen, in das hinein geschieht auch ihr Vergehen nach der Schuldigkeit"; *didónai gar autá díken kai tísin allélois tes adikías katá ten tou chrónou táxin*; „denn sie zahlen einander gerechte Strafe und Buße für ihre Ungerechtigkeit nach der Zeit Anordnung" (Fr.1). Der erste Satz des Fragments scheint durch die früheren Erläuterungen bereits erklärt; der Anfang der seienden Dinge ist das Unbegrenzte. Das *ápeiron* wird so *allen* seienden Dingen gegenübergestellt; es ist selbst kein Ding, auch kein Element unter den Elementen; alles Begrenzte hat seinen Anfang im Unbegrenzten. Wie? Wo und wie zeigt sich dieses Zurückweisen des Begrenzten? Wenn das Unbegrenzte als *hýle*, als Stoff, gedacht werden soll, wo finden wir diesen unbegrenzten Stoff, aus dem alle begrenzten Dinge bestehen sollen? Ein Tisch besteht aus Holz, das Holz war vordem ein Baum, der Baum wuchs aus der Erde, die Erde ist ein Element; hat nun dieses Element noch etwas, das ihm zugrundeliegt und das wir ebenso aufzeigen können? Wir können eine Strecke weit das Bestehen der Dinge aus etwas verfolgen; aber eben nur eine Strecke weit, dann endet dieses Bestehen aus ... in irgend einem Element. Wenn ein Tisch aus Holz ist, so ist das Holz noch im Tisch da; der Stoff bleibt in der Formung; anders wieder bei der Nahrungsaufnahme, dort wird der aufgenommene Stoff verwandelt; die Säfte der Erde in das Holz, die Pflanze in das Fleisch des Tieres; in allem Bestehen aus etwas bleibt entweder der Stoff oder er verwandelt sich. Dieses Bleiben und Verwandeln aber ist zusammengehalten durch eine Gleichartigkeit des Dinges und des Stoffes, woraus es besteht; Ding und Stoff sind beide *Begrenztes*. Wie kann aber nun *letztlich*, d.h. als Ur-stoff allen Dingen das *ápeiron* zugrundeliegen? Welchen Sinn hat dann noch das Bestehen aus...? Wenn wir nun hinblicken auf das Bestehen aus etwas, kommen wir überhaupt nie zum Unbegrenzten; immer hört die Reihe auf in einem Endlichen, in einem Element. Woraus besteht aber noch ein Element? Es ist nach antiker Auffassung ein „einfacher Körper". Kann man hier noch die Frage wiederholen, aus was es besteht, oder ist erst von da ab in aufsteigender Reihe der Formungen diese Frage sinnvoll? Das wird man bei einigem Nachdenken anzunehmen geneigt sein. Das Bestehen aus ... als ein *ontisches* Verhältnis der Fundierung eines Seienden in einem anderen Seienden kommt im Element zu Ende. Das Element ist beständig. Es währt; es ist in der Zeit und wie alles in der

Zeit Seiende ihrer Macht unterworfen; die Ständigkeit der Elemente, ihr Bleiben gegenüber dem Kommen und Gehen der aus den Elementen geformten Dinge ist *dauernder*; sie haben eine größere Ständigkeit. Aber sind sie selber immer, sind sie wirklich *aei*? Wir *fragen* nur, wir entscheiden hier gar nichts. Die größere Dauer, das höhere Alter der Elemente bedeutet vielleicht noch nicht ihre Ewigkeit. Dem Anaximander wird im Altertum auch die Lehre zugeschrieben, daß er viele *kósmoi* annahm, sowohl gleichzeitig als auch nacheinander. Das meint strenggenommen nicht viele „Welten"; Welt gibt es nur im Singular, sie ist das All-umfangende schlechthin, weil sie Raum des Seins selbst ist. Kosmos meint dort vielmehr einen endlichen Gesamtzustand der Dinge, zu welchem die Elemente sowie *ouranós*, der Himmel, und die in einem solchen Bereich herrschenden Götter gehören; also endliche *kósmoi* vergehen, und mit ihnen vergehen auch die Elemente. Wir greifen die Frage wieder auf: woraus bestehen die Elemente? Elemente sind das Letzte, wohin wir zurückkommen, wenn wir *seiende Bestehensverhältnisse* meinen. Die Elemente können aus nichts mehr Seiendem bestehen, sie sind das Zugrundeliegende für die Dinge; sind deren *hýle*. Woraus bestehen sie? Das ist keine eigensinnige Frage. Anaximander fragt gerade von allem endlich-Seienden zurück auf das Unbegrenzte und faßt dieses als das, woraus „letztlich" alle Dinge bestehen.Die Elemente sind beständig, sagten wir. Worin liegt ihre Beständigkeit? Eben in ihrem Bestehen! Sie haben Bestand; sie *sind; sie bestehen aus Sein*. Das, was Anaximander im Eingang der Philosophie denkt, ist dies, daß die Dinge letztlich „*aus Sein bestehen*"; das Sein selbst ist das immer Zugrundeliegende, der Stoff, aus dem alles gemacht ist, und das doch nicht ist wie ein endlicher, begrenzter Stoff. Das Sein ist kein Seiendes. Alle Dinge sind daraus gemacht, aber eben nicht so, wie der Tisch aus Holz, die Bildsäule aus Erz. Es ist in allem Begrenzten und Endlichen da, ist das Unbegrenzte und Unendliche, das Unzerstörbare und der Zeit nicht Unterworfene, das Unsterbliche und Alterlose. Wie immer auch alles sich wandelt und kein Bleiben hat, so bleibt wandellos das Sein. Es gibt erst den Boden her für den Wandel aller Dinge.

Der zweite Satz des Fragments hat auch auf den ersten Blick den Anschein einer gewissen unmittelbaren Verstehbarkeit. „Woraus aber das Werden ist den seienden Dingen, in das hinein geschieht auch ihr Vergehen nach der Schuldigkeit". Die Dinge sind genommen als Werdende, im Werden Stehende. Der Begriff des Werdens kann zunächst mehrdeutig verstanden werden. Was ist hier gemeint? Werden kann bedeuten ein Ins-Sein-Kommen; eine Sache, etwa ein Hausbau, wird; das Ding, hier das Haus, wird angefangen, zuerst im Gedanken des Baumeisters, dann in den ersten Arbeiten der Handwerker; das Haus wird durch einen Stufengang des Unfertigen bis zur Fertigkeit; dann ist es aus dem Werden herausgetreten und *ist*. Ist dieses nur gemeint, das Werden als der Gegensatz zum Sein? Keineswegs, gerade das Fertigsein ist *immer noch ein Werden*. Alles Dauern ist Werden. Der Baum, der aus dem Fruchtkern wächst, wird, solange er ist, und er ist nur, solange er wird. Die *génesis* ist nicht eine, die zu den „seienden Dingen" nur hinführt und dann zu Ende ist; vielmehr sind alle Dinge nur in der *génesis*; das Sein der begrenzten Dinge ist ein *Währen*. Und das gleiche gilt vom Vergehen. Zunächst kann man das Vergehen dem Werden gegenüberstellen. Ein Haus wird im Hausbau, es ist eine Zeitlang und verfällt. Dann kommt also zuerst das Werden, dann das Sein und dann das Vergehen. Diese Auffassung ist eine gängige. Aber die tiefere Besinnung zeigt, daß diese drei Momente des Wandels immer schon zugleich sind. Das Vergehen beginnt schon in der ersten Phase des Entstehens, und das Sein der endlichen Dinge ist immer ein Währen zugleich im Entstehen und Vergehen. *Génesis* und *phthorá* sind ineinander verschränkt; Bestand haben die Dinge nur im Währen, das ständig von Entstehen und Vergehen genährt und verzehrt wird. Das gilt nicht nur für die Melodie, die aufklingt und im Klingen verklingt, nur ist im Vergang, das gilt genausogut für den ragenden Fels, der aussieht wie für die Ewigkeit gegründet. Auch der ragende Fels währt. Die Dinge sind nicht nur in ihrem eigenen Währen zugleich *génesis* und *phthorá*, zugleich Entstehen und Verderben, die Dinge sind als endliche in ihren Bezügen zueinander zeugend und verderblich; das eine kann nur währen, wenn das andere vergeht. Diese Struktur bedarf noch einer genaueren Interpretation. Es mag vielleicht so aussehen, als würde durch eine *analytische* Exegese der *urtümliche* Sinn des Anaximanderfragments irgendwie in Mosaik aufgelöst. Von der ursprünglichen Gewalt jenes großen und wesentlich einfachen Denkens können wir nicht mehr ebenbürtig reden; in jenem Denken ist eine Gleichzeitigkeit vieler Gedanken, geeinigt und gesammelt in einem schweren und dunklen Wort. *Wir* müssen *buchstabieren*, was damals in den Schöpfungstagen der Philosophie das im Begriff sich lichtende Geheimnis war.

11

Wir versuchen die Philosophie Anaximanders aus den wenigen Fragmenten, die überliefert sind, zu deuten. Ein solcher Versuch bleibt immer fragwürdig. Nicht wegen der Dürftigkeit der Dokumente. Es sind die *ersten* Sätze der Philosophie. Ihr Sagen wohnt noch nahe dem Ursprung. Die Sprache der anhebenden Philosophie hat den ehernen Klang der wesentlichen Einfachheit. Die Schwierigkeit für uns, in einer langen Geschichte vielfältig, differenziert und reflektiert geworden, ist allein die Frage, ob wir die Kraft aufbringen, hinzuhorchen auf das „*ursprüngliche Wort*". Ursprünglich ist das Denken von Thales und Anaximander, weil sie einzig das Eine denken: den Ursprung aller Dinge, weil ihr Sagen einzig in der Helle dieses Gedankens vom Ursprung steht, weil in ihnen die Philosophie geschichtslos ihren Ursprung nimmt in ursprünglichem Denken und Sagen des Ursprungs. Thales und Anaximander denken aus der ganzen wirbelnden Fülle der Welt zurück in die *arché*; sie *übersteigen* damit in Gedanken alles Sichzeigende, alle Phänomene, und er-denken den Anfang. Nicht so, wie alle Mythologie, die hinblickt auf das Wandelbare und nicht darüber hinauskommt, die nur dem zeitlichen Wandel einen zeitlichen Anfang gibt, den Lauf der Weltereignisse zurückleitet auf ein erstes Ereignis; alle Mythologie erklärt das Werden durch Werden, durch einen ersten Akt, der sich ereignet. Aber sie begreift damit nie die Natur des Werdens und des Wandels selbst. Die Philosophie setzt dem Werden und Wandel einen Anfang ganz anderer Art; sie durchdenkt das Wesen des Wandels selbst und erkennt als das Wesensgefüge des Wandels den Bezug alles Wandelbaren auf ein Bleiben, das ihm zugrundeliegt. Damit ist die mythologische Weltansicht grundsätzlich überwunden. Welterklärung ist nicht mehr möglich, sofern das Geschehen auf ein erstes Geschehnis der Weltbildung zurückgedeutet wird. Alles Geschehen setzt ein Bleibendes voraus. Und diese Grundvoraussetzung denkt nun die Philosophie ausdrücklich. Die im Augenschein sich zeigende Welt des Wandels fordert ein Zugrundeliegendes, das bleibt. Dieses Bleibende aber ist ein Gegenstand des Denkens, es zeigt sich nicht an ihm selbst. Das Sichzeigende ist das Wandelbare. Oder anders ausgedrückt: das Wandelbare ist das, was mit den Sinnen vernommen wird, das Bleibende und Zugrundeliegende aber das, was mit dem Denken, dem *noeín* vernommen wird. Haben wir also in den ersten Gedanken der abendländischen Philosophie schon die Unterscheidung einer sinnlichen und einer vernünftigen Welt, eines mundus sensibilis und eines mundus intelligibilis? Und bleibt das nicht ein Leitthema im ganzen Gang der Geschichte? Eine solche Ausdeutung wäre gefährlich und irreführend. Sie würde gerade von späteren Begriffen her das umdeuten, was die anfangende Philosophie ursprünglich faßt. Sinnlichkeit und Vernunft treten noch nicht auseinander, vielmehr ist der Vernunftgedanke der *arché*, also der Gedanke des Bleibenden, das Licht, das nunmehr das Verstehen von allem Wandel erleuchtet. Im Lichte des Bleibenden wird das Wandelbare selbst durchsichtig. Anaximander faßt das Bleibende als das Unbegrenzte, das Wandelbare als das Begrenzte. Das *ápeiron* ist die *arché* aller Dinge, heißt auch, vom Unbegrenzten her wird erst das Begrenzte durchsichtig in dem, was es ist und wie es ist. Der bleibende Grund aller Dinge wird von Anaximander gedacht in einer Negation alles Sichzeigenden; nicht ein Ding oder ein Element wird zum Urgrund ernannt; der Urgrund wird in einem Übersteigen *aller* Dinge gedacht; und dieser Überstieg ist zunächst die *Negation*. Vom Abgeleiteten her gesehen sieht das, was alles Abgeleitete erst begründet, aus als das *Negative*. Das, was gleichsam seinsstärker ist, gerät in eine Charakteristik, die zur Negation greifen muß. Das Bleibende, das also, was *immer* ist, wird vom Wechselnden, d.h. nur *zeitweilig* Seienden her gesehen — als das „Negative" genommen. Der Gedanke negiert die Wahrheit des Augenscheins. Aber er interpretiert auch den Augenschein. Solange wir gleichsam befangen sind in dem Bereich des Wandelbaren und uns nur das als seiend gilt, was eine Weile vorhält, sich bald so, bald anders zeigt, solange verstehen wir nicht wirklich, was das Wandelbare selbst ist; wir sind selbst ein Vergängliches inmitten der vergänglichen Dinge, halten uns, trotzend der verzehrenden Wucht der sausenden Zeit, eine Weile, — aber wir begreifen weder uns noch die Dinge. Anaximander denkt *ontologisch*, sofern er den Grundriß entwirft *von Bleiben im Wechsel und vom Wechsel am Bleibenden*. Das Vergängliche wird als solches erst offenbar, wenn es im Bezug gesehen wird zum Unvergänglichen. Der erste Gedanke der Philosophie übersteigt nicht nur den phänomenalen Bereich des Wandels und wendet sich dem Unwandelbaren zu, das im Grunde bleibt, sondern kehrt selbst wieder zurück, erleuchtend zurück. Vom Wandellosen her wird das Wesen alles Wandels durchsichtig. Diese Doppelbewegung des Gedankens, im Abstoß vom Bezirk des Augenscheins und in der interpretierenden Rückkehr zu ihm, gilt es als ein *Grundmotiv* festzuhalten. Sonst verlieren wir die Möglichkeit, das innere Absehen von Heraklit und Parmenides in den Griff zu bekommen. Indem Anaximander die *arché* faßt als *theíon*, als das Un-Begrenzte, das Un-Vergängliche (Alter-lose), Un-Zerstörbare, das Un-Sterbliche, als das Un-Erschöpfliche und un-aufhörlich Bewegende, negiert er nicht bloß schon offenbare Bestimmtheiten der augenscheinlichen Dinge, sondern er entdeckt eigens und ausdrücklich damit diese Bestimmtheiten. Es ist ein und derselbe Gedanke, dasselbe aufblitzende Licht, in welchem das Unendliche und das Endliche als solches offenbar werden. Indem das *ápeiron* gedacht wird, wird zugleich das endlich Seiende in seine wesentlichen Bestimmtheiten auseinandergelegt. Es zeigt sich als Begrenztes, als Alterndes, als Zerstörbares, als Sterbliches, als Erschöpfliches und als Bewegtes. Damit zeigt sich aber auch an dem, was uns sonst schlecht und recht als das Seiende gilt, eine tiefe *Negativität*, und zwar eine solche, die nicht in der Weise des Angesprochenwerdens allein liegt, sondern in der *nichtigen Natur der Dinge*: sie sind begrenzt; jedes ist nur etwas, nicht alles; zu seinem Sein gehört das Fehlen, es kommt aus dem Schoße, wo alles noch alles ist, wo nichts fehlt, wo es keine

Bedürftigkeit gibt, aber, sofern es *erscheint*, sofern es sich zeigt, sofern es heraustritt aus dem ureinen Urgrund in die begrenzte Gestalt, in den festen Umriß einer Einzelheit, ist es auch „vereinzelt", ist dieses und eben das andere und das Ganze nicht; es ist herausgefallen und vereinsamt.

Die Dinge altern, sind vergänglich als einzelne und vereinsamte, sind je *zeitweilig*, sie weilen in der Zeit, aber so, daß sie in diesem Weilen verzehrt werden, zerstört werden, daß die Zeit sie *mitnimmt* und ihnen übel *mitspielt*. Die vereinzelten Dinge können nicht in der Zeit bleiben, wie das alterslose *ápeiron* bleibt. Sie bleiben nur auf vergängliche Weise, nur im Vergehen können sie eine Weile bestehen und standhalten; sie sind erschöpflich: alle einzelnen und zeitweiligen Dinge sind erschöpflich; sie haben gleichsam, wenn sie ins Dasein treten, einen Vorrat von Kraft, mit dem sie haushalten. Aber sie können nur sein, indem sie diesen Vorrat aufzehren, verbrauchen; sie sind als sich selbst Verzehrende. Auch das Gewaltigste, was atmet unter dem Himmel, muß hinab in den Orkus; die mächtigsten Menschen sogut wie die armseligen Sklaven; die blühenden, meerebeherrschenden Städte sogut wie das Dorf der Heloten, die Pyramiden sogut wie die Gebirge und Meere, die Götter sogut wie die Gestirne am Himmel. In all diesem gibt es zwar vielfältigen Unterschied der Dauer, was aber überhaupt dauert, ist vergänglich. Dauern, d.i. das Bleiben in der Zeit in der Weise des Sichverzehrens. Und endlich: alle Dinge sind *bewegt*. Sie zeigen unter sich auch wiederum mannigfache Weise von Bewegtheit; eines stößt das andere an, aber das ganze Geschiebe, Drängen, Auf- und Niederfluten der vereinzelten Dinge ist im ganzen gesehen ein In-Bewegung-gehalten-sein, ein Getroffensein von einem Ur-Anstoß, eben jenem Stoß, der Dinge herauswirft aus dem Grunde des Unbegrenzten und sie hineinstößt ins Gepräge ihrer Vereinzelung. Alle phänomenale Bewegtheit, in welcher wir wohl unterscheiden können zwischen Bewegtem und Unbewegtem, ist im ganzen eine *erlittene* Bewegtheit. Oder anders gesagt: alle endliche Bewegung der Dinge ist ein Bewegtsein, das angestoßen ist von der un-endlichen Bewegung des Urgrundes, des *ápeiron*, das „un-aufhörlich" das *ekkrínesthai*, die Aussonderung der Dinge vollzieht und sie ins Dasein treibt. Als das Treibende in dieser unendlichen Bewegung aber ist das *ápeiron* das Göttliche, das „alles regiert". Von dort her gesehen erscheint das Endliche als das Gott-lose.

Diese Zusammenhänge bedürfen einer ständigen Vergegenwärtigung, wenn wir uns dem Hauptfragment Anaximanders wieder zuwenden. Der erste Satz spricht das *ápeiron* als die *arché* der seienden Dinge aus; der zweite Satz aber handelt vom Entstehen und Vergehen der Dinge. Wie ist hier der Zusammenhang? Warum wird, wenn eben im ersten Satz alle Dinge überstiegen sind auf die ihnen zugrundeliegende *arché* des Unbegrenzten, das Entstehen und Vergehen der Dinge in den Blick genommen? Das können wir jetzt begreifen, wenn wir uns die Doppelbewegung des Gedankens vor Augen halten. Im Er-Denken des *ápeiron* wird erst der ganze Bereich der endlichen und begrenzten Dinge in seiner Natur durchsichtig; jetzt erst fällt das Licht des Begriffs in den sonst dumpf durchlebten Bezirk. „Woraus aber das Werden ist den seienden Dingen, in das hinein geschieht auch ihr Vergehen nach der Schuldigkeit ..." Herkunft und Ziel des Werdens der Dinge ist das Thema des Satzes. Wir haben versucht, zwei Ansichten von Entstehen und Vergehen auseinanderzuhalten. Einmal die gängige Auffassung, daß das Entstehen gleichsam abgesetzt genommen werden müsse vom Vergehen. Und da wiesen wir hin auf das Beispiel des Hausbaues. Das Haus entsteht im Bauen und ist erst, wenn es fertig gebaut ist, und dann setzt, sagt man, das Bestehen ein, es ist eine Weile noch wie neu, bekommt allmählich die Farbe, die ihm Wind und Wetter geben, und zeigt bereits die ersten Spuren vom Zahn der Zeit. In solcher Sicht erscheint, in Stadien aufgeteilt und voneinander abgesetzt, das Entstehen und das Vergehen. Zuerst ist das Entstehen und dann kommt das Vergehen. Eine andere Ansicht aber ist die, wonach beide, Entstehen und Vergehen, je *gleichzeitig* sind. Sie sind ineinander unlösbar verschränkt; das, was wird, vergeht zugleich schon während seines Entstehens, und umgekehrt, in allem Vergehen muß das Vergehende ja immer noch weiterhin werden, solange es vergeht; etwa ein Mensch wird von der Kindheit an; alles Werden, Wachsen, Reifen ist nicht nur ein Gewinnen, sondern zugleich auch ein Verlieren; der Mensch wird bewußter, aber er verliert, indem er das wird, die Unbefangenheit des Kindes; alles Gewinnen ist zugleich Verlieren, alles Entstehen zugleich ein Vergehen. Es sind nur abstrakte Momente, was wir so auseinanderhalten; alles In-der-Zeit-sein ist *gegenläufig*, Werden hat nur Platz, wenn Vergehen ihm Platz macht; damit etwas wird, muß zugleich etwas zugrundegehen.

Beide Ansichten von Werden und Vergehen haben wir jetzt nicht ausdrücklich entfaltet, sondern nur umlaufende Ansichten angezeigt; in der ersten wird hingeblickt auf die *akmé* eines Seienden, auf dessen Höhepunkt. Auf diesen läuft das Entstehen zu, und dort kehrt es sich um in das Vergehen. Im anderen Fall aber blickt man nicht primär auf das Seiende hin, sondern auf dessen In-der-Zeit-sein. Die zweite Ansicht gehört einer Reflexionsstufe an. Die Frage aber ist nun, ob wir von diesen umlaufenden Ansichten über Entstehen und Vergehen her überhaupt den Sinn des Anaximanderfragments fassen können. Von welchem Entstehen und Vergehen ist hier die Rede? Das Woraus des Entstehens ist das Worein des Vergehens? Was soll das heißen? Jedes Ding entsteht aus anderen Dingen, und jedes Ding zerfällt in andere Dinge. Dies lehrt doch der Augenschein. Was sich *zeigt* an Entstehen und was sich *zeigt* an Vergehen ist immer Entstehen aus Dingen und Vergehen in Dinge. Aus Nichts wird nichts und in Nichts vergeht nichts. Die Dinge stehen in einem ständigen Wandel. Das Haus wird aus den Baustoffen und menschlicher Arbeit und verfällt wieder zu Trümmern; manche Dinge wechseln schnell und andere wiederum bleiben fast unveränderlich: die in ihren Bahnen wandelnden Himmelsfeuer und die gegründete Erde, die Schauplatz ist von allem. Heißt der uns angehende Satz des Fragments nun dies: die Dinge zerfallen wieder in ihre Elemente? Das, woraus sie bestehen, in das müssen sie wieder vergehen? Zum Staube, aus dem wir geformt, kehren wir wieder und geben der Erde die Elemente zurück, die sie uns lieh? Diese Auffassung legt sich nahe, wenn wir uns orientieren an der ersten Ansicht vom Werden. Woraus die Dinge geworden sind, in das zerfallen sie wieder. Das ist aber keineswegs gemeint. Der Satz, so verstanden, spricht überhaupt keinen Gedanken der Philosophie aus, sondern nur, was uns jederzeit schon der Augenschein zeigt. Wie steht es nun aber, wenn wir die andere Anschauung vom Werden hervorholen? Entstehen und Vergehen ist gleichzeitig: woraus etwas wird, dahinein vergeht es zugleich; woher es etwas gewinnt, dahin gibt es immer auch etwas ab; die Richtung des Herkommens einer Sache ist zugleich, nur im umgekehrten Sinne, die Richtung ihres Verschwindens. Sagt so der Satz das eherne Gesetz der Vergänglichkeit aus, daß nur Geburt ist, wo Tod, nur Aufstieg, wo Untergang? Daß die Dinge nur im Sichselbstverzehren zeitweilig bestehen und daß sie unter sich auch beherrscht werden von diesem erzenen Gesetz? Daß das eine sich nur behauptet, wenn es anderes unterdrückt, nur lebt, wenn es tötet, nur sein kann, wenn es einem anderen den Platz wegnimmt? Aber auch das zeigt schon der Augenschein. Von phänomenalen Einsichten aus, d.h. von Einsichten, die im unmittelbaren Hinblick auf das Sichzeigende gewonnen werden, öffnet sich die philosophische Wahrheit des Anaximanderfragments nicht. Denn es enthält keine Thesen, die durch den Augenschein bestätigt werden können. Nicht die phänomenale *génesis* und *phthorá* ist Problem. Das wird klar aus dem Zusatz *katá to chreón*, nach der Schuldigkeit. Das, woraus die seienden Dinge entstehen, ist das Un-Begrenzte, worein sie vergehen ist auch das Un-Begrenzte. Entstehen und Vergehen sind nicht genommen als die phänomenalen Weisen, wie aus Begrenztem anderes Begrenztes wird oder wie Begrenztes wieder in anderes Begrenztes zerfällt; sondern allein als die Herkunft alles Begrenzten schlechthin aus dem Unbegrenzten und als der Heimgang alles Begrenzten in das *ápeiron*. Dieses Entstehen wird nie gesehen, nie mit den Sinnen wahrgenommen, es ist nicht augenscheinlich; es wird im Denken erdacht. Nicht um das Entstehen geht es also, das waltet zwischen den seienden Dingen, sondern um das Entstehen, in welchem alle seienden Dinge samt der ihnen eigenen Weise des Werdens entstehen. Mit anderen Worten, es handelt sich um den Hervorgang der Dinge aus dem *ápeiron*, um jenen Vorgang des *ekkrínesthai*, der Aussonderung. Das Entstehen ist Aussonderung aus dem Unbegrenzten, aus dem Ur-Einen, das Vergehen ist die Rückkehr aus der Sonderheit in den Schoß des *ápeiron*. Inwiefern aber ist dies alles *katá to chreón*? Nach der Schuldigkeit? Diese Übersetzung von Diels ist nicht ohne Bedenken. Auf die schwierigen philologischen Fragen können wir uns hier nicht einlassen. Bedenklich aber ist gerade der *moralische Unterton* im Begriff der Schuldigkeit. Ist hier in einem Raume ontologischer Gedanken überhaupt eine moralische Betrachtungsweise am Platze? Ist es nicht das groteske Mißverständnis Nietzsches, daß er Anaximander „ethisch" interpretieren zu müssen glaubte? Die Dinge entstehen aus dem, worein sie letztlich vergehen oder, genauer an den Text des Fragments angelehnt, sie vergehen in das, woraus sie entstehen – gemäß der Schuldigkeit. Die Dinge schulden, sofern sie sind, sind schuldig, aber eben nicht in einem moralischen Verstande. Was aber schulden sie, und wem sind sie schuldig? Es gibt eine Menge Interpretationen, die die Schuldigkeit der Dinge in ihrem Verhältnis zueinander ansetzen wollen; sie sind schuldig, sofern das eine nur wird, wenn es anderes verdrängt; jedes Entstehende wird schuldig, sofern es ein anderes ins Nichtsein hinabstößt. Über dem Wandel aber waltet ein strenges Gesetz: das, was nur durch Verdrängen eines anderen wird, muß selbst verdrängt werden, was nur durch den Tod des anderen leben kann, muß selber sterben und von einem anderen beseitigt werden. Der Wandel der Dinge ist beherrscht von einem strengen Gesetz. Man macht sogar zuweilen die strenge Rechtsidee der antiken Polis, des griechischen Bürgerstaates, als Vorbild namhaft für diesen Anaximandergedanken des über den Dingen verhängten Gesetzes; so als ob die Philosophie aus ihrer Umwelt die Motive aufzunehmen pflegte für ihre ontologischen Grundvorstellungen. Diese Art von Auslegung wird dann noch gestützt durch den Hinweis auf die im letzten Satze des Fragments ausgesagte *adikía*, die Ungerechtigkeit, und die Strafe und Buße, *díke* und *tísis*, welche die Dinge *einander* (*allélois*) zahlen. Der plausible Gedankengang ist dabei, daß Strafe und Buße ja dem zu zahlen sind, gegen den ein Unrecht begangen worden ist. Weil nun die Dinge *einander* Buße und Strafe zahlen, deswegen ist die Ungerechtigkeit, die *adikía*, wohl auch eine solche der Dinge gegeneinander. Aber da müßte schon etwas uns stutzig machen. Gesetzt den Fall, die Ungerechtigkeit ist eine solche der Dinge gegeneinander, sofern das eine ins Dasein kommt, wenn es ein anderes beseitigt; kann aber ein Ding dem von ihm beseitigten Strafe zahlen? Oder zahlt es ja einem anderen die Buße, eben dem nach ihm kommenden, durch das es nun selbst beseitigt wird? Bei genauerem Hinsehen löst sich die Plausibilität des oft vorgebrachten Argumentes auf. Die Strafe wird ja gar nicht dem bezahlt, wogegen ein Ding sich vergangen hat. Vielmehr büßen sie durch das Beseitigtwerden von Nachkommenden, büßen sie durch ihren Untergang, eine Ungerechtigkeit, eine *adikía*, die in ihrem *Bestehen* schon liegt. Die Dinge sind schuldig, sofern sie bestehen. Was sind sie schuldig? Sie sind und sind doch nicht; ihr Sein ist nichtig; sie sind be-grenzt, sind nicht alles, sind abgesetzt von anderem; sie bestehen in ihrem Umriß *gegen* alles andere, sie halten das Sein fest auf eine endliche und begrenzte Weise, das Sein, das seinem Wesen nach allumfangend und allbefassend ist; sie wollen gleichsam das Unbegrenzte auf eine endliche und begrenzte Weise sein und bleiben so alles schuldig; sie sind *bedürftig*, nur durch das *Bedürfnis* und die *Entbehrung* geprägt; weil sie auf eine bedürftige Weise nur sind, sind sie im Ganzen gesehen bestimmt durch eine Weise, *wie es not tut, katá to chreón*. Weil die Dinge in ihrem Bestreben, das Sein zu halten, *in Not sind*, ist über sie verhängt, auf eine dürftige und nothafte Weise nur sein zu können: eben in der Weise der Vergänglichkeit. Wir interpretieren also: woraus den seienden Dingen das Entstehen ist = woraus sie im Entstehen sich aussondern in ihre einzelhafte, endliche Weise, das Sein zu halten, — dahinein geschieht auch ihr Vergehen = dahin fallen sie im Untergang wieder zurück; nach der Schuldigkeit, *katá to chreón* = „wie es not tut" — für in ständiger Seinsnot Gefangenes. Das Endliche, Begrenzte kann gar nicht wahrhaft *bleibend sein*: bleibendes Sein ist nur als *ápeiron* möglich.

Wir kommen zum dritten, bereits schon vorweggenommenen Satz des Fragments: „denn sie zahlen einander gerechte Strafe und Buße für ihre Ungerechtigkeit nach der Zeit Anordnung." Die entscheidende Frage ist hier, was ist die Ungerechtigkeit, die *adikía*? Ist das ein moralischer Begriff? Gewiß ist er aus dem Bereich des moralischen Verhaltens genommen; Menschen nur begehen Ungerechtigkeiten; ein Stein kann nicht gerecht oder ungerecht sein, ebensowenig ein Tier und ebensowenig ein Gott. Unrechttun ist eine spezifische Möglichkeit des Menschen. Was bedeutet es aber, daß ein menschlicher Begriff hier genommen wird, um das Verhalten der Dinge überhaupt zu kennzeichnen? Ist es einfach ein Rückfall in eine mythologische Vorstellungsweise, eine gewisse Primitivität? Keineswegs; gerade weil das Denken Anaximanders ontologisch ist, ist er jeder moralisierenden Weltbetrachtung weit entrückt. Das Seiende selbst, die Dinge *sind im Unrecht*, ihr Sein ist ein *Im-Unrecht-sein*; sie sind nicht zuerst und begehen dann ein Unrecht, das sie ebensogut unterlassen könnten; nein, sofern sie sind, sofern sie eintreten ins Dasein, sind sie im Unrecht. Sie sind, könnten wir zugespitzt sagen, *unrichtig*, sind nicht auf die richtige Weise; das richtige Sein ist Sein der Weise des Unbegrenztseins, des

Unvergänglichseins, des Unzerstörbarseins, des Unerschöpflichseins und des Unaufhörlichbewegendseins. Dieses „richtige Sein“ aber ist keine willkürliche Vorstellung, die sich der Philosoph eben vom Sein macht, sondern ist der wesentliche Sinn des Seins, wie er den Griechen aufging im Hinblick auf die *physis*. Sie ist das Immerseiende und Unerschöpfliche, das alles gebiert und nie leer wird, das allen Tod in sich aufnimmt und doch voller lebendigsten Lebens bleibt. Sie ist auch das Bleibende im Grunde allen Wandels, sie ist das *ápeiron* selbst. Die im *ápeiron* gedachte *arché* enthüllt sich gerade als die *physis*. So ist sie auch die Welt, so auch das Göttliche, so der Ursprung von allem. Wenn also die wesentlichen Bestimmungen des Seins gewonnen sind am Anfang der abendländischen Philosophie in einer Offenheit für die alldurchwaltende *physis*, für die Göttlichkeit der schöpferischen Natur, so ist damit nicht eine phänomenale Natur verabsolutiert, nicht das, was die Naturwissenschaft meint, aber auch nicht das, was die Schwärmerei als Natur anspricht. Vielmehr hat der griechische Gedanke bereits eine innere Bestimmtheit der Natur gefaßt: das Bleibendsein und die Unerschöpflichkeit. Das richtige Sein also ist dieses Sein der im *ápeiron*-Begriff angezielten *physis*. Das Sein der Dinge ist, daran gemessen, unrichtig; sie sind, aber nicht allumfangend und nicht unerschöpflich, sie sind begrenzt und endlich. Ihr Unrecht besteht in der Ablösung aus dem tragend-umfangenden Grund, in ihrem Hervorgehen, besser Hervorgegangensein aus dem Einheitsgrund der *physis*. Die Dinge sind durch die Entzweiung, durch die Gegenstellung zur *physis*. In der Aussonderung aus dem Ur-Einen liegt ihr Unrecht. Ausgesondert aus dem Immerbleibenden sind sie in den Wandel gefallen, in die Ordnung der Zeit; sie unterstehen jetzt der Macht der Zeit.

Was ist die Zeit, daß sie den Wandel ordnet, jenen Wandel, in welchem die Dinge büßen und Strafe zahlen? Buße und Strafe klingt uns wieder moralisch. Steht dahinter der antike Pessimismus, der das Sein selbst verneint? Ist es eine düstere Taxation des Daseins, die das hellenische Wesen umdunkelt? Seit Burckhardt und Nietzsche spricht man viel von diesem antiken Pessimismus. Aber auch wenn er die Grundstimmung jener „Philosophie im tragischen Zeitalter der Griechen“ gewesen sein sollte, – so ist doch der das Sein denkende Gedanke nicht daraus abzuleiten, – eher umgekehrt. Wie die Dinge büßen und Strafe zahlen, das ist leicht verständlich: eben durch ihren Untergang; für ihr Bestehen, das eine Weile währt, zahlen sie mit ihrer Vernichtung. Sie halten sich im Dasein um den Preis des unvermeidlichen Verschwindens. Aber wieso ist dieses eine Strafe und eine Buße? Befremdet uns dieser Gedanke nicht zunächst? Man könnte doch sagen, das Auf und Ab von Leben und Tod, von

Entstehen und Vergehen ist das Gesetz, das in allem Wandel waltet, das mit Naturnotwendigkeit herrscht, das „jenseits von Gut und Böse“ steht und in das moralische Begriffe hineinzutragen sinnlos ist.

Das Entscheidende des anaximandrischen Gedankens aber ist nicht eine moralische Erklärung des Gesetzes in allem Wandel; Anaximander steht jenseits von Gut und Böse, wie alle Philosophie, wenn sie das Wesen des Seins denkt. Entscheidend ist, daß Anaximander über das Gesetz im Wandel *hinausdenkt*, daß er es begreift vom Verhältnis des Wandelbaren zum Unwandelbaren, zum zugrundeliegenden *ápeiron*. Und in diesem Bezug übernimmt die führende Rolle die *Zeit*.

12

In der Auslegung des Anaximander-Fragmentes steht noch aus die Deutung des *katá ten tou chrónou táxin*, „nach der Zeit Anordnung“. Welches ist die Rolle der Zeit im Ganzen der ontologischen Grundauffassung, die uns aus dem Fragment entgegentritt, eingehüllt in eine entrückte Sprache, die nicht aus der mythischen Ergriffenheit stammt, die hervorbricht aus dem ersten welterhellenden Blitzschlag des Gedankens? Wir sind längst gewöhnt, mit Gedanken umzugehen; wir lesen Bücher und kennen die Geistesgeschichte, wir kennen vielerlei Meinungen über Gott und die Welt, viele Theorien über das Sein, das Werden, das Nichts, die Zeit; wir klassifizieren „Weltanschauungen“ und operieren dabei mit Grundbegriffen, die überall vorkommen, jeweils so oder so aufgefaßt werden. Wir haben es verlernt, so feierlich von bloßen Gedanken zu reden; wir sind kühl und skeptisch geworden, machen uns nichts mehr vor: wir wissen, daß es auch in der Philosophie „menschlich, allzumenschlich“ zugeht, daß die Originalitätssucht ihr Unwesen treibt, daß es im Grunde eben fast die gleichen Gedanken sind , die immer wieder neu aufgeputzt werden. Und wir tun uns viel zugute auf diese Abgeklärtheit, auf unsere moderne Entdeckung der sich behauptenden Banalität des Menschenwesens auch in den Erscheinungen, die angeblich darüber hinauswollen. Mit viel Psychologie und Gelehrsamkeit sind wir illusionslos geworden. Vielleicht, daß wir noch etwas Bewunderung aufbringen für den archaischen Stil der alten Denker, die von Gedanken reden wie von etwas Ungeheurem, deren Sagen noch durchzittert ist von einer überwältigenden Erfahrung. Eine solche Bewunderung vergreift sich ebensosehr am Wesen der ursprüngenden Philosophie wie die Attitude der kühlen Überheblichkeit, für welche Gedanken doch nur Menschengedanken, nur Meinungen sind. Wissen wir in unserer Vielwisserei überhaupt noch wesentlich, was ein „Gedanke" ist? Ist es denn so sicher, daß Gedanken nur in Menschengehirnen hausen, nur die unwichtige Weise sind, wie ein klägliches Geschöpf von sich aus sich ein Bild der Welt macht? Gibt es Gedanken nur, weil der Mensch sie denkt, sind sie ihm zugehörig als sein Erzeugnis und Eigentum, oder kann der Mensch wahrhaft denken, wenn er sich öffnet den waltenden Seinsmächten, wenn ihm von dort her die Gedanken geschenkt werden? Es ist ein Vorurteil der Neuzeit, daß der Mensch der Schöpfer des Gedankens sei. Solange wir im Banne dieses Vorurteils stehen, bleibt die Philosophie der ersten Zeit uns überhaupt unzugänglich. Was haben wir in solcher Sicht denn für wenig ausgebildete Individualitäten: Thales, der das Wasser als den Grund der Dinge ansetzt, Anaximenes die Luft und Heraklit das Feuer. Ist eine solche Ansetzung überhaupt eine Philosophie? Kann man mit diesem einen Gedanken gleichsam lebenslang stillstehen? Sind das nicht arme und bewegungslose Gedanken (Hegel)[1]? — In Wahrheit ist es gerade umgekehrt. Im Denken der ersten Denker öffnet sich das Menschenwesen erstmalig und ursprünglich dem allumfangenden Ganzen: der *physis*. Der Mensch tritt aus dem bergenden Grunde und reißt sich los; er ist nicht mehr geborgen und eingeschlossen in das Ganze wie das Tier oder anders der mythische Mensch; aber gerade deswegen kann und muß er sich *verhalten zum Ganzen*; er stellt sich in die Offenheit des Ganzen, indem er sich freigibt, über jede einzelne Verhaltung zu einzelnem Seienden hinweg, für das Licht, das den Raum des Ganzen erhellt. Und dies sind die ursprünglichen Gedanken vom Sein. Diese Seinsgedanken sind keine Erfindung des Menschen, keine willkürliche Setzung; aber auch nicht etwas, was *fertig* dem Menschen geschenkt würde und das er nur aufzuheben brauchte.

Die Eigentümlichkeit des ursprünglichen Denkens ist mit den entgegengesetzten Begriffen von „Tun" und „Leiden" nicht zu erreichen; es steht noch diesseits einer solchen Unterscheidung; es ist ebensosehr produktiv wie hinnehmend; es ist „ontologische Erfahrung" und zugleich „ontologischer Entwurf". Diese Natur des philosophischen Denkens bleibt ein beunruhigendes Problem: der Doppelaspekt wird immer wieder gesehen und in verschiedenen Weisen zu fassen versucht. Noch in der Kantischen Unterscheidung der Rezeptivität und Spontaneität hinsichtlich der apriorischen Gesetzgebung der reinen Erkenntnis liegt ein Widerschein davon. Allerdings sieht es dort so aus, als laufe dieser Unterschied letztlich zurück auf eine Trennung der beiden Erkenntnisquellen: Sinnlichkeit und Verstand. Sinnlichkeit ist rezeptiv, Verstand aber spontan; die Frage Kants geht zunächst aber auf den *apriorischen* Teil des Erkenntnisvermögens. Apriorische Erkenntnis aber ist solche, in der „von vornherein", d.h. vor aller Erfahrung das Seiende erkennt; was aber vor aller

Erfahrung erkannt wird, ist die Seinsverfassung des Seienden; apriorische Erkenntnis = ontologische Erkenntnis. Und diese ontologische Erkenntnis wird Problem in der „Kritik der reinen Vernunft". Die leitende Frage dabei ist, wie das Seiende vor der Begegnung im Erfahrungsbezug schon offenstehen kann in seiner Seinsverfassung. Kants Antwort darauf lautet, kurz zusammengefaßt: weil die menschliche Vernunft diese Seinsverfassung des Seienden, vorauslaufend aller Erfahrung, vorgängig bildet. Dieses Bilden aber bestimmt er als eine Spontaneität, die rezeptiv ist, oder als eine Rezeptivität, die zugleich spontan ist. Gerade in der Auslegung also der ontologischen Erkenntnis fallen auf eine schwer sagbare Weise Tun und Leiden in eins zusammen, oder besser: versagen beide Vorstellungsweisen. Mit diesem Hinblick auf Kant ist nur an einer späten Philosophie noch aufgezeigt, was bereits am Anfang des philosophischen Denkens dieses auszeichnet: es ist in eins die höchste Anstrengung des Menschen und ein Widerfahrnis, Entwurf und Erfahrung. Die höchste Kraft muß der Mensch aufbringen, um sich zu öffnen und offenzuhalten der Helle, in der das Ganze sich zeigt. Das Denken von Thales und Anaximander ist weitab von einer persönlichen Weltauffassung, von einem individuellen Weltbild; sie *vernehmen* noch, wenn sie *entwerfen*. Sie denken das Sein, das ihnen sich schenkt. Ihre Sprache muß daher aus *diesem* Bezug allein verstanden werden. Sie ist weder archaisch, noch hierophantisch. Sie ist nicht Dichtung und nicht Religion; sie ist Philosophie, die das Größte denkt und aussagt: die *arché*, den Grund aller Dinge. Anaximander denkt und erfährt diesen Grund als das *ápeiron*, das Unbegrenzte. Das Unbegrenzte ist das *Sein* selbst. Das „richtige" Sein als das Immersein, das Unzerstörbarsein, das Unerschöpflichsein, das Allumfangen und Allesbewegen. In solcher Sicht liegt dem anaximandrischen Denken das Wesen des Seins; so geht es ihm auf. Aber solches Aufgehen geschieht nicht im Blick auf ein Vorhandenes, an dem diese Charaktere abgelesen werden. So wird Sein gar nie „festgestellt". Keine Durchmusterung aller Dinge, die uns irgend unterlaufen, könnte je solches an ihnen vorfinden wie die Allumfängnis, die Unbegrenztheit und die Unerschöpflichkeit. Und gar das Immersein können wir nie feststellen, weil alles Feststellenkönnen selbst nur begrenzte Zeit währt. Sind diese Charaktere, in denen das Sein gedacht wird, und zwar nicht willkürlich gedacht, sondern *vernehmend* gedacht wird, überhaupt etwas, was einem *Ding* zukommen könnte? Gerade nicht. Die Dinge,— d.h. der Bereich, an dem wir feststellen, beobachten, ablesen usf.,— zeigen nirgends dergleichen. Die Dinge selbst rücken aber, von der Grundeinsicht Anaximanders aus, nun ausdrücklich ein in eine Charakteristik, die das Gegenteil darstellt dessen, was der *arché* zukommt: sie sind begrenzt, sind endlich, sind erschöpflich, vergänglich. *Arché*, als der Anfang aller Dinge, und die Dinge selbst, verhalten sich irgendwie gegenteilig. Aber, so könnte man fragen, werden die Dinge beobachtet, festgestellt, abgeschildert? Findet Anaximander im Hinblick auf die Dinge ihre grundsätzliche ontologische Charakteristik? Auch das ist zu verneinen. Anaximander beschreibt nicht die phänomenalen Dinge und gewinnt durch *Beobachtung* erst nachträglich ihre Eigentümlichkeit; es sind keine empirischen Feststellungen, sondern *ontologische Aussagen. Dasselbe Licht*, das die Unvergänglichkeit, Allumfängnis, Unbegrenztheit des Seins offenbart, offenbart auch die Vergänglichkeit, Endlichkeit und Begrenztheit des Seienden. Nur so ist überhaupt der *Zusammenhang* des Fragments zu begreifen. Das Denken des *ápeiron* ist notwendig zugleich das Denken des Begrenzten in seiner Begrenztheit.

Die *adikía* des Begrenzten haben wir auszulegen versucht als die Abgesondertheit der Dinge aus dem Seinsgrund. Die Dinge sind im Unrecht; sie sind Unrecht; sie sind auf unrechte Weise. Recht ist das *ápeiron*, das das ganze Sein ist, allumfangend und alles regierend, unerschöpflich, immer bleibend. Das *ápeiron* ist so das Maß des Seins, die Richtschnur, die *Recht* und *Unrecht* bestimmt. Recht und Unrecht sind hier also keine moralischen, sondern ontologische Begriffe und meinen die rechte Weise, zu sein, und die unrechte Weise, zu sein. Auf unrechte Weise sind die Dinge; sie sind, aber so, daß sie das Sein selbst vergeuden und vertun, es nicht halten können; sie sind vergänglich. Diese Vergänglichkeit meint aber nicht, daß sie nicht ewig sind, daß sie irgendwann einmal aufhören müssen; sondern sie sind selbst dann, wenn sie voller Kraft dastehen und das Sein in ihnen gesichert erscheint, „vergänglich", sie *sind* nur *im Vergang*. Sie gehen in der Zeit, sind von der Zeit mitgenommen. Sie sind bestimmt durch *génesis* und *phthorá*, durch Entstehen und Vergehen; alles von der Zeit Mitgenommene ist immer in einer Zeitphase, ist jetzt und wieder jetzt; im Jetzt seiend aber sind sie das, was sie vorhin waren, nicht mehr, und das, was sie bald sein werden, noch nicht; alles Sein des In-der-Zeit-Seienden ist bestimmt durch ein Nicht-mehr und ein Noch-nicht; die Fülle des Seins ist nie beisammen, sondern immer aufgeteilt in die Phasen der Zeit; alles so in der Zeit Seiende ist in seinem Sein durch ein Nichts bestimmt, ist nichtig. Nichtigkeit aber ist die eigentliche „ontologische Schuld", das eigentliche ontologische Unrecht. Dieses Unrecht als „nicht auf die rechte Weise sein" ist aber nicht nur gesehen *im Hinblick* auf die Seinsweise des *ápeiron*, in dem alle Fülle und Unerschöpflichkeit des Seins gesammelt erscheint; das *ápeiron* ist nicht nur das Maß, es ist auch das, wogegen die Dinge Unrecht tun; die Dinge begehen das Unrecht, indem sie sich aussondern in ihre geprägte Einzelheit, die sie eine Weile halten und behaupten. Sie ent-springen dem Ursprung, gehen aus ihm hervor und setzen sich von ihm ab, fliehen ihn. Dieser Gedanke scheint eine Schwierigkeit zu bergen. Wenn wirklich das *ápeiron* das „rechte Sein" ist, eben das unerschöpfliche und unbegrenzte, wie kann ihm überhaupt ein Unrecht angetan werden? Kann nicht nur solches Unrecht leiden, das betroffen werden kann, das geschädigt werden kann? Kann aber dem, das die Fülle des Seins selbst ist, Unrecht angetan werden? Die *adikía* der Dinge ist zwar ein Unrecht gegen das *ápeiron*, aber ein solches, *das dieses nicht trifft*. Es bleibt davon unbetroffen. Warum? Auf diese Frage gewinnen wir eine Antwort, wenn wir nun das *katá ten tou chrónou táxin*, das „nach der Anordnung der Zeit" bedenken.

Die Dinge zahlen Strafe und Buße nach der Zeit Anordnung. Mit der Vergänglichkeit zahlen sie Buße für ihre Absonderung aus dem Grund des umfangenden Ur-Einen. Das ist nicht so zu verstehen, daß die Absonderung sozusagen den Sündenfall darstellt, für welchen dann im Nachhinein die Buße der Vergänglichkeit auferlegt wird. Vielmehr ist die Absonderung an sich selbst schon der Fall in die Vergänglichkeit. Das Begrenzte kann nur sein als Mitgenommenes in der Zeit: die Vergänglichkeit ist der Raum, in den hinein alle Absonderung allein möglich ist. Die *táxis tou chrónou*, die Ordnung der Zeit ist die geöffnete Weite, in die allein die Vereinzelung geschehen kann. Die Ordnung der Zeit ist der Raum des möglichen Unrechts, der *adikía*. Heißt das nun soviel wie: die Zeit ist der Bereich, das Ordnungsgefüge, in welchem die gesonderten Dinge allein sich aufhalten können? Sonderung nennt man auch Individuation. Raum und Zeit gelten als die „principia individuationis", als die Prinzipien der Vereinzelung. Ist also dies gemeint, daß das Begrenzte als Abgesondertes und Vereinzeltes eben nur sein kann im Felde der Einzelheiten, im Gefüge der Zeit? Ist Zeit also als ein Ordnungsschema begriffen? Auf der einen Seite also das alterlose, zeitlose *ápeiron* — und auf der anderen Seite die der Macht der Zeit verfallenen Dinge? Man könnte sagen, die Dinge unterstehen den allgemeinen Bedingungen der Zeitlichkeit; die Zeitordnung beherrscht sie. Und diese Zeitordnung ist eben die strenge Folge des Nacheinander. Was währt, was dauert, was *in* der Zeit ist, kann eben nur so sein, daß es im Nacheinander zerlegt sein Sein hat, nie in einem einzigen Zumal, nie zugleich. Und als zerlegtes ins Nacheinander der sukzessiven Dauer ist es in jedem Moment durch ein Fehlen, einen Mangel, ein Noch-Nicht oder ein Nicht-Mehr bestimmt. Die Zeitordnung ist das allgemeine Gesetz der Vergänglichkeit. Im Gefüge dieser Ordnung vollzieht sich die Strafe und Buße der Dinge; sie kommen, um schließlich zu verschwinden. Bei einer solchen Deutung bleibt aber ein Wesentliches unbegriffen: eben der Zusammenhang zwischen dem *ápeiron* und den begrenzten Dingen. Und in diesen Zusammenhang hinein geschieht das *eigentliche Sagen* des Fragments. Man muß begreifen lernen, wie das *ápeiron* seinen vollen Sinn erst gewinnt *im Bezug zu* den Dingen und andererseits auch diese in ihrer Begrenztheit und Endlichkeit, also in ihrem ontologischen Charakter erst einsichtig werden *im Rückbezug* zur *arché*. Die *génesis* und die *phthorá*, von welchen das Fragment spricht, meinen ja nicht das innerzeitige Werden und das innerzeitige Vergehen der Dinge, sondern eigentlich das Entstehen aus dem *ápeiron* und das Vergehen in es. Nur so kann der ontologische Satz verstanden werden, daß es *dasselbe* ist, woraus die Dinge entstehen und worein sie vergehen. Das Entstehen meint also nicht das phänomenale Werden, das Schwinden nicht das dem Augenschein zugängliche Verschwinden.

Und ebenso müssen wir jetzt fragen,was die Zeit-Ordnung eigentlich meint. Gehört die Zeitordnung dem Vergänglichen an? Ist das *ápeiron* das Zeitlose und das Begrenzte eben das Zeitliche? Eine solche Deutung würde gerade in zwei unbezügliche Sphären auseinanderreißen, was bei Anaximander zusammengesehen wird. Die *táxis tou chrónou* ist nicht die Zeitordnung als ein Gefüge, ein Stellensystem, ein Schema, sondern ist streng als „Anordnung" zu nehmen. Anordnung heißt einmal das Anordnen, den Akt, das Geschehen des Ordnens, das Geben und Setzen einer Ordnung, und dann auch das in solcher Setzung Gesetzte selbst. Die Zeit ist primär hier nicht genommen als das Geordnete, sondern als das *Ordnende*. Sie ist nicht als Gefüge oder Rahmen verstanden. Sie ist *eine Macht, die befiehlt*. Die Dinge geben einander Strafe und Buße auf das Geheiß der anordnenden Zeit. Die Zeit befiehlt. Wie ist hier die Zeit verstanden? Wer ist diese Zeit? *Diese Zeit ist das ápeiron selbst*. Sie steht also nicht auf der anderen Seite, auf der Seite der Dinge, als deren Form und Verhältnis; das *ápeiron*, das Grenzenlose, ist die Zeit; sie ist „unbegrenzt", sie hat alle Grenzen in sich, sie bildet erst die Grenzen für alle Dinge, sie ist grenzenlos, aber begrenzend; alle Weilen sind in ihr, aber sie selber hat keine Weile, sie ist immer. Dieses „Immer" ist anders als das „immer", das wir vielleicht einigen Dingen zuzusprechen geneigt sind, den ewigen Gestirnen und dergleichen; auch jene sind „in" der Zeit. Die Zeit selbst steht und bleibt, auf daß *in ihr* Wandel und Bewegtheit, Dauern, Entstehen und Vergehen statthaben kann; sie ist „unerschöpflich". Zeit selbst erschöpft sich nicht, wenngleich sie immerzu vergeht; sie nimmt nicht ab, wird nicht kleiner, braucht keinen Vorrat auf; sie ist das unerschöpflich Bleibende, das allen Dingen das Währen gewährt, ihnen ihre Zeit gibt. Als *ápeiron* verstanden, mißt die Zeit allen Dingen ihre begrenzte Weile zu; sie kommen und gehen und büßen im Gehen die *adikía* ihres „unrechten Seins"; aber das, was sie büßen läßt, was ihnen ihr vergängliches Währen zumißt, ist auch das, wogegen sie die *adikía* begehen: das *ápeiron*, das die Zeit selber ist. Das *ápeiron* aber kann von der *adikía* nicht betroffen werden, weil es als die zeitlassende Zeit alles Vergängliche immer schon überholt hat und es in sich einbehält. Das *ápeiron* selbst bildet den möglichen Raum des Unrechts; es selber als das Unbegrenzte und Unerschöpfliche west als die *táxis tou chrónou*, als die zeitlassende Zeit, die alle Dinge umfängt, begrenzt und währen läßt. Das *ápeiron* ist der „Anfang", die *arché* der Dinge: d.h. es ist das, woher diese sind, werden und erkannt werden. Die Philosophie nimmt selbst ihren Anfang, indem sie die Dinge überdenkt, d.h. über die Dinge hinausdenkt, um in solchem Über-Denken auf sie zurückzukommen und sie eigentlich zu begreifen. In der Denk-Offenheit für das *ápeiron* werden die fundamentalen Wesenszüge des *Seins* sichtig: unzerstörbar und unerschöpflich bleibt es immer als das Unbegrenzte und Allumfangende. Im Lichte dieses Verstehens von Sein wird das sich Zeigende, werden die Dinge durchsichtig als die wesenhaft zerstörbaren (nichtigen), nur „zeitweilig" währenden. Aus dem *ápeiron* gehen die Dinge hervor, von dort her können sie auch eigentlich erkannt werden, eben in dem, was ihr Sein ist.

Wir haben viele Worte gemacht über die wenigen Sätze Anaximanders. Und wir haben noch lange nicht den Tiefsinn ergriffen, der darin lebt. Was wir versuchten, war keine Interpretation, die in die wesentliche Mitte der anaximandrischen Seinsgedanken vorstößt: d.h. zum Begriff der *physis*, der dieses Denken der ersten *physiológoi* von Grund auf lenkt. Was die *physis* ist, wird uns vielleicht aufgehen bei Heraklit. Bei Anaximander ist sie das immer Gegenwärtige, aber selbst nicht ins Wort tretende in den bruchstückhaften Fragmenten, die wir noch besitzen. Nach antiker Überlieferung soll seine Schrift *perí phýseos* gehandelt haben.

Was aber können wir zusammenfassend sagen? Die wenigen Fragmente versetzen uns mit einem Schlage in die Grundfrage der Philosophie, die Frage nach dem Sein. Die Dinge werden im Ganzen denkend überstiegen auf einen ihnen zugrundeliegenden Ursprung hin. Die Philosophie denkt den Ursprung der Welt. Nicht als einen innerzeitlichen Anfang der Dinge, in Abhängigkeit von irgendeinem Gott. Die *arché*, die Anaximander denkt, ist *kein Ding, ist kein Seiendes*. Vielmehr zeigt sich alles Seiende erst in dem, was es eigentlich ist, wenn es gesehen wird vom *ápeiron* her. Was aber „ist" dieses? Anaximander faßt es in Begriffen, die keinem Ding zusprechbar sind; faßt es als das *Unbegrenzte*. Das Unbegrenzte nennt nicht etwas, was wir schon kennen; es wird nicht hingezeigt auf irgendetwas Bekanntes und dieses nun zum Grund der Dinge ernannt. Das Unbegrenzte ist nicht „gegeben"; aber es wird vernommen im Denken; das Denken allein vernimmt es, schafft es aber nicht aus sich selbst. Das *ápeiron* ist kein bloßer „subjektiver Gedanke". Wenn wir auch nirgends darauf hinzeigen können, wenn wir nirgends darauf stoßen, wenn es nicht irgendwo und irgendwann ist wie sonst jedes Ding, so heißt es doch nicht, daß es bloß ein Gedankending sei. Was ist jenes Merkwürdige, das überall ist und doch an keinem Ort, allezeit und doch zu keiner bestimmten Zeit währt? Was ist das, was wir immer schon kennen und irgendwie verstehen und doch nie sehen und greifen? Dies ist das *Sein*. Das Sein ist kein Ding und ist auch nicht nur ein menschlicher Gedanke. Im Denken aber ist vernehmbar allein, was kein Auge sieht und kein Ohr hört, und was doch allem Sichtbaren und Hörbaren erst Wirklichkeit gibt. Anaximander nennt im Fragment nicht ausdrücklich das *ápeiron* das Sein; das bleibt Deutung. Anaximander sagt aber das *ápeiron* weiterhin in Begriffen aus, die zu dieser Deutung hindrängen. Ohne Alter, unzerstörbar und unerschöpflich und unaufhörlich bewegend und allumfassend ist das *ápeiron*; diese Beiworte können keinem Ding, keinem Seienden wirklich zugedacht sein; denn in der anaximandrischen Sicht stehen die Dinge als die entstehend-vergehenden da im Charakter einer Nichtigkeit, bestimmt also durch die *adikía* und überantwortet dem Gesetz der Vergänglichkeit „gemäß dem Geheiß der zeitlassenden Zeit". Das *ápeiron* ist die Zeit. Es ist sowohl das Sein als auch die Zeit. Und es ist endlich das *theíon*, das Göttliche. Alle endlichen Dinge gründen im *ápeiron*, heißt: alles Seiende im Sein, alles zeitlich Währende in der zeitlassenden Zeit, alle gottlosen Dinge im Göttlichen.

Hier liegt eine ernste Schwierigkeit und eine große Gefahr für ein radikales Mißverständnis. Man könnte etwa sagen: in der Weltsicht Anaximanders tritt alles Endliche erstmals in das Licht des Unendlichen und wird von dort her begriffen. Und dieses Unendliche wird als „Gott" gedacht. Gott ist der erste Beweger, von dem alles ausgeht; Gott ist das „Absolute". Bei Anaximander, so könnte man meinen, treten erstmals schon die Motive auf, die in der Geschichte der abendländischen Metaphysik eine zentrale Rolle spielen. Wenn es wahr wäre, daß Anaximanders *ápeiron* das Unendliche im Sinne „Gottes" oder des „Absoluten" wäre, so hätte die Metaphysik bei ihm ihren Anfang. Es ist aber die Frage, ob das metaphysische Denken in die Wahrheit der vorsokratischen Philosophie zurückreicht. Es ist ein Wesenszug der Metaphysik, daß sie das Sein *unsinnlich* denkt; das Sein wird nicht nur im Gedanken vernommen, sondern nach der Überlieferung der Metaphysik ist es selbst *gedankenhaft*. Dabei bestimmt sich diese Gedankenhaftigkeit des Seins, seine „Intelligibilität", durch den Gegensatz zum *Sinnlichen*. Sofern also dann das Sein als unsinnlicher Gedanke genommen wird, legt sich die Möglichkeit nahe, das „*Sein*" der Philosophen mit dem *Gott* der Propheten und des Christentums zusammenzudenken. Dies geschieht faktisch im Gang der abendländischen Geschichte. Gott als Geist und das Sein als Gedanke können zusammengenommen werden. Das Unendliche, das Unbegrenzte und alles Endliche Ermöglichende ist das Absolute, in welchem der Gott des Christentums und die metaphysische Interpretation des Seins zusammengehen. Das gilt vor allem für Hegels Metaphysik. Dort ist das Unendliche ausdrücklich als der Grund des Endlichen begriffen, nicht so, daß das eine das andere nur eben setzt oder erschafft, sondern so, daß es zum Wesen des Unendlichen gehört, ständig überzugehen ins Endliche, und andererseits zum Wesen des Endlichen, aus aller Vereinzelung und fixierten Selbständigkeit wieder zurückzugehen in den unendlichen Grund. Dieses Übergehen und Zurückkehren wird dabei von Hegel, in dem sich also die Tradition antiker Philosophie und theologisch-christliche Spekulation verbinden, so gefaßt, daß „Absolutes" und Endliches nicht voneinander abgesetzte Größen bleiben, daß vielmehr die letzte und eigentliche Wirklichkeit, die es philosophisch zu fassen gilt, die kreislaufende Bewegung des Unendlichen ins Endliche und zurück sei, „jener bacchantische Taumel, an dem kein Glied nicht trunken ist"[2]. Für einen ersten Blick scheint dieselbe Grundauffassung schon bei Anaximander vorgebildet zu sein im Verhältnis des Unbegrenzten zum Begrenzten. Hegels Begriff des *Absoluten scheint* in ihren wesentlichen Grundstrukturen eine „Wiederholung" Anaximanders in einer anderen geschichtlichen Situation zu sein. Aber das ist ein gefährlicher Schein. Anaximanders *ápeiron*, das wir deuteten als das Sein und die Zeit, ist *nichts Unsinnliches*, wenngleich es auch kein Sinnending ist; es ist nicht geistig, wie der Gott des Christentums, nicht einmal wie ein griechischer Gott; es ist das *theíon* als die *physis*, die allgegenwärtige, immerseiende, unerschöpfliche, Tod und Leben in sich bergende, zeugend-vernichtende Natur, die als philosophisches Problem wieder lebendig geworden ist seit Friedrich Nietzsches Versuch, am Ende des abendländischen Geistesweges die „dionysische Weisheit" der Vorsokratiker „wieder-zu-holen".

Das *ápeiron* des Anaximander ist *Sein, Zeit, physis*. Eine wirklich in die Tiefe dringende Auslegung müßte diesen Zusammenhang ins Zentrum stellen. Was ist das *ápeiron*, daß es in dieser dreifachen Weise ansprechbar ist? Es ist *arché*, ist Anfang der Dinge; die Dinge gründen in ihm. Wie gründet das Seiende im Sein, in der Zeit und in der *physis*? Welches Grundproblem der Philosophie drängt sich da vor? Wir nennen es zunächst nur mit einem Namen. Das Denken der *physiológoi*, dieser Erzväter der Philosophie, wird bewegt vom *Grundproblem von Sein und Werden*. Das Sein tritt erstmals und ausdrücklich in den Raum der Zeit.

Die entscheidende Entfaltung dieser Grundfrage von Sein und Werden im Hinblick auf die *physis* geschieht bei dem Denker, dem das Altertum schon den Namen des *skoteinós*, des „Dunklen" gab, bei Heraklit aus Ephesos.

13

Was in den wenigen Sätzen der Anaximander-Fragmente eingeschlossen liegt, in einer monumentalischen Sprache gesagt und doch nicht gesagt ist, das kommt an den Tag in der Philosophie Heraklits und Parmenides'. Für die landläufige Betrachtung gelten aber eleatische und heraklitische Philosophie als das direkte Gegenteil. Parmenides lehrt das unbewegte, starre Sein und Heraklit das ruhelose Werden; dem einen steht alles still und dem anderen fließt alles. Selbst ein Denker vom Range Friedrich Nietzsches kommt von der populären Entgegensetzung von „Sein" und „Werden" nicht los, wenn er das Verhältnis von Heraklit und Parmenides charakterisiert, obgleich er die gemeinsame Wurzel dieser Denker in Anaximander erkennt. Wo immer mit dem Gegensatz von Sein und Werden operiert wird wie mit festen Größen, wo das eine als der Gegensatz des anderen gilt, dort ist überhaupt noch kein Verständnis des Problems wach geworden. Was Parmenides und Heraklit *fragen*, ist die erste Grundfrage der abendländischen Philosophie, die mit dem Gedanken der *arché* aufbricht, die Frage nach „Sein und Werden". In dem „und" liegt das Problem. Dieses „und" ist keine Zusammenstellung von zwei gegebenen und bekannten Sachen, sondern der Ausdruck für einen durchaus fragwürdigen Zusammenhang. Das „und" ist das Fragwürdigste in der Problemformel „Sein und Werden". Der Gedanke der *arché*, wie ihn Thales und radikaler Anaximander denken, er-denkt das allem Wandel zugrundeliegende Bleiben; dieses Bleiben trägt den Wandel. Wandel und Bleiben stehen in einem notwendigen Bezug. Dieser Bezug ist der Grundriß der Welt. Er wird nicht denkend erfaßt im Hinblick auf die Dinge; er ist primär keine Dingstruktur. Auch ein Ding bleibt im Wandel seiner Eigenschaften; das Ding als Substanz verharrt, während seine Zustände wechseln; an einem Ding geschieht der Umschlag, die *metabolé*, der einen Bestimmung in eine andere; es verändert sich. Das Ding als selbiges in seinen Veränderungen, als bleibendes im Wechsel seiner Zustände und Eigenschaften, — das ist nicht das, was im Blick der frühen Denker steht, wenn sie die *arché* denken. Die Selbigkeit des Dinges, seine Substanzialität, ist ein Problem der späteren Metaphysik. Thales und Anaximander denken nicht die Dinglichkeit des Dinges, sie denken die Weltlichkeit der Welt; sie denken die Struktur des Seienden im Ganzen. Allem Wandel der Dinge selbst, ihrem Kommen und Gehen liegt ein Bleibendes zugrunde, das selbst kein Ding mehr ist, das *arché*, d.h. Grund aller Dinge ist. Die anbrechende Philosophie begreift alle Dinge, alles Seiende als *Gewordenes*. Aber dieses Begreifen als Gewordenes entwirft alles Gewordene hin auf einen ungewordenen Grund, aus dem die Dinge ihr Entstehen haben. Dieser Grund kann selbst kein Ding sein, auch nicht das mächtigste, größte und stärkste aller Dinge; es kann kein Gott sein, sofern dieser eingegrenzt ist in den Umriß eines bestimmten Wesens. Wenngleich dieser Grund als das Göttliche angesprochen wird, so ist es *to theíon*, das Göttliche, jenes Neutrum, das nicht eine Abstraktion an den personalen Göttern ist, sondern dessen Symbol und Widerschein die Götter sind. Dieser Grund aller Dinge ist die *physis*, „denn sie, sie selbst, die älter denn die Zeiten / und über die Götter des Abends und Orients ist, / die Natur ist jetzt mit Waffenklang erwacht, ...“[1] – um mit Hölderlin zu reden; die Natur nicht als der Inbegriff des Vorhandenen, auch nicht als ein System von Kräften und Mächten, sondern die Natur als das immerbleibende, unerschöpflich-schöpferische *ápeiron* ist mit Waffenklang erwacht im Denken der *physiológoi* und west nun an. Sie ist nicht das Gesehene im entzückten Blick auf die Weite des fernhinglänzenden Meeres oder auf die schneeigen Gipfel des Gebirges, nicht das Gehörte im Brausen der Winde und Rauschen der Wälder, nicht das Einverleibte wie die erquickende Luft, wie Brot und Wein und die anderen Gaben der Erde; die *physis* ist kein Ding, das gegriffen, gesehen und gehört werden kann; sie ist dem Gedanken vernehmbar und doch kein „bloßes Gedankenschema“, kein Begriffsgespinst. Die *physis* ist der im Gedanken vernehmbare un-dingliche Grund aller Dinge, der unvergänglich bleibt in allem Vergehen der Dinge. Die *physis* selbst erscheint nicht; was erscheint, ist das Seiende; aber alles Erscheinende kommt heraus aus dem Schoße der *physis* und kehrt in ihn zurück. Im anaximandrischen Gedanken der *arché* ist der Zusammenhang zwischen dem *ápeiron* und den seienden Dingen begriffen als ein *überholender* Bezug. Die Dinge stehen nicht auf der einen und das *ápeiron* auf der anderen Seite, wie man meinen könnte, wenn man nur auf die gegensätzliche Charakteristik achtet. Dem Unbegrenzten-Unerschöpflichen, Zeitlosen steht das Begrenzte, Erschöpfliche und in der Zeit Mitgenommene gegenüber. Aber entscheidend ist die Einsicht, die das größte Fragment eigens ausspricht: daß die Dinge hervorgehen aus und zurückgehen in das *ápeiron*. Dieses Unvergängliche ist die *táxis tou chrónou*, die befehlende, seinlassende Zeit, die jedem Seienden seine Zeit gewährt, es ins Dasein entläßt und es wieder daraus zurücknimmt; das Unvergängliche ist das Vergehenlassende; das Unzerstörbare das Zerstörende; das Unerschöpfliche das Erschöpfende; das Unendliche ist das Verendlichende; das sich selbst nicht Zeigende ist das Erscheinenlassende. Mit anderen Worten, das *ápeiron* ist nicht den seienden Dingen gegenübergestellt als das andere, sondern es überholt alle Dinge und begreift sie in sich ein. Das *ápeiron* ist dem Verzehr der Zeit entrückt, weil es diese *verzehrende Macht der Zeit selber* ist. In der *táxis tou chrónou* ist das Problem des inneren Zusammenhangs vom *Bleiben des Grundes* und dem *Wandel der*

Dinge aufgerissen. Die denkerische Bemühung von Heraklit und von Parmenides geht einzig darum, diesem aufgebrochenen Problem standzuhalten. Wie bleibt der Grund im Wandel, und wie ist er in solchem Bleiben gerade das den Wandel Veranlassende? Anaximanders *arché* wurde als das Un-Begrenzte gedacht. Es ist eine charakteristische Eigentümlichkeit des griechischen Denkens, daß es zu solchen Neutra greift, die primär nicht einfach substantivierte Attribute sind, nicht abstrakte Eigenschaften an den Dingen, sondern ursprünglich wesende Seinsmächte; die grammatikalische Form könnte uns verleiten, darin etwas Abgeleitetes sehen zu wollen, eine nachträgliche Verselbständigung von Momenten an den Dingen. Das Gegenteil ist der Fall. Diese Neutra sind eine ursprüngliche Ausdrucksweise der Griechen. Man verfehlt z.B. den Sinn der platonischen Ideenlehre gründlichst, wenn man glaubt, daß Ausdrücke wie *to díkaion, to kalón, to hómoion*, also das Gerechte, das Schöne, das Ähnliche usf., nur substantivierte Attribute seien und ohnehin ersetzt werden könnten durch „Gerechtigkeit, Schönheit, Ähnlichkeit"; *to ápeiron* meint also nicht die Unbegrenztheit, sondern eine *unbegrenzte Seinsmacht*, die kein Ding sein kann, weil alle Dinge endlich und begrenzt sind. Dieses *ápeiron* versuchten wir als Titel eines Problems zu deuten in einer dreifachen Hinsicht: sofern es gedacht wird als die *physis*, als das *Sein* und als die *Zeit*. Alle drei Horizonte leuchten bereits bei Anaximander auf. Parmenides und Heraklit unterscheiden sich – massiv gesprochen – darin, daß je ein bestimmter Problemhorizont die Führung übernimmt. Parmenides nimmt das anaximandrische Problem von Sein und Werden auf, indem er aus diesem Zusammenhang heraus das Wesen des *eón* erfragt, dessen, was das *bleibende Sein* ist. Heraklits Denken steht unter der Führung der Zeit. Das heißt aber jetzt nicht, daß bei Parmenides die Zeit ausgeschaltet, das Werden kein Problem mehr sei – oder umgekehrt, daß Heraklit nicht auf ein Bleibendes hin denken würde. Der Problem-Raum ist bei beiden Denkern *derselbe*, wenngleich sie ihn in verschiedenen Richtungen durchwandern. Mit dieser These stehen wir gegen die üblichen Auffassungen. Solange man auf die doxographische Gestalt der beiden Philosopheme hinblickt, scheint es kaum einen krasseren Gegensatz zu geben als den zwischen Heraklit und Parmenides, – und man hat immer wieder den einen aus einer ausdrücklichen Gegnerschaft zum andern verstehen zu müssen geglaubt; diese Gegnerschaft spielt dann in den chronologischen Fragen eine wichtige Rolle. Die Chronologie selbst ist umstritten; die verbreitete Ansicht ist die chronologische Vorgängigkeit von Heraklit; sie wird bestritten von Karl Reinhardt in seinem bedeutsamen Werk „Parmenides und die Geschichte der griechischen Philosophie". Wir lassen diesen Streit beiseite, nicht weil er belanglos wäre und nicht aus Mißachtung für die höchst verdienstvolle Arbeit der kritischen Philologie. Aber es geht uns hier nicht um eine Nacherzählung der Geschichte der antiken Philosophie. Wir wollen verstehen lernen, was damals „gefragt“ wurde. Und zwar deshalb, weil wir heute nicht nur nicht weitergekommen sind, sondern diese alten Fragen vergessen haben. Dieses Vergessen aber hat nicht die Gleichgültigkeit einer Bildungslücke. Vielleicht hängt mehr davon ab als nur ein Stück Gelehrsamkeit, ob wir die ur-alte erste Grundfrage der Philosophie wieder holen und als eine bewegende Kraft in unser Dasein aufnehmen können.

Wenn wir uns jetzt Heraklit zuwenden, so also nicht aus einem chronologischen Grunde. Wir überspringen ja auch eine Reihe anderer Denker. Einzig das innere Wachstum des einen Grundproblems von Sein und Werden ist der leitende Gesichtspunkt. An äußeren Daten ist zu Heraklit wenig mehr zu bemerken als zu Anaximander. Diese zwei Denker ragen wie einsame Felsburgen aus ihrer Zeit; ihre Außerordentlichkeit ist noch das Außerordentliche eines Denkens, das den Grundriß der Welt entwirft. Es ist noch nicht das interessante Individuum, das vom Ruhm umstrahlt wird und in allen seinen Menschlichkeiten zum Gegenstand der zudringlichsten Neugier wird. Der Ruhm gehört noch den Gedanken. Was Diogenes über sein Leben berichtet, sind Anekdoten, die eine spätere Zeit erdacht haben mag, motiviert durch Aussprüche Heraklits. Der Einfluß der heraklitischen Gedanken war im Altertum ungeheuer groß; seine Philosophie war eine Macht, die durch die Jahrhunderte ging. Und zu allen Zeiten der Geschichte hat der „dunkle Ephesier“ die Geister entzündet; von ihm selbst gilt, was er von der Sibylle sagt: „Die Sibylle, die mit rasendem Munde Ungelachtes und Ungeschminktes und Ungesalbtes redet, reicht mit ihrer Stimme durch tausend Jahre. Denn der Gott treibt sie“ (Fr. 92). Heraklit lebte rund um 500 in Ephesus; er stammte aus einem altadeligen Geschlecht, in dem die Würde des *Basileus*, eines priesterlichen Amtes des Opferkönigs erblich war; er überließ dieses Amt seinem Bruder und verzichtete auf eine Würde und eine bevorzugte Stellung inmitten seiner Vaterstadt. Die Philosophie tritt mit ihm aus dem Geflecht des natürlichen Lebens heraus, sondert sich ab. Dieses Verhältnis zu seinen Mitbürgern ist es vor allem, was die Legende überliefert. Im konkreten Fall des Verhältnisses zu seinen Landsleuten, den Ephesiern, geschieht die Absonderung in der bitteren Form der Verachtung. „Möge euch nie der Reichtum ausgehen, Ephesier, damit eure Schlechtigkeit an den Tag kommen kann“ (Fr. 125a); „Recht täten die Ephesier, sich Mann für Mann aufzuhängen allesamt und den Nichtmannbaren ihre Stadt zu hinterlassen, sie, die Hermodoros, ihren wertvollsten Mann herausgeworfen haben mit den Worten: von uns soll keiner der wertvollste sein, oder wenn schon, dann anderswo und bei anderen“ (Fr. 121).

Sind solche Aussprüche nur aus der Bitternis persönlicher Erfahrungen zu verstehen, aus seinem Gegensatz gegen die Herrschaft des Demos? Oder vollzieht sich im Gewande empirischer Lebenswirklichkeit ein tragisches Gesetz, das über allem Denken waltet, das sich über das Alltägliche erhebt? Gehört die Absonderung zum Wesen eines Denkens, das das Ganze, das All des Seienden selber denken will? Hat nicht Platon ähnlich das Wesen des Philosophen gezeichnet, — daß er nicht Bescheid wisse in den Angelegenheiten der Stadt und im Gerede der Menschen, weil er sich zum Ganzen aller Dinge verhalte? Ist so vielleicht die Absonderung als ein Schicksal zu verstehen, das dem wesentlichen Denken immer zufällt, mag es verkannt oder berühmt sein? Zeigt sich so an Heraklit, trotz der wenigen persönlichen Züge, die wir von seinem Leben kennen, doch der *Wesenszug* der philosophischen Existenz? Und ist die Einsamkeit des Denkers dann nicht, jenseits von aller Pose, die notwendige existenzielle Bedingung dafür, daß ein Mensch sich der größten Weite öffnen kann? Das sind nur Fragen, aber Fragen, die uns das Leben Heraklits zuruft. Ich glaube nicht, daß man diesem Denker gerecht wird, wenn man ihn psychologisch fassen will, wenn man von seiner aristokratischen Natur, seinem Pathos der Distanz ausgeht, als ob es nur im Zufälligen seiner Person gelegen wäre, der Einsame im volkreichen Ephesus zu sein. Gerade Heraklit sagt es immer wieder aus, daß das, was er erkennt und denkend erfaßt, das „Gemeinsame" ist, *to xynón*, das, was jeder erfassen könnte und müßte, was aber die Menschen gemeinhin überhaupt nicht sehen. Und so sagt er im Fr. 34: „Sie verstehen es nicht, auch wenn sie es vernommen; so sind sie wie Taube; das Sprichwort bezeugt's ihnen: anwesend sind sie abwesend". Nietzsche, der sich seltsam hingezogen fühlte zu Heraklit, spricht die Absonderung des Philosophen zweideutig aus, als ob es sich um eine eingenommene, freigewählte Haltung handle; dahinter wetterleuchtet aber doch ein tieferes existenzielles Verstehen der philosophischen Einsamkeit. Es heißt dort: „Heraklit war stolz: und wenn es bei einem Philosophen zum Stolz kommt, so giebt es einen großen Stolz. Sein Wirken weist ihn nie auf ein „Publikum", auf den Beifall der Massen und den zujauchzenden Chorus der Zeitgenossen hin. Einsam die Straße zu ziehn gehört zum Wesen des Philosophen. Seine Begabung ist die seltenste, in einem gewissen Sinne unnatürlichste,... Seine Reise zur Unsterblichkeit ist beschwerlicher und behinderter als jede andre; und doch kann Niemand sicherer glauben als gerade der Philosoph, auf ihr zum Ziele zu kommen — weil er gar nicht weiß, wo er stehen soll, wenn nicht auf den weit ausgebreiteten Fittigen aller Zeiten; denn die Nichtachtung des Gegenwärtigen und Augenblicklichen liegt im Wesen der großen philosophischen Natur ..."[2] Wenn wir beiseite lassen, was der selbstgefälligen Tendenz Nietzsches zugehört, so ist hier doch begriffen, daß Philosophie nur wirklich werden kann in einem Dasein, das sich losläßt ins Weite der Welt, über alles bloß Hiesige und Jetzige sich erhebt und ins Ganze denkt. Bei Heraklit zeigt sich die Existenz des Philosophen, auch wenn wir von seinem Leben wenige und nur dürftige Nachrichten haben; und das allein ist die Bedeutung jener Fragmente, wo er sich abscheidet von den Ephesiern. In solcher Abscheidung geht die Philosophie in ihr Schicksal ein. „Es ist wichtig — sagt Nietzsche — von solchen Menschen zu erfahren, daß sie einmal gelebt haben. Nie würde man sich zum Beispiel den Stolz des Heraklit, als eine müssige Möglichkeit, imaginiren können".[3] In der Tat ist es wichtig, von solchen Menschen zu erfahren; aber fraglich bleibt, ob man mit dem Begriff des Stolzes überhaupt auslangt in das Geheimnis ihrer Existenz; Stolz versteht sich noch im Gegensatz zu den anderen; wo aber ein Mensch ergriffen ist von der Gewalt des fragenden Denkens, ist er entrückt in die Weite des Weltalls. Dort aber ist menschliche Anmaßung und menschlicher Stolz nur nichtiger Tand. Daß Heraklit nicht mehr versucht war vom Stolz, jenem Abstandsgefühl gegen die Mitmenschen, zeigt sich darin, daß er das Königsamt vergibt, daß er die Aufforderung des Darius Hystapis, ihn in seine Philosophie einzuführen, abgelehnt hat, nach der Überlieferung des Diogenes Laertius mit folgenden Worten: „So viel Sterbliche leben, so sind sie der Wahrheit und Gerechtigkeit fremde, und halten auf Unmäßigkeit und Eitelkeit der Meinungen, um ihres bösen Unverstandes willen. Ich aber, indem ich die Vergessenheit alles Bösen erreicht habe, und das Übermaß des Neides, der mich verfolgt, und den Übermut des hohen Standes fliehe, werde ich nicht nach Persien kommen, mit Wenigem zufrieden und bei meinem Sinne bleibend".[4] Aus all diesen Zügen könnte unsere moderne, geschärfte Psychologie vielleicht einen Hochmut des Denkers herauswittern, einen Hochmut, der sich darin gefällt, selbst das abzulehnen, was sonst den Menschen als das Ehrenvolle gilt. Mit dergleichen hintergründiger Psychologie verstehen wir aber überhaupt nichts mehr von jenem Menschentum der abendländischen Frühzeit.

Wir sind so lange bei diesen Dingen verweilt, weil man immer wieder versucht hat, die Gedanken Heraklits aus seiner Persönlichkeit abzuleiten. Man sagt vielleicht, dieser stolze, menschenverachtende Denker gefällt sich darin, seine Gedanken einzuhüllen in eine Sprache, die dunkel wie ein Orakel Rätsel aufgibt, die sich dem Zugang nicht öffnet, vielmehr verschließt; und schon im Altertum ist der alberne Verdacht laut geworden, die Dunkelheit Heraklits sei eine gesuchte und beabsichtigte. Von Heraklit besitzen wir, nach Diels' Sammlung der Vorsokratiker, rund 130 Fragmente, abgefaßt in einer Sprache, die schwer zugänglich ist. Diese Fragmente stammen aus einer Schrift, die ebenfalls den Titel *perí phýseos*, also Über die Natur, getragen haben soll; die Authentizität dieses Titels ist keineswegs gesichert, ebensowenig die im Altertum behauptete Einteilung dieser Schrift in drei Abschnitte: *perí tou pántos, politikós, theologikós*. Was hat es nun mit der vielberufenen Dunkelheit des heraklitischen Stils auf sich? Ist das überhaupt eine Stil-Frage? Oder müssen wir zuvor erst verstehen lernen, in welchem Bereich das Sagen Heraklits überhaupt geschieht? Von dem, was vor aller Augen und Mund liegt, ist leicht reden; solches zu sagen, ist die Sprache seit langem gewohnt; sie bewegt sich in eingelaufenen Bahnen; gewiß kann man auch hier gut oder schlecht reden, und es gibt auch hier das Problem der Rhetorik. In der Volksversammlung oder vor Gericht gut reden, mit guten Gründen, überzeugend, packend, mitreißend, reich an Wendungen, die nicht abgegriffen sind, die noch den prägenden Wortklang haben, — also „gut" reden ist eine Stil-Frage; aber in der Volksversammlung und vor Gericht wird über Dinge gesprochen, die in ihrem Stil bekannt sind: über Krieg und Frieden, über Rechtshändel usf.. Das Menschenleben ist immer schon offen für einen Bereich von hereinstehenden Möglichkeiten, die bedacht, erwogen und besprochen werden können. Spricht Heraklit aber auch von Dingen, die schon vorbekannt sind? Er spricht von dem Krieg, von der Harmonie, von den Gegensätzen, von dem Gemeinsamen und Besonderen, von *logos* und *dike*, von Wachen und Schlaf. Er geht doch um mit Worten, die man schon kennt, und stellt sie auf eine unbegreifliche Weise zusammen; in dieser Zusammenstellung gewinnen die Worte einen dunklen, fast unenträtselbaren Sinn. Vielleicht besteht aber die befremdende Dunkelheit Heraklits in der Dunkelheit unseres gewöhnlichen Verstehens: d.h. in der Ungelichtetheit unseres durchgängigen Weltbezugs. Heraklit ist kein bizarrer Denker, der sein Sagen versteckt und einhüllt, weil er seine höchsten Wahrheiten nicht der Menge preisgeben will. Er spricht wesentlich aus dem wesentlichen Denken heraus. Das Problem seiner Auslegung hängt allein davon ab, ob man in die Dimension zurückzugehen vermag, aus welcher heraus er redet. Gewiß klingen seine Sentenzen wie Orakelsprüche, vieldeutig und voll geheimer Entsprechungen, aber damit ist noch gar nichts gesagt; man hat immer wieder den Versuch gemacht, die Eigenart der heraklitischen Rede als „symbolische Rede" zu deuten, gerade im Hinblick auf ein Fragment (93), in dem er vom delphischen Gott spricht: „Der Herr, dem das Orakel in Delphi gehört, sagt nichts und verbirgt nichts, sondern er bedeutet". Und nun, sagt man, steht das philosophische Sagen in der Nachfolge des delphischen Gottes, auch es sagt nichts und verbirgt nichts, sondern bedeutet. Durch eine solche Interpretation ist ein wesentliches Verstehen Heraklits verschüttet. Das Sagen der Philosophie, die denkend die *physis* ansagt als den unerschöpflichen Grund aller Dinge, kann nicht gemessen werden an *der* Stimme, in der die *physis* selber spricht durch den Mund des pythischen Apoll. Die Philosophie ist, solange sie sich selbst versteht, kein Orakel; sie spricht nicht aus dem Gott, sie spricht nicht aus dem unbegrenzten, unerschöpflichen Seinsgrunde selbst; Philosophie ist endliches Sagen und bleibt in seine Endlichkeit gebannt, auch dann und gerade dann, wenn sie denkend den Grundriß der Welt entwirft, wenn sie das Bleiben im währenden Wandel denkt, wenn sie auslangt zum Sein und zur Zeit. Die Dunkelheit Heraklits abschieben zu wollen auf eine gewollte und beabsichtigte Haltung oder auf einen Willen, dem delphischen Gott auch in der Sprache nachzufolgen, oder schließlich, wie es auch immer wieder geschehen ist, auf den Einfluß orientalischer Religionsmotive, die in Ephesus – diesem „Marktplatz der verschiedensten Religionen, wo vorderasiatische, phrygische und ägyptische Religionslehren mit den hellenischen zusammentrafen und sich in dem Cultus der großen Artemis in Attributen und Symbolen vereinigten" (Lassalle),[5] – das bedeutet eine Vorentscheidung, die überhaupt noch nicht geprüft hat, was für ein Sagen in der Dimension möglich ist, in welcher sich Heraklit bewegt.

Wenn es wahr ist, was wir voraus ansetzten, daß Heraklit im Raume des durch Anaximander aufgebrochenen Problems von Sein und Werden steht und bei ihm die Führung seiner Frage im Hinblick auf die zeitlassende Zeit geschieht, so steht zu erwarten, daß sein Sagen kein solches sein kann, das sich in bekannten und vorgegebenen Begriffen bewegt. Eine solche Voraussetzung ist zunächst nur These. Sie kann sich erst einen Schein von Glaubwürdigkeit erwerben, wenn es ihr gelingt, die in den Fragmenten gleichsam zerstreute Philosophie Heraklits als ein von Grundgedanken durchhelltes Ganzes zu begreifen. Wir sind uns dabei bewußt, daß eine Systematik in die Fragmente hineinzutragen immer ein Wagnis bleibt; – daß ein gelingendes Gesamtbild noch kein Beweis ist. Wenn wir aber nicht nur die Fragmente einfach wiedergeben wollen, wenn wir sie begreifen wollen nicht im Rückgang auf die Persönlichkeit Heraklits, die uns doch im Dunkel verschwindet, sondern auf das in ihnen treibende Problem hin, müssen wir das Risiko übernehmen, das in einem solchen vermessenen Vorgehen liegt. Wir beginnen unsere Auslegung gleichsam vom Rande her. In der Sicht des Aristoteles steht Heraklit in einer Reihe mit den ersten jonischen Physikern, mit Thales, Anaximenes; nimmt der eine das Wasser, der andere die Luft als die *hýle* an, als den zugrundeliegenden Stoff, so Heraklit das *Feuer*. So gesehen erscheint er ebenso wie Anaximenes als ein Rückfall hinter Anaximander, der alles bestimmte Seiende über-fragte, im Zurückgehen auf das *ápeiron*, auf das Unbegrenzte. Jetzt sieht es so aus, als ob doch wieder ein bestimmtes Seiendes, eben ein Element neben anderen, zum

Zugrundeliegenden ernannt worden sei; Feuer steht zunächst phänomenal neben Erde, Wasser und Luft. Für die Griechen war dieses Nebeneinander zugleich eine Stufenfolge der Verdünnung. Erde das Dichteste und Festeste, Wasser weniger dicht, Luft noch weniger und am dünnsten und feinsten das Feuer. Wenn das Verhältnis der sich wandelnden Dinge angesehen werden soll als ein solches des Entstehens der Dinge durch Verdickung und Verdünnung, so hat offenbar das dünnste Element einen bestimmten Vorrang. Das Eindicken der Dinge geschieht durch Häufung des dünnen Elementes; es ist das sich Häufende und in der Verdünnung Auseinandertretende; vom Dünnen her ist sozusagen das Werden der Dinge am leichtesten verständlich. Ist es dieser Vorrang, der zur Ansetzung des Feuers als des zugrundeliegenden Stoffes geführt hat? Von Aristoteles her gesehen, sieht es so aus. Aber es bleibt zu fragen, wie steht die Feuerlehre Heraklits im Ganzen seiner Philosophie? Ist sie das Zentrum oder die Peripherie? Hat Heraklit die Vorstellung vom Feuer als dem *Urstoff* aller Dinge, oder ist das Feuer gedacht schon in einem Verhältnis zu den Dingen, das nicht mehr dinglicher Natur ist, ist es schon gesehen aus dem von Anaximander her eröffneten Raum des Bezugs des Unbegrenzten zum Begrenzten? *Ta de pánta oiakízei keraunós*, „das Weltall aber steuert der Blitz". Das Feuer, das Heraklit in diesem Fr. 64 nennt als den Regenten aller Dinge, ist der *Blitz*. Was ist dieser Blitz? Ist es eine Art des Feuers, das wir kennen als den Brand des heimischen Herdes? Oder ist es das Feuer des Himmels, das mit einem Schlage aufgeht aus der dunklen Wetterwand und alles erhellt, das aus dem Dunklen selbst hervorkommt und es lichtet? Die Stellung des Blitzes in Heraklits Feuerlehre ist von größter Bedeutung. Sie wird erst klar werden, wenn wir tiefer in seine Lehre eingedrungen sind.

14

Die Philosophie Heraklits, zu der wir einen Zugang suchen, steht gleichsam verschlossen vor uns: die rund 130 Fragmente, die wir noch von seiner Schrift besitzen, stellen — und zwar jedes einzelne — ein schwieriges Interpretationsproblem dar. Philosophie läßt sich nie berichten, nie einfach nur erzählen; sie fordert immer ein Mitgehen, ein Nachverstehen aus dem Problem her. Philosophiegeschichte als Interpretation bleibt immer eine zweideutige Sache. Das gilt aber im höchsten Maße für die Auslegung Heraklits. Er steht in dem gefährlichen Ruf der „Dunkelheit". Der Tiefsinn seiner Gedanken scheint sich dem begrifflichen Erfassen zu entziehen und nur der schwärmerischen Ahnung offen zu stehen. Heraklit aber ist kein Myste, kein Schwärmer, kein aus dem Gott Rasender: er ist Denker — die Dunkelheit seiner Gedanken muß von dem her begriffen werden, was in ihnen gedacht wird. Wenn einerseits Heraklit allzuoft ausgedeutet wird von der antiken Mysterienweisheit her, also von einer außer-rationalen Erfahrung, so steht dem auf der anderen Seite eine Trivialisierung gegenüber: Heraklit wird genommen als der Leugner des beharrlichen Seins in den Dingen. Diese beiden Deutungsweisen sind bereits in der Antike ausgebildet und seitdem immer wieder abgewandelt worden. Wir müssen versuchen, uns von beiden üblichen Deutungen freizuhalten, von der „mystischen" wie der trivialen. Es steht dabei nicht zu erwarten, daß wir sofort eine Interpretation zur Hand haben, wenn wir einige Fragmente durchgegangen sind; es mag ein langer und schwieriger *Weg* sein, aus den Fragmenten in das dahinter treibende Grundproblem zurückzufragen. Dabei versuchen wir, einen bestimmten Gang durchzuhalten. Wir gehen aus von dem, was selbst dem antiken Bewußtsein der vorherrschende Charakter der heraklitischen Philosophie gewesen war: seine *Lehre vom Feuer*. Von dort aus wenden wir uns seiner *Lehre von den Gegensätzen* zu. Dann versuchen wir die Interpretation der eigentlichen *Seins- und Logoslehre* und zuletzt die Deutung der *physis*-Fragmente. Diese Gliederung des Weges hat aber gar nichts zu tun mit einer Einteilung der heraklitischen Philosophie in Disziplinen. Bei Heraklit eine Kosmologie oder Naturphilosophie und eine allgemeine Ontologie und schließlich eine Psychologie und dergleichen unterscheiden zu wollen, ist grundverkehrt. Die Philosophie Heraklits hat nur *ein* Thema: das Seiende im Ganzen. Heraklit denkt, wie die anderen *physiológoi*, einzig nur die *Welt*. Die abendländische Philosophie beginnt, indem sie den Bezug von *Sein und Werden ausdenkt als die Grundstruktur der Welt*.

Als Leit-These unserer Interpretation sagen wir, daß Heraklit das Problem Anaximanders entfaltet. Eine Leit-These ist noch kein Resultat, sie ist nur eine bestimmte Richtung des Fragens. *Wie* entfaltet nun Heraklit den anaximandrischen Zusammenhang von *ápeiron* und den begrenzten Dingen? Die Antwort lautet: indem er das *katá ten tou chrónou táxin* ins Zentrum stellt. Die *Zeit* ist das eigentliche Grundproblem Heraklits. Das *Bleibende* und *Unbegrenzte* ist die Zeit. Das *ápeiron* des Anaximander ist der Abgrund, der alle Dinge hervorläßt und alle wieder in sich zurücknimmt, aus dem her den seienden Dingen das Entstehen ist und wohin ihr Untergang. Die Dinge kommen und gehen in der Zeit und haben in ihr ihren Wandel. Alles Seiende ist eingehalten und umfangen von der Zeit. Sie ist das, was die Dinge sein läßt, so aber, daß sie in diesem Lassen zugleich schon wieder verzehrt werden. Die Zeit ist die Einheit des Gewährens und Nehmens, des Lassens und Verzehrens, des Schöpferischen und Vernichtenden. Und die so begriffene Zeit ist das *wahrhaft*

Bleibende. Sie bleibt nicht wie ein Ding; ein Ding währt, dauert, ist *in* der Zeit; aber die Zeit ist nicht, wie das *Binnenzeitliche* ist; sie bleibt nicht wie der *Stoff*, wie die *hýle*; bleibt nicht als das Zugrundeliegende, nicht als die Substanz, an der die Veränderungen geschehen; Zeit bleibt nicht als das von Wandlungen Unbetroffene, alle Wandlungen *an sich* geschehen Lassende; die Substanz, der Urstoff ist noch „in der Zeit", wenn auch verschieden von der Weise, wie alle besonderen Gestaltungen dieses Stoffes in der Zeit sind; der Urstoff — so denkt die Philosophie des Thales — ist auf eine ewige Weise in der Zeit, er ist unentstanden und unvergänglich; dagegen sind alle gestalteten Dinge, die aus dem Urstoff bestehen, nur auf vergängliche Weise in der Zeit; zusammengefügt zerfallen sie wieder. Aber die Zeit selbst ist in einer anderen Weise bleibend als der Urstoff; sie bleibt nicht, wie dieser, als das immerwährende Woran aller Wandlungen, aber sie bleibt als das immer zu *Verwandelnde*; sie bleibt nicht wie der Stoff, der im Grunde aller Wandlungen *ruht*, sie bleibt vielmehr als das *ewig Ruhelose*, sie bleibt als die unvergängliche Vergänglichkeit, die den Dingen ihre Zeit zumißt; sie ist das *Treibende*, das alle Dinge ins Werden jagt und sie ins Gepräge ihres einseitigen Seins schlägt. *Pan gar herpetón plegéi németai*, „alles, was da kreucht, wird mit dem Geißelschlag gehütet", heißt es im Fr.11. Die Zeit bleibt: das ist das kaum angemessen zu Denkende: denn alles Bleiben versteht man doch schon aus dem Horizont der Zeit her; die Zeit bleibt nicht in der Zeit, sie bleibt als die Zeit, als das Ruhelose, ständig Bewegende, als das unaufhörlich schöpferisch Zeugende und Vernichtende. Gerade aus dem Bleiben der Zeit muß alles weggedacht werden, was dem binnenzeitlichen Bleiben zugehört. Es muß weggedacht werden das Verharren, das Unbewegtsein; die Zeit ist vielmehr das ständige Anderssein, die immer lebendige Bewegung. Schon aus dieser ersten flüchtigen Andeutung sehen wir die Schwierigkeit, die darin liegt, das Bleibendsein der ruhelosen Zeit angemessen zu denken und auszusagen. Man hat Heraklit in verschiedenen Deutungsversuchen immer wieder festlegen wollen auf die These, daß es in den Dingen kein beharrliches Sein gäbe; man hat also die ontologischen Charaktere, in denen die Zeit für Heraklit aufscheint, auf die Dinge übertragen wollen. Ist seine Lehre von den Wandlungen eine Behauptung über die Dinge? Ist es wirklich wahr, daß er die Selbigkeit und Beharrlichkeit in den Dingen leugnet, daß er eine unablässige Veränderung, einen unablässigen Fluß aller Bestimmtheiten annimmt, so daß die ganze Struktur der dinglichen Welt aufgelöst wird in einen Strom von fluktuierenden Momenten, in dem nichts fest ist, nichts bleibt? Ist es Heraklits Meinung, daß das Aussehen, das uns beharrliche Dinge zeigt, ein Trug ist, ein bloßer Sinnenschein? Gaukeln die Sinne uns Beharrliches vor, während in Wahrheit nichts ist als ein Fluß? *Pánta rheí*, alles fließt. Diese Formel stammt gar nicht von Heraklit; sie gehört der Deutung an, die bereits in der Antike umging und in welcher Heraklits ontologische These über die Welt zu einer ontologischen These über das Sein der Dinge umgedeutet wurde. An dieser Umdeutung zeigt sich deutlich der Wandel der Problematik, der sich von den Vorsokratikern zur „metaphysischen" Philosophie vollzieht. Im Blick des metaphysischen Denkens steht vornehmlich das Sein als die Seinsverfassung des Dinges (der *ousía*). Das Ding, die *ousía*, die Substanz wird als *Beharrliches*, als Bleibendes gedacht, das dem Wechsel ihrer Zustände zugrundeliegt. Ein Zustand löst am Ding einen anderen ab. Solches Ablösen faßt der Grieche als *metabolé*, als ein Umschlagen. Aus warm wird kalt. Warm ist nicht-kalt und kalt ist nicht-warm. Dies aber nicht im Sinne einer billigen begrifflichen Entgegensetzung. Vielmehr gehört zur Struktur des Warmseins, daß, wenn es ist, sein *Gegenteil* nicht ist. Und nur weil dieses Gegenteil nicht ist, kann das Warme dann nachher umschlagen ins Kalte. Das Nichtsein des Gegenteils hält so erst den Raum offen, in den hinein ein Umschlag geschehen kann. Aristoteles wendet nun gegen Heraklit ein, daß nach dessen Lehre überhaupt keine *metabolé* mehr möglich sei, sofern dort ja *Teil und Gegenteil*, warm und kalt usf., *gleichzeitig* angesetzt würden und deshalb das Werden keinen Platz habe, in den hinein es umschlagen könne. Diese Polemik des Aristoteles zeigt ganz klar, daß er Heraklits Aussprüche deutet als eine Auslegung des Dingseins der Dinge. Und das scheint uns aufs äußerste fragwürdig zu sein. Karl Reinhardt verwirft in seinem bereits erwähnten Buche überhaupt die ganze landläufige „Fluß-Lehre" als unheraklitisch, als eine Fehldeutung, die schon in der Antike auf einem Mißverständnis beruhte. In dieser radikalen Formulierung ist aber eine wesentliche Einsicht vielleicht übertrieben ausgesprochen. Wir kennen ja nur einen kleinen Teil der heraklitischen Schrift; die Wirksamkeit der Gedanken Heraklits war aber im Altertum ungeheuer groß; bei Platon und Aristoteles sind deutliche Spuren einer Heraklitauffassung, die stark durch das *pánta rhei*-Motiv mitbestimmt ist. Wir können aber die Interpretation nur abstellen auf die uns noch zugänglichen Fragmente. Und hier möchte ich mich der Ansicht Reinhardts anschließen. Die Leugnung der phänomenalen Beharrlichkeit der Dinge ist kein Thema Heraklits. Er sagt überhaupt nichts wesentlich aus über das Sein, die Seinsverfassung der Dinge. Was er denkt, ist der Weltbezug von Sein und Werden, gesehen von der *Zeit* aus. Die Bewegung, auf welcher Heraklits Blick ruht, ist die *Bewegung des ápeiron*, die Bewegung des Unbegrenzten, das allem endlich-begrenzten Seienden zugrundeliegt. Nicht den Wandel bedenkt Heraklit, der unter den Dingen obwaltet, der zwischen ihnen spielt als die *metabolé*, oder als das Einanderverdrängen, sondern den Wandel der zeitigenden Zeit, die alles Seiende sein läßt.

Die ewige Ruhelosigkeit der gewährend-verzehrenden Zeit spricht Heraklit zuerst an als das *Feuer*. Im Bilde und im Symbol des Feuers wird die Zeit als das Bleibende gedacht. Nur wenn man sich das vergegenwärtigt, wird klar, daß Heraklit nicht wieder hinter Anaximander zurückfällt. Er setzt das Feuer, strenggenommen, gar nicht als „Urstoff". Im Bilde des Feuers denkt er keine *hýle*, keinen ewig *in* der Zeit währenden, unvergänglichen Stoff, sondern die ruhelose, allen Wandel wirkende Zeit. Das Feuer ist die Zeit. Ist das nicht eine befremdliche Behauptung? Ist es am Ende gar eine gewaltsam herbeigeholte Behauptung, die dazu dienen soll, Heraklit nicht hinter Anaximander zurückfallen zu lassen? Keineswegs. Wie offenbart sich uns — ganz naiv gesprochen — die Zeit? Woran zeigt sich uns die Zeit? Wir blicken auf die Uhr. Aber wonach gehen die Uhren? Nach den Gestirnen; die Zeit zeigt sich den Griechen am Umlauf der Gestirne. Helios der Strahlende bestimmt mit seinem Gang das Maß des Tages, die Sterne die Stunden der Nacht, Sonne und Mond in ihren wechselnden Stellungen die Jahreszeiten. Im Fr.100 heißt es: „Die Sonne als Wächterin des Jahreslaufes bringt die Veränderungen zum Vorschein und die Horen, die alles bringen". Helios, das leuchtendste Feuer, ist im engsten Zusammenhang mit den Horen, den Stunden, die alles bringen. Die allesbringenden sind auch die allesnehmenden Horen. Das Feuer ist in einer gewissen Weise die Zeit. Oder anders herum, die Zeit zeigt sich am Feuer der himmlischen Gestirne. Das Denken Heraklits geht nicht geradewegs zu auf die Zeit und nennt sie als das Bekannte und Geläufige. Ein Denken, das noch so ursprünglich geschieht, entdeckt erst. Wie Heraklit die Zeit begreift, werden wir mühsam und auf einem langen Wege nachzudenken versuchen. Im Feuer gilt es die Züge aufzuspüren, die hinweisen auf die Zeit. Der Ausgang unserer Heraklit-Interpretation ist nicht von ungefähr die Feuerlehre. Weil das Feuer das *Grundsymbol* Heraklits ist, mit dem er hinweist auf seinen ontologischen Grundbegriff, müssen wir in der Zeigerichtung des so gewiesenen Weges bleiben.

Zunächst noch einige Worte zum sinnlichen Bild. Wie sehen wir das Feuer? Das Feuer als *Flamme* genommen, gilt uns immer als ein Symbol des Lebendigen, es ist immer in Bewegung, es flackert und glüht, es ist reines Sichverzehren, es ist ruhelos, es spendet Licht und Wärme und vernichtet und zerstört; es ist dies alles in eins. Und das große Feuer am Himmel, Helios, ist das Licht, das die Welt erhellt und alle Dinge aufscheinen läßt, ihnen Sichtbarkeit und Glanz gibt, das mit seiner Wärme die Erde aufblühen und mit seiner Entfernung in Frost erstarren läßt. Und der Gang der Sonne ist das den Wandel von Nacht und Tag, von Sommer und Winter Bewirkende, aber in diesem Bewirken des Wandels selbst bleibend als den Wandel Veranlassende. Dieser bleibende Wandel der Sonne liegt festgefügt, ist die Fuge der Welt. Oder wie Heraklit sagt (Fr. 94): „Helios wird seine Maße nicht überschreiten; sonst werden ihn die Erinnyen, der Dike Schergen, ausfindig machen".

Am Feuer haben wir bislang abgehoben das Moment der Ruhelosigkeit, des Sichselbstverzehrens und (als Gestirne) das Bewirken der Zeiten. Und nur nebenbei erwähnt: den *Lichtcharakter des Feuers*. Aber das ist gerade der entscheidende Zug des Feuers. Es ist Licht. *Pháos.* Feuer ist nicht nur Flamme, sondern auch die Helle, die die Flamme von sich auswirft: der *Schein*. Das Feuer hat seinen Feuerschein, der zu ihm unabtrennbar gehört. Das Feuer erhellt, lichtet eine Verschlossenheit, wirft einen Bereich der Sichtbarkeit aus sich heraus und öffnet so erst einen Raum für Dinge, die im Lichte stehen, die sichtbar werden, die aufglänzen und sich zeigen in dem, was sie sind. Das Feuer als Licht läßt erscheinen. Und als solches, was erscheinen *läßt*, muß es immer all das schon überholt und in sich eingefangen haben, was sichtbar wird. Die Helle ist wesenhaft das Erhellte überholend. Das ist abstrakt formuliert, aber wir verstehen ganz unmittelbar, daß das Licht über die Dinge hinaus ist, die im Licht stehen, und daß dabei die Dinge nicht in das Licht, in die Helligkeit eingeschlossen sind; sie sind nicht darin wie in einem Gefäß oder einem Kasten. Sie sind gerade nicht irgendwo „drin", sondern stehen *im Offenen*. Der Lichtschein hat gerade die Weise des Offenen; ganz ursprünglich verstehen wir das Offene als die gelichtete Weite, in der Dinge erscheinen: im Schein des Lichtes sich selbst zeigen. Licht behindert nicht nur nicht, sondern gibt erst die Möglichkeit des Sichzeigens. Dies nur Angedeutete bleibt für die Feuerlehre Heraklits von grundsätzlicher Bedeutung. Wir werden in den entscheidenden Stellen unserer Interpretation darauf zurückkommen.

Zunächst nehmen wir die Feuerlehre in der ersten massiven Weise der Auffassung in Angriff. Fragment 30: *kósmon tónde, ton autón hapánton, oúte tis theón oúte tis anthrópon epoíesen, all'en aieí kai éstin kai éstai pyr aeízoon, haptómenon métra kai aposbennýmenon métra.* Diels übersetzt: „Diese Weltordnung, dieselbige für alle Wesen, schuf weder einer der Götter noch der Menschen, sondern sie war immerdar und ist und wird sein ewig lebendiges Feuer, erglimmend nach Maßen und erlöschend nach Maßen". Was sagt dieses Fragment? Woraufhin geschieht sein Sagen? Ist es eine Aussage über das Vorhandene? Etwa, das Vorhandene ist Feuer? Die Dinge sind Feuer, auch das, was nicht so aussieht; recht gesehen sind alle Dinge Feuer, es gibt nur Feuer, verschiedene Zustände des Feuers, die der Mensch nicht gleich durchschaut. Eine solche Auffassung würde einen ontologischen Satz auf das Niveau eines primitiven und absurden physikalischen Satzes herabdrücken. Das stimmt für Heraklit genauso wenig wie für Thales beim Wasser. Die Dinge bestehen nicht aus Feuer, sie bestehen aus allen vier Elementen, aber diese vier Elemente sind *durchwaltet* im Ganzen von der Macht des Feuers. Das Feuer ist der Regent des Wandels. Das Weltall steuert der Blitz – hörten wir schon. Das Feuer ist das im Wandel Herrschende, das den Wandel Durchmächtigende. Zunächst sagt das Fragment in seinem ersten Satz die Ungewordenheit des *kosmos* aus. Gegen alle mythologische Vorstellung von einem Weltanfang wird hier die philosophische Einsicht der Weltewigkeit gesetzt. Gerade der Blick auf den Wandel aller Dinge führt die Philosophie dazu, das Bleibende im Wandel zu denken und so den Raum des uranfänglichsten Problems, der Frage nach dem Bezug von Sein und Werden zu öffnen. Der *kosmos* ist nicht gemacht, nicht hervorgebracht, weder von einem Gott noch von einem Menschen, sondern er *war* und *ist* und *wird sein*. Worauf hin wird so die Ewigkeit der Welt, das *Bleiben des Seins* entworfen? Auf das „immerdar Gewesensein, immerdar Sein und auf das Seinwerden". Also auf die Zeit, die in ihren Erstreckungen der Vergangenheit, der Gegenwart und der Zukunft gefaßt wird. Was aber ist das, was immer war, ist und immer sein wird? Ist es der *kosmos* als die Allheit aller Dinge, das Ganze, das beharrt, auch wenn die Einzeldinge wechseln? Ist der bleibende *kosmos* hier verstanden als das Bleiben einer Weltsubstanz, einer *hýle*? *Kosmos* heißt aber nicht schlechthin nur Welt, sondern die Weltordnung, primär also gerade ein *Wie* der Welt, eine Weise der Welt, ein Zustand der Welt. *Kosmos* ist der Zustand der Geordnetheit. Meint nun das Fragment vielleicht einen bestimmten Zustand der Welt? Das Ganze des Seienden, das ja einem beständigen Wechsel unterliegt, zeigt ja in jedem Moment einen anderen Zustand; jetzt ist es Tag und dann ist es Nacht usf.. Von solchen Zuständen zu sagen, sie waren immer, sind und werden immer sein, ist doch offenbar sinnlos; denn sie sind ja der bestimmte Zustand des Ganzen im Gange des Wandels. Zustand meint hier die *Verfassung des Seienden im Ganzen*, die *bleibende Struktur der Welt*. Und was ist diese Verfassung? Ist sie ein Gesamtcharakter der Dinge, ein Ordnungsgefüge der Dinge? Der *kosmos* ist nicht allein die Ordnung, die den *erscheinenden* Dingen angehört, sondern ist die Ordnung des Bezuges zwischen dem *ápeiron*, dem Abgrund aller Dinge und diesen selbst; *kosmos* ist die Ordnung des Hervorkommens und Zurückgehens der Dinge; also nicht eine Ordnung innerhalb des Sichzeigenden, sondern die Ordnung, die das Sichzeigende zusammengreift mit dem Grunde, aus dem es hervorkommt. Und diese Ordnung war immer, ist und wird immer sein. Dieser *kosmos* ist dasselbe, was bei Anaximander die *táxis tou chrónou* ist. Und diese Ordnung, dieser *kosmos*, der unvergänglich ist, ist ewiglebendiges Feuer; diese Ordnung ist kein starres, festliegendes Gefüge, sondern ist gerade immer ruheloses Feuer. Aber von diesem Feuer wird doch gesagt „erglimmend nach

Maßen, verlöschend nach Maßen". Wie kann ein Feuer, das erglimmt und verlöscht, ein *aeízoon*, ein Immerlebendiges sein? Geht es im Verlöschen selbst unter, und beginnt es sich im Erglimmen neu? Von unserer sinnlichen Alltagserfahrung her gesehen, ist ein erloschenes Feuer zunichte geworden, ein erglimmendes, angezündetes ist ein beginnendes Feuer. Spricht also der Satz nicht einen Widerspruch aus? Aber ist das Erlöschen nicht so zu verstehen, daß das Feuer sich der Sichtbarkeit entzieht, und das „Erglimmen" als ein in die Sichtbarkeit Zurückkommen?

Die naheliegenden Deutungen greifen auf sinnverwandte Fragmente zurück, in denen von den *pyrós tropaí* gesprochen wird, von den Umwendungen des Feuers. Dort sieht es so aus, als sei das Feuer der Urstoff, der eine Reihe von Verwandlungen, von Metamorphosen durchlaufe, und zwar in einem zyklischen Gang. So heißt es im Fragment 76: „Feuer lebt der Erde Tod und Luft lebt des Feuers Tod; Wasser lebt der Luft Tod und Erde den des Wassers." Das Verhältnis der Elemente aber ist auch hier nicht einfach bestimmt durch die Reihenfolge Feuer-Luft-Wasser-Erde, die ineinander übergehen. Mit solchen Übergängen und Reihenfolgen ist die jonische Physik seit anfangs vertraut; der Kreislauf der Elemente ist nicht das Eigentümliche des heraklitischen Gedankens. Vielmehr faßt er das den ganzen Kreislauf treibende Verhältnis als den Bezug von *Leben und Tod*. Das Feuer stirbt in die Luft, diese in das Wasser, das Wasser in die Erde und diese wieder in das Feuer; aber zugleich, während es in Luft abstirbt, lebt es den Tod der Erde; jedes Absterben ist zugleich auch ein Leben aus dem Tod des anderen Elements. Das Verhältnis der Elemente ist in diesem Fragment als das gleichzeitige Werden und Vergehen; soviel eines wird, soviel vergeht es auch; soviel eines gewinnt, soviel gibt es ab; in all dem Wandel bleiben die Maße. Hat nun in diesem Fragment das Feuer überhaupt noch eine ausgezeichnete Stelle? Ist es nicht *ein* Element neben den anderen, genau so wie jene zunehmend im Abnehmen, gewinnend im Verlieren? Was bedeutet es aber, daß das Verhältnis der Elemente untereinander in der Vorstellung von Leben und Tod charakterisiert wird? Ist das nur eine poetische Form, die mit dem Inhalt selbst nichts zu tun hat? Oder hat vielleicht das Feuer einen besonderen und ausgezeichneten Bezug zum *Leben*? Hieß es im Fragment 30 nicht das *pyr aeízoon*, das immer*lebendige* Feuer? Ist das Feuer das Prinzip des Lebens? Wie die Sonne das Allbelebende? Und ist andererseits das Kalte und Feste, das von sich selbst aus Unbewegliche, die Erde, nicht das Prinzip des Toten? Wenn aber das Feuer selbst einen wesentlichen Sinnbezug zum Lebendigen haben sollte, dann wäre es ja keineswegs gleichgültig, daß das Verhältnis des Feuers zu den übrigen Elementen in der Kategorie des Lebens gefaßt wird. Im Fragment 36 heißt es in einer Entsprechung, die dann nichts

Unbegreifliches mehr hat: „Für Seelen ist es Tod Wasser zu werden, für Wasser aber Tod Erde zu werden. Aus Erde aber wird Wasser und aus Wasser Seele." An der Stelle also, wo wir Luft und Feuer vermuten sollten, steht hier *psyché*. Das läßt doch mindestens den Verdacht zu, daß es sich vorhin auch nicht um einen bloßen Ringtausch der Elemente gehandelt hat, in welchem das Feuer keinen Vorrang hat. Eindeutig aber wird er ausgesprochen im Fragment 90: „Wechselweiser Umsatz: des Alls gegen das Feuer und des Feuers gegen das All, so wie der Waren gegen Gold und des Goldes gegen Waren." Das Feuer als das Eine verhält sich zu den vielen Dingen wie das Gold zu den vielen Waren. Es steht also in gewisser Weise allem *gegenüber*. Das Feuer steht gegen *ta pánta*. Es steht allen Dingen gegenüber. *Wie?* Ist es der *Urstoff*, aus dem alle Dinge bestehen? Hat das Feuer in all diesen Fragmenten die gleiche Rolle wie bei Thales das Wasser? Oder stehen alle Dinge *im Lichte des Feuers* und kommen im Lichtraum des Feuers erst zum Vorschein und Erscheinen? Ist das Erglimmen und Erlöschen des Feuers nur ein Zug, den es mit den anderen Elementen teilt, mit Luft, Wasser, Erde? Heißt dies, daß das Feuer ebensoviel vergeht wie es entbrennt, daß die Maße bleiben, unverrückbar? Ist Erglimmen und Erlöschen das gleichzeitige Zunehmen und Abnehmen? Eben jenes, das im Maß beharrt, das nach dem Maß des Seienden geschieht, das in der Weltordnung gesetzt ist? Oder ist das Erglimmen und Erlöschen des Feuers noch etwas Tieferes, das gar nicht sichtlich wird, solang es als ein Element unter den anderen genommen wird? Ist das ewiglebendige Feuer nicht die Weltordnung selbst?

Die Heraklitdeutung, schon im Altertum, war belastet durch das Problem der *ekpýrosis*, des *Weltbrandes*. Der Weltbrand wurde gedacht als der Abschluß eines kosmischen Großen Jahres, das beginnt in der *diakósmesis*, in der Weltbildung aus dem Feuer, im Hervorgehen aller Dinge, und beendet wird durch die Vernichtung der ausgebildeten Welt im alles fressenden Feuer. Die *ekpýrosis* ist in den uns erhaltenen Fragmenten nur gestreift; diese genügen keineswegs, um die Frage irgendwie begründet zu entscheiden. Aber in der antiken Welt, vor allem in der Stoa, wird dieser auf Heraklit zurückgeleitete Gedanke zu einer mächtigen, erregenden Vorstellung, die die Gemüter ergreift. Das Erglimmen und Erlöschen des Feuers wird dann auf diese Weltprozesse bezogen, — aber damit auch endgültig des ontologischen, d.h. philosophischen Sinnes beraubt. Mag Heraklit die *diakósmesis* und *ekpýrosis* gelehrt haben, dann aber als eine philosophische *Mythe*, die im Gleichnis sagt, was der Gedanke meint.

Dieser kurze Überblick über die Feuerlehre Heraklits, soweit sie wirklich in den Fragmenten bezeugt ist, läßt die wesentliche Frage offen: *wofür* steht eigentlich das Feuer bei Heraklit?

15

Der Zugang zur Philosophie Heraklits, des Dunklen, ist schwer zu gewinnen. Und dabei ist die größte Schwierigkeit nicht die Dunkelheit des Ausdrucks. Sie gründet eher in der geschichtlichen Situation unserer Auslegung. Wir stehen in einer Tradition der Philosophie, die bis auf die Griechen zurückläuft. Aber gerade dort, bei den Griechen, ist das Wesen der Philosophie *nicht einheitlich* verstanden. Dort vollzog sich eine radikale Wandlung, die in ihrer Bedeutsamkeit nicht hoch genug veranschlagt werden kann. Wir nennen es zunächst einmal anzeigend die Wandlung von der „physiologischen" Philosophie der Vorsokratiker zur Metaphysik, die in Platon und Aristoteles ihr Gepräge erhielt. Das Verständnis dieses Wandels im Wesen der Philosophie gehört zu den noch offenen Aufgaben der Zukunft. Nietzsche hat mit der ihm eigenen Witterung für geistige Katastrophen hingewiesen auf die Kluft, die das Denken der Vorsokratiker, „die Philosophie im tragischen Zeitalter der Griechen", trennt von allen Sokratikern. Wie immer man hier die wertenden Akzente legen mag, ob man in der „Metaphysik" ein tragisches Verhängnis sehen will oder eine höhere Stufe des Denkens, eine Intellektualansicht der Welt, eines ist gewiß, daß die uns zur Verfügung stehenden Kategorien der Auslegung aus der *metaphysischen* Tradition der Philosophie stammen. Mit dieser Einsicht verschärft sich das Problem des Zugangs zu Heraklit.

Wir haben damit begonnen, einen Überblick über seine Lehre vom immerlebendigen Feuer zu werfen. Und wir schlossen mit der Frage, *wofür* steht eigentlich das Feuer? Ist das Feuer das sinnliche Symbol für einen unsinnlichen Gedanken? Zeigt sich am Feuer gleichnishaft eine abstrakte ontologische Verfassung? In solchem Sinne wird Heraklits Feuerlehre zumeist interpretiert. Eine bestimmte sinnliche Existenz steht stellvertretend für einen Gedankensinn. So formuliert diese Grundauffassung vor allem Lassalle in seinem großen Werk über „Die Philosophie Herakleitos' des Dunklen", wenn er sagt: „Diesen Übergang nun, mit welchem die jonische Philosophie es vollbringt, das sinnliche Sein von sich abzuarbeiten und den Gedanken aus seiner Gebundenheit im Naturdasein loszulösen, bezeichnet uns in seiner höchsten Form, aber noch innerhalb ihres eigenen Prinzips und Kreises, Heraklit."[1]

Diese Deutung Lassalles ist aus der Metaphysik her gesprochen. Es ist mehr als fraglich, ob eine solche Auffassung die ursprüngliche Wahrheit des „physiologischen Denkens" erreichen kann. Das Feuer ist nicht ein bloßes Zeichen für einen Gedanken, vor allem nicht, wenn wir bei einer solchen Deutung uns bereits bewegen in der von der Metaphysik bestimmten Tradition, d.h. das Sinnliche als das *Mindere* fassen. Für das Denken der *physiológoi* sind das Sinnliche und das „Geistige" noch nicht in einer Stufenordnung gedacht, sondern als Seinsmächte begriffen, die beide der *physis* angehören. Der Überblick über die Feuerlehre Heraklits hat also nicht nur einen propädeutischen Zweck gehabt. Das Feuer ist nicht stellvertretend, sondern als es selbst gemeint; es ist keine Allegorie für das Wesen der Welt, sondern ein echtes, ursprüngliches Symbol, in dem das Wesen der Welt ebenso anwest wie in jener Gedankenmacht, die Heraklit *hen to sophón*, das *Eine Weise* nennt. Das Feuer ist, wie wir zu zeigen versuchten, primär gar nicht als das besondere Element genommen, sondern als das *Licht*. Als das Licht, das aufbricht aus der dunklen Verschlossenheit der all-einen *physis* und in seinem Lichtraum den einzelnen Dingen, den aus der *physis* hervorgekommenen, Sichtbarkeit und damit die Begrenztheit ihres Aussehens verleiht. Das Feuer ist das *Lichtende*. Und erst in seinem eigenen Licht ist es dann als das bestimmte einzelne Element entdeckt. Auch das Feuer wird erst in seinem eigenen Licht gesehen. Die Wandlungen des Feuers, als des nun entdeckten einen Elements, in die anderen Elemente, in Luft, Wasser, Erde und wieder zurück, diese *tropaí tou pyrós*, halten sich in festen Maßen, so daß immer dieselbe Ordnung von Elementen bleibt; die *tropaí tou pyrós* bestimmen die Maße der Welt, die Strukturverfassung des Seienden im Ganzen. Aber eben nicht nur als eine feste Größenordnung unter den vorhandenen Elementen, sondern als eine Ordnung, die gerade das Hervorkommen aller Dinge aus der Dunkelheit der in sich verschlossenen *physis* in den vom Schein des Weltfeuers erhellten Raum der Sichtbarkeit umgreift. Hier liegt ein wesentlicher Punkt, auf den wir noch einmal nachdrücklichst hinzeigen wollen. Das gewöhnliche Verstehen von Seiendem nimmt dieses in einer vorgegebenen Mannigfaltigkeit. Die vielen Dinge stehen beisammen in der Einheit eines umgreifenden Ganzen; dieses Ganze nennen wir eben die Welt.

Die Welt ist der Inbegriff der Dinge. Vielleicht machen wir uns dann und wann Gedanken darüber, wie ein solcher Inbegriff eigentlich zu denken ist, ob als ein Haufen, eine Summe von vielen Dingen, oder als ein großer Behälter, in welchen alles viele eingefaßt ist. Die grundsätzliche Sicht aber auf die Welt geht aus von den vielen Dingen. Diese sind uns das Seiende. Die Welt ist eben dann das All des Seienden. Das Seiende ist auch solches, was sich uns zeigt; als sich Zeigendes und Erscheinendes aber ist es „Phänomen"; die Welt ist die Allheit der Phänomene. Das sind Selbstverständlichkeiten, die weit über das gewöhnliche Bewußtsein hinauswirken, die bis in die Philosophie selbst bestimmend sind. Man könnte die Frage aufwerfen, ist denn das *Ganze der vielen Dinge* schon das *Seiende im Ganzen*? Ist die Allheit des Sichzeigenden schon die Allheit dessen, was überhaupt ist? Oder ist der Weltbegriff zumeist nicht eingeschränkt, wenn er nur auf die Allheit der vielen Dinge hin gedacht wird?

Mit anderen Worten, im Hinblick auf die *Vorsokratiker* stellt sich das Problem, die Ganzheit des Weltganzen so zu fassen, daß der Bereich der vielen Dinge, eben das, was wir gewöhnlich die Welt nennen, nur die eine Seite ist, die Seite der aus der *physis hervorgegangenen*, in die *einseitige Einzelexistenz herausgefallenen Dinge*, der in die *Sichtbarkeit* gestellten Dinge. Das, was diesen Bereich des vielen Einzelnen und Sichtbaren erst zum Ganzen „ergänzt", ist die immer *vergessene physis*, die erst das Viele aus sich entläßt, um es wieder zurückzunehmen; und die *physis* ist es auch, aus welcher das Licht aufbricht, der Weltfeuerschein, der den Dingen die Sichtbarkeit des Aussehens verleiht. Die Metaphysik denkt das Seiende im Ganzen zu *kurz*, weil sie dank ihrer vorwiegenden Fragerichtung auf die Seinsverfassung des Dinges die Ganzheit als eine Allheit aller Dinge denkt – und vergißt, daß allen Dingen, den wandelbaren und vergänglichen, die unwandelbare ewige Mutter, die *physis* zugrundeliegt. Dieser *verkürzte Weltbegriff der Metaphysik* bestimmt viele Deutungen Heraklits. Dadurch wird sein Sagen, das immer in den umgreifenden Zusammenhang des Ganzen hinein geschieht, gleichsam abgedrängt auf das verengte Feld des nur phänomenalen Bereichs der vielen, sichtbaren Dinge. Das gilt besonders von seiner Lehre von den *Gegensätzen*, der wir uns nunmehr zuwenden.

Heraklit gilt als ein Denker, der in *Paradoxien* denkt. Man sagt, er begreift die Natur der Wahrheit als ein Paradox. Mit solchen Charakteristiken ist aber noch nichts wirklich begriffen. Gewiß tragen seine Aussprüche vielfach ein paradoxes Gepräge. Aber die heraklitische Paradoxie ist nicht von anderen uns vertrauten oder bekannten Weisen des paradoxen Ausdruckes her zu verstehen. Zunächst allgemein verstehen wir unter einer Paradoxie eine Aussage, die *pará dóxan*, gegen die Meinung geht, eine Aussage, die überrascht, die das ganz Unerwartete ausspricht, das, was auf den ersten Blick widersinnig erscheint. Wenn dabei der gewöhnliche gesunde Menschenverstand als der natürliche Bezugspunkt genommen wird, ist jede philosophische Aussage eine Paradoxie; Philosophie ist nach dem berühmten Hegelwort die „verkehrte Welt".[2] Paradoxie kann aber auch in einem schärferen Sinne gemeint sein, nicht nur als das Auf-den-Kopf-stellen der „gesunden" Alltagsansicht von der Welt. Paradox nennen wir ein Sagen, welches das verständig Getrennte und Auseinandergehaltene zusammennimmt, – das ganz bewußt und absichtlich in der Form von widersprechenden Sätzen verläuft. Der Widerspruch wird dabei nicht übersehen und gleichsam nur versehentlich begangen, sondern er wird das Element, in dem eine Rede sich kundgibt: der *Schein* der Unvernunft wird gerade gewollt, um eine tiefere Vernunft, die mit den normalen Mitteln der Rede nicht explikabel ist, anzuzeigen; das Ärgernis des paradoxen Ausdrucks ist beabsichtigt. In diesem Sinne ist die paradoxe Rede im Grunde eine

Verlegenheit. Auch das, was man so landläufig „Dialektik" nennt, ist nicht mehr als eine *Tiefsinn stammelnde Paradoxie.*

Damit hat Heraklit nichts zu tun. Er fügt nicht Gegensätze aneinander und setzt sie in eins, weil er die ganze umgreifende Wahrheit nicht aussagen kann; seine paradox anmutenden Wendungen entstammen keiner Verlegenheit. Wir fragen zuerst, welches sind die Gegensätze, von denen Heraklit spricht? Und als was sind Gegensätze begriffen? Sind solche nur begriffliche Antithesen? Handelt es sich um ein logisches Problem? Keineswegs. Es ist vielmehr zu fragen, ob die Logik, die wir kennen, überhaupt die Möglichkeit hat, begrifflich die Spannweite der Gegensätze zu fixieren, die im Denken Heraklits aufleuchten. Die Logik ist wesentlich eine Frucht der Metaphysik; sie beruht in ihren formalen Abstraktionen auf bestimmten ontologischen Interpretationen der Dingheit der Dinge. Wenn es keine nur logischen Antithesen sind, sind Heraklits Gegensätze dann, wie Karl Reinhardt meint, die *wechselweisen Bedingungsverhältnisse im Seienden*[3]? Sind die Dinge jeweils einseitig so oder so, bestimmt durch einander zunächst ausschließende Potenzen: entweder warm oder kalt, entweder fest oder weich usf.? Überall, wohin wir blicken, sehen wir das Gegensätzliche. Und dieses zwiefach Gegensätzliche steht gegeneinander. Es steht im Streit. Der Streit der Gegensätze geht durch die Welt; er ist das Bewegende allen Wandels. Aber in solchem Streit muß das Streitende doch gerade *beisammen* sein; der Streit ist nicht nur das Trennende, sondern auch das Vereinende; streiten kann nur solches, das sich zum Streit vereint hat; die Gegensätze bedingen einander, und in diesem wechselseitigen Bezug des Bedingens stehen sie in der Umfangenheit von einem Selbigen. Die Sicht, die bei den Gegensätzen nur das je Entgegengesetzte sieht, blickt nur auf das Ontische hin, auf das Widerstreitende, aber nicht auf den Widerstreit selbst, nicht auf die ontologische Natur, die die beiden Pole des Gegensatzes eint. Der Hinblick aber auf die *Gemeinsamkeit im Widerstreit*, auf die Wechselbedingnis, stellt eine höhere Einsicht dar; der Widerstreit wird zugleich als eine Gemeinsamkeit begriffen, die Zwietracht als eine Eintracht, der Krieg als ein Frieden usf.. Wir nennen diese Einsicht in die Gemeinsamkeit des Widerstreitenden den „ontologischen Begriff des Gegensatzes". In ihm wird die Einheit des Verschiedenen gedacht. Wir gehen zunächst um mit einer Fülle von Gegensätzen, z.B. von Tun und Leiden, Bewegen und Bewegtwerden, und sehen nicht, daß das eine notwendig das andere fordert. Erst der Besinnung erschließt sich der Zusammenhang des Gegensätzlichen. Reinhardt interpretiert Heraklits Lehre von den Gegensätzen auf diese ontologische Einsicht in die Verbundenheit des Widerstreitenden hin. Die Frage aber bleibt: ist damit der philosophische Sinn erschöpft oder überhaupt nur *wesentlich* erreicht? Auf diese Frage soll nun nicht mit einer Gegenthese geantwortet werden, sondern mit dem Versuch einer Auslegung.

Zunächst nehmen wir gerade solche Fragmente vor, in denen sich Reinhardts Interpretation bewährt. In Fragment 126 heißt es: „Das Kalte erwärmt sich, Warmes kühlt sich, Feuchtes trocknet sich, Dürres netzt sich". Das ist keine physikalische Aussage, sondern eine wesensgesetzliche Aussage, die das Verhältnis des Entgegengesetzten ausspricht. Wärme und Warmwerden kann nur sein im Raum des Kalten und umgekehrt; das Feuchte ist nicht nur das andere als das Dürre, sondern ist solches, dem ein *Werden* nur möglich ist auf das Dürre zu; es trocknet, wie umgekehrt jenes das Naßwerdenkönnende ist. Der Gegensatz ist also nicht ein solcher, der Verschiedenes nur auseinanderhält, festhält in seinem gegensätzlichen Sein; sondern das so Entgegengesetzte hat ein Werden nur in bezug auf seinen Gegensatz; sein Werdenkönnen weist es schon hin auf das, was es gerade von sich ausschließen will. Alle solchen Widerparte aber sind gar nicht ohne Werden zu denken; sie sind vielmehr ja das im Werden gehaltene und dort allein währende Seiende; es ist daher nie bewegungslos, sondern immer und unablässig in Bewegung. Das Warme, begriffen als nur in Bewegung und Wandel sein könnend, ist immerzu *unterwegs*, es wird noch wärmer oder kälter; wärmerwerdend wird es trockener; trockener kann es aber nur werden, wenn es in gewissem Maße noch feucht ist. Wenn man das Gerippe der Gegensätze gleichsam bewegungslos, stillstehend denkt, dann scheint es, als ob das eine ohne das andere sein könnte; das ist aber nur ein Trug. In Wahrheit ist alles ständig in Bewegung; auch das Gleichbleibendsein ist nur in der Bewegung möglich. Zum Sein des Warmen gehört mit das Kalte und umgekehrt, und zwar nicht als ein es von außen Begrenzendes, sondern in ihm selbst steckt das Kalte wie im Feuchten das Trockene, eben als die Werdensmöglichkeit. Denselben Gedanken spricht Heraklit aus im Fragment 111: „Krankheit macht Gesundheit angenehm und gut, Hunger Sattheit, Mühe Ruhe". Auch hier haben wir wieder dieselbe In-Eins-Verwobenheit des Gegensätzlichen: das *Mitanwesen des Gegenteils*. Und eben das Gleiche kehrt in anderen Wendungen wieder in den Fragmenten 58, 61. Das Heilen der Ärzte geschieht durch Schneiden und Brennen, das Meerwasser ist zugleich reinstes und scheußlichstes Wasser, trinkbar den Fischen, untrinkbar den Menschen. Mit diesem letzteren ist aber nicht die Relativität der Bestimmung gemeint, daß es für ein anderes so und gegenteilig ist; sondern in ihm selbst ist es gegenteilig, zwieträchtig und doch eins.

Das wechselseitige Bedingen der Gegensätze aber ist *nicht* die entscheidende Einsicht Heraklits. Seine Lehre von den Gegensätzen erschöpft sich nicht mit dem ontologischen Hinblick auf das Gemeinsame im Widerstreit. Das Widerstreitende ist insgesamt begriffen als der *Bereich des Werdens*. Im Fragment 80 heißt es: „Man soll aber wissen, daß der Krieg gemeinsam ist und das Recht der Zwist, und daß alles geschieht aufgrund von Zwist und Not". Auf den ersten Blick sagt dieses Fragment dasselbe wie die bisher zitierten. Krieg, diese äußerste Entzweiung, dieser schärfste Streit, bindet doch die sich Bekriegenden zu einem gemeinsamen Werk, sie sind einander zu geeint, nicht nur so, daß sie zusammenkommen müssen, um sich zu bekämpfen, sondern das Werden des Krieges kann nur so in den Frieden hinein geschehen, wie das Trockenwerden auf das Feuchte orientiert ist. Und das Recht, die *díke*, ist nur, sofern es sich im Streit, d.h. im Unrecht entfalten kann; sie kann ihr Wesen nur zeigen als das Fügen ins Rechte im Unfügsamen des Streites. So ist die *díke zugleich die éris*; das Recht ist das Unrecht. Das ist keine Einerlei-setzung, die nivelliert; im Gegenteil: das Recht ist, was es ist, erst im Raume des Unrechts; Recht kann nur *werden*, wenn Unrecht ist. Alles Gegensätzliche ist nicht in einem *stehenden* Sinne, sondern es wird, und es kann nur sein Werden haben, wenn es auf sein Gegenteil hin lebt; es lebt aus der ihm entgegengesetzten Seinsmöglichkeit. Das Fragment sagt aber *mehr*. Krieg und *éris* sind nicht nur *Beispiele*, an denen die ontologische Einheit des Gegensätzlichen gezeigt werden soll. Sie sind in diesem Fragment angesprochen als der Grund des Geschehens: „alles geschieht aufgrund von Zwist und Not". Am Geschehenden, im Werden, Währenden zeigt sich die ontologische Verfassung der Einheit des Gegensätzlichen; diese Einheit, die die Gegensätze umgreift, im Warmen schon das Kalte, im Feuchten das Trockene, im Krieg den Frieden anwesen läßt, ist eine *harmonía*. Fragment 8: *to antíxoun symphéron kai ek tón diapherónton kallísten harmonían*; „das einander Widerstrebende zusammengehend; aus dem auseinander Gehenden die schönste Fügung."

Was ist das für eine Harmonie? Heraklit unterscheidet zwischen einer sichtbaren und einer unsichtbaren Harmonie. Dieser Unterschied wird allzu oft in einer plausiblen und problemlosen Weise ausgelegt. So nämlich, daß man die sichtbare Harmonie interpretiert als die, von welcher auch schon das gewöhnliche Bewußtsein wisse. Etwa der Friede, die Einstimmigkeit gilt als eine solche sichtbare, ohne weiteres vernehmbare Harmonie. Sie ist dann überhaupt kein Problem mehr. Problematisch ist erst die unsichtbare Harmonie. Und diese wird dann bestimmt als die Einheit des Gegensätzlichen, die im wechselweisen Bedingungsverhältnis dieser Gegensätze erkannt wird. Diese Auffassung ist unseres Erachtens falsch. Die sichtbare Harmonie ist nicht die allen sichtbare, die Hinz und Kunz vernehmen; vielmehr ist die sichtbare Harmonie gerade das, was man als die *Einheit in den Gegensätzen* anspricht. Sichtbar ist diese Harmonie nicht, weil sie sofort und direkt thematisch gesehen würde; es bedarf erst einer philosophischen Anstrengung, um sie zu entdecken. Gewöhnlich ist der Mensch fixiert von den Gegensätzen, fixiert von dem Unterschiedenen; er erhebt sich nicht zum Hinblick auf den Gegensatz selbst, auf den einheitlichen Bereich, in welchem der Gegensatz sich ausbreitet. Die sichtbare Harmonie ist die Harmonie *des Sichtbaren*. Ist das Sichtbare insgesamt schon das Seiende im Ganzen, fragen wir wieder, — oder ist es der Bereich, der uns gemeinhin gefangen hält? Das Sichtbare sind die bestimmten, abgegrenzten endlichen Dinge. Und dies sind zugleich auch die entstehend-vergehenden Dinge, das Seiende, das im Wandel umgetrieben ist, das *in* der Zeit währt. Alles so endlich Seiende ist immerzu von Gegensätzen beherrscht; es wird, hat sein Sein nur als ein Werden; und zwar kann es nur im Werden dahintreiben, weil es immerzu „übergeht", im Übergang ist, aus dem Kalten ins Warme usf.. Es lebt ständig in seine Gegenmöglichkeit hinein. In dieser Verschlungenheit in die gegenteiligen Seinsmöglichkeiten, die allen endlichen Dingen eigen ist, „zahlen sie einander Buße", um mit Anaximander zu reden. Sie behaupten sich, als das eine, das sie gerade sind, und müssen doch in solchem Behaupten ständig schon in ihr Gegenteil übergehen. Alles Vergängliche ist so zugleich übergänglich, bestimmt von dem Widerspiel gegenteiliger Seinsmöglichkeiten. Der Tiefblick in diese übergängliche Natur des Vergänglichen vollzieht sich ausdrücklich bei Heraklit; er entdeckt die „sichtbare Harmonie", die Harmonie im Streit aller endlichen Dinge. Aber sein Tiefblick reicht weiter. Woraufhin all seine „paradox anmutende" Rede von der Einheit der Gegensätze eigentlich hinauswill, ist die *harmoníe aphanés*, die unsichtbare Harmonie. Fr. 54: *harmoníe aphanés phanerés kreítton*, „die unsichtbare Harmonie stärker als sichtbare". Vom Verständnis dieses Fragmentes hängt es entscheidend ab, ob wir über die von Reinhardt gegebene Heraklitdeutung hinauskommen.

Wir fragen: ist der Bereich des Sichtbaren das umfangende Ganze, *innerhalb* dessen das Spiel und Widerspiel der Gegensätze, ihre scharfe Entgegensetzung und zugleich ihre Einheit, ihre Zwietracht wie zugleich ihre Eintracht statt haben? Werden so Gegensatz und Einheit nur gesehen im Blick auf das Sein der *Dinge*? Oder spricht Heraklit am Ende über den Bereich des Sichtbaren *hinaus* und auf die *physis* selbst hin? Und sind die eigentlichen tiefsinnigen Sätze vielleicht solche, in denen eine Harmonie zwischen der mütterlichen Nacht der *physis* und dem Reich des Sichtbaren ausgesagt wird? Oder anders angesetzt, ist der ursprünglichste Gegensatz ein solcher *in* den Dingen, *zwischen* ihnen, — oder ist es ein Gegensatz, aus dem her erst die auch unter sich gegensätzlichen und entzweiten Dinge hervorgehen? Ist der Urgegensatz nicht der zwischen der *all-einen physis* und den vielen, aus ihr herausgekommenen

Dingen? Sind die Dinge gegensätzlichen Wesens und von der Zwietracht beherrscht, *weil* sie in einer Urzwietracht stehen gegen den allumfangenden Seinsgrund? Ist diese ihre *adikía* gegen das Ureine der ontologische Grund ihrer Vergänglichkeit? Und ist die Zwietracht zwischen dem Bereich des Sichtbaren und der verschlossenen *physis* nicht auch der Ort einer Harmonie, eben der *harmonie aphanés*? Waltet nicht auch hier eine übergreifende und allumfangende Einheit?

Mit solchen Fragen ist zunächst einmal der philosophische Ort angezielt, der Bezug für „unsichtbare" Harmonie, die stärker ist als die sichtbare, — von der her erst die sichtbare begriffen werden muß. Heraklit spricht die *harmonie aphanés* aus in den Symbolen von *Leben und Tod*. Tod ist nicht das im Reiche des Sichtbaren sich zeigende Wegschwinden des Lebens, das Sterben von Lebewesen; das Tote im Sinne des im Sichtbaren liegengebliebenen Leichnams ist von Heraklit nicht gemeint; sagt er doch im Fragment 96: „Leichen sollte man eher wegwerfen als Mist". Das Tote ist kein im Reiche des Sichtbaren Vernehmbares, und doch ist es immer anwesend, schweigend, still, ungreifbar und unhörbar. Dem gewöhnlichen Menschen gilt nur das, was sich zeigt, als seiend; er ahnt nicht, daß im Sichtbaren schon das Unsichtbare anwest, im Leben der Tod ist und im Tod das Leben. Er hält auseinander und getrennt, was eine unsichtbare Fügung und Harmonie ist. Der Gegensatz von Leben und Tod aber ist der Spielraum der *harmonie aphanés*. Ist damit nur ein eng begrenzter Gegensatz getroffen, oder steht in diesem Gegensatz für Heraklit der Urgegensatz von *physis* und den vielen Dingen symbolisch da? In der Tat: Leben und Tod sind hier die größten Symbole Heraklits. Gerade unter diesem Gesichtspunkt hat Pfleiderer[4] eine Ausdeutung Heraklits versucht, die seine Philosophie darstellt als eine begriffliche Fassung uralter Mysterienweisheit, als das orphische Wissen um die Unzerstörbarkeit des Lebens, das auch im Tod nicht untergeht. Aber damit wird gerade umgedreht und ins Gegenteil verkehrt, was eigentlich bei Heraklit geschieht. Er drückt nicht einen schon bestehenden mythologischen oder religiösen Gehalt in einer Begriffssprache aus; er denkt vielmehr die religiösen Ahnungen zu Ende und spricht ihre verborgene Wahrheit aus: er denkt den Zusammenhang des Seienden im Ganzen, den Zusammenhang der all-einen *physis* und der vielen zerstreuten und auseinandergeratenen Dinge, den Zusammenhang der sichtbaren Welt und des mütterlichen Weltgrundes. Ein solcher Zusammenhang aber ist nicht ein Bezug zwischen abgesetzten, an sich getrennten Bezugsgliedern. Die *physis* als das Unsichtbare ist gerade das, *woraus das Licht aufgeht*; sie ist als das zeitlos Ewige aber auch das, *was die Zeit erschafft*.

Die sichtbaren Dinge stehen im Licht; so haben sie Umriß, Gestalt, Aussehen; das Licht selbst läßt das Viele so in sich ein und hält es in seinem Vieles-sein fest. Das Licht zerstreut ins Nebeneinander, gerade weil es selbst nicht zerstreut und nicht ein Nebeneinander ist. Das Licht, das ins Dunkel einbricht, legt die Einförmigkeit und Ununterschiedenheit des Dunkels auseinander und gibt so, in solchem Auseinanderlegen, Raum für die unterschiedene, gegliederte Mannigfalt der Dinge. Das Licht bricht ein ins Dunkel und entzweit es, reißt es aus seiner Ungegliedertheit und bricht Raum auf. Das Licht, das aus dem Schoße der *physis* selber kommt, schafft erst so den *Urgegensatz*; im Licht erscheint nun die vielfältige Fülle des Sichtbaren. Und ebenso ist es mit der Zeit. Wie das Licht im Raum *zerstreuend* ist, so ist auch die Zeit zerstreuend: sie zerlegt das eine, alterlose Sein der *physis* in das Nacheinander der vergänglichen Dinge. Zeit ist in sich zerstreuend, weil sie selber *un*zerstreut ist. Licht und Zeit — oder, wie wir auch sagen können, Raum und Zeit sind die Weisen, wie die *physis* aus ihrem verborgenen und dunkeln Abgrund die sichtbaren Dinge „aufgehen läßt", heraustreten läßt, wie Persephone die Blumen aus dem Schoß der Erde, einrücken läßt in den Raum der Sichtbarkeit, der alle umfängt, aber so, daß er das *Viele als Zerstreutes* währen läßt. Das Aufgehen aller Dinge aus dem Grund der *physis* ist gehalten in den Maßen einer unsichtbaren Harmonie, für die Heraklit seinen tiefsten Ausdruck findet in der Sprache eines mythologischen Symbols; zugleich aber verwirft er dabei alles, was nur dem Mythos angehört: (Fr. 15) „Denn wenn es nicht Dionysos wäre, dem sie die Prozession veranstalten und das Lied singen für das Schamglied, so wäre es ein ganz schamloses Treiben. Derselbe aber ist Hades und Dionysos, dem sie da toben und ihr Lenaienfest feiern".

Die Selbigkeit von Dionysos und Hades ist die *harmoníe aphanés*, die „unsichtbare Harmonie".

16

Dionysos und Hades ist derselbe. Mit diesem Satz spricht Heraklit das Prinzip seiner Gegensatzlehre aus, die schon in der Antike das Ärgernis seiner *lógoi antílogoi*, seiner Widerspruchsätze, aber auch der anlockende Reiz des unergründlichen Tiefsinns war und seitdem die Ausleger in Atem hält. Und was in den meisten Interpretationen unseres Erachtens verfehlt wird, ist die *Dimension*, in welcher die Einheit des Gegensätzlichen von Heraklit begriffen wird. Und dieses Fehlgehen der Deutungen hat seinen Grund nicht in Unzulänglichkeiten der Kommentatoren, sondern vielmehr in dem von der *Metaphysik* her bestimmten Ansatzpunkt der meisten Auslegungsversuche. Heraklits Lehre von den Gegensätzen wird genommen als eine ontologische Einsicht in die Seinsverfassung der Dinge. Das gewöhnliche, naive Bewußtsein scheidet das in Gegenbegriffen Gedachte und hält es auseinander, unterscheidet das Tun vom Leiden, die Ruhe von der Bewegung, die Eintracht von der Zwietracht, den Krieg vom Frieden. Der gesunde, von keiner tieferen Reflexion angekränkelte Menschenverstand hat seine Sicherheit gerade durch die Art, wie er in festen, standhaltenden Unterscheidungen gehalten ist. Erst wo das Nachdenken zu einer Lebensmacht wird, die alle fixen, überkommenen Einteilungen in Frage stellt, in denen uns gewöhnlich die Welt aufgegliedert ist, steigt die Einsicht auf, daß die Gegensätze ineinander verflochten sind; daß die Dinge, als ständig ins Werden geworfene, nur sein können im unablässigen Übergang in ihr Gegenteil. Alle begrenzten, endlichen Dinge sind gegenteilig. So gesehen ist die Zwietracht immer auch schon eine Art Eintracht, der Krieg eine Art Gemeinsamkeit, die Ruhe ein Art Bewegung usf.. Wir nannten diese „Einheit der Gegensätze“ eine ontologische. Genauer müssen wir sie bestimmen als die Identität des Gegensätzlichen, die zur Strukturverfassung der endlichen, vergänglich-übergänglichen *Dinge* gehört. Auch sie spielt bei Heraklit eine wesentliche Rolle. In der Interpretation Karl Reinhardts aber gilt sie als die eigentliche philosophische Einsicht Heraklits. Der gegenseitige Bedingungsbezug der Gegensätze, den der naive Mensch nicht erkennt, soll Heraklits Entdeckung sein. Eine solche Entdeckung kann erst aufkommen, wo das *Werden* zum ausdrücklichen Thema der Besinnung gemacht wird. Und das ist doch offenbar bei Heraklit der Fall. Zu fragen bleibt aber, ob das Werden im Blick des Ephesiers steht nur als die zeitliche Bewegtheit der *Dinge*, als Entstehen, Vergehen, Veränderung und Ortsbewegung, — oder ob eine solche Auffassung *zu kurz* trägt. Begreift Heraklit das Werden nicht radikaler, nicht nur als zeitliche Bewegtheit der Dinge, sondern als die Bewegung der zeitigenden Zeit? Das Werden also als das Hervorkommen des Endlichen und Begrenzten aus dem Grunde des Unbegrenzten, das Anaximander das *ápeiron* genannt hat. Erst wenn grundsätzlich begriffen wird, wie Heraklits Gedanke des Werdens über alle zwischen-dinglichen Beziehungen hinausgeht und wesentlich nur in den Zusammenhang des Ganzen zurückdenkt, in den Zusammenhang von *physis* und dem Reich der vereinzelten Dinge, hat man die Dimension gewonnen, in welcher Heraklits Tiefsinn *Gegensätze in eins* denkt.

Dionysos und Hades ist derselbe. Diese Selbigkeit ist ein schwieriges Problem schon in ihrer begrifflichen Struktur. Wir fragen zunächst, was verstehen wir unter „Selbigkeit“? Auch das ist ein Begriff, mit dem umzugehen wir gewohnt sind. Irgendetwas bietet z.B. jeweils verschiedene Anblicke an; wir sagen aber, das so verschieden Aussehende ist doch „dasselbe". Hier ist Selbigkeit also bezogen auf Verschiedenheit des Aussehens. Oder aber wir unterscheiden trotz fast gleichen Aussehens (etwa der Doppelgänger, der Zwillinge) und sagen, es ist nicht dasselbe. Selbigkeit von etwas hängt nicht ab vom Aussehen, sondern ist ein innerer Wesenszug jedes Dinges. Ein Ding ist, was es ist, als dasselbe; seine Selbigkeit ist der Grund dafür, daß es eine Vielfalt von Bestimmungen an sich tragen kann, daß es Bestimmungen annehmen und abgeben kann; es erhält sich, solange es währt, als „ein und dasselbe". Selbigkeit also macht eine Grundstruktur im Sein der Dinge aus; Dingsein ist Selbigsein, ist ein Einzelnes sein, ein Dieses sein, esse = idem esse. Die Selbigkeit als zugehörig zur Seinsverfassung des Dinges wird seit alters her gedacht im sogenannten Satz der „Identität" (A = A). Dieser Satz ist weit davon entfernt, eine bloße Tautologie zu sein, wie heute die Logik anzunehmen geneigt ist, es ist vielmehr ein Fundamentalsatz über das Sein des Dinges, eine Grundaussage über das Dingsein. A = A ist ein *Grundsatz der Metaphysik*. Ebenso auch der ihm zugeordnete Satz des Widerspruchs. Auch dieser ist primär kein Satz, der das Verhältnis von Aussagen unter einander regelt, nur eine formale Bedingung der logischen Wahrheit und dgl., sondern ist ein metaphysischer Satz. Keinem Ding kann eine Bestimmung und auch ihr Gegenteil zur selben Zeit und in derselben Hinsicht zukommen. Kant hat gegen diese aristotelische Fassung des Widerspruchssatzes[1] polemisiert; er bekämpft dabei vor allem das *háma*, das „zur selben Zeit". Für Kant ist die Hereinnahme einer Zeitbestimmung eine Trübung des rein logischen Gesetzes; logische Gesetze sagen nichts über reale Verhältnisse aus. Kants Polemik aber geht fehl, weil er überhaupt den ursprünglich ontologischen Sinn des aristotelischen Widerspruchssatzes nicht mehr begreift. Die Zeit ist der Horizont, auf den hin und aus dem her das Sein des Seienden verstanden werden muß. Das Sein der Dinge ist ein *InderZeitsein*. Die Selbigkeit des Dinges hat den Sinn des Hindurchgehens durch die Zeit, des Währens; das im Währen sich bewährende Selbigsein schließt es aus, daß *zur selben Zeit* ein Ding eine bestimmte Eigenschaft hat und zugleich deren Gegenteil; das ist nur zu *verschiedenen Zeiten* möglich, daß gegenteilige Eigenschaften an einem Ding vorkommen und dann von ihm als Prädikate aussagbar sind. Wir halten also zweierlei fest: 1. die Selbigkeit ist der ontologische Grundcharakter des Dinges; er steht so zu den Gegensätzen, daß jeweils nur ein Glied eines Gegensatzpaares als Bestimmung am Ding möglich ist; 2. das Verständnis von Identität und Verschiedenheit bewegt sich im Horizont der Zeit; von einem Verstehen von Zeit wird Gebrauch gemacht, wenn angegeben werden soll, was Selbigsein ist als das Hindurchwähren und was die Unmöglichkeit bedeutet von entgegengesetzten Bestimmungen, nämlich nicht „*zur selben Zeit*".

Mit dieser etwas langweilig anmutenden Begriffszergliederung haben wir erst die Möglichkeit gewonnen, zu fragen, wie Heraklits Identität der Gegensätze gemeint ist. Verstößt er dabei gegen die Fundamentalgesetze des vernünftigen Denkens und gegen die Grundstruktur der Dingheit, gegen den metaphysischen Wesensbau des Dinges? Platon und Aristoteles erheben in diesem Sinne Bedenken gegen Heraklit. Ihnen erscheint als eine Auflösung der Seinsstruktur des Seienden, was Heraklits Tiefsinn aussagt, als eine Verflüssigung aller Bestimmtheiten, die keine Begreifbarkeit mehr zuläßt. Aber es ist ja gerade unser Verdacht, daß, von der metaphysischen Philosophie aus, Heraklits Lehre von den Gegensätzen aussehen mußte, als wäre sie eine Leugnung der Identität der *Dinge.* Darum jedoch geht es diesem gar nicht. Seine Lehre ist keine „mystische" These von der coincidentia oppositorum im Bereich der endlichen Dinge. Die Dimension seiner Ineinssetzungen ist der Bezug der *physis zum Reich des begrenzten Seienden.* Was er in den scheinbar widersprüchlichen Sätzen ausspricht, ist die *harmoníe aphanés*, die unsichtbare Harmonie, die waltet im Ganzen. Die Gegensätze, die Heraklit in eins denkt, verhalten sich nicht zueinander wie sich ausschließende Bestimmtheiten des Seienden; er begeht nicht die Torheit, die einzelne endliche Bestimmung aufheben zu wollen, das Weiße schwarz, das Große klein sein zu lassen. Die von Heraklit gedachte Identität ist nicht die Selbigkeit von Dingen. Was aber ist es dann für eine *Selbigkeit*? Derselbe ist Hades und Dionysos. Dieser Satz spricht doch zunächst eine Identität der beiden sonst auseinandergehaltenen Götter aus. Er sagt, Hades ist nicht ein anderer Gott als Dionysos. Ihre uns sonst verschieden anmutende Gestalt ist nur ein Schein, in Wirklichkeit sind sie dasselbe. Die Selbigkeit aber hebt nicht die Verschiedenheit des Aussehens auf; sie sind dasselbe, weil sie nur „Seiten" eines übergreifenden göttlichen Wesens sind; in Dionysos und in Hades erscheint je nur einseitig, nur teilhaft das Ganze; und es gilt hinter die einseitige Gestalt zurückzugehen und diese ins Ganze zurückzunehmen. Die Identität hätte danach nur den Charakter einer „Ergänzung eines Einseitigen". So verstanden verliert die Gegensatzlehre Heraklits den schroffen und befremdenden Charakter; die Ineinssetzung der Gegensätze erscheint als die Methode, zu einem volleren und umgreifenden Ganzen vorzustoßen.

Man sagt, das gewöhnliche menschliche Erkennen ist befangen in Teilansichten, in einzelnen Perspektiven, und hat nicht von sich aus schon eine ganzheitliche Schau; die Philosophie ist dann jenes Ergänzen aller endlichen Teilaspekte zum vollen und gültigen Bild des Seienden im Ganzen. Eine solche Auffassung verharmlost. Sie macht Heraklits Dimension zu einem bloßen Nebeneinander. Die *physis* und die aus ihr herausgeworfenen Dinge stehen nicht nebeneinander; es ist die Aufgabe der alten *physiológoi* nicht, *neben* den Dingen, dem, was uns sonst als die Welt gilt, noch einen übersehenen Bereich aufzuzeigen. Die *physis* ist der Abgrund, aus welchem die Dinge aufsteigen und in welchen sie wieder versinken. Das Verhältnis des Abgrundes zu dem aus ihm Entlassenen kann nicht gültig gedacht werden an Bezügen, die *zwischen den Dingen* gültig sind. Jeder Versuch, die *physis* von den Dingen her zu denken, muß notwendig versagen; damit wird schon das formale Problem der heraklitischen Selbigkeit in den Gegensätzen immer brennender. Die *physiológoi* wagen das fast nicht Sagbare im ständigen Abstoß von allen Sagensweisen, die auf die Dinge hin gerichtet sind. Und sie bewegen sich dabei nicht blind *im* Horizont der Zeit, wenn sie Selbigkeit und Verschiedenheit denken, sondern sie denken dabei eigentlich gerade die Zeit, die *táxis tou chrónou* wie Anaximander, oder als die zentrale Grundfrage wie Heraklit, — sie denken den Zusammenhang der *physis* mit den seienden Dingen als das Weltproblem von Sein und Werden. Mit dieser negativen Charakteristik ist aber vorerst noch nicht viel gewonnen. Sie soll uns lediglich die Fraglichkeit wachhalten, die im Verhältnis der *physis* zum Reich der vielen Dinge liegt, soll verhindern, daß wir nicht unbesehen und geradezu die *physis* selbst wie ein *Ding* denken, d.h. sie metaphysisch interpretieren. Wenn es wahr ist, daß einzig dieser in seiner Struktur noch undurchsichtige Bezug die Dimension darstellt, auf die hin Heraklit spricht, wenn er die Gegensätze in eins setzt, was bedeutet dann Hades und Dionysos? Sind es einfach die Götter der griechischen Religion, über die Heraklit eine theologische Aussage macht? Keineswegs. Auch die Einheit der beiden Götter ist nicht Heraklits Einsicht. In den orphischen Mysterien ist die Selbigkeit des Todesgottes mit dem Gott des Lebensüberschwanges immer schon ausgesprochen worden. Leben und Tod sind eines, nicht als die Aufhebung des Gegensatzes, sondern eines als die Unzerstörbarkeit des Lebens im Tod und das vom Tod Durchdrungensein alles Lebendigen. Heraklit aber spricht nicht nur nach, was die Mysterien in der ursprünglichen Kraft der Symbole als geheime Weisheit den Eingeweihten verbürgen. Für Heraklit geht es hier um einen Gedanken der Philosophie. Der Gegensatz von Leben und Tod, sagten wir, wird von ihm aufgenommen als das Symbol für den Bezug von *physis* und Reich der Dinge. Versuchen wir, der Möglichkeit dieser Symbolik nachzuspüren. Hades und Dionysos gelten dem Griechen als die Reiche der Oberwelt und der Unterwelt. Die Oberwelt ist das, wohinein das Seiende aufgeht aus dem dunklen Schoß der Erde, ins Licht tritt, erscheint, abgegrenzt von den anderen Dingen ist und im festen Umriß seines Aussehens steht. Die

Oberwelt ist also das Reich des *Lichtes* und des *Vielen*, das Reich des Blühens und des Lebens. Die Unterwelt ist das Reich der Schatten, der wesenlosen Unbestimmtheit, wo nichts mehr für sich ist, sondern alles zurückgegangen ist in den einfachen und verschließenden Grund; das Reich des Dunkels und der unbestimmten Einheit. Dionysos, der Herrscher im Raume des Lebens, ist zugleich Dionysos Zagreus, der Zerrissene, Zerstückelte. Der Lebensdrang und Lebensüberschwang des lebenstrunkenen Gottes führt in die Zerstückelung, in die Zerrissenheit des Seins in die *Vielheit des Seienden*; diese Vielheit ist keine stehende und starr ruhende, sondern eine Vielheit der währenden Dinge, der tolle Wirbel der Vergänglichkeit. Die *lichte* Welt ist das vielfach und vielfältig auseinandergetretene Sein und ist auch das Reich des Lebens; die dunkle Hadeswelt, die lichtlose, birgt alles in eins, unterschiedslos, und ist das Reich des Todes. Damit sind die wesentlichen Momente genannt, die für Heraklit bedeutsam waren: der dunkle Bereich, in dem alles noch eins ist, und der helle, in dem das Sein zerstückelt ist, wie Dionysos Zagreus, in die vielen vereinzelten Dinge. Das dunkle Todesreich, der Mutterschoß, aus dem alles Leben aufsteigt und ins Licht tritt, wird ihm zum Symbol der *physis*; das helle oberweltliche Reich, der Schauplatz des ständigen Wandels, zum Symbol der vielen Dinge. Hades und Dionysos sind eins, das heißt, die beiden Reiche des einen Seins und der vielen Seienden stehen in einem unlösbaren Zusammenhang, im Zusammenhang der unsichtbaren Harmonie. Sie stehen nicht nebeneinander, und in diesem Sinne ist die Rede von den beiden Reichen geradezu falsch, vielmehr geschieht immerzu ein Übergang: aus dem Dunkel bricht das Licht, der Weltfeuerschein auf; aus dem Hades, in dem alle Zeit und alles Leben erloschen scheint, kommt die Zeit hervor, um allen Dingen ihre Weile zu lassen; aus dem *einen* Sein geht das viele Seiende hervor. Die Bewegung des Hervorkommens und Zurückgehens von der Welt der Dinge aus der *physis* und in sie zurück, *diese Bewegung* allein hat Heraklit im Blick, und von ihr her sind seine Ineinssetzungen des Gegensätzlichen nur zu verstehen. Diese Bewegung ist ein ständiger *Weg*, ein Kreislauf, in dem das Ganze selbst kreist. Und von ihm sagt Heraklit (Fr. 103), daß Anfang und Ende beim Kreise zusammenfallen.

Der Weg dieses ewigen, immerwährenden Kreislaufes, der die Dinge aus dem Grund der *physis* hervorgehen läßt in ihre vergehende endliche Gestalt und sie der Vergänglichkeit überantwortet, ist ein Weg nach oben und unten, *hodós áno káto*. Der volle Gehalt dieses tiefsten heraklitischen Fragments vom „Weg nach oben und unten" wird erst erfragbar, wenn wir die eigentlichen *physis*-Fragmente durchgegangen sind. Vorläufig soll es nur ein Hinweis sein. Der Weg des unaufhörlichen Übergangs von *physis* in die Vielfalt des Seienden ist die Dimension der „unsichtbaren Harmonie", die er in den paradox aussehenden Sätzen zur Aussage bringt. Hat man das einmal begriffen, dann verschwindet der Anschein eines orakelhaften Tiefsinns, der es nicht zum Begriff zu bringen vermag; es öffnet sich dann allerdings ein Abgrund für das Denken, das nur gewohnt ist, das *Seiende* zu bedenken und, wenn es hoch kommt, „metaphysisch" *an* ihm das Sein zu Gesicht bringt. Heraklit erdenkt jene Tiefe des Seins, die alles Seiende aus sich entläßt und in sich zurücksaugt.

Der im Denken der *physiológoi* aufgerissene Abgrund des Seins wird von der „metaphysischen Philosophie" wieder geschlossen und verdeckt. Diese Verdeckung beherrscht die Geschichte der abendländischen Philosophie. Die Vorsokratiker werden schließlich genommen als „naive Materialisten". Wie wenig das zutrifft, zeigt uns schon das Fr. 10. „Verbindungen: Ganzes und Nichtganzes, Einträchtiges Zwieträchtiges, Einklang Zwieklang und aus allem eines und aus einem alles". Für den ersten Blick sieht es wieder so aus, als wäre damit nur die wechselweise Bedingung der Gegensätze ausgesprochen, also jener Gedanke, den wir bei Reinhardt als den Zentralgedanken der heraklitischen Gegensatzlehre gedeutet sahen. In Wahrheit aber wird das Fragment erst in seinem Sinne offenbar, wenn wir es auslegen auf die Einheit von Hades und Dionysos hin oder, philosophisch bestimmter, auf den Weg des Übergangs aus der *physis* zu der Vielfalt der Dinge. Die *physis* ist das *Ganze*, ist das allumschließende Sein, das alles in sich birgt, das alles umfängt, und ist zugleich das *Nichtganze*, sofern aus ihr die vielen Dinge hervorgehen; und diese selbst scheinen eine *Ganzheit* zu sein, eben das, was man gewöhnlich die Welt nennt, die *Allheit aller Dinge*; diese Allheit des Seienden aber ist eine unganze, relative Ganzheit. Die Ganzheit der *physis* ist solchen Wesens, daß sie aus sich die unganze Ganzheit der weltlichen Dinge hervorbringt; — aus der Eintracht des einen Seins geht die Zwietracht der vielen verschiedenen Dinge auf, die nur ihr vergängliches Sein haben und halten können im Verzehrtwerden von ihrem Gegenteil. Aus dem Einklang des in sich einen Abgrundes bricht der Zwieklang der Vielheit auf; und ganz deutlich sagen es die letzten Worte des Fragmentes: aus *allem eines* und aus *einem alles, ek pánton hen kai ex henós pánta*. Das Ur-eine ist das Sichentzweiende und sich wieder daraus Zurückholende. Nur auf diese *Bewegung des Seins selbst* hin denkt Heraklit. Das ist ihm Philosophie. Die Menschen aber vergessen des Ursprungs, aus dem die Dinge kommen, und halten das Wandelbare und Vergehende für das Sein selbst; das Seiende ist das Feld ihrer Interessen und all ihres Trachtens und Sinnens; dem Seienden zugewandt, sammeln sie Wissen in einer Vielwisserei, die doch ohne wahre Einsicht ist; sie halten sich an das Hervorgekommene, an das Vorhandene, ohne es zu begreifen als herausgestiegen aus dem umfangenden Grunde des Ursprungs, der die *physis* ist.

(Fr. 51) *ou xyniásin hókos diapherómenon heautói homologéei; palíntropos harmoníe hókosper tóxou kai lýres*; „sie verstehen nicht, wie es auseinandergetragen mit sich selbst im *logos* übereinstimmt: gegenstrebige Vereinigung wie die des Bogens und der Leier". Das also, was die Menschen gemeinhin nicht verstehen, ist das Auseinandergehen der einen *physis* in das Viele, das Aufbrechen des Lichts aus dem Dunkeln, der Hervorgang des Dionysos, des zerrissenen, zerstückelten aus der einfachen Wesenheit des Hades. Das Auseinandertretende ist aber nicht getrennt und abgerissen von seinem Grund, vielmehr ist es immer noch, selbst als Herausgegangenes, überholt vom Urgrund; der Urgrund der *physis* und die Vielfalt des Seienden bleibt geeint in einer unsichtbaren, umfangenden Harmonie: das Auseinandertretende ist auch wieder das Zusammengehende. Im „Symposion" spielt Platon auf das Fragment an, in einer Abwandlung, die stärker noch unterstreicht, daß Heraklit einzig im Blick auf den *Ursprung* hin spricht; es heißt dort: *to hen gar diapherómenon autó hautó symphéresthai, hósper harmonían tóxou te kai lýras*; „das *Eine*, indem es sich von sich trennt, eint sich mit sich selbst, wie die Harmonie des Bogens und der Leier" (187a 4). Sichtbare Dinge, wie Bogen und Leier, werden zu Symbolen einer unsichtbaren Harmonie, die alles Sichtbare, das ins Licht Hinausgetretene, eint mit dem lichtlosen Abgrund.

Wie ist die Harmonie des Bogens und der Leier zu verstehen? Über diese Frage ist ein großer Auslegungsstreit entbrannt, ein Streit, der, wie mir scheinen möchte, über der Deutung der Symbolgegenstände das Symbolisierte verfehlte. Zunächst sind Bogen und Leier schon in ihrer äußeren Form ein Auseinanderstreben der beiden Äste; je stärker diese auseinanderstreben, desto größer ist die Kraft des Bogens, desto fester ist die Saite gespannt. Das Auseinander bildet so die *Spannweite*. Erst in der Spannung der Gegensätze bildet sich die Einheit. Man hat Bogen und Leier deuten wollen nicht nur als Beispiele, von denen schließlich eines so gut wie das andere ist, sondern als eine Zusammenstellung, die überdies noch einen bedeutsamen und verborgenen Sinn mitmeint. Bogen und Leier zeigen nicht nur das gleiche, eben die Einheit im Widerstreit der Spannung, sondern sie stehen zueinander selbst noch in einem Widerstreit; sie zeigen dasselbe als widerstreitende Dinge; der Bogen ist ein Instrument des Todes, die Leier ein solches der festlichen Lebensfreude; das Todsymbol und das Lebenssymbol zeigen dieselbe Struktur. Bogen und Leier aber sind die Attribute Apolls, des fernhintreffenden, der vernichtet und zugleich das Lebendige feiert. In Apoll ist die Selbigkeit des Hades und des Dionysos gleichsam selbst gemeint, der Gott des Todes und des Lebens. Gewiß ist es möglich, noch viele bedeutungsschwere Sinnmomente in der Sprache Heraklits abzuheben, die den unendlichen Zauber seiner kurzen und geballten Aussprüche ausmachen. Vom Bogen selbst spricht er eine Zweideutigkeit aus im Fr. 48: „Des Bogens Name also ist Leben, sein Werk aber Tod". Griechisch heißt *biós Bogen und bíos Leben*. So wird ihm der Name des Bogens zum Symbol des Zusammenhanges von Leben und Tod.

Die Gegensatzlehre Heraklits ist, im ganzen genommen, *symbolisch*. Sie zielt einzig nur auf den Zusammenhang von *physis* und den vielen Seienden, aber sie spricht diesen Zusammenhang aus in Bildern, die dem Feld des Seienden entnommen sind. Deswegen ist es auch so schwer zu verstehen, daß er über dieses Feld hinausdenkt. Leben und Tod, Licht und Dunkel, Hades und Dionysos bilden die Bahn seiner Symbole, in denen der Bezug des *hen*, des Einen, zu der Allheit des Vielen, zu den *pánta* in die Sicht Heraklits kommt. In dieser symbolischen Weise ist auch das vielzitierte Fragment zu verstehen (Fr. 53): „Krieg ist aller Dinge Vater, aller Dinge König; die einen erweist er als Götter, die anderen als Menschen, die einen macht er zu Sklaven, die anderen zu Freien". Aus der Welt der menschlichen Vorkommnisse ist eines herausgenommen, die schärfste Zwietracht, der Krieg. Das Fragment lobsingt nicht dem kriegerischen Heldentum, es meint überhaupt nichts nur Menschliches. Der Krieg als der *Vater aller Dinge* ist das Auseinandergehen des in der *physis* noch einträchtig in sich versammelten Seins in die Besonderung der Einzelheiten. Der Krieg ist ein Weltprinzip; eben als die Entzweiung des Urgrundes, der aus sich das Viele entspringen läßt, das nun eingehalten ist in den ständigen Kampf aller vergänglichen Dinge miteinander. Der Krieg, der als Lichtung des Dunkels und als Zeitigung des Vergänglichen entbrennt, ist dasjenige, das die Dinge ordnet, die *táxis tou chrónou*, die jegliches zu dem bestimmt, was es ist, die einen zu Göttern, die anderen zu Menschen. Der Krieg als die Urzwietracht der Zeit ist das *individualisierende* Prinzip.

Immer stoßen wir bei der Deutung der heraklitischen Fragmente auf die Zeit, aber bislang immer so, daß sie gemeint ist, aber gleichwohl nicht direkt und mit dem abstrakten Namen genannt wird. Der abstrakte Name selbst würde wenig bedeuten. Es kommt vielmehr darauf an, das Wesen der Zeit, das Wesen des Werdens aus den Symbolen Heraklits aufzunehmen und in allen ihren Zügen zu bewähren.

Wir haben die heraklitische Gegensatzlehre nur in einem summarisch gehaltenen Überblick betrachtet. Wesentlich war dabei die Bemühung, uns der *Dimension* zu vergewissern, in welcher seine Gegensätze in eins gehen. Diese Dimension ist die *größte* Weite, die der Gedanke überhaupt er-denken kann; sie liegt hinaus über die unübersehbare Welt der Dinge, ist weiter als die äußersten und fernsten Sterne; es ist die Weite eines Bezuges, der alle gewordenen und im Werden währenden endlichen, einseitigen und unter sich zwieträchtigen Dinge zusammenhält, in einer *unsichtbaren Harmonie*, mit dem unendlichen und heilen Abgrund der *physis*. Das Denken der Philosophie geschieht in den Raum der unsichtbaren Harmonie hinein; sie ist darin fast etwas Göttliches, fast ein übermenschliches Wissen. Der Gott steht in der Offenbarkeit der unsichtbaren Harmonie; die Menschen wissen zumeist davon nichts und leben befangen in ihren fixen Unterschieden. So heißt es im Fr. 102: „Für Gott ist alles schön und gerecht; die Menschen aber haben das eine als ungerecht, das andere als gerecht angenommen".

17

Die Philosophie Heraklits stellt der Auslegung eine besondere Schwierigkeit entgegen, nicht nur in der bereits besprochenen Auslegungsform, eben der tiefsinnig-dunklen Spruchweisheit, sondern in dem schwer begreiflichen Verhältnis seiner „symbolischen" Philosophie zur eigentlichen Philosophie. Vor der Aufgabe, diesen Übergang zu vollziehen, stehen wir. Unangemessen erscheinen uns die Deutungsversuche, die sich leiten lassen von einem Unterschied des abstrakten spekulativen Gedankens und der sinnfälligen konkreten Repräsentation; so sagt man z.B., Heraklits Feuerlehre ist nur eine Versinnlichung im Bereich der Anschauung und behauptet als einen realen Prozeß, als ein seiendes Geschehnis inmitten des Ontischen, was eine un-sinnliche Struktur des Seins ist; seine Feuerlehre ist Physik, — was sie meint, ist Metaphysik; ein realer Prozeß steht als Zeichen für einen abstrakten, der nur dem spekulativen Denken vernehmbar ist. In einer solchen Sicht wird die Feuerlehre zum bloßen *Vorhof* der eigentlichen Philosophie herabgesetzt. Und diese Herabsetzung geschieht so, daß dabei *Gebrauch gemacht wird* von der Abwertung des Sinnlichen, die der abendländischen Metaphysik eigentümlich ist. Das ist im Wesentlichen auch die Deutung Hegels: er sieht den Unterschied in der Philosophie Heraklits und deutet ihn aus von der Metaphysik her. Das Sinnliche erscheint so als eine bloße Verhüllung des Gedankens, als Allegorie. Heraklit aber ist ein vor-metaphysischer Denker, ein *physiológos*. Die *physis* und sie allein ist der Gegenstand seiner denkerischen Bemühung. Die *physis* aber ist kein nur gedankenhaftes Sein, sondern ist das allgegenwärtige Ganze, aus dem Menschen und Tiere, Berge und Wälder, Land und Meer und alle leuchtenden Feuer am Himmel heraustreten in die sinnenfällige Sichtbarkeit. Es ist also sehr die Frage, ob man mit der Unterscheidung von real und abstrakt, von sinnlichem Zeichen und spekulativem Gedanken überhaupt einen angemessenen Leitfaden zur Hand hat, um den Unterschied von Begriffen wie Feuer,

Blitz, Hades-Dionysos, Krieg und Eintracht einerseits und *logos, díke, sophón, psyché, physis und aión* andererseits wesentlich zu begreifen. Gewiß ist die eigentliche Philosophie Heraklits in jenen Fragmenten zu suchen, die vom *logos* handeln und vom schwer zugänglichen Sein, von dem „einen Weisen", von der Seele, von der Natur und von der Zeit. Die bisher behandelten Fragmente enthalten aber nicht bloße Allegorien der eigentlichen Wahrheit; sie machen vielmehr die *symbolische Philosophie* Heraklits aus. Dasselbe ist es, was *anwest* in den auf alle Bildhaftigkeit verzichtenden Fragmenten, als auch in den gleichsam von hintergründiger Bildfülle getragenen. Gedanke und Bild fallen in eins, machen zusammen erst das ganze Symbolon aus.

Die ausgezeichneten Hauptsymbole, die wir kennenlernten, waren das Feuer und die Doppeleinheit von Hades-Dionysos. Das Feuer ist, wesentlich begriffen, Licht. Das Ganze des Seins zeigt sich im Symbol des aus der verschlossenen Weltnacht aufbrechenden Lichts; in der Lichtung geht die *physis* aus sich heraus und auf in die Vielheit der mannigfaltigen seienden Dinge; im Hades-Dionysos-Symbol wird das Ganze begriffen als der einheitliche Doppelbereich von Leben und Tod; aus dem einen, zeitlosen, alles in eins verschließenden Reich des Hades geht der zerstückelte Dionysos hervor, das principium individuationis. Dunkel und Licht, Tod und Leben werden so die Symbole der in sich verschlossenen, aus der Verschlossenheit aufgehenden *physis*. Und nun haben wir noch ein drittes Grundsymbol zu betrachten: den Gegensatz von Wachen und Schlaf. In diesem Symbol wird die Weltoffenheit, die *alétheia*, der griechische Name der Wahrheit gedacht. Wachen und Schlaf verhalten sich ähnlich wie Licht und Dunkel, Leben und Tod. Wo Heraklit in seinen Fragmenten vom Wachen und Schlafen spricht, sind nicht nur bestimmte Weisen des menschlichen Lebensvollzuges gemeint, die wir kennen und die uns tagtäglich und nachtnächtlich vertraut sind. Wachen und Schlaf konnte man ansehen als nur menschliche Vorkommnisse. Bei Heraklit stehen diese Phänomene in der grundsätzlichen Weite eines welthaltigen Symbols. Zunächst: Wachen und Schlafen eignet allen Lebewesen. Schlaf ist eine Weise, oder besser: die Grundweise, wie ein Seiendes in sich verschlossen ist, wie es gleichsam „zu" ist, nicht mehr hinauslangt aus seinem Lebensbereich in die Weite der umgebenden Dinge, nicht mehr mit den Augen, Ohren und allen Sinnen und allen Gedanken draußen ist, offen ist für das umgebende Seiende; das schlafende Lebewesen ist in sich selbst zurückgegangen. Dieses Rückgehen in sich aber ist völlig verschieden von einer reflexiven Zuwendung zur eigenen Innerlichkeit. Jene ist ja nur möglich, wo wir offen sind, wo wir wach sind für die Welt; sie ist eine besondere Weise, wie wir um uns als um die Weltoffenen wissen; der Schlafende aber verliert nicht nur die Welt, er verliert auch sich selbst; er geht so in sich zurück, daß er gleichsam auslöscht; Schlafen ist eine Weise, wie ein sonst weltoffenes und für sein Selbst offenes Lebewesen die ganze Offenheit verliert und sich in sich verschließt. Aus dieser Verschlossenheit heraus geschieht dann das Erwachen; das Lebewesen, das in sich und zu war, geht auf, öffnet sich. Auch hier sehen wir den fundamentalen Wechselbezug von Aufgehen und Verschließen; alles Aufgehen kommt aus dem Verschlossenen und alles Verschließen kehrt aus dem Offenen zurück. Nicht nur der Mensch ist wach und ist schlafend; in diesem Rhythmus von Wachen und Schlaf ist er vor allem *Naturwesen; die Natur selbst ist das Schlafende* und *Wachende*, das stumm und lichtlos in sich Verschlossene und zugleich das Aufgehende. Wachen und Schlaf, in dieser kosmischen Symbolik genommen, berühren sich immer: alles Wachen kann nur aus dem Schlaf kommen und aller Schlaf nur aus dem Wachen. So heißt es im Fragment 26: „Der Mensch rührt in der Nacht ein Licht an, wann sein Augenlicht erloschen; lebend rührt er an den Toten im Schlaf; im Wachen rührt er an den Schlafenden". So also, wie man ein Licht entzündet in der Nacht, so ist die Wachheit und die Weltoffenheit inmitten der schlafenden Verborgenheit des Seienden im Ganzen; der lebende Mensch berührt im Schlaf, d.h. im Insichverschlossensein, den Toten, d.h. den völlig in sich Verschlossenen, so wie er im Wachen den Schlafenden berührt. Schlaf und Tod verhalten sich wie Wachen und Schlaf. Aber dieses Verhältnis ist kein bloßes poetisches Gleichnis. Es ist eine innere Entsprechung damit ausgesagt. Leben und Tod stehen nicht nur übergangslos einander gegenüber; der Übergang ist der Schlaf. Der *Schlaf der Welt:* das Seiende, das die *physis* herauswirft aus ihrem nächtlichen Schoß, steht noch nicht in der vollen Helle der Offenheit für das Ganze; das an seine Einzelheit entlassene Seiende ist gleichsam noch halb geborgen im naturhaften Grund und seinem alldurchflutenden Leben; es ist schon ausgesetzt, aber erfährt die Schärfe dieser Ausgesetztheit nicht ganz, es dämmert dahin, traumhaft. So halb geborgen und halb gefährdet ist alles Sein der Pflanzen und Tiere. Der Mensch aber hat die Auszeichnung, am meisten wach sein zu können unter den Lebewesen, seine Weltoffenheit ist nicht nur eine solche der jeweiligen Sinne, sondern vor allem eine solche des Gedankens. Denkend zu sein ist höchste Wachheit. Und diese höchste Wachheit ruht auf dem Grunde der Verborgenheit und der Insichverschlossenheit des Seienden im Ganzen und ist nur in solchem Aufruhen, oder heraklitisch gesprochen: im Anrühren derselben möglich. Der Erwachende geht auf, geht aus sich heraus, hält sich offen für den Zudrang aller begegnenden Dinge. Im Fragment 75 nennt Heraklit die Schlafenden „Werker und Mitwirker an den Geschehnissen der Welt". Was werken die Schlafenden? Sind sie nicht vielmehr alles Wirkens bar und ledig? Aber gerade dieses Fragment spricht eine tiefe Einsicht aus: das Insichverschlossensein ist gerade der Grund, in dem sich alles bereitet, was nachher aufgeht und im Licht sich zeigt. So ist auch die Nacht der verborgenen *physis* der schöpferische Grund, in dem sich alles bereitet, was ans Licht kommt. Wachen und Schlaf, Leben und Tod, Dunkel und Licht — all dies ist im Grunde nur *ein* Symbol. Im Gegensatz von Wachen und Schlaf denkt Heraklit symbolisch nicht nur Weisen des menschlichen Lebens, sondern die Grundweisen des Weltganzen: die insichseiende Geborgenheit des verschlossenen Urgrundes und die ausgesetzte Offenheit für das Ganze. Die ausgezeichnete Stellung des Menschen, sein Weltort gründet darin, beiden Weisen anzugehören. Von da aus bestimmt sich dann in der eigentlichen Philosophie Heraklits das Wesen der *psyché*.

Zunächst halten wir diese Bezüge fest, um das Fragment 89 zu verstehen, in welchem Heraklit die entscheidende Aussage über Wachen und Schlafen macht. Es heißt dort: „Die Wachenden haben eine einzige und gemeinsame Welt, doch im Schlummer wendet jeder sich ab von dieser an seine eigene". Der *kosmos* der Wachenden ist ein *kosmos koinós*, die Welt der Schlafenden ist ein *kosmos ídios*. Was ist das für eine Aussage? Ist dies nur eine psychologische Feststellung? Keineswegs. Wachheit ist die Offenheit des Einzelnen für die allen gemeinsame, die wahrhaft seiende Welt; der wirklich Wache ist nicht mehr befangen in Traumgebilden, die nur ihm angehören, sondern steht im Raume des *gemeinsam* zugänglichen Seienden. Was der Wache sieht, kann der andere Mit-Wache auch sehen. Am Traum des anderen aber kann ich nie teilhaben; ich kann nicht mitträumen. Der Träumende ist in seine Eigentümlichkeit verstrickt und in ihr gefangen; was er vernimmt, sind nur Bilder, die ihm erscheinen, die er mit niemandem teilen kann. Hier gilt es eine Grundstruktur einzusehen: je weniger ein Mensch ein Einzelner ist, je mehr er in einer dämmerhaften, traumhaften, halb schlafenden Weise noch dem Insichsein der Natur zugehört, desto befangener und „subjektiver" sind seine Anblicke, ist seine Welt. Und umgekehrt, je schärfer die Vereinzelung ausgeprägt ist, die Abgelöstheit aus dem bergenden Naturgrunde, desto weniger subjektiv, desto objektiver, wahrer ist seine Welt. Die höchste Wachheit erst hat die größte Offenheit. Und nun kommt bei Heraklit eine bezeichnende Wendung des Gedankens. So wie wir gewöhnlich den Unterschied von Wachen und Schlaf, von Traumwelt und wahrer, wirklicher Welt, von *kosmos koinós* und *kosmos ídios* gebrauchen, so ist — von der Philosophie her gesehen — die Welt der meisten wachenden Menschen nicht besser als eine Traumwelt, ein unwirklicher *kosmos ídios*; die Menschen treiben sich um in einem Netzwerk von Vorurteilen und übernommenen Meinungen; ihr Wachen ist eigentlich ein Schlaf mit wirren Träumen; sie geben für das Seiende aus, was der denkenden Prüfung nicht standhält; sie unterscheiden und fixieren Gegensätze, wo in Wahrheit ein umgreifender Bezug das Ganze des Auseinandergerissenen trägt: *tous de állous anthrópous lanthánei hokósa egerthéntes poioúsin, hókosper hokósa heúdontes epilanthánontai*; „Den anderen Menschen bleibt unbewußt, was sie nach dem Erwachen tun, so, wie sie das Bewußtsein verlieren für das, was sie im Schlafe tun" (Fr. 1).

Die eigentliche, die wahrhaft wache Wachheit ist die Weltoffenheit der Philosophie. Was sonst Wachheit heißt, gehört noch dem Schlaf der Welt an, der die Lebewesen umfängt. Man könnte versucht sein, in diesen Gedanken ein Beispiel sehen zu wollen für die Hybris der Philosophen, die sich für klüger halten als die anderen Menschen und als Folie ihrer Klugheit die Befangenheit der Mitmenschen brauchen. So wird immer und zu allen Zeiten gegen die Philosophie geredet; der Anspruch, mit dem sie auftritt, wird von vornherein in den Bezirk der bloß menschlichen Haltungen abgedrängt. Aber hat man dann überhaupt noch die Philosophie als Objekt des Spottes? Philosophie ist das Menschlichste des Menschen, sein eigentliches Wesen; aber sie ist nie, wenn sie sich als das begreift, im Raume allzumenschlicher Eitelkeiten. Ihr Selbstverständnis lebt nicht aus dem Pathos der Distanz zu den anderen. Heraklit sagt im Fragment 43: „Überhebung soll man löschen mehr noch als Feuersbrunst". Die Hybris ist das größte Mißverständnis der Philosophie. In jener Weltoffenheit, die die philosophische Einsicht aufbricht, kommt Heraklit in den wahren *kosmos koinós*, die allen gemeinsame Welt. Der Philosoph denkt nur, was *alle* denken könnten. *Xynón esti pási to phronéein*, „Gemeinsam ist allen das Denken" (Fr. 113); und ebenso Fragment 116 „Allen Menschen ist es zuteil geworden, sich zu erkennen und besonnen zu sein". Diese Sätze treffen keine Feststellungen, sondern machen eine Wesensaussage über den Menschen; der Mensch ist wesentlich bestimmt durch die Möglichkeit der höchsten Wachheit, d.h. der Weltoffenheit für das Ganze. Diese Wachheit ist nicht nur das sinnliche Offensein des Menschen, sondern ist darüber hinausgehend das Vernehmen der „unsichtbaren Harmonie", die den verschlossenen Weltgrund der *physis* eint mit ihrem Auseinandergehen in die Vielfalt der erscheinenden Welt, eint das *diapherómenon*, das Entzweite, wie die Harmonie des Bogens und der Leier. Die so das Ganze umgreifende Wachheit ist eine *Möglichkeit* des Menschen, kein ihm zugefallener Besitz. Besitz kann sie nur dem Gott sein. Heraklits symbolische Philosophie findet ihren Abschluß in seiner Theologie. Im Fragment 78 ist diese Theologie lapidar zusammengefaßt: *éthos gar anthrópeion men ouk échei gnómas, theíon de échei*; „denn menschliches Wesen hat keine Einsichten, wohl aber göttliches". Damit wird nicht dem Menschen die *alétheia*, die Wahrheit überhaupt abgesprochen, aber sie wird als ein menschlicher Besitz verneint; dem Menschen ist Wachheit, Wahrheit nur möglich im Zugehen auf das, was der Gott schon hat; der Mensch muß kämpfen um die Wahrheit, sich ihr in einem mühsamen Aufstieg nähern. Dieses Verhältnis des Menschen zum Gott wird bei Heraklit begriffen als ein Verhältnis des Maßes; seine Theologie besteht nicht in einer Zuwendung des Menschen zu den Göttern; die Zuwendung, die der Auftrag des Menschentums ist, ist die Zuwendung zur Wahrheit; aber in solcher Zuwendung bleibt der Mensch weit hinter den Göttern zurück; „Der Mann heißt kindisch vor der Gottheit sowie der Knabe vor dem Manne" (Fr. 79); und Fr. 82, 83 verschärfen dieses Verhältnis: „Der schönste Affe ist häßlich, mit dem Menschengeschlechte verglichen". „Der weiseste Mensch wird gegen den Gott gehalten wie ein Affe erscheinen in Weisheit, Schönheit und allem anderen". Heraklits symbolische Philosophie nimmt den Gott als den *Wissenden der ganzen Wahrheit vom Ganzen des Seins*; und so ist er das übermenschliche Maß des Menschen und sein Ideal. Neben den Fragmenten, welche den Gott als den Wissenden der Wahrheit begreifen, steht aber auch noch ein anderes, das rätselhafte Fragment 67. Der Gott ist nicht nur das Wissen, sondern ist die Wahrheit selbst, ist die *alétheia*, ist die *harmoníe aphanés*, ist selbst das Licht, das das Weltall erhellt. Es heißt dort: „Gott ist Tag Nacht, Winter Sommer, Krieg Frieden, Sattheit Hunger; er wandelt sich gerade wie das Feuer, das, wenn es mit Räucherwerk vermengt wird, nach dem Duft eines Jeglichen heißt". Das ist kein Stück negativer Theologie, die Gott mit gegensätzlichen und gegensprechenden Attributen ausstattet, um ihn über den Widerstreit aller endlichen Bestimmungen zu erheben und ihn mit dem Geheimnis der Unbegreiflichkeit zu umhüllen. Bei Heraklit sind die Gegensätze und ihre Einheit selbst gemeint. Der Gott ist die ganze Wahrheit von Hades *und* Dionysos, von Einheit und Vielheit, von Dunkel und Licht, von Entzweiung und Eintracht; diese ganze Wahrheit ist Zeus, der Herr des welterhellenden und weltlenkenden Blitzes.

Es ist zutiefst bezeichnend für Heraklits philosophische Theologie, daß die Götter die Festigkeit ihrer mythologischen Figur verlieren und Symbole werden; er tadelt die Menschen, die so zu den Götterbildern beten, wie wenn einer mit Häusern reden wollte, weil sie die Götter und Heroen nicht als das erkennen, was sie sind (Fr. 5). Was aber sind ihm die Götter? Sind es nur Allegorien für Gedanken der Philosophie, blasse Schemen, die von der bunten Welt der Vorstellung Kleid und Glanz leihen? Heraklit löst die Götter nicht in der Philosophie auf. Götter sind waltende Seinsmächte, die der Gedanke vernimmt; jene Seinsmächte der ständigen Wandlung von Nacht in Tag, von Einheit in Vielheit und aus allem zurück; sie sind, wie das Fragment 62 sagt: „Unsterbliche: Sterbliche, Sterbliche: Unsterbliche; denn das Leben dieser ist der Tod jener und das Leben jener der Tod dieser".

Mit diesem Fragment, das das Tiefste aussagt über das griechisch begriffene Verhältnis von Gott und Mensch, verlassen wir die „symbolische Philosophie" Heraklits. Seine eigentliche Philosophie wird durch wenige Grundbegriffe umschrieben. Die Deutung der hier in Frage kommenden Fragmente wird wesentlich schwieriger, und zwar gerade weil wir zunächst des Glaubens sind, Begriffen zu begegnen, die in der Geschichte der Philosophie sich weiterhin entfaltet haben. Z.B. der Begriff des *logos* bildet ein unverlierbares Thema der gesamten antiken Philosophie; bis heute haben wir eine ununterbrochene Geschichte der Logik; oder der Begriff der *psyché* scheint uns ebenso vertraut und als Titel für rein theoretische Fragen geläufig. Aber wir müssen vor allen solchen voreiligen Interpretationen erst fragen und in einem fragenden Denken begreifen lernen, wie Heraklit von *logos* und *psyché* spricht. Die Anforderung an das Nachverständnis ist bei weitem größer als in der symbolischen Philosophie. Dort bewegen wir uns schon von Anfang an in der ahnungshaften Helle, die alle Symbolik auszeichnet. Heraklits symbolische Rede erreicht einen dichten Zusammenschluß im Begriff des Gottes, der alle Gegensätze und ihre Einheit, der die unsichtbare Harmonie des Weltganzen selber „ist". Im Fragment 32 heißt es nun: *hen to sophón moúnon légesthai ouk ethélei kai ethélei Zenós ónoma;* „Eins, das allein Weise, will nicht und will doch mit dem Namen des Zeus benannt werden". *Hen to sophón?* Das *eine Weise*? Was ist in diesem Begriff Heraklits gedacht? Läßt sich überhaupt die Fülle des darin zusammengehenden Denkens sozusagen mit einem Schlage angeben? Das ist überhaupt bei keinem philosophischen Begriff der Fall; jeder erfordert eine eigentümliche Exposition, einen Weg des Denkens, der ausgeht von dem sich zunächst anbietenden geläufigen Sinn. *To sophón* aber ist ein Fundamentalbegriff; seine wahrhafte Exposition ist die Entfaltung der ganzen Grundgedanken der heraklitischen Philosophie: er steht in wesentlichem Bezug zu den anderen Grundbegriffen des *logos*, der *psyché*, der *díke*, der *physis* und des *aión* (der Zeit).

Wir beginnen mit einer Vorüberlegung. *To sophón*, das ist wieder eine bei den Griechen so beliebte Bildung: ein Neutrum. Das Neutrum gilt uns als etwas „nur Sächliches", als etwas Unpersonales, etwas, das kein Ich, kein Wer ist, und zu dem man sich nicht in einem echten Zutrauen verhalten kann. Dieses unpersönliche, den persönlichen Kontakt gleichsam von sich abwehrende und weghaltende aber ist auch kein bloßes Gedankending, ein Abstraktum; *to sophón* ist nicht die Weisheit; es ist *das* Weise. Weise-sein, so könnte man meinen, kann doch nur solchem zukommen, das eben die Möglichkeit hat dazu, eine Fähigkeit, ein Vermögen; weise kann nur etwas durch Verstand, Erkenntnis, Vernunft Bestimmtes sein; ja nur etwas, das Vernunft im höchsten Sinne hat, kann weise genannt werden. Mit andern Worten, weise kann als Prädikat nur einem Seienden zukommen, das durch Subjektivität, durch Ichlichkeit usf. charakterisiert ist, also einer Person. Weisheit ist prinzipiell eine personale Möglichkeit. Aber gerade die Personalität wird mit der neutralen Bildung ausgeschlossen. Das Weise im Sinne Heraklits ist kein vernunftbegabtes Lebewesen, weder ein Mensch noch ein Gott, es ist kein Ding unter Dingen, kein einzelnes Seiendes. *Es* will und will nicht mit dem Namen des Zeus benannt werden. Das könnte man auch zunächst so verstehen: Heraklit hat einen tieferen und reineren Gottesbegriff als die damalige Volksreligion; er steht vielleicht schon in der Ahnung des höchsten Wesens, des einen einzigen xenophantischen Gottes; der Zeus des Volksglaubens ist ein sehr vermenschlichter Gott; die reinere Idee Gottes, die der Philosoph hat, unterscheidet sich von Zeus, will nicht mit seinem Namen genannt werden; so aber ist sie das Namenlose und Unaussprechbare, und so fordert das Sagen dann doch wieder die symbolische Verwendung des mythologischen Namens. Eine solche Deutung erscheint uns ganz abwegig. Heraklit geht es in diesem Fragment nicht um eine „reinere Gottesidee", nicht um eine Gegenstellung gegen den Volksglauben; es geht allein um das Verhältnis eines mythologischen Symbols zu einem Grundbegriff der Philosophie. *To sophón*, dieses Neutrum, will und will auch nicht mit dem personalen Namen des höchsten Gottes angesprochen werden; es entzieht sich gerade der personalen Kategorie. Das hat für uns etwas bestürzend Befremdliches. Die Neutra, die bloßen sächlichen Dinge, erscheinen uns wie Privationen eines volleren Seins, eben als minderen Ranges denn die selbsthaften Dinge. Diese Auffassung hat ihre tiefen geschichtlichen Wurzeln, denen wir jetzt nicht nachgehen können; sie liegen zum Teil im Christentum und vor allem in der neuzeitlichen Grundstellung des Menschen zum Ganzen des Seienden. Das bloße, wer-lose und so auch wehrlose Naturding ist nur ein *Material*, etwas, worüber verfügt wird im menschlichen Planen und Machen; die bloßen leblosen Dinge sind nur das Feld und der Schauplatz des menschlichen Wirkens, sind der immer zu bearbeitende spröde Stoff, dem der Mensch Gestalt und Nutzung abringt. Die Natur als umweltliche begegnet uns dann vornehmlich in den zwei Hinsichten, als Feld der Arbeit, und — romantisch — als Feld des Naturgenusses; man sucht Ruhe, Frieden oder Beschaulichkeit. Aber es ist die schwere Frage, ob in den Hinsichten, die der moderne Mensch hat, noch ein echtes und ursprüngliches Verhältnis zur Natur möglich ist, wo sie weder nur „gebraucht" noch nur „bewundert" wird. Gerade in der gleichsam selbstverständlichen Rangordnung, nach welcher wir das Neutrum, d.h. das nicht durch Selbstheit (Personalität) bestimmte Seiende niedriger ansetzen, kommt ein uns beherrschendes Mißverhältnis zur Natur zum Vorschein. *To sophón, das* Weise, wird nicht „niedriger" angesetzt, wenn der Name des Zeus von ihm genommen wird. Es ist keineswegs ausgemacht, daß dieses Neutrum weniger ist als der Gott. Die Philosophie Heraklits denkt in eigentlicher Weise das, was die Mythologie personal als den Zeus nennt, *neutral* als *to sophón*. Was liegt in dieser Neutralität? Erhebt am Ende die Philosophie, umkehrend die gebräuchlichen Ansichten, das Sein der leblosen Sachen zum Maß des wahren Seins? Keineswegs. Sachen und Lebewesen, Feldsteine und Götter sind „Seiendes", sind solches, das herausgekommen ist aus dem Grund der allumfangenden *physis*. Feldsteine und Götter sind je *einzelne*. Das *sophón* aber ist nicht *hen*, ist nicht eines im Sinne der numerischen Einzelheit, sondern ist *eines* in ganz anderer Weise als je die vielen Dinge je einzelne und einshafte sind. Der Sinn des *sophón* bestimmt sich aus dem ihm zugehörigen *hen*. Einheit gebrauchen wir in vielfachem Sinne. Einheit kann besagen das Eins-sein gegenüber vielfachen Wiederholungen solcher Einsheiten; jedes Seiende ist eins und kann mit anderem zusammengestellt werden; ein Ding aber ist auch eine Einheit als das Ganze, das alle verschiedenen Momente und Seiten umgreift; ein Ding kann eins sein als ein *Einfaches*, nicht Zusammengesetztes; Einheit kann wiederum sein die *Einigung* des Entzweiten usf.. Einheit der Zahl, Einheit der Gestalt, Einheit des Einfachen, und Einheit des Einigens: das sind nur so regellos aufgegriffene Weisen, wie wir Einheit immer schon verstehen und damit umgehen. Ist irgend etwas davon nun brauchbar, um die Einheit des *sophón* zu charakterisieren? Das *sophón*, das Weise, — das halten wir fest — ist kein *Weiser*, ist *kein personaler Verstand*, ist *ein* Weises; aber auch das ist falsch; es ist nicht „ein", sondern *das* Weise, *hen to sophón*. Es kann keinen Plural kennen, es ist nur eines. Worin gründet aber nun seine Einsheit? Wie läßt sich diese verständlich machen? Dafür wählen wir einen Hinblick auf ein Hauptfragment, um das wir immer wieder auslegend kreisen müssen, das Fr. 50: *ouk emoú, allá tou lógou akoúsantas homologeín sophón estin hen pánta einai;* „Haben sie nicht mich, sondern den *logos* vernommen, so ist es weise, dem *logos* gemäß zu sagen, alles sei eins". Bevor wir die Bedenklichkeit dieser Übersetzung uns vergegenwärtigen, sehen wir doch daraus, daß ein wesentlicher Zusammenhang besteht zwischen *hen, panta* und *sophón*, d.h. zwischen allen vielen Dingen und dem ur-einen Grund und dem *sophón*, dem Weisen, das diesen Zusammenhang denkt.

Damit haben wir das Eingangstor zur eigentlichen Philosophie Heraklits betreten, — und stehen auch vor den Problemen „der eigentlichen Interpretation".

Hen to sophón, das eine Weise will und will nicht mit dem Namen des Zeus benannt werden. In diesem Satze Heraklits ist der Anspruch der Philosophie formuliert, die *Wahrheit* der Religion auszusagen. Was der Mythos unter Zeus meint, sagt die Philosophie im Begriff des *sophón*. Und dabei ist das *sophón* nicht vom Zeus her zu denken, sondern umgekehrt. In der Situation des Nachverständnisses aber ist *uns* das Bekanntere der mythologische Begriff des Zeus. Der oberste Gott des Olymps, der Allesdurchwaltende und alles Lenkende, steht nicht wie der Gott des Christentums als allmächtiger Schöpfer einer geschaffenen Welt gegenüber; er gehört vielmehr hinein in den Zusammenhang des Seienden im Ganzen; er ist selbst ein Aufgegangenes aus der *physis*; er *ist* das, was sonst sein Attribut genannt wird, er *ist* der Blitz, d.h. das aus der chaotischen Nacht der *physis* aufbrechende *Licht*, das lichtende Weltfeuer, das alles erhellt. Er ist der Sohn des Chronos, der Sohn der Zeit. Zeus ist die Helle im Raume des Werdens, des Entstehens und Vergehens, und ist so das Ordnende. Hier kommt eine griechische Grunderfahrung zum Ausdruck. Ordnung ist nicht primär eine in einem planenden Herstellen und Eingreifen bewirkte Zusammenstellung oder Umstellung der vorhandenen Dinge, sondern ist das *Gelichtetsein des Seienden*: das Dastehen aller Dinge im Licht, im Umriß ihrer Gestalt, die einen festen und sicheren Anblick bietet. Zeus ordnet die Welt, nicht indem er waltet und schaltet und hineinhandelt in den natürlichen Gang der Dinge; er ordnet die Welt, indem er sie *ins Licht* bringt. Zeus ist das Licht der Welt. Was diese mythologische Metapher sagt, denkt die Philosophie Heraklits im Begriff des *sophón*. Das „Eine Weise" ist das welterhellende Licht der „Vernunft". Es ist *das* Vernünftige. Hier kommt alles darauf an, das scheinbar Widersinnige zu denken einer Vernunft, die *niemandem gehört*. Für uns ist geradezu eine triviale Selbstverständlichkeit, daß „vernünftig" im eigentlichen Sinne nur eine Person sein kann und erst in einem abgeleiteten, analogen Sinne auch eine Handlung, eine Verordnung, eine Staatseinrichtung; die Vernunft erscheint uns als ein Vermögen des Menschen. Wenngleich wir zwar diese nicht den einzelnen Individuen als Eigentum zurechnen, so doch dem Menschengeschlecht oder, noch weiter gefaßt, den Intelligenzwesen überhaupt. Vernunft hat für uns die Seinsart der Subjektivität. Auch dort, wo wir von einer *Weltvernunft*, einem absoluten Geist und dergleichen sprechen, ist die Kategorie der Personalität, wenn auch in abgewandelter Form, mit im Spiel. Vernunft scheint uns nur möglich, wo das Leben nicht nur an sich ist, sondern sich zu sich selbst verhält, wo es auch „für sich" ist, wo es *selbsthaft* ist. Und das besagt noch ein Weiteres. Für-sich-sein und Selbsthaftigkeit des Lebens entspringt einer Entgegensetzung zur Natur. Sofern der Mensch sich als ein Vernunftwesen begreift, gehört er der Natur nicht an, ist er über seine Daseinsgrundlage, welcher er als Naturwesen hörig ist, erhoben. Diese beiden Motive: die Selbsthaftigkeit und die Gegenstellung zur Natur, kennzeichnen die Geschichte des Vernunftbegriffs im Gange des abendländischen Denkens; sie erreicht ihren Höhepunkt in der Philosophie Hegels, der die Natur als „das Anderssein der Idee" aus der Vernunft abzuleiten versuchte. Es ist ein welthistorischer Prozeß, in welchem sich die Ablösung der Vernunft aus dem Naturgrunde vollzieht, die Naturentfremdung der Vernunft: es ist die Geschichte der Metaphysik. Den metaphysischen Begriff der Vernunft aber dürfen wir nie und nimmer in das heraklitische *sophón* zurücktragen: es ist weder ein primär selbsthaft Vernünftiges, noch ein Vernünftiges, das durch die Ablösung von der Natur bestimmt ist. Es ist ein Neutrum: *to sophón*, und es gehört der Natur an als das aus ihr aufgebrochene Licht. Der Vergleich mit dem Licht ist mehr als nur eine Metapher, es liegt vielmehr eine tiefe Entsprechung darin, — ein selbiges Grundwesen zeigt sich im *sophón* und im Licht. Wir sehen *im* Licht; wir sehen die Dinge und sehen zumeist nicht hin auf das Licht; es ist das Medium, das Worin des Sehens; das Licht ist nicht an den Dingen und nicht in unseren Augen, es ist gerade das *Zwischen*, der Zwischenraum des Bezuges, in dem das Sehen sich aufhält. Das Licht ist so weder ein Objektives noch ein Subjektives, sondern ein *Bezugsphänomen*. Und dieses Phänomen wird durch eine physikalische Theorie der Lichtschwingungen überhaupt nicht getroffen.

Das *sophón*, das Weise, das Vernünftige, ist weder ein selbsthaft Seiendes, das dem Menschen angehört, noch eine selbstlose „Sache"; es ist strenggenommen überhaupt kein Seiendes, sondern ein alles Seiende durchwaltender Bezug. Dadurch daß der Mensch, das Selbst, teilnimmt an diesem *Weltbezug*, kommt ihm Vernünftigkeit zu und ebenso den Dingen dadurch, daß sie im Lichte des Vernünftigen erscheinen. Das *sophón* Heraklits ist in einem strengen Sinne die *Welt*-Vernunft; also nicht ein irgendwie phantastisches „Subjekt", der „absolute Geist" und dergleichen. Wir übersetzen es als das *Offene*. In der gelichteten Weite des Offenen geschieht alles Vernehmen und Sichzeigen der Dinge. *To sophón* ist der *positive Name* für die *alétheia*. *Alétheia*, charakterisiert durch das Alpha privativum als ein Negatives, als das Unverborgene und Unvergeßliche, als das der Verborgenheit und der Vergessenheit zu Entreißende, ereignet sich in der Existenz des Menschen. Das Grundwort der *alétheia* spricht das Wesen der Wahrheit in der Hinsicht auf den Menschen als den Ort des *Wahrheitens* aus. Aber alles menschliche Entbergen des Verborgenen ist im Vernehmen, Verwahren und Aussagen nur möglich, wenn zuvor das Licht das Seiende *und* das Auge des Menschen erhellt hat. Das Wahrheiten, das *aletheúein*, fordert schon den Stand des Menschen in einer gelichteten Welt. Das Seiende muß von sich selbst her aufgegangen sein aus dem Allgrund der *physis* und eingegangen sein in seine endliche Gestalt, überantwortet dem Wandel, und muß im Licht dastehen, um sich zu zeigen in seinem Aussehen. Und was das Licht für das sinnliche Sehen, das ist das *Offene* für alles Vernehmen überhaupt. In dieses Offene gehen alle Dinge auf, um dort zu währen ihre Weile und sich zu zeigen und zu erscheinen. Das Offene ist die Welt. Welt ist nicht primär ein Inbegriff, eine Ansammlung von Dingen, eine Summe oder ein Aggregat; Welt ist kein Haufen, sondern ist der gemeinsame Aufenthalt aller Dinge, wo ihr *Erscheinen* geschieht. Das sagt aber, sie ist der Raum des Sichzeigens und des Vernehmens des Sichzeigenden, ist der Raum der Vernehmbarkeit; Vernehmen und Vernehmbares in eins gesehen und begriffen von dem her, was erst dieses Zusammen ermöglicht, ist die „Vernunft" als eine *Seinsmacht*. Das Offene ist Welt und ist Vernunft; ist Weltvernunft.

So müssen wir in einem ersten Anlauf den Begriff des *sophón* fassen, um zu verstehen, daß diese niemandem gehörende, aber alles Seiende in sich lichtende Vernunft „will und doch nicht will, mit dem Namen des Zeus benannt zu werden". Das eine Weise, das *sophón*, so sahen wir aus dem Fragment 50, steht in einem grundsätzlichen Zusammenhang mit *hen und pánta*. Das müssen wir jetzt genauer zu begreifen versuchen. „Haben sie nicht mich, sondern den *logos* vernommen, so ist es weise, dem *logos* zustimmend zu sagen, alles sei eins." Heraklit spricht nicht aus der Autorität seiner Person; das, was er zu sagen hat, geschieht nicht von ihm her, ist nicht seine ihm gehörende Einsicht; er spricht, in der Zustimmung zu *dem logos, das* Weise aus: alles ist eins. Das ist kein weiser Satz, eben *ein* Satz der Weisheit, neben dem noch viele andere weise Sätze möglich wären. Vielmehr ist es *der* Satz der Weisheit, weil die Weisheit in nichts anderem besteht als in dem Wissen, alles ist eins. Das Einssein von allem aber ist nicht nur *der* Wissensinhalt der menschlichen Weisheit; das *Weise, to sophón*, ist in sich selbst das Licht, in dem das *Einssein von Allem* sich zeigt. Das weltdurchwaltende Weise, die Weltvernunft ist das Offenstehen für das Einssein von Allem. Was, so fragen wir weiter, ist aber dieses Einssein? Ist damit eine Einheit aller Dinge behauptet, die uns bekannt ist etwa als die These des Pantheismus? Pantheismus ist längst eine trivialisierte Sache geworden. Keineswegs dürfen wir von dort her die Kategorien des Verstehens beziehen, um die frühe Weisheit des vorsokratischen Denkens uns zu vergegenwärtigen. Der Pantheismus, der selbst in die Geschichte der Metaphysik hineingehört, beruht wesentlich auf einer Gegenstellung gegen den personalen Gottesbegriff des Christentums. Das Fragment 50 nennt in einer unvergleichlichen Kürze einen Zusammenhang von Grundbegriffen: *den logos, das homologeín, das sophón, das pánta, das hen und das einai. Homologeín* ist die menschliche Weise überhaupt, am *logos* teilzunehmen. Das Zustimmen, das Sich-im-Einverständnis-mit-ihm erklären ist nicht eine beliebige Art des menschlichen Miteinanderseins. Im Mitsein mit anderen haben wir immer die Möglichkeit, mit oder gegen sie zu leben, in Eintracht oder in Zwietracht uns zum Mitmenschen zu verhalten; und so können wir übereinstimmen mit den anderen in den Ansichten über die Dinge, über Welt und Gott — oder können uns von den allgemeinen und anerkannten Ansichten distanzieren, nicht übereinstimmen, uns auf eigene Einsichten stützen usw.. Das Verhalten des Menschen zum *logos* aber ist kein mitmenschliches Verhalten, das Übereinstimmen hat nicht den Charakter des mitmenschlichen Einverständnisses. Das kann erst klar werden, wenn wir verstanden haben, was Heraklit unter *logos* denkt. Logos ist nicht nur das Vermögen des menschlichen Sagens, das Vermögen der Rede, des wahren oder falschen Sprechens über Dinge, *logos* ist hier viel ursprünglicher gedacht und meint ebenso wie *to sophón* eine das Ganze des Seienden durchwaltende Seinsmacht. Wie diese aber zum *sophón* steht, werden wir ausführlicher erörtern müssen. Jetzt ist es nur wesentlich, festzuhalten, daß *das homologeín*, das aus dem Einverständnis geschehende Mitsagen des Menschen, keinen zwischenmenschlichen Bezug bedeutet, sondern das grundsätzliche Verhältnis des Menschen überhaupt zu allem weltdurchwaltenden Sinn; vernünftig ist der Mensch nicht von sich aus, wenn er sich auf sich selbst stellt. Das war die metaphysische Grundauffassung des neuzeitlichen Rationalismus. Vernünftig ist der Mensch vielmehr, wenn er sich im Einklang mit einer über-menschlichen, durch alles Seiende hindurchgehenden Vernunft befindet; nicht wenn er aus sich, sondern wenn er aus dem Ganzen her existiert, wenn er in der Offenheit des Ganzen steht. Menschliche Vernünftigkeit ist so grundsätzlich eine miteinstimmende, eine „homologische". Im *homologeín* wird gerade das Allgemein-Vernünftige, das als Weltvernunft das Offene offenhält für den Vorschein aller Dinge, für ihr Erscheinen, vernommen, wird das *hen to sophón*, das *eine* Weise erfahren; es ist *eines*, weil es nicht den vielen Dingen vielfach zugehört, den vernünftigen Lebewesen, sondern weil es eine *allgemeine*, Welt erhellende Vernunft ist, an der die Vernunftwesen teilnehmen; und es ist ferner eines, weil es nur *eines* offenhält: das Einssein von allem. Um den abstrakten Sinn zu veranschaulichen, weisen wir wieder hin auf das Licht. Das Licht als der Tag genommen, als Helios, ist eines, es gehört niemandem; nicht den vielen Sehenden und nicht den vielen gesehenen Dingen; im *einen* Licht werden die vielen sich zeigenden Dinge von vielen Vernehmenden vernehmbar; und es ist auch eines, sofern es nur eines offenhält: den Raum der Sichtbarkeit, und in diesem zugleich das Viele sehen läßt und den Einheitszusammenhang des Vielen. Wir sehen nie ein Einzelnes allein, sondern immer in einer Umgebung, in einem Ganzen. Das Licht, das das Einzelne abgrenzt in seinen *Anblick*, verschafft zugleich den *Überblick* über das Ganze. Gibt dieses Gleichnis, das ja mehr ist als nur eine Metapher, uns eine Anweisung, bestimmter nach dem Einssein von allem zu fragen? Welche möglichen Weisen von Einssein sind dabei mitzudenken?

Was verstehen wir unter *ta pánta*, unter allen Dingen? Die Dinge sind uns ständig zur Hand, wir brauchen sie nur auszustrecken, um darauf zu deuten. Wir sind nie ohne eine Vielfalt von Dingen; um uns herum stehen sie, bewegen sie sich. Dinge sind nicht nur die leblosen Dinge, die Bänke im Hörsaal, das Haus, draußen die Bäume, die Wolken, die Gestirne, – Dinge sind wir selber, wir Menschen, aber auch die Tiere, die Lebewesen. All das nennen wir in einem weiten Sinne: die Dinge. Unabsehbar und unabzählbar breitet sich um uns das weite Feld der Dinge; überall sind Dinge, nirgends ist Nichts. Zu allen Zeiten sind Dinge, ehe wir waren, und wenn wir nicht mehr sein werden; immer sind Dinge; aber die Dinge selber sind nicht immer, sie stehen in einem steten Wandel, sie kommen und gehen; wo eines geht, bleibt kein leerer Platz; unerschöpflich quillt das Werden und unerbittlich holt der Tod zurück. Wenn wir denkend die Dinge überschauen, so zeigen sie sich in verschiedenem Aussehen, sie bieten je einen anderen Anblick; nach dem Anblick unterscheiden wir die Dinge, teilen sie ein in Gattungen und Arten; wir unterscheiden die Menschen, die Tiere, die Pflanzen, die Steine, die Menschenwerkgebilde wie Hammer, Denkmal, Staat usf.. Das All der vielen Dinge ist ein gegliedertes Ganze, das in Bereiche zerfällt. Die Dinge der verschiedenen Bereiche sind verschieden voneinander, ein Staat ist anders als ein Pferd, ein Mensch anders als ein Kunstwerk. Aber selbst die gleich aussehenden Dinge, alle Pferde z.B., sind je verschieden voneinander; jedes ist gerade *dieses*, dieses einzelne. Allgemeiner gesprochen: alles Seiende, alle Dinge sind verschieden voneinander nach ihrem Was-sein und verschieden voneinander nach ihrem *Daß-sein*. Wenn wir uns das einmal eindringlich vor Augen führen, so wird der Satz „alles ist eins" umso befremdlicher. Steht er nicht in offenem Widerspruch gegen eine Erfahrung, die wir immer und unablässig machen? Ist nicht vielmehr „alles nicht eins"? Ist es nicht ganz evident, daß die vielen Dinge nicht in eins zusammenfallen? Ist es am Ende nur ein romantisches Grundgefühl, das die Härte der Individuation leugnet, die Vereinzelung negiert? Aber sagt dies der Satz „alles ist eins"? Sagt er, die Vereinzelung ist nur ein Schein, ist nur ein Trug, ein Schleier der Maja, – in Wahrheit ist alles eins, die Vereinzelung besteht nicht? Diese indische Weisheit ist kein Gedanke der Griechen. Die Schärfe und Wachheit des griechischen Denkens *überspringt nicht* die Vereinzelung.

Versuchen wir eine andere Art der Deutung. Im Hinblick auf die Dinge sprechen wir diese an als das und jenes; wir machen Aussagen über sie. Etwa „der Hammer ist praktisch", „die Heizung ist in Ordnung", „der Zug ist weg", „ich bin müde". Wir sind interessiert an der Handlichkeit des Hammers, sind zufrieden mit der Heizung, sind enttäuscht über den davongefahrenen Zug, sind der Meinung, daß es Zeit ist, schlafen zu gehen usf.. An diesen ganz trivialen Beispielen zeigt sich, worauf unser Interesse aus ist. Wir machen dabei Gebrauch von einem ständigen *Ist*-Sagen, d.h. wir verstehen dabei immer das Sein, operieren damit, aber interessieren uns nicht an diesem ständig in Gebrauch genommenen „Sein". Auch dort, wo wir uns anscheinend für ein Vorhandensein interessieren, in der Besorgung und Beibringung von Lebensgütern, ist es doch das genießbare Gut, dem unser Interesse gilt, nicht seinem bloßen Vorhandensein. Das Sein wird in vielen Hinsichten verstanden und verstehend-sprechend in Gebrauch genommen, aber ist nicht an ihm selbst Gegenstand; es ist kein Interessenthema. Alle unsere Interessenthematik hält sich im Raume eines *umgängigen* Verstehens von Sein, ist aber gleichgültig und indifferent gegen das Sein. Für das *Seiende* sind wir interessiert, nicht für das *Sein*. Das Sein scheint überhaupt nur ein Wort zu sein, ein Hilfszeitwort, das man sprachlich gebraucht, um über die Dinge Aussagen zu machen; es selbst, außer den Dingen, ist doch nur ein Wort und weiter nichts. Diese Auffassung ist nicht nur eine vulgäre, die dem unüberlegten Reden des alltäglichen Lebens angehört; sie bestimmt weitgehend auch das wissenschaftliche Verhalten des Menschen zu den Dingen. Wie nun aber, wenn wir wirklich uns diesem bloßen Schall einmal eigens und interessehaft zuwenden? Ganz selbstverständlich nennen wir die Dinge doch das Seiende. Jedes Ding „ist", ist irgendetwas und besteht, hat Was-sein und Daß-sein; im Aussagen über die Dinge verhalten wir uns zu ihrem Wahr-sein, zu ihrem *Sichzeigen*. Wie verschieden doch auch alle Dinge sein mögen, verschieden nach ihrem „Aussehen" und verschieden nach ihrer faktischen Stelle in Raum und Zeit, — alle diese Verschiedenheiten sind doch nur möglich auf dem Boden einer Gleichartigkeit; der Wurm im Staube ist ein *Seiendes* sogut wie der freie Mensch. Das „ein-Seiendes-sein" geht durch alle Verschiedenheiten hindurch, auch durch die äußersten. Nie können Dinge so verschieden sein, daß sie nicht eines gemeinsam haben: das Sein. Sind nun im Hinblick auf das überall durchgehende „Sein" alle Dinge geeint, alle eins? Oder genauer gefragt: ist die Einheit aller Dinge eine solche, die selbst dinghaften Wesens ist, oder zeigt sie sich erst in einer Umstellung des Blickes, in einer Umstellung der gewöhnlichen Blickrichtung auf das Seiende in eine neue und ungewohnte Richtung: eben auf das Sein selbst hin? Zunächst geben sich uns die Dinge ja nicht nur in einem Zudrang des Vielfältigen, vielmehr begegnen sie uns aus einer bestimmten Ordnung her: etwa im Hörsaal aus dem Zweckganzen einer Universität; alles hat hier seine sinnvolle Stelle; die Universität steht in der Stadt und hat ihren Sinn als eine Institution der menschlichen Kultur, welche selbst die Weise ist, wie der Mensch sich aufhält inmitten der Übermacht der von selber seienden Dinge. Die Dinge begegnen aus einem Ganzen her. Das Ganze nennen wir die Welt. Auch das ist ein Begriff wie das Sein, das uns zumeist nicht interessiert. Was uns angeht, ist das Seiende *in* der Welt, nicht sie selbst. Und wenn wir sie einmal zu denken versuchen, setzen wir sie an wie ein Ding, als eine Summe, eine Anhäufung. Alle Dinge sind in der Welt, d.h. alle Dinge sind geeint durch die gemeinsame Zugehörigkeit zur Welt.

Besagt nun das *hen pánta einai*, das Einssein von allen Dingen, nur eben das unbestimmte Wissen um den umgreifenden Bezug von Welt und Sein? Wie die Welt alle Dinge „enthält", so sammelt das Sein alles Viele in seine Einheit. In einer solchen Auslegung ist nicht mehr als ein Ansatz gewonnen. Solange wir gleichsam selbst nur umgehen mit einem vagen und verschwommenen Verständnis von Einheit, von Allheit der vielen Dinge und von „Sein", solange ist dieser dreifache Bezug noch leer und nichtssagend. Das *sophón* ist nicht das Wissen, *daß* die vielen Dinge eins sind, sondern *wie* sie es sind. Mit andern Worten, das *sophón* ist die Helle des Verständnisses, in dem Einheit und Allheit und Sein in ihrem gegenseitigen Bezug *gelichtet* erscheinen. Heraklit sagt in seinem gedankentiefen Fragment nicht nur etwas aus über den Zusammenhang aller Dinge mit der Einsheit, macht dabei nicht bloß „Gebrauch" von *einai*, vom Sein, sondern er spricht diese Einheit gerade aus *als das Sein*. Das Offene, das *sophón*, ist so die ursprüngliche Wahrheit, die im *Sein* das Eins im Vielen denkt. Das letzte Wort des Spruches ist das Entscheidende, auf das der ganze Spruch in einer unvergleichlichen Bewegung zugeht. Heraklit stößt zuerst ab von sich: „haben sie nicht mich, sondern den *logos* vernommen"; im Einverständnis mit dem *logos* öffnet sich das Offene, *to sophón*, in welchem das Viele aller Dinge zusammenhängt mit der Einheit und dieser Zusammenhang ist das „Sein".

Wie wird das Sein so letztlich verstanden? Wir interpretieren: das Sein wird ganz ursprünglich verbal, als *Geschehnis* verstanden. Das Sein ist ein Zeitwort, ein Wort, das das Wesen der Zeit aussagt. Das kann in einem sehr oberflächlichen oder auch in einem sehr tiefen und radikalen Sinne genommen werden. Das Sein geschieht, es ist das eigentliche Geschehende in allem Geschehen, in allen Vorgängen, Bewegungen und Ruhen der Dinge. *Das Sein ist Werden.* Das ist die Seinsinterpretation Heraklits. Sie ist alles eher als eine vulgäre Leugnung des Bleibens und die Behauptung des bloßen Wechsels, des Flusses aller Dinge. Das Sein steht dem Werden nicht gegenüber, wie die fixe Alltagsansicht meint. Das Sein ist in sich selbst Werden, Zeitigung. Das Sein ist die Zeit, so zwar, daß darin gerade der Zusammenhang von Einheit und Allheit der Dinge liegt. Sein ist das Geschehnis des Herauskommens der vielen Dinge aus dem einheitlichen Grunde der allumfangenden *physis*, ist ihr Aufgehen in die gelichtete Weite des Offenen und das Zurückgehen in die *physis*. Sein ist der Kreislauf: aus dem Einen in das Viele und aus dem Vielen in das Eine. Was Heraklit mit dem „Einssein von allem“ sagt, ist nicht ein unterschiedloses Ineinsfallen der Dinge, sozusagen in ein „großes Ding“, ist nicht die Aufhebung der Vereinzelung, sondern ist die Einsicht in die Vereinzelung als das *diaphéresthai*, das Auseinandergehen der *physis*, das immer auch ein *xymphéresthai*, ein wieder Zusammengehen ist. Das Satz *hen pánta einai* sagt denkerisch, was die Einheit von Hades und Dionysos, die Harmonie von Bogen und Leier, und die *harmoníe aphanés* symbolisch ausgedrückt haben. Das *sophón* also ist das vernünftige Licht, das den Zusammenhang von Sein, Allheit und Einheit durchwaltet. Vom *sophón* aus bestimmt sich für Heraklit die *sophíe*, die Weisheit — und nicht umgekehrt, wie man zunächst meinen möchte.

Die *sophíe* steht der *polymathíe* gegenüber, der Vielwisserei. So heißt es im Fr. 40: „Vielwisserei lehrt nicht Verstand haben; sonst hätte sie es Hesiod gelehrt und Pythagoras, ferner auch Xenophanes und Hekataios“. Über den polemischen Angriff hinaus hat dieses Fragment eine Bedeutung durch die Beistellung des Begriffs der *polymathíe*, der Vielwisserei. Meint er die Vielwisserei in einem uns geläufigen Sinne? Etwa als das wahllose Sammeln von wißbaren Tatsachen, von Kenntnissen, die bloße Aufspeicherung von Wissensstoff, die nicht mehr gelenkt wird durch wesentliche Anliegen einer echten Wissensleidenschaft? Der Wissensbetrieb — das ist eine Errungenschaft unseres Zeitalters: die Zersplitterung des Wissens in zahllose Gebiete und Spezialthemen, die die übergreifende Führung verlieren und nun gleichsam sinnlos weiterwuchern. *Polymathíe* muß hier in einem ursprünglicheren Sinne genommen werden. Sie ist eine echte Grundmöglichkeit des Wissens und nicht schon eine Verfallserscheinung. Die *poly-mathíe* ist das *Wissen vom Vielen*; das Viele, das sind die vielen seienden Dinge. Also nicht die bloße Gelehrsamkeit, die auch das Belanglose weiß. Vielmehr ist die *polymathíe* das echte Wissen im Verhalten zu den Dingen. Der Mensch in der Grundstellung des Offenstehens für die Vielfalt der vielen seienden Dinge, in dieser Zuwendung zum *Seienden*, steht in der Vielwisserei. Darin vergißt er gleichsam des Einen, das alles Viele im voraus schon geeint hält und umfängt: er vergißt das Sein, er vergißt die Welt. Vor lauter Bäumen sieht er den Wald nicht, vor lauter vielem Seienden sieht er nicht das Ganze; er steht in der Zerstreutheit und ist ungesammelt für das Eine, für jenes Eine, aus dem her erst das Viele ist, was es ist. *Polymathíe* ist die Grundstellung der Zerstreuung, die das tagtägliche Sein des Menschen beherrscht, die Vielfalt seiner Interessen leitet, die mannigfaltigen Zuwendungen zu den Dingen betreibt. Der entscheidende Gegenbegriff zur *polymathíe* ist die *sophíe*, die Weisheit; sie besteht in jenem Wandel der Grundstellung, wo der Mensch sich sammelt auf das *Eine*, auf *hen to sophón*, auf jene Unverborgenheit des Ganzen, d.h. des Zusammenhangs von Eins und Vielem im Geschehen des Seins. Das meint das Fr. 41: *hen to sophón, epístasthai gnómen, hotée ekybérnese pánta diá pánton;* „eins nur ist das Weise, sich auf den Gedanken zu verstehen, als welcher alles auf alle Weise zu steuern weiß". Gegenüber dem *Vielwissen* ist das Weise das nur *Eines* wissen; das *eine* Gewußte ist das *Wesen des Seins*. Das *sophón* ist die Helligkeit, in welcher das Wesen des Seins gelichtet ist, ist die *alétheia* des Seins. Und diese Wahrheit des Seins ist nicht von vornherein ein menschliches Besitztum; vielmehr nimmt der *sophós*, der Weise daran teil, öffnet sich dem schon Offenen; er wird durch solche Teilnahme überhaupt erst zu einem *sophós*; die *sophíe* ist keine ihm von ihm selbst her bereitete Möglichkeit. Die frühen griechischen Denker denken gerade umgekehrt, als wir gewohnt sind. Vernunft, das Weise, der *logos* usw. sind *nicht* subjektive Vermögen, sondern sind primär *weltdurchwaltende Mächte*, an denen der Mensch teilnehmen kann. Die Weltstellung des Menschen ist durch diese mögliche Teilnahme am „Licht der Welt" gekennzeichnet. Der Mensch aber ist nicht die Quelle des Lichts. Das *sophón* ist in diesem Fr. 41 als das „Sichverstehen auf die Einsicht, die alles auf alle Weise steuert" ausgesagt. Das könnte dazu verführen, anzunehmen, diese *gnóme* wäre eine menschliche Möglichkeit. Die *gnóme*, die Einsicht, die alles steuert, ist keine Einsicht in einem Einsehenden; sie ist in keinem „Subjekt", sie ist vielmehr eine Einsicht ohne einen Einsichtigen, ein Gedanke ohne einen Denkenden, eine Wahrheit ohne einen Erkennenden, oder wie immer wir das, paradox für unsere Ohren, ausdrücken können. Die *gnóme* ist auch hier ein positives Wort für *alétheia*, für die Helligkeit des Offenen. Das Allessteuernde, der Regent von allem, ist das Erhellende, das Feuer, in dessen Schein das Viele sich zeigt auf dem Grunde des Ur-Einen.

19

Der Begriff des *sophón*, des Einen Weisen, erwies sich uns als der zentrale Begriff von Heraklits eigentlicher Philosophie. Das Eine Weise hat nicht die Seinsart der Subjektivität; es ist nicht ein Vernunftwesen, und auch nicht ein Wissensinhalt für einen Vernünftigen. Das widerspricht einer uns alle beherrschenden Grundauffassung – diesen Widerspruch aber ausdrücklich werden zu lassen, ist ein Grunderfordernis der Auslegung. Das frühe ursprüngliche Denken begreift nicht das Vernünftige vom Subjektsein her, sondern umgekehrt das Subjektsein vom Vernünftigen. Es ist dabei aber keineswegs „archaisch", so als ob es, unfähig zur Reflexion, das Subjektive in einer massiven Weise verdingliche und also vom Vernünftigen rede wie von einem vorhandenen Ding. Das *sophón* ist weder „subjektiv" noch „objektiv", weder ein Intelligenzwesen noch eine Sache. Es ist ursprünglicher als der Unterschied von Subjekt und Objekt. Es ist die Helle, in der sich alle Entgegensetzung von Subjekt und Objekt schon hält. Das *sophón* ist das *Offene*, sagten wir. Es ist eine *kosmische* Macht. Es gehört weder dem Menschen an noch den Dingen, sondern ist der übergreifende Bezug, ein *Welt*bezug, der vorgängig alles ordnet. Kosmisch ist das *sophón* in dem Doppelsinn von *„Welt"* und *„Ordnung"*. Aber auch die Rede von Bezug ist leicht irreführend. Es ist kein Bezug, der zwischen zwei schon vorher gegebenen Gliedern sich abspielt, etwa zwischen dem Subjekt und dem Objekt. Der Mensch kann, als Subjekt inmitten des Seienden, sich vernehmend auf die Dinge nur richten, weil zuvor schon alle Dinge aufgegangen sind aus dem verschlossenen Grunde der *physis* in die Helle des Offenen. Das Offene ist so der ermöglichende Grund für alles vernehmende Verhalten des Menschen, für seinen Erkenntnisbezug zu den Dingen. Das Offene ist der Bereich des Aufgangs aller Dinge *(pánta)* aus dem Grunde der *physis (hen)*, ist der *gelichtete Raum*, in den hinein sich alles besondert und vereinzelt. Das Hervorkommen der vielen endlichen und begrenzten Dinge aus dem Schoße der unerschöpflichen Natur, ihr Fallen in die Vergänglichkeit und in die Macht der Zeit ist immer zugleich auch das Aufgehen ins Offene. Zeitigung ist zugleich Lichtung. Die Zeit *(chronos)* ist zugleich das Weltfeuer *(pyr)*. Oder anders gewendet: alles Vergängliche ist zugleich das Erscheinende, das ins Licht Tretende. Erscheinen ist dabei nicht primär ein Erscheinen für ein Subjekt, ein Gegenstandwerden; vielmehr ist das „einem-Subjekt-Erscheinen" erst möglich durch das ins-Licht-Kommen des Seienden. Hier liegen ganz prinzipielle Fragen.

Die ganze neuzeitliche Philosophie faßt den Erscheinungsbegriff vom Sichzeigen einer Sache für ein Subjekt, d.h. vom Gegenstandscharakter des Seienden. Das Seiende wird ganz selbstverständlich als der Gegenstand für ein Bewußtsein genommen; das Ding ist Objekt für je mich, das Subjekt. Kants Begriff der Erscheinung z.B. ist bestimmt durch das Gegenstandsein des Seienden für ein endliches Erkenntnisvermögen. Der neuzeitliche Begriff der Erscheinung ist *verkürzt* gefaßt; ein gegründetes Moment: der Subjekt-Objektbezug, wird allein festgehalten, und dabei wird nicht gesehen, daß er selbst noch gründet in einem Umfangenden, eben der *vorgängigen Lichtung des Seienden*. Das *sophón* Heraklits ist das *saphés*, das Helle, Lichte. Heraklit bestimmt es auch als das *xynón*, das *Gemeinsame*. Den Charakter dieser Gemeinsamkeit gilt es näher zu verstehen. Zunächst gehen wir aus von ganz einfachen Beispielen. Gemeinsam ist etwas, wenn es mehreren Dingen zukommt; d.h. Gemeinsamkeit ist in sich bezogen auf Verschiedenheit. Verschiedene Dinge können etwas gemeinsam haben; mehrere Personen ein gemeinsames Eigentum. Dieses gemeinsame Eigentum aber ist im ganzen doch auch wieder Eigentum, das heißt, ein nicht allen Gemeinsames; es ist *ein* Gemeinsames, aber nicht *das* Gemeinsame. Das Gemeinsame müßte dann wohl ein solches sein, das *allen* gehört und überhaupt kein Eigen-tum mehr ist. Wir sprechen auch von einem „geistigen Eigentum"; dazu rechnen wir die originalen Gedanken, die schöpferischen Leistungen, die den hervorragenden Einzelnen zugehören; die gewöhnlichen Gedanken, die Allerweltsmeinungen gehören niemandem, sie gehören allen und keinem, jeder sagt sie nach, ohne selbst dabei zu denken, selbst den Gedanken zu bewegen; das allgemeine Gerede ist niemandes Eigentum; die großen und tiefen Gedanken aber gehören den Einzelnen, die sie den anderen mitteilen und schenken, so daß sie zu einem allgemeinen Besitz werden, zum sogenannten Bildungsbesitz. Diese Auffassung gehört dem modernen „Subjektivismus" an, wonach eben das Vernünftige wesentlich einem Subjekt zugehört. Die Allgemeingültigkeit eines Gedankens, einer Einsicht, einer Erkenntnis wird dann interpretiert von der Gültigkeit für alle denkenden Wesen. Die Objektivität, sagt man, liegt in der intersubjektiven Gültigkeit, in der Verbindlichkeit für Jedermann.

Das *sophón* Heraklits ist *nicht* das Gemeinsame als der verbindliche, allgemeingültige Erkenntnisbesitz für jedermann, intersubjektiv gültig für jegliches Vernunftwesen, für jede Intelligenz. Das *xynón* des Vernünftigen wird bei Heraklit nicht begriffen von der denkenden Subjektivität her, sondern *umgekehrt*: das subjektive Denken, auch das vergemeinschaftete und übereinstimmende, ist als wahrhaftes nur möglich, wenn es *teilnimmt* an einer Welt-durchwaltenden Vernunft, wenn es sich öffnet und offenhält dem schon gelichteten Offenen, dem *sophón*, — wenn es im *homologeín* übereinstimmt mit einem *logos*, der primär keine menschliche Möglichkeit ist. Gerade wenn das Denken nicht „eigentümlich“, ins eigene Selbst verschlossen geschieht, wenn es *aufgeht* ins Kosmisch-Vernünftige, erst dann ist es wirklich vernehmend, vernünftig. „Drum ist es nötig, dem Gemeinsamen zu folgen. Denn obschon der *logos* gemeinsam ist, leben die Vielen, als hätten sie eine eigene Einsicht“, heißt es im Fr. 2. Der gemeinsame *logos* ist aber nicht die allgemeine Menschenvernunft, sondern die den Kosmos durchwaltende Vernunft, das *sophón*. Wieder ist es wie beim Licht. Das Licht ist allen Sehenden gemeinsam, es gehört keinem, es ist allen zugänglich; aber es ist doch etwas anderes als nur das intersubjektive Wesen des Sehens, das Sehvermögen, das alle Menschen haben, mehr oder weniger gut. Das Sehen ist allem zuvor das Aufmachen des Gesichtssinnes, das Öffnen der Augen, das Teilnehmen des sehenden Menschen an dem „gemeinsamen Raum“ der Sichtbarkeit. Ohne Licht ist auch das Sehvermögen blind. Licht ist das Offene, worin das Sehen geschieht, und das Sichzeigen der sichtbaren Dinge. Das Sehen verlangt allem zuvor das Sichlichtenlassen des Auges, — dessen Teilnahme am Licht. Und so ist das menschliche Vernunftvermögen „blind“, wenn es sich nicht allem zuvor lichten läßt von dem Kosmisch-Vernünftigen, wenn es nicht die Helle aufnimmt des *sophón*. Das *erst* Vernommene in allem Vernehmen ist das „Vernünftige an sich“, und erst in seinem Lichte ist dann das Vernehmen des Einzelnen, der Dinge möglich. Und nur in der Offenheit für das *sophón*, für das Eine Weise, ist Vernünftigkeit des Einzelnen und des vergemeinschafteten Wir möglich. Ohne sie aber bleibt der einzelne Mensch in seine Einzelheit gebannt, in seinen *„ídios kosmos“* verhaftet, und verhält sich zum wahrhaft vernünftigen Menschen nun wie der Verrückte, oder der Schlafende zum Wachenden. Die *Wachheit* ist die Grundvoraussetzung aller menschlichen Vernünftigkeit — und sie besteht in dem vorgängigen Sichöffnen für das Offene, für das *sophón*. Diese Wachheit wird gleichsam in der modernen Vernunftinterpretation übersprungen, als selbstverständlich genommen. Der Sehende bekümmert sich nicht um das Licht, — das ist ihm selbstverständlich, — der Vernünftig-Denkende nicht um die Wachheit, der mit dem Seienden Umgehende nicht um das *Sein*. Die anfängliche Philosophie Heraklits steht nicht selbstverständlich und vergessend im Raume der *alétheia*, im Raume der gelichteten Offenheit des Seins im Ganzen, sondern existiert noch im ursprünglichen Staunen über die weltlichtende und weltdurchwaltende Vernunft. Diese ist das *xynón*, das Gemeinsame, nicht nur weil sie allen vernünftigen Lebewesen eigentümlich ist, sondern weil sie das umgreifende Ganze ist, der Raum des Bezugs zwischen dem Vernehmen und den vernehmbaren Dingen. Sie ist nicht nur ein subjektives Gemeinsames, sondern ein *„xynón“*, das Subjekt und Objekt im voraus schon umgreift und eint.

Bei den Herakliteern, nicht bei Heraklit selbst, tritt in diesem Zusammenhang der Begriff des *periéchon*, des Umgebenden auf. Das *sophón*, das Kosmisch-Vernünftige, ist ein Umgebendes. Es umgibt den Menschen, hat nicht primär die Seinsweise des Menschen; der Mensch kann sich zu diesem Umgebenden verhalten, er kann sich ihm öffnen. So ist auch das Licht ein *periéchon*, ein Umgebendes; es ist nicht im Sehenden, sondern gleichsam draußen; der Sehende öffnet seine Augen. Das *sophón* aber ist „umgebend" noch in einem radikaleren Sinne, es ist das Umfangende, alles in sich *Einlassende*; alles, was ist, steht in der gelichteten Weite des *sophón*, ist von seinem Licht umspielt. Das Umgebende: das sind nicht die um uns herumstehenden, uns umringenden Dinge, sondern das, was solches Umringen überhaupt erst sehen läßt; wir sind vom Offenen umgeben und umfangen, wenn wir *bei* den Dingen sind und uns zu ihnen verhalten. So sagt Sextus Empiricus über das *periéchon*: „In dem Wachenden erhält der *nous* durch die Wege des Gefühls, wie durch Fenster hinaussehend und mit dem Umgebenden zusammengehend (*symballón*), die logische Kraft; nach der Weise, wie die Kohlen, die dem Feuer nahe kommen, selbst feurig werden, getrennt aber davon verlöschen, so wird der Teil, der in unseren Körpern von dem Umgebenden beherbergt ist, durch die Trennung fast unvernünftig; in dem Zusammenhang aber mit den vielen Wegen wird er mit dem Ganzen gleicher Art" (*homoioeidés toi hóloi kathístatai; Sext. adv. math. VII 129, 15-20*). Hegel nennt diese Beschreibung „eine schöne, unbefangene, kindliche Weise, von der Wahrheit wahr zu sprechen"[1], „man kann sich nicht wahrer und unbefangener über die Wahrheit ausdrücken"[2]. Das von Sextus Empiricus gebrauchte Gleichnis erläutert in einer unbefangenen Weise das Grundverhältnis zwischen menschlichem Vernunftvermögen und dem *sophón*. Das *sophón*, hier *periéchon* genannt, erscheint als ein alldurchwaltendes Feuer; das Feuer ist das Vernünftige, das Lichtende; das menschliche Vernunftvermögen ist selbst kein Feuer, aber ein Brennbares, Kohle, etwas, was vom weltdurchwaltenden Feuer entzündet werden kann und nun *mit*brennt; Mitbrennen, Mit-Leuchten kann der Mensch nur in der Verbundenheit mit dem *sophón*, dem Kosmisch-Vernünftigen; erst im Sichöffnen zum Offenen nimmt er teil, erst im Aufwachen tritt er in den Raum der *alétheia*. In der Trennung aber, im Zurückgehen des Menschen in sich, wird er unvernünftig. Mit anderen Worten: Vernunft ist kein dem Menschen Gehöriges; der Mensch hat vielmehr die Möglichkeit, der Vernunft zu gehören, — oder sich ihr zu verschließen. Vernunft und Subjektivität fallen nicht in eins, sie sind für Heraklit so verschieden, daß der Zusammenhang der beiden noch ein ursprüngliches Problem ist. Wenngleich wir uns das auch immer wieder vergegenwärtigen, so bleibt im faktischen *Vollzug* des Nachverstehens immer die Schwierigkeit lebendig, entgegen unseren gewohnten Vorstellungen über Vernunft eine nichtsubjektive und auch nicht-objektive, vielmehr ursprünglichere Vernunft zu denken.

Heraklit legt den an sich schwer faßbaren Gedanken nicht extenso auseinander, sondern sammelt ihn in den geballten Fügungen seiner Sprüche. Das *sophón*, das Eine Weise heißt bei ihm auch *díke*. In der gewohnten Übersetzung also: das Recht. Kann von diesem Begriff aus ein Licht fallen in den dunklen Zusammenhang? Die *Díke* ist auch der Name einer Gottheit; müssen wir von da her vorgehen? Oder gilt es auch hier, daß das, was Heraklit eigentlich meint, will und will nicht mit dem Namen einer Gottheit angesprochen werden? *Díke* ist weder die mythologische Gottheit, noch einfach das Recht. Das Recht verstehen wir als einen Begriff, der der Menschenwelt zugehört; im zwischenmenschlichen Verhalten gibt es Recht und Unrecht. Die *díke* meint hier nicht das Recht unter den Menschen; das Recht ist ein kosmisches Prinzip, wie die Harmonie, der Krieg. Das Recht, die *díke* ist das, was als *Ordnung* alles durchwaltet, alles durchdringt und alles zusammenfügt. Den Herakliteern war so das *díkaion* zum Grundbegriff geworden. In Bezug darauf interpretiert Platon im „Kratylos" das *díkaion* der Herakliteer. Aber selbst durch die vermittelte und indirekte Weise leuchtet am Ende noch ein Moment des ursprünglichen Sinnes der *díke* auf. Das *díkaion* wird dort interpretiert als *diá pantós ti diexión, di' hou pánta ta gignómena gígnesthai*, als das durch alles Hindurchgehende, durch welches alles Werdende wird; es ist, wie Platon weiter sagt, „das Schnellste und Unkörperlichste; denn nicht könnte es sonst durch alles in Bewegung Befindliche sich hindurchbewegen, wenn es nicht das Unkörperlichste wäre, so daß nichts es aufhält, und das Schnellste, so daß es die anderen Dinge wie stillstehende gebraucht" (412 d 3-8). Die *díke* also als die waltende Ordnung, die durchgreift durch alles, — die alles Werden leitet und regelt, — die, alle Dinge durcheilend, ihnen immer schon voraus ist und sie überholt hat. Damit kommen lauter Grundzüge zu Gesicht, die im Bereich des sinnlichen Sehens dem *Lichte* eignen, allgemeiner aber dem *Lichte der Vernunft*, dem *sophón* zugehören. Von der *díke* aus interpretiert, erscheint das *sophón* als die waltende Ordnungsmacht, das „Gesetz des Seins alles Seienden". Das *sophón*, so hörten wir, ist die Offenheit dafür, daß alles eins ist; das *sophón* also das Licht, in dem der Grundbezug von Sein und Werden, von *physis* einerseits und dem Reich der Vereinzelung und Vergänglichkeit andererseits offenbar ist. Die *díke* ist das Gesetz, das den Wandel beherrscht, das das Herauskommen der Dinge und ihren Untergang regelt und lenkt.

Fassen wir zusammen, um die Grundbezüge, die in den erörterten Begriffen *sophón, periéchon und díke* liegen, in ihrem Zusammenhange zu verstehen:

sie meinen im Grunde alle dasselbe. Das Reich des Werdens ist der gelichtete Raum der Vernünftigkeit, das Umfangende für den Menschen *und* für alle Dinge und zugleich das von einem festen Gesetz Durchdrungene. Es ist Heraklits Grundauffassung vom *Sein*, die unausgesprochen hinter diesen Grundbegriffen seiner eigentlichen Philosophie steht. Thematisch sagt er nur wenig über das Sein selbst aus. Das wesentlichste Fragment in dieser Hinsicht haben wir bereits zu deuten versucht, das Fragment 50, wo das Sein begriffen wird vom *hen pánta einai* her, vom *Einssein von Allem*. Das Sein selbst ist ihm nicht etwas, das zum „Gegenstand" einer Erkenntnis werden könnte, zum Thema einer ontologischen Theorie, was sonst, also ohne eine solche Erkenntnis, in sich irgendwo und irgendwie eben einfach wäre. Dem Sein kommt es nicht zufällig zu, daß es vom Menschen erkannt wird. Es ist *in sich selbst reines Aufgehen, Sichlichten*; das Sein ist als Sein schon ein Offenbares — und nicht erst im Nachhinein in Relation zu einem menschlichen Erkenntnisvermögen. Nur weil es an ihm selbst das ursprünglich Sichlichtende ist, kann der Mensch als *ein Seiendes* an diesem Licht teilnehmen und so zum Vernunftwesen werden. Das Sein und das „Licht vom Sein", die Wahrheit über das Sein, sind nicht getrennt, nicht erst nachträglich beisammen. Das sagen die Fragmente 16, 17, 18. Auf den ersten Blick scheinen sie unbestimmt gefaßt. So das Fragment 16: *to me dýnón pote pos an tis láthoi*, „wie kann einer sich bergen vor dem, was nimmer untergeht?" Im Verhalten zu Seiendem gibt es für den Menschen die Möglichkeit der Zukehr oder Abkehr; wir können zu den Dingen zugehen oder sie fliehen, ihnen ausweichen; wir bewegen uns ständig in einem Umkreis von Zu- und Abwendungen; im Zudringen auf die Dinge zu, etwa im untersuchenden Verhalten, legen wir sie auseinander, schauen ihnen ins Herz; aber das ist immer ein langer und mühsamer Weg durch manchen Irrtum und manche Verstellung der Dinge hindurch; sie zeigen sich ja zunächst nur teilweise, nicht ganz, das Bekannte an ihnen hat seine Gegenseite, die uns unbekannt ist. Die Wissenschaft z.B. ist so eine Grundsituation des Menschen, wo er im Kampf steht mit der Verborgenheit der Dinge. Aber hier ist alle Offenheit und Unverborgenheit immer zusammen mit einer noch weiteren Verschlossenheit und Verborgenheit. Das heißt jetzt prinzipiell: dem Seienden ist es eigentümlich, je nur offen zu sein zusammen mit einer gleichzeitigen Verborgenheit. Das *Seiende* ist *nicht* das von Natur aus Offenbare; ihm gehört es nicht zu, in sich selbst schon hell *(saphés)* zu sein. Aber das *Sein* hat diese Lichtnatur, daß es das am meisten Offenbare ist; es kann nicht verborgen sein, sowenig wie ein Licht nicht leuchtet. Es geht nie unter, ist das ständig Leuchtende, immer Offenbare: und in seiner Helle steht Jegliches, was überhaupt ist; vor der Helle des Seins gibt es kein Verbergen. In allem Tun, auch im Sichverbergen und Verhüllen, ist das Verhalten doch selbst schon als ein Seiendes offenbar, steht im Lichte des Seins.

Aber, und nun kommt eine entscheidende Wendung des Gedankens, die Lichtnatur des Seins bringt es *nicht* mit sich, daß es, das alles Erhellende und alles Erkennen Ermöglichende, selbst vorgängig erkannt wird. Der Mensch steht bergungslos im Lichte des in sich selbst hellen Seins, aber versteht gerade nicht dieses Licht; er verhält sich nicht eigens zu diesem, sondern vergißt es ständig und fast immerzu. Das sagt das Fragment 17: „Es verstehen solches viele nicht, so viele auch darauf stoßen, noch erkennen sie es, wenn sie lernen, aber sie bilden es sich ein". Die gewöhnliche Einstellung des Menschen ist paradox gesagt so, daß er im Lichte des Seins alles Seiende versteht und sich zu diesem verhält, daß er dabei aber gerade nicht das Licht erkennt, das sein sonstiges Erkennen ermöglicht. Das Fragment 18: *eán me élpetai, anélpiston ouk exeurései, anexereúneton eón kai áporon*. „Wenn er's nicht erhofft, das Unerhoffte wird er nicht finden, da es unaufspürbar ist und unzugänglich". *Elpís*, die Hoffnung, ist hier nicht zu nehmen als die Hoffnung auf ein kommendes Ereignis, also ein Vorlaufen zu einem künftig Seienden; Hoffnung ist hier als *Ahnung* zu verstehen, als das vorauslaufende Hindrängen zu einem Noch-Unbestimmten und Ungreifbaren. Das Fragment sagt, wer das Sein selbst nicht ahnend schon weiß, wird es nie finden; nur dem *Ahnend*-Hoffenden zeigt sich das Sein; der Ahnend-Hoffende ist der Mensch, sofern er nicht ganz benommen ist von den Dingen, nicht ganz zerstreut in das Viele; nicht ganz aufgesaugt von dem Vereinzelten, nicht ausschließlich zugewandt dem Erscheinenden. Wo das ahnende Offensein verloren ist, bleibt das Sein unzugänglich und unaufspürbar; und wenn der Mensch alle Dinge umdreht und durchmustert, wenn er alle Winkel der bewohnten Erde durchstöbert, alle Kontinente, Kulturen kennenlernt, alle Gestirne, nirgends wird er in so hoffnungsloser Bahn das Sein selbst finden. Das Sein, in dessen Licht bergungslos der Mensch steht, ist zumeist gerade das Unerkannte, nicht weil es *verborgen* ist, sondern paradox: weil es das Unverborgenste selbst ist. Durch seine Lichtnatur entzieht es sich gerade dem trägen menschlichen Erkennen. Das Sein ist das *sophón*, die Lichtung alles Seienden und des Grundrisses der Welt. So erst verstehen wir dann das Fragment 108: *hokóson lógous ékousa, oudeís aphikneítai es toúto, hóste gignóskein, hóti sophón esti pánton kechorisménon.* „Von allen, deren *lógoi* ich vernommen, gelangt keiner dazu zu erkennen, daß das Weise etwas von allem Abgesondertes ist".

Heraklit gibt diesem Spruch einen starken Akzent, der ihn hervorhebt. Er spricht hier die vielleicht erste philosophiegeschichtliche Kritik aus; er kennzeichnet die Unzulänglichkeit der bisherigen *lógoi*; keiner kam dazu, die Getrenntheit des *sophón* zu erkennen. Wovon ist es getrennt? Man könnte im ersten Anlauf versucht sein zu glauben, das Fragment sagt etwas über die Stellung des *sophón* als einer Menschenmöglichkeit aus, also über die *sophía*; die Weisheit ist getrennt von allen sonstigen Verhaltungen des Menschen; aber das ist nicht gemeint. *To sophón*, die außer-menschliche, weltdurchdringende und weltlichtende Vernunft, *das Offene*, ist getrennt, abgesondert von allem? Die Trennung, die Heraklit ansagt, ist keine Trennung bekannter Art: keine Trennung, die zwischen seienden Dingen obwaltet; denn eine solche wäre ja innerhalb *ta pánta*, wäre höchstens eine solche zwischen einem Ding und allen übrigen; alle Dinge sind „vereinzelte", individuierte, getrennte; die Trennung, der *chorismós*, ist gerade ein konstitutives Prinzip aller vorkommenden Dinge; sie sind getrennt, aber hängen in ihrer Individuiertheit doch wieder zusammen. Kein Ding steht allein in der Welt; neben ihm, um es herum sind die anderen in unabsehbarer Vielfalt. Jedes einzelne ist als einzelnes getrennt von allen übrigen, aber zugleich auch zusammen mit ihnen in einem einheitlichen Ganzen, in der Welt. Was soll aber nun eine Trennung besagen, die eine Getrenntheit von *allem* meint, *pánton kechorisménon*? Das so Abgesonderte kann gar kein Ding sein, kann *kein Seiendes* sein. Es kann nicht im Zusammenhang der Dinge vorkommen, als *eines unter ihnen*; das *sophón*, das Eine Weise, ist getrennt auf eine noch dunkle und schwer zu verstehende Weise. Oder anders gesagt: die möglichen Trennungen und Getrenntheiten, die zwischen den Dingen obwalten, kennen wir und verstehen wir; unter diesen bekannten Formen läßt sich die Getrenntheit des *sophón* nicht rubrizieren; denn diese ist keine solche, die wir in ihrer formalen Struktur schon vorweg verstünden und die wir nur hier, also fall-weise, anwenden müßten. Die Trennung, die dem *sophón* zukommt, eignet ihm allein, muß aus seinem Wesen abgeleitet werden. Wir müssen schon verstehen, was das *sophón* ist, um *seinen chorismós*, seine Getrenntheit von allen Dingen, angemessen zu begreifen. Ist das nicht ein Zirkel? In der Tat, aber die Grundbegriffe der Philosophie sind nie auf außerphilosophische Begriffe rückleitbar und von dort her auszulegen; sie sind immer nur im Philosophieren zu entfalten und zu prüfen. Immer bleibt es eine Aufgabe der Philosophie, die Begriffe, mit denen sie operativ umgeht, selbst zu prüfen. Diese innere Durchprüfung der gebrauchten Begriffe wird ausdrücklich von Heraklit nicht vollzogen; das sagt nicht, daß seine dunklen Sprüche einem sich selbst undurchsichtigen Denken entstammen; aber die Aufgabe der Interpretation ist dadurch besonders schwer. Das *sophón* ist ein von allem Seienden Getrenntes. Hegel und in seiner Nachfolge eine Reihe von Auslegern haben geglaubt, das *sophón* als das „Absolute" deuten zu müssen, den *choris-*

mós als die Kluft zwischen dem endlichen Seienden überhaupt und einem unendlichen oder göttlichen Seienden bestimmen zu können.

Diese Deutung lassen wir beiseite. Wenn es wahr ist, daß *to sophón* = das Offene ist, und zwar als das in sich selbst lichthafte Sein (*to pyr*), so muß die Trennung verstanden werden als diejenige von *Seiendem und Sein*. Das Sein begegnet nie in der Blickbahn auf das Seiende, kommt nicht im Ontischen vor, ist von allem, was ist, d.h. was Sein *hat*, verschieden und getrennt. Aber diese Trennung ist kein bloßes Auseinandergestelltsein von zwei Sachen, die nichts miteinander zu tun haben. Vielmehr ist die Einsicht in die Differenz von Seiendem und Sein gerade die Voraussetzung für das Verstehen dessen, *wie* es das Sein mit allem Seienden zu tun hat: wie es alles lichtet und in diesem Licht Vernehmen und Vernehmbarkeit begründet, — wie es alles durchwaltet und durchdringt, und doch nicht wie ein Ding zwischen oder in allen Dingen vorkommt, — wie es als Gesetz alles lenkt und regiert, und doch kein Herrscher und Lenker, kein Zeus ist. Das Sein also ist zwar durchdringend durch alle Dinge und doch nicht *in* ihnen, als Helle zwischen und doch nicht inmitten, immer *an* allem Seienden und doch getrennt von allem. Diese Ausführungen sind bloße Hinweise, die das Bezugsverhältnis von *sophón, periéchon, díke* und dem *chorismós*, der Trennung von Seiendem und Sein als einen Problemtitel anzeigen sollen. Die sachliche Entfaltung des Problems kann im Rahmen dieser Erörterung nicht in Angriff genommen werden. Wichtig ist, daß das Denken Heraklits in der prinzipiellen Richtung seines Vorstoßes begriffen wird und nicht abgedrängt wird in oberflächliche Bezirke.

20

Wir stehen vor der Aufgabe, uns den inneren Zusammenhang zu vergegenwärtigen, der das „Eine Weise", das *sophón* zusammenbindet mit dem *logos* und mit der *psyché*, mit der Seele des Menschen. Offenbar wird erst aus einem Verständnis dieses Zusammenhangs die volle heraklitische Idee der Philosophie sichtbar. Der Fundamentalsatz seiner Philosophie ist: alles ist eins, *hen pánta einai*. Diese Einheit ist kein unterschiedsloses Zusammenfallen, keine Austilgung der Vereinzelung, ist kein Zustand der Aufgehobenheit der Individuation, — diese Einheit ist die Einheit eines *Weges*, einer Bewegung: aus dem einen Grund entspringt alles Einzelne und in ihn kehrt alles wieder; der zerstückelte Dionysos ist der einfache Hades. Das Sein ist in sich das *Auseinandergehen*, das Eine zerstreut sich ins Viele, Sein geschieht als Werden, als Zeitigung, als eine Ausbreitung in die Vereinzelung. Diese Grundidee Heraklits ist schwer deutlich zu machen ohne eine weitausholende systematische Besinnung; wir stehen nicht mehr so unmittelbar wie die frühen Griechen in der Nacht der Seinsfrage, als daß sie uns von den Sprüchen Heraklits wie von Blitzschlägen erhellt würde; wir haben das Seinsproblem vergessen und trivialisiert; das Sein gilt uns als „das Bekannteste"; gegen diese scheinbare Bekanntheit müssen wir uns überhaupt erst wieder den Zugang zum Problem des Seins erringen. Der Freundschaftsbund von Hegel und Hölderlin bewahrte als sein Geheimnis die heraklitische Weisheit *hen kai pan*.

Das Auseinandergehen des Seins im Werden hat den Charakter des *Weltaufbruchs*: nicht tritt aus dem nächtigen Schoß der *physis* je ein Einzelnes nach dem anderen hervor und reiht sich ein in die unabsehbare Vielfalt der Dinge; das, was zuerst sozusagen hervorgeht, sind nicht die Dinge, sondern der *Bereich* der möglichen vielen Dinge, das Reich der Vereinzelung, das Reich der Vergänglichkeit, der Raum und die Zeit, in denen dann die Dinge Ort, Eile und Weile haben; und wieder nicht Raum und Zeit als irgendwie abgezogene Verhältnisse verstanden, sondern als die *gelichtete* Weite des Offenen. Das Auseinandergehen der einen *physis* ist Weltaufbruch, ist das Aufgehen der Dinge in den voraus gelichteten Zeit-Raum, in dem sie währen, erscheinen — und dabei durchwaltet sind von der *díke*, der alles durchdringenden und alles umgebenden „Weltvernunft". Diese Weltvernunft ist ganz und gar nicht ein Subjekt, aber auch keine Sache, sie ist gleichsam das Medium, die Luft, der Aether, der den Zeit-Raum der Welt lichtend erfüllt. Im gewöhnlichen Dasein, fern der Philosophie, sind wir ein Menschending, das zu anderen Dingen sich verhält. Wir kennen viel: die Menschen, die Tiere, die Pflanzen, die Zahlen, die Götter, die Länder und Meere, die Sterne, vergangene Kulturen, aber nicht kennen wir die alles durchwaltende Vernünftigkeit, nicht kennen wir den gelichteten Zeit-Raum des Offenen, aus dem her uns alles zustößt, was wir je erfahren; nicht kennen wir die Grundgeschehnisse der Lichtung und Vereinzelung, und am wenigsten kennen wir den Weltaufbruch des Lichts und der Zeit aus dem Grunde der *physis*, das *Sein als Werden*, von wo aus erst zu begreifen ist, daß alles eins.

Wie verhält sich nun das Offene, die im Vernunftlicht aufgebrochene Welt zum *logos* und zur *psyché*? Der Begriff des *logos* ist uns bekannt. Vielleicht zu bekannt. Wir kennen eine ganze Fülle von Bedeutungen. *Logos* kommt von *légein*, reden; der *logos* ist also die menschliche Rede; der Mensch ist nach antiker Definition ein *zóon logon échon*, ein Lebewesen, das die Rede hat. Rede als Vermögen unterscheiden wir von dem jeweils Geredeten; im *logos* als Vermögen gründet die Möglichkeit der vielen *lógoi*, das Aussagen, das Wünschen, das

Befehlen, das Bitten, das Fragen, und dann jeweils in diesen Bereichen der Rede die faktischen Aussagen, die faktischen Bitten, Befehle usw.. Jeder Satz ist ein *logos*. Der Satz, der *logos onomáton kai rhemáton sýnthesis*, als die Verbindung von Namen und Zeitworten, heißt es in Platons „Kratylos" (431b 5), kann ein *logos alethés* oder ein *logos pseudés* sein, ein wahrer oder falscher *logos*; Wahrheit und Falschheit gehört dem aufweisenden *logos* an, dem *logos apophantikós*, und dieser wiederum kann sein als *apóphasis* oder *katáphasis*, als Behauptung oder Verneinung. Der *logos*, die Rede, wird so in einem ausgezeichneten Sinne zum Ort der Wahrheit; Wahrheit und Unwahrheit sind Möglichkeiten der menschlichen Rede. Wahrheit tritt dabei in der doppelten Form auf: der Richtigkeit und der Wahrhaftigkeit. Nicht jede wahrhaftige Rede ist richtig, und nicht jede richtige ist wahrhaftig. Wir können lügen, auch wenn wir etwas objektiv Wahres aussagen. *Logos*, als Rede genommen, deckt also vielerlei: das Redevermögen, die Grundweisen des Redens, die faktischen Reden, die Worte, die Sätze, die Begriffe, die Urteile, die Ausführung, den Beweis, den Gedankengang usf.. Andererseits nehmen wir *logos* auch noch in einem anderen Sinn, nicht nur als Wort, sondern als das *vernünftige* Wort; logisch ist uns nicht nur irgend ein Geredetes, sondern ein vernünftig Geredetes, ein logischer Zusammenhang. Logik ist uns nicht die Wissenschaft von der Rede primär, sondern von der *Vernunft* im Reden, von den vernünftigen Sinnzusammenhängen im Denken und Reden; *logos* tritt hier also an die Stelle der Vernunft. Die Vernunft aber ist verstanden als die menschliche Vernunft, als das subjektive Vernunftvermögen, das einheitlich alle Menschen bindet, all ihrem Sagen und Sprechen Regeln vorschreibt, Regeln des vernünftigen Sinnes. Mag zuweilen der Begriff der Vernunft und damit auch der Begriff des *logos* über das Menschliche hinausgehoben werden, so bleibt doch ihre Seinsart prinzipiell *subjektiv*; sie ist das subjektive Vermögen des sich selbst wissenden Geistes; dieser subjektive Sinn der *selbsthaften* Seinsart bleibt auch noch erhalten in Hegels Begriff der absoluten Vernunft; und endlich kennen wir den Begriff des *logos* auch als *Hypostase*, entweder als zu einer Person oder zu einem „Weltprinzip" ernannt. *En arché en ho logos*, „im Anfang war das Wort", heißt es zu Anfang des Johannisevangeliums; der *logos* erscheint hier als die zweite göttliche Person.

Alle drei nur im Rohen abgehobenen Hinsichten auf den *logos* sind ungeeignet, uns den Weg zu bahnen zum heraklitischen Begriff des *logos*: dieser ist weder primär die menschliche Rede, noch die subjektive, selbsthafte Vernunft, noch eine göttliche Person. Hier stehen wir vor derselben prinzipiellen Schwierigkeit wie schon beim Begriff des *sophón*. Das *sophón* ist *uns* vertraut als etwas Subjektives; Vernunft ist uns selbstverständlich subjektiv. Die Subjektivität der Vernunft ist nicht zu bestreiten; die Frage ist nur, ob die menschliche Vernunft etwas Abgeleitetes oder Ursprüngliches ist; ist sie ein Licht, das von sich selbst aus brennt oder erst durch Entzündung an einem Anderen, Nicht-Menschlichen? Ist das, was uns selbstverständlich ist, gerade das Problem? Wie kommt die Vernunft in den Menschen, wie kann das, was von Hause aus gerade nicht die Seinsart der Subjektivität ist, doch „subjektiv" werden und im Menschen Wohnung nehmen? Das Denken als eine Menschenmöglichkeit ist uns selbstverständlich; ohne diese Voraussetzung erscheint uns das Absehen auf Philosophie gleichsam sinnlos. Ist aber — so können wir fragen — das Denken der anfänglichen Denker so radikal, daß sie diese selbstverständliche Voraussetzung nicht ohnehin mitmachten, sondern das menschliche Denkenkönnen selbst in seiner Seinsmöglichkeit zum Problem machten? Das Denken erdenkt dort noch den Grund seiner eigenen Möglichkeit; es nimmt die Vernünftigkeit des Menschen nicht als eine gegebene Tatsache, nicht als ein Urfaktum hin, sondern frägt nach dem Grunde dieses Faktums. Und fragen kann es so radikal nur, weil „Vernunft", das Licht der Vernunft, verstanden war als ein Licht, das im Sein selbst brennt und dort die Weite des Offenen, der aufgegangenen Welt erhellt. Der griechische Ansatz ist das direkte Gegenteil des Ansatzes der neuzeitlichen Philosophie, die ihren Ausgang nimmt in der Selbstgewißheit der sich wissenden *menschlichen* Vernunft.

Der *logos* ist von Heraklit *nicht primär* als menschlicher *logos*, nicht als menschliche Rede verstanden; das besagt nicht, daß er in diesem Sinne dort gar nicht vorkäme; er kommt auch so vor: „wie vieler *lógoi* auch ich vernommen habe .." und dgl.. Aber die entscheidende und tragende, sinnbestimmende Fassung ist dies nicht. Der *logos* ist *primär nichts Menschliches*. *Logos*, sagten wir, kommt von *légein*; *légein* heißt reden. Aber die Frage ist, ob dies die *ursprüngliche* Wortbedeutung ist oder eine abgeleitete, die erst im Nachhinein sich befestigte und herrschend wurde. In der Tat. *Légein* heißt ursprünglich einfach „lesen", wie wir dies Wort gebrauchen in Ähren lesen, Holz lesen, Wein lesen. Das Lesen ist ein *Zusammennehmen* und zugleich ein *Bewahren* des Gelesenen, ein Sammeln, das das Gesammelte verwahrt. Im Sprechen, in der menschlichen Rede, geschieht nur in einer besonderen Weise das sammelnde bewahrende Lesen, im Zusammengreifen der Worte, in ihrer Fügung, die dann als gefügte die Verwahrung des Gelesenen darstellen. Im einfachsten Satz: „diese Tafel ist schwarz", geschieht ein solches Zusammenlesen: das eine Ding, die Tafel, und ihr Schwarzsein, ihre Farbe werden zusammengelesen; im sinnlichen Sehen ist beides mit einem Schlage da: wir sehen die schwarze Tafel. Das sinnliche Vernehmen kann vieles unterscheiden und über einen differenzierten Reichtum verfügen, aber es kann nicht sprechen, es ist stumm; nur das denkende Verweilen vor dem sinnlich Angeschauten vernimmt die verschiedenen Momente *als* solche und kann sie ausdrücklich zusammennehmen, aufnehmen aus einer Gegliedertheit, in der sie sich zeigen, kann sie zusammenfügen und diese Fügung ins Wort stellen. Wir lesen dann zusammen die Tafel *und* ihre Schwärze; wir heben das eine Moment ab und dann das andere und lassen in der Rede selbst die Fügung sehen, wie diese Momente selbst zusammenstehen; es sind ja nicht zwei Dinge, sondern *an* einem Ding ist es die Farbe, die wir aussagen. Das Reden fügt nicht von sich aus, kraft eigener Macht, den Zusammenhang von Tafel und schwarz, sondern es spricht aus einem Vernehmen heraus, in welchem die Fügung selbst, die Fügung *im* Ding, vernommen ist. Das Lesen der Rede ist kein selbstherrliches Fügen, sondern ein Auflesen einer vorausgegangenen Fügung. Und doch hat die Rede in sich einen weiten Spielraum freier Fügungsmöglichkeiten; statt „die Tafel ist schwarz" können wir auch sagen „die Farbe der Tafel ist schwarz" oder „der Tafel kommt die Eigenschaft zu, schwarz zu sein" usf.; jeder Sachverhalt läßt sich auf eine mehrfache Weise ausdrücken; aber gerade der Spielraum der freien Fügung zeigt ganz eindringlich, daß er im Grund beherrscht wird durch eine Fügung, die nicht der Rede angehört, sondern die sie *aufnimmt*. Das Lesen, das Aufsammeln der Rede, stiftet nicht erst das Zusammen der gegliederten Momente; die Rede liest *nach*, was zuvor schon in eins gesammelt ist. Die Rede: „die Tafel ist schwarz", sagt das sinnlich Vernommene aus; sinnlich gesehen ist die Tafel und die schwarze Farbe. Aber ist auch das „ist" gesehen? Ist das „ist" ein sinnliches Objekt? Keineswegs; es wird weder gesehen, getastet, gehört, es ist unsichtbar und ungreifbar; aber dieses „ist" hat das Sinnlich-Vernehmbare schon in eine bestimmte Fügung zusammengebracht, in eins gelesen und verwahrt. Das, was so im „ist" alle Dinge gliedert und in ihren gegliederten Fügungen zusammenhält, was alles zusammenliest und als *eine* Lese bewahrt, ist der *logos*, von dem Heraklit eigentlich spricht. Der *logos* ist die gliedernde, fügende, lesende Macht des Seins, die die Dinge durchwirkt, — und die der Mensch in seinem Reden nachliest. Abstrakt formuliert: der *logos* Heraklits ist die ontologische Durchgliederung des Offenen, das Strukturprinzip des *sophón*. Das Sammeln des *logos* ist nicht nur ein Zusammennehmen, es ist die zugleich gliedernde und die Gliederung in eins fassende Macht, nicht nur ein Sammeln, sondern ein Sammeln des vielfältig Gefügten; ist Sammeln ebenso sehr wie Auseinanderlegen; ist ein auseinanderlegendes Sammeln, ein differenzierendes Vereinen. So heißt es im Fragment 1: „Für diesen hier waltenden *logos* bleiben die Menschen immer ohne Verständnis, weder ehe sie ihn vernommen, noch sobald sie ihn vernommen. Denn geschieht auch alles nach diesem *logos*, so gleichen sie doch Unerprobten, so oft sie sich erproben an solchen

Worten und Werken, wie ich sie erörtere, jegliches nach seiner Natur zerlegend und erklärend, wie es sich verhält...". Der waltende *logos* wird also vernommen im menschlichen Nachsagen der gegliederten Fügung alles Seienden. Im Hinhören auf diesen seinsfügenden *logos* wird das menschliche *homologeín*, das Nach-Lesen der Rede, das Mit-Einstimmen erst möglich. Das Fragment 72 spricht das mögliche menschliche Verhältnis zum *logos* als ein faktisches Mißverhältnis aus: *hói málista dienekós homiloúsi lógoi tói ta hóla dioikoúnti, toútoi diaphérontai, kai hois kath' heméran egkyroúsi, taúta autoís xéna phaínetai*. „Mit dem *logos*, mit dem sie am meisten beständig verkehren, dem Verwalter des Alls, mit dem entzweien sie sich, und die Dinge, auf die sie täglich stoßen, die scheinen ihnen fremd." Immer hält der Mensch sich in der artikulierten Helle des Seinsverständnisses, gemäß welchem die Dinge sich ihm zeigen in ihrer Fügung, im Bau ihrer Form, in der Struktur ihres Zusammenhangs, in ihrer ganzen gegliederten Seinsverfassung. Beständig verkehren wir in solchem Verstehen mit dem *logos*, machen von ihm Gebrauch, aber gleichsam „blind". Wir erkennen nicht ihn selbst, nicht die durch alle Dinge hindurchgehende, gliedernde und fügende Macht; und deswegen bleiben die Dinge, auf die wir täglich stoßen, die uns vor Augen und Händen liegen, fremd und unbegriffen. Das Seiende ist uns fremd (*xénon*), weil wir entzweit sind mit dem, was alle Dinge *prägt*. Der *logos* Heraklits ist die prägende und fügende Kraft, die über alle Dinge verfügt.

Unsere hinweisende Darstellung hat leicht einen irreführenden Charakter; es sieht so aus, als wären bei Heraklit Personifikationen fast von Mächten, die die Welt durchwalten, eine ganze Hierarchie von Mächten und Kräften, die mit menschlichen nur den Namen gemein haben, aber grundsätzlich vom Menschen verschieden sind. Es sieht so aus, als wäre eine überhöhte Form des mythologischen Denkens noch da, nur daß abstrakte Wesenheiten diese Mythologie bevölkern: *to sophón, to periéchon, díke* und der *logos*. Nimmt man diese Grundbegriffe Heraklits als eine Art von Mythologemen, so ist man sofort geneigt, darin eben eine archaische Stufe des abstrakten Denkens zu sehen und als Vorläufer unserer Begriffe zu deuten. Damit verliert man aber den fundamentalen Sinn dieser heraklitischen Begriffe, die der Mythologie ebenso fremd sind wie unserem aufgeklärten Denken. Was ist in all diesen Begriffen gedacht? Das *sophón* ist der von einem kosmischen Vernunftlicht erhellte Zeit-Raum des Offenen, der Horizont, in dem alles Werden spielt, alle Dinge wechseln, währen und erscheinen; es ist der gelichtete Bereich von Raum und Zeit als den Formen aller Vereinzelung, aller Individuation; Raum und Zeit aber sind erst der Rahmen für das mögliche Sein von wirklichen Dingen; diese gehen nicht darin auf, nur zeit-räumlich zu sein; sie sind jeweils Dinge von einer bestimmten Seinsverfassung, einem bestimmten Gepräge, einem Wesensbau, einer Dingstruktur. Der *logos* Heraklits ist das ontologische Gepräge, das die Dinge in ihren Umriß schlägt, sie eint und sondert und in allen Sonderungen zusammenhält, in eins liest. Im *sophón* sind die ontologischen Bedingungen der Wirklichkeit gedacht, Raum und Zeit und das Sichzeigen; im *logos* sind die ontologischen Bedingungen des Dingseins gedacht, die Artikulation der Seinsverfassung, die den ganzen Reichtum strukturaler Momente zusammenhält. In einer späten Form erkennen wir dieselbe Unterscheidung Heraklits zwischen dem *sophón* und dem *logos* in der Kantischen Unterscheidung von „transcendentaler Aesthetik" und „transcendentaler Analytik"; in der ersten werden die ontologischen Probleme von Raum und Zeit, also der Weltformen gestellt, in der zweiten die ontologischen Probleme der Dingheit als solcher. Aber es klafft ein Abgrund zwischen beiden Ansätzen, nicht nur die Kluft von zweieinhalb Jahrtausenden. Kant versteht seine Fragestellung aus dem Grundansatz der abendländischen Metaphysik, die bei Platon und Aristoteles zur Ausbildung kommt. Kants Fragen untersteht der Leitung durch die Logik; die formale Logik gibt ihm den Leitfaden vor für den Ansatz der metaphysischen Fragestellung; die Metaphysik ist bereits der Logik hörig, und die Logik selbst wird als das Maß des Seinsverständnisses angesetzt. Die mannigfaltigen Weisen, wie das *on*, das Seiende, im menschlichen Reden gesagt wird, gibt für Aristoteles eine Anweisung für den Entwurf der Seinsfrage. Mit anderen Worten: das *légein* wird bereits genommen als das *légein* im Menschen, als das Menschenwort, die menschliche Rede, und unter ihrer Anleitung geschieht das ontologische Fragen; es ist bereits zur „Selbstverständlichkeit" geworden, daß im Menschen das Lesen des Seins des Seienden geschieht. Für Heraklit ist das noch keine Selbstverständlichkeit, für ihn ist das noch ein Problem. Und zwar das entscheidende Problem des Menschen. Der Mensch kommt in seiner Philosophie nur vor, weil er gerade durch diese wunderbare und fast unbegreifliche Weise ausgezeichnet ist, daß der weltdurchwaltende, alle Dinge ins Gepräge ihres Wesens schlagende *logos* in ihm wohnen kann. Das Sein selbst, das in sich lichte und in sich gegliederte und gefügte, nimmt einen Bezug zum Menschen. Von allem Seienden trifft es nur ihn. Damit ist die Rolle des Menschen grundsätzlich anders begriffen als in der neuzeitlichen Metaphysik. Er ist nicht das Ausnahmewesen, weil er als *Freiheit* existiert, weil er nicht nur einfach ist, weil sein Sein ihm selbst überantwortet, in seine Entscheidungen gelegt ist; er ist nicht das Ausnahmewesen, weil er vernünftig ist, Selbsterkenntnis hat, weil er eine sittliche Person und dgl. ist; er ist nicht das Ausnahmewesen, weil die Dinge umwillen des Menschen sind, ihm dienlich, für ihn bedeutsam, weil sie ihr Sein erst im Rückgang auf die seinsverstehende Subjektivität offenbaren. Der Mensch ist für Heraklit nicht die Achse der Welt, nicht der Bezugspunkt, nicht die Mitte, um die sich alles dreht. Der Mensch ist vielmehr noch erfahren in der Hinfälligkeit und Verlorenheit vor der Übermacht des Ganzen; aber gerade dieses gefährdetste Wesen ist das gezeichnete, das ausgezeichnete; in es kann die Welt-durchwaltende Macht des Vernünftigen und des *logos* einbrechen und dort Wohnung nehmen. Der Mensch hat nicht Vernunft, aber er ist aus dem Stoff gemacht, in den Vernunft eindringen kann; er ist nicht selbst das lichtende Feuer, aber die Kohle, die Feuer fangen kann. Im Menschen werden die im Offenen webenden Mächte gleichsam selbst zu etwas *Seiendem. Edizesámen emeoutón*, „ich durchforschte mich selbst" (Fr. 101). Das bedeutet nicht eine innengewendete Reflexion, eine Neugier narzißtischer Selbstbespiegelung; es ist überhaupt keine Aussage des faktischen Menschen Heraklit über sich selbst; seine Selbsterkenntnis ist die Erkenntnis des Wesens des Menschen überhaupt; er forschte danach, was der Mensch ist, — dieses nichtige und fragile Wesen, das ausgezeichnet ist dadurch, daß kosmische Mächte in ihm Wohnung nehmen können. Dieses Ausforschen des Menschen kommt nicht zu einer Absteckung des Menschenwesens, einem Überblick über seinen Umfang. Vielmehr führt die Selbsterforschung Heraklits gerade zum Fragment 45: *psychés peírata ión ouk an exeúroio, pásan epiporeuómenos hodón; hoúto bathýn logon échei.* „Der Seele Grenzen kannst du im Gehen nicht ausfindig machen, und ob du jegliche Straße abschrittest; so tiefen *logos* hat sie". Ist die Seele des Menschen damit als ein Unendliches begriffen, das grenzenlos ist? Entdeckt Heraklit die unendliche Lebenstiefe der Subjektivität: die Freiheit? Keineswegs. All das sind allzu moderne Interpretationen.

Psyché, das was wir mit „Seele" übersetzen, ist noch keineswegs der Gegenbegriff zum Leib, als eine besondere Wesenheit; *psyché* heißt ursprünglich Atem; die *psyché* ist das Ein- und Ausatmen des Lebendigen, wodurch dieses teilnimmt an dem umgebenden Ozean der allbelebenden Luft, die nun durch „alle Röhren des Lebens" rinnt; atmend ist der Mensch offen für das Umfangende, Umgebende, ist draußen und in sich, ist teilnehmend. Dieser ursprüngliche Sinn ist noch mitzudenken, wenn wir Seele antik als die *Lebenskraft eines Lebendigen* verstehen; die Kraft, die das Lebendige von innen bewegt, die das Wachsen und Sichnähren, die Begierden und Triebe, die Ortsbewegungen und alles Sinnen und Trachten leitet, ist zugleich auch sich öffnendes Aufgehen ins Offene; jeder Sinn, jede *aísthesis*, öffnet sich und kann sich verschließen; Wachen und Schlaf sind die Grundweisen des Offenstehens und des Verschlossenseins; jedem Lebendigen, jedem Tier eignet diese Offenheit; des Menschen Seele aber ist noch in einem tieferen Sinne „offen"; sie kann sich nicht nur öffnen dem draußen befindlichen Licht, dem draußen klingenden Ton, sie kann sich öffnen dem draußen waltenden Vernünftigen, kann nicht nur Seiendes vernehmen, sondern das Sein selbst. Sie kann, d.h. es steht ihr nicht frei; sie kann Vernünftigkeit nicht aus sich selbst leisten, sondern im Offenstehen für die Weltvernunft, im *„Einatmen" des logos*. Die Grenzen der Seele: das sind nicht die Ränder, in die sie eingeschlossen ist, sondern die *Weite ihres Auslangens ins Offene*; und diese Weite ist nicht begrenzt. Die Seele ist in sich nicht unendlich, sie ist vielmehr nur offen für das über alles Endliche Hinweggehende: für das Sein. In der möglichen Offenheit für das Sein selbst hat die Seele ihre größte mögliche Weite des Ausgriffs ins Offene. Im Verstehen des Seins wohnt der unendliche *logos*, der *logos bathýs*, selbst in der Seele des Menschen. Widerspricht diese Interpretation nicht dem Wortlaut? Ist dort nicht die Rede von einem *logos*, den die Seele hat, den sie besitzt? Die Frage bleibt, wie dieses Haben zu begreifen ist. Gehört der *logos* gleichsam zur Ausstattung der Seele, ist er ein Seelenvermögen — oder wohnt er ihr ein, wenn sie aufgeht dem Offenen? Gerade hier wird die Auslegung immer bestimmt sein durch die Grundauffassung vom *logos*, — ist er etwas Subjektives oder eine kosmische Macht? Das Fragment 115: *psychés esti logos heautón aúxon*. „Der Seele ist der *logos*, der sich selbst mehrt". Heißt das, die Seele besitzt als die Kraft der geistigen Bewegung einen *logos*, der im Denken und Reden entfaltbar ist, der in logischen Prozessen vermehrt werden kann? Das wird man so deuten, wenn man primär an einem subjektiven *logos*-Begriff fixiert bleibt. Wird aber der *logos* ursprünglich als kosmische Macht der Seinsfügung alles Seienden, als Lese verstanden, dann bezieht sich das Sichselbstmehren gerade auf den *Einbruch des kosmischen logos* in den Menschen. Im Bezug zum Menschen mehrt sich der *logos*. Das ist die einzigartige *Weltstellung* des Menschen: er kann mitbrennen und mitleuchten mit dem welterhellenden Feuer, und so vernimmt er allein unter allen Wesen das Geheimnis des Seins, er hat die Möglichkeit der Philosophie. Im Fragment 118 heißt es, die trockenste Seele ist die weiseste und beste; trocken, d.i. die am meisten feurigste, die am meisten mit-brennende ist auch die erleuchtetste. Des Menschen wesentliches Schicksal ist durch diese seine Möglichkeit bestimmt, offen sein zu können. Fragment 119: *éthos anthrópoi daímon*. „Seine Eigenart ist dem Menschen sein Dämon". Dieser Satz Heraklits ist oft in Anspruch genommen worden für die Fatalität des großen Menschen, für die Unentrinnbarkeit seines Lebensvollzuges; er steht unter dem Gesetz, wonach er angetreten, sagt man, nicht im Sinne eines äußeren Verhängnisses, aber eben durch seine dämonische Natur. Wir zweifeln, ob dieser Satz dieses meint: die Dämonie des großen Charakters. Wir glauben, daß er eine Wesensaussage über den Menschen *überhaupt* bringt; er spricht die Fatalität des Menschengeschlechtes aus: die Eigenart des Menschen, allein unter allen

Dingen offen sein zu können für das weltdurchwaltende Licht, für das *sophón*, und für die alles prägende Fügung des *logos*; diese Eigenart, Sein zu verstehen, das *ontologische Tier zu sein*, ist ein Dämon, ist etwas Göttliches im Menschen.

21

Wir haben versucht, die Philosophie Heraklits im Umriß ihrer wesentlichen Grundbegriffe sichtbar zu machen. Dabei haben wir unterschieden zwischen der symbolischen und eigentlichen Philosophie. Diese Unterscheidung kann zu einem argen Mißverständnis Anlaß geben, wenn man glaubt, es handle sich dabei um zwei voneinander abgesetzte Teile eines Lehrsystems; in Wahrheit ist es ein einheitliches Denken, das bald in Symbolbegriffen, bald in reinen Gedankenbegriffen sich ausspricht. Reiner Gedanke und Symbol: die Spannung dieses Gegensatzes ist keine uns vertraute und geläufige, vor allem nicht der Bezug des Sinnlichen zum Geistigen. Nicht repräsentiert hier ein sinnlich Anschaubares einen gedanklichen Sinn; es geht hier überhaupt nicht um eine Entsprechung zwischen den beiden Sphären des Wirklichen, der Körperwelt und der Innenwelt, der res extensa und der res cogitans; die Symbolik Heraklits ist überhaupt *keine ontische Symbolik*, kein bedeutsamer Zusammenfall von Seiendem. Symbole nannten wir das Feuer, Leben und Tod, Wachen und Schlaf, die Harmonie des Bogens und der Leier, den Krieg, Hades-Dionysos. Die Symbolik dieser Symbole bestimmt sich daraus, daß einzelnes *Seiendes* hinzeigen soll auf das Wesen des Seins. Die Philosophie Heraklits, wie aller vor-metaphysischen Denker, ist ein Denken, das einzig und allein nur das *Sein* bedenkt. Es ist daher eine Irrmeinung, wenn man Heraklit die Leugnung der Beharrlichkeit in den Dingen zuschreibt, die Lehre von einem ständigen Fluß und einem unaufhörlichen Wandel aller Dinge: nichts bleibt, alles ist im Fluß. Diese üblich gewordene Deutung mutet Heraklit etwas schlechthin Unsinniges zu: es gibt im Seienden keinen Wandel ohne ein Substrat des Wandels; — ohne ein Beharrliches, das bleibt, kann es überhaupt keinen Wechsel, keine Veränderung geben, keinen Zusammenhang der Zeitmomente. Wohl kann man sich ausdenken, daß *alle* Bestimmungen eines Dinges in jedem Zeitmoment wechseln, daß keine Eigenschaft länger dauert als einen Augenblick, aber das Ding muß als „selbiges" doch zugrundebleiben, damit an ihm dieser jähe Wechsel von Augenblick zu Augenblick sein kann. Versuchen wir auch die Selbigkeit der Substanz wegzudenken aus dem Ding, dann verlieren wir die Möglichkeit, die verschiedenen Augenblicke als eine Abfolge, als einen Wandel zu sehen. Alles, was ist, was wir als Seiendes kennen, als Wirkliches und Selbständiges, ist hineingeworfen in den verzehrenden Wandel der Zeit und dem Alter untertan; alles Währende wandelt sich ständig und verfällt; aber zur Dingheit der Dinge, zu ihrem Dingsein gehört es wesensnotwendig, daß die Substanz beharrt im Wechsel der Eigenschaften: das zeitliche Schema des Dinges ist gerade ein *Bleiben im Wechsel*, der Bau des Dinges ist charakterisiert durch ein Zugrundeliegendes (*hypokeímenon*), das der Träger der wechselnden Bestimmungen und Beschaffenheiten ist. So ist das In-der-Zeit-sein des Dinges ein Bleiben und Wechseln zugleich; diese temporale Interpretation des Seienden beherrscht die Philosophie von Aristoteles bis Hegel. Als ein beunruhigendes Moment haftet dieser Zeitdeutung der Dingheit die Frage an, wie das doch erfahrene Auftauchen und Verschwinden von Dingen, das Entstehen und Vergehen nicht nur von Eigenschaften, sondern von Seiendem selbst begriffen werden müssen. Gibt es also doch einen Beginn und ein Ende des Zugrundeliegenden? Die abendländische Metaphysik weicht dieser Frage aus dadurch, daß sie im Grunde nur eine einzige Substanz annimmt und die vielen Einzeldinge zu Attributen dieser einen Substanz herabsetzt; so aber gerät sie in Konflikt mit dem christlichen Glauben und wird „Pantheismus". Für uns ist von Bedeutung, wie die metaphysische Interpretation der Dingheit von Aristoteles angesetzt wird als die Basis für seine Auslegung der frühen Denker: so deutet er, wie wir wissen, Heraklit von dessen *Feuerlehre* aus; das Feuer wird zur Substanz, zum *hypokeímenon*, zu *hýle*. Das ontologische Verständnis der Dingheit wird so zum Maßstab der Beurteilung. Gewiß wird auch im Denken der alten Giganten angesichts der allverzehrenden Vergänglichkeit ein Unwandelbares gedacht, ein Unvergängliches: aber eben nicht als ein Ding, als ein Seiendes. Der Flug ihres Geistes schwingt sich über alles Seiende hinweg, über-fliegt den Bereich der Dinge überhaupt, den Bereich des Begrenzten, und stößt vor ins Grenzenlose, ins *ápeiron* als zur *arché*, als zum Ursprung aller Dinge. Die aristotelische Interpretation von Heraklit erscheint uns somit als ein Mißverständnis, — nicht als ein solches, das wir ihm vorwerfen könnten, sondern als ein Mißverständnis, das zwangsläufig wird, wenn die metaphysische Interpretation der Dingheit als Ausgangsbasis genommen wird. Für Aristoteles lehrt Heraklit das Feuer als den *Urstoff*, aus dem alle Dinge bestehen.

Von dieser aristotelischen Sichtweise, die unser erstes Zugehen leitete, mußten wir im Verfolg der Auslegung der heraklitischen Fragmente uns schrittweise befreien. Das Feuer ist ein symbolischer Grundbegriff: er meint nicht ein dinghaftes Element, sondern das Licht des Weltfeuers, die Helle, die dem Sein selbst eigen ist. Wo immer Heraklit vom Feuer spricht, trifft sein Denken nicht die Dinge und nicht die Dingheit, sondern etwas Ursprünglicheres, das, was wir das „Offene" nannten. Das Feuer als die Lichtnatur des

Seins lichtet den Raum, in welchem alle Dinge stehen. Dieses Offene, das *sophón* (das lichtvoll Vernünftige) ist ein Dreifaches in eins. Das zu sehen und zu begreifen, ist für uns äußerst schwer. *Das Offene ist das Reich der Vergänglichkeit, die Stätte der Vereinzelung und das Feld der Erscheinung*. Im Offenen stehen die Dinge als die vergehenden, vereinzelten und erscheinenden. Wie Helios, das strahlende Himmelslicht, in seinem Aufgang die Dinge der bergenden Nacht entreißt, sie in ihren Anblick und die Bestimmtheit ihrer Gestalt vereinzelt, sie aufscheinen läßt und ihnen mit seinem Gang am Himmelsgewölbe die Zeit zumißt, so erhellt das vernünftige Licht des *sophón* alles Seiende, läßt es währen, einzelnes sein und erscheinen. Daß ein wesentlicher Zusammenhang besteht zwischen Vereinzelung und Zeit, leuchtet am Ende uns eher ein: die Zeit nehmen wir doch neben dem Raum als principium individuationis; was in die Zeit fällt, fällt auch in Vereinzelung; anders aber sind wir gewohnt den Erscheinungsbegriff zu nehmen. Daß das InderZeitsein und das Vereinzeltsein zugleich und notwendig auch ein „Erscheinen" sein müsse, das geht uns weniger leicht ein. Könnten nicht die Dinge sein, die Meere wogen, die Wolken ziehen, die Gestirne kreisen, auch wenn niemand da wäre, für den sie sich zeigen, dem sie erscheinen? Ist nicht die These von der Gleichursprünglichkeit von Vergänglichkeit, Vereinzelung und Erscheinung eine phantastische Behauptung, die ein erkennendes Subjekt für die Welt als notwendig behauptet? Ist der Mensch nicht ein ephemeres Wesen, nur jene Zeitspanne im Kosmos, die gemessen an den ungeheuren Zeiten der Naturvorgänge sich wie eine „Minute" ausnimmt, freilich als die „hochmüthigste und verlogenste Minute der Weltgeschichte"[1] – wie Nietzsche meint? Bei Kant wird in seiner Transcendentalphilosophie ein Wesenszusammenhang zwischen Zeit, Erscheinung und Individuation gedacht. Zeit ist eine Form des subjektiven Vermögens der Anschauung von Seiendem; alles für den Menschen erfahrbare Seiende muß vorgängig den subjektiven Bedingungen der anschaulichen Vernehmbarkeit entsprechen; die menschliche Vernunft vernimmt nie Dinge an sich, d.h. die Dinge, wie sie unabhängig von der menschlichen Anschauungsform, unabhängig von der Zeitordnung, „an sich" sind, sie vernimmt nur Erscheinungen, d.i. in der Zeit ausgebreitetes Seiendes. Steckt nun in dieser Lehre Kants ein Nachklang heraklitischer Einsicht? Keineswegs. Die Kantische Auffassung ist vielmehr das äußerste Gegenteil. Den Zusammenhang von Zeitlichkeit, Vereinzelung und Erscheinung begründet Heraklit *nicht vom Subjekt* her. Erscheinung ist überhaupt kein subjekt-relativer Begriff. Wir müssen auch hier ebenso umdenken lernen, wie bei dem uns paradox anmutenden Begriff des *sophón*, das ein Weises meint, das keinem Weisen gehört, ein Vernünftiges, das in keinem subjektiven Erkenntnisvermögen beheimatet ist, oder wie beim heraklitischen Begriff des *logos*, der primär nicht die menschliche vernünftige Rede bezeichnet. Erscheinen ist also nicht das Sichzeigen der Dinge für ein erkennendes Lebewesen, nicht das *Gegenstandwerden für ein Subjekt*. Erscheinen meint vielmehr das *Zum-Vorschein-Kommen*, das Herauskommen aus einer Verborgenheit, das Aufgehen ins Offene; etwa wie die Blumen aufgehen aus dem bergenden Schoße der Erde und heraustreten in den Tag und dort ihre leuchtenden Farben wehen lassen im Winde der Wiesen; alle Dinge, die ins Dasein treten, *scheinen*: kommen heraus ins Offene, in die Vielfalt und den Reigen der vielen Einzeldinge und sind jeweils ihre Zeit inmitten aller Dinge.

Den Begriff des Scheins als einen fundamentalen ontologischen Begriff haben wir verloren; Schein ist uns zumeist etwas Unechtes, Vorwand, Trug; wir denken Schein zumeist nur als *Anschein* und lassen so den ursprünglicheren Sinn von *Vorschein* fallen. Die Sonne scheint; das heißt doch nicht, sie ist nur anscheinend, sondern sie ist gerade in ihrem vollen wahrhaften Sein, wenn sie leuchtet, wenn sie scheint, — wenn sie heraustritt aus verbergenden Wolken oder aufgeht aus dunkler Nacht; alles aus der Verborgenheit Heraustretende muß scheinen, muß sich aussetzen in seinen Anblick, muß im Licht des Offenen stehen, in der weltdurchwaltenden Helle des *sophón*. Das IndieZeitfallen, Vereinzeltwerden des Seienden ist immer auch ein Aufgehen in einen gelichteten Raum, ein zum Vorschein-kommen, ein Vor-Scheinen. Über die Dinge hinweg, sagten wir, stößt das heraklitische Denken in den Grundbegriffen seiner eigentlichen Philosophie, im Begriff des *sophón* und des *logos*, vor in den ursprünglichen Bereich, in welchem Individuation, Zeitlichkeit und Lichtung einheitlich walten und so die Welt aufbrechen für die vielen Dinge. Ursprünglicher als alle Dinge ist der Weltaufbruch: ursprünglicher als der währende Vorgang das Währen selbst, ursprünglicher als das Einzelding die Vereinzelung, ursprünglicher als der Anblick irgend eines Seienden das Scheinen überhaupt, das den Dingen den Anblick verleiht. Das Fragen nach dem Ding und seinem Wesen bewegt sich schon in der Helle des Offenen; so steht auch die metaphysische Philosophie immerzu *in* dieser Helle. Weil Heraklit wesentlich nach dem Sein selbst zu denkt, hat es den Anschein, er überspringe alle Fragen nach der Natur des Dinges, des Seienden. Er läßt es unbefragt und unbeantwortet stehen. Er bedenkt das Offene als den aufgebrochenen Weltraum, in dem Währen und Vereinzelung und Erscheinung ihr Wesen treiben. Das Sein offenbart sich ihm als die gelichtete Weite; es ist in sich selbst hell, ist *Feuer*. Aber auch über diesen Begriff vom Sein denkt Heraklit noch hinaus: das Offene ist gleichsam nur eine „Seite" des Seins: die erste, die wir gewinnen, wenn wir von den Dingen her aufsteigen. Als Fragende und Denkende stehen wir jeweils schon selbst im hellen Tag, befinden uns inmitten der vielen, vereinzelten Dinge, sind selber ein solches Ding, stehen wir mitten in der tosenden Brandung der Zeit, stehen wir im Licht, das uns alle Dinge zeigt. Der „*Ort*" unserer Frage ist im Reich der Vergänglichkeit, auf dem Feld der Vereinzelung und im Umkreis der Erscheinung. Das aber ist die einzigartige Möglichkeit der *psyché*, die Möglichkeit des Menschen, daß er hinwegdenken kann aus dem Offenen und ausgreifen ins *Ganze des Seins*.

Dort, wo das Offene *als* Offenes selbst noch Problem wird, dort, wo das Fragen über die Helle, die sie ermöglicht, hinausfragt, kommt die *physis* in den Blick der alten Denker. Das geschieht nicht in einem überscharfen kritischen Räsonnement, nicht in einer auf die Spitze getriebenen formalen Radikalität des Fragens. Das anfängliche Denken ist noch durchwaltet von einer Grunderfahrung, die wir lange verloren haben, verloren auf dem Gange der abendländischen Metaphysik. Diese Metaphysik, die unser geistiges Schicksal bestimmt, hat sich angesiedelt und seßhaft gemacht im Raume des Offenen und ist im wesentlichen eine Deutung der Seiendheit des Seienden geblieben; als Philosophie hat sie eine Nähe zum Sein; sie sucht und findet aber allein das Sein am Seienden; nicht daß sie es verdingliche, — im Gegenteil; bei Platon vollzieht sich schon die bewußte Auseinandersetzung des Seins vom Seienden; aber der ganze platonische Dualismus verbleibt bei aller Schärfe dieser fundamentalen Unterscheidung im Raume der ursprünglichen *alétheia*, der ursprünglichen Offenheit, ohne den *Ursprung* des Offenen selbst zu bedenken. Das Ursprungsproblem verwandelt sich in den Bezug der Ideen zu den Dingen, — oder später unter Aufnahme von Motiven des christlichen Glaubens in den Bezug des Absoluten zu den endlichen geschaffenen Dingen. Damit geht das eigentliche philosophische Ursprungsproblem verloren. Dieses besteht nicht darin, daß aus irgendeinem Seienden alle übrigen Dinge hergeleitet werden, sondern im Begreifen des *Seins als des Ursprungs* für alles, was ist. Das *Sein als Ursprung* — das ist die *physis*, und nichts sonst. Bei Anaximander, der zuerst den Begriff der *arché*, des Ursprungs schöpferisch faßt, ist diese *arché* gedacht in einem Gegensatz zu allem, was wir als seiend kennen: es ist das Unbegrenzte, Unvergängliche, Unzerstörbare, Unerschöpfliche, das alle begrenzten, der Zeit verfallenen Dinge aus sich entläßt und in sich zurücknimmt. Diese Charakteristik trifft genau auch zu auf die *physis Heraklits*. Die wörtliche Übersetzung mit „Natur" ist irreführend. Unter Natur verstehen wir einen Teilbereich des Wirklichen, alle von sich selbst aus seienden, nicht gemachten Dinge, also einen Gegenbegriff zu Kultur; oder wir nehmen Natur im physikalischen Sinne als einen Inbegriff von metrisch interpretierbaren Vorgängen, die eine feste gesetzliche Struktur haben; oder nehmen Natur romantisch als eine Lebensmacht, in die wir hineingehören, die uns hütet und umfängt wie alle Lebewesen. In allen üblichen Vorstellungen von Natur denken wir Seiendes oder einen Bezirk von Seiendem oder die Allheit des Seienden. Unser Naturbegriff ist zumeist *ontisch*.

Diese Vorstellungen müssen wir alle verabschieden, wenn wir auch nur einen Hauch davon begreifen wollen, was Heraklits *physis*-Begriff eigentlich meint. *Physis krýptesthai phileí* (Fr. 123). „Die Natur liebt es, sich zu verbergen". Was ist das für ein Verbergen? Ist das ein Verbergen, das bereits im Raume des Offenen geschieht, ein Verbergen also, wie zuweilen die sich zeigenden Dinge gerade verstellt, verdeckt werden können durch andere, — oder wie die Menschen sich verbergen können, sich in sich verschließen? Meint es überhaupt eine Verbergung, die dem Ontischen eignet? Alles, was ist, ist je als Einzelnes, Zeithaftes — und sich Zeigendes, d.i. Scheinendes. Die *physis* aber ist gerade das Nicht-Scheinende, das Verborgene schlechthin; die Verborgenheit der *physis* ist der *Gegen*begriff zum *sophón*, zum Offenen; die *physis* ist die *in sich verschlossene Tiefe des Seins*; sie zeigt sich nicht, zu ihr führt kein Weg als der wagende Sprung des Gedankens, der aus der Welthelle des Offenen her in den Grund dieser Helle zurückdenkt: aus der *Welthelle in die Weltnacht*, in die allumfangende Verborgenheit, wo das Sein noch nicht in sich gelichtet und zerstückelt ist in die Mannigfalt der seienden Dinge. Die *physis* hat so zunächst die abweisende Form des Grenzbegriffs; sie ist wie das *ápeiron* des Anaximander nur negativ ansprechbar; aber sie ist es auch, woraufhin Heraklit die ganze Kraft seines Sagens sammelt. Ins Wort zu zwingen, was das Wortlose, Dunkle, Insichverschlossene ist, und zwar als die ganze Macht des Seins ist, darum ringt Heraklit in den wenigen uns überlieferten *physis*-Fragmenten. Jede Deutung muß hier ihrer Fragwürdigkeit bewußt werden. Die Aufgabe eines wirklichen Nachverständnisses, das über eingelernte Formeln hinausgeht, erfordert, daß wir in uns selbst eine tiefgreifende Umstellung vollziehen. Zumeist sind wir, im Getriebe des Lebens mitgenommen, nur offen für das uns angehende Seiende, das uns in Not oder Interesse betrifft; es ist eine *Wandlung*, wenn wir uns vom Seienden wegwenden und *an* ihm das *Sein* erfassen, an den Dingen die Dingheit, die „Ideen", die Seinsverfassung; und es ist eine noch *radikalere Wandlung*, wenn wir den Blick lernen auf den ganzen Bereich, in welchem der Unterschied von Seiendem und Sein sich vollzieht, — wenn wir den Raum der Wahrheit, das Offene als das Feld des Aufgangs aller Dinge sehen lernen; und endlich ist es die *äußerste Wandlung*, wenn unser Denken zurückgreift auf das uns im Offenen durch dieses entzogene Dunkel, auf die Verborgenheit, die aller aufgegangenen Wahrheit über Sein und Seiendes zugrundeliegt. Diese äußerste Wandlung wäre uns zugemutet, wenn wir den Gedanken Heraklits von der *physis* nachdenken wollten. Jedes Licht brennt in der Nacht, bricht aus der Nacht und lichtet diese. So ist das Dunkel die Voraussetzung für jedes Licht. Das Licht bleibt auf die Nacht bezogen, die Offenheit der Welthelle auf die Verborgenheit der Weltnacht. In der Nacht ist alles eins; es gibt nichts Unterschiedenes; in sich einig und unzerteilt ist das Sein im mütterlichen Schoße der Nacht, — verstreut in die Vielfalt des Einzelnen aber im Licht des Tags. Der Tag kennt die Allheit des Vielen: *pánta*, die Nacht die Einheit des Nichtunterschiedenen: *hen. Hen pánta einai*, alles ist eins, diese Weisheit Heraklits sagt auch das Fragment 57: „Lehrer der meisten ist Hesiod; von ihm sind sie überzeugt, er wisse am meisten, er, der doch Tag und Nacht nicht erkannte; ist ja doch eins". Damit wird nicht der irdische Tag und die irdische Nacht als das gleiche gesagt, sondern in eins gesehen das Offene, dieser Ort der Individuation, der Zeitlichkeit und des Erscheinens, und das Verborgene, wo nichts unterschieden ist und keine Vergänglichkeit und kein Sichzeigen. Dieses Fragment 57 sagt im symbolischen Bild von Tag und Nacht die eigentliche Wahrheit des Ephesiers aus; Tag und Nacht sind eins, das Offene und das Verborgene sind eins: eins aber nicht im Sinne des gleichförmigen Einerlei. Vielmehr: das Sein ist die Einheit, die sich in zwei „Reiche" zerlegt: Hades und Dionysos.

Wie aber ist das Sein dieser Einheit? Sind dies zwei Seiten, zwei differente Momente? Nein, das Sein ist für Heraklit nichts anderes als der ständige Übergang aus der Nacht in den Tag, aus der verschlossenen Tiefe in die offenbare Helle. Das Sein ist ein Walten, ein Geschehen, wenn man so sagen dürfte: es „steht" nicht, es ist in einer unaufhörlichen Bewegung: es ist als ständiger Ursprung, als immerfließende Quelle; aus der Nacht bricht das Licht, aus der *physis* steigen alle Dinge hervor, kommen aus dem Dunkel zum Vorschein und in ihre abgegrenzte Gestalt, und in ihrem Untergang kehren sie heim in den Grund, der sie entließ. All das sind metaphorische Reden, die nur andeuten, ohne eigentlich zu zeigen. Aber Heraklit zeigt selber nicht, *wie* die *physis* der Ursprung aller Dinge ist. Sein Denken erreicht seinen Gipfel, wenn er die *physis* als diesen Ursprung behauptet: *hodós áno káto mía kai houté* (Fr. 60). „Der Weg hinauf und hinab ein und derselbe". Welcher Weg? In diesem vielleicht bedeutsamsten Fragment ist in einer unüberbietbaren lapidaren Kürze seine tiefste philosophische Einsicht ausgesprochen. Dieses Fragment hat auch die verschiedensten Deutungen erfahren. Der „Weg hinauf und hinab" soll den Mysterien der Aegypter entstammen, ihrem Totenglauben, sagt man zuweilen erklärend. Der philosophische Sinn des Fragments ist davon unabhängig. Der Weg hinauf: das Hervorgehen des Seienden aus dem Sein, das Zum-Vorscheinkommen der Dinge, ihr Aufgehen? Was meint aber der Weg hinab? Meint er den Untergang der Dinge, ihren Heimfall? Mitnichten. Der Weg hinauf und hinab ist überhaupt kein Weg, den die Dinge durchmessen, es ist vielmehr die *Bewegtheit des Seins selbst*. Das Sein ist *zugleich* aufgehend ins Offene und sich verschließend in Verborgenheit; das Sein wirft aus sich zugleich den Raum der Helle und hüllt sich in Nacht; es ist ein einziges und unaufteilbares „Geschehnis". Im Außersichgehen geht es zugleich in sich zurück; die Struktur dieser Seinsbewegtheit läßt sich nicht in andeutenden Worten verständlich machen; wir halten als Ahnung fest: keine Lichtung im Sein tilgt je seine Verborgenheit und keine Verborgenheit hebt je diese Lichtung auf, Lichtung und Verbergung sind gleichursprünglich, sind nur zwei Namen für ein einziges, in sich einheitliches Geschehnis. *Sophroneín areté megíste, kai sophíe alethéa légein kai poieín katá phýsin epaíontas*. „Das vernünftige Denken ist die größte Vollkommenheit, und die Weisheit ist, das Wahre zu sagen und hervorzubringen, hinhörend auf die Natur" (Fr. 112). Was sagt dieser Spruch? Sagt er das Verständige aus, daß das vernunftgemäße Denken die größte Tugend, daß die Weisheit im Sagen der Wahrheit bestünde und im naturgemäßen Lebenswandel? Auch so hat eine platte Verständlichkeit diesen Spruch schon ausgelegt. Aber es geht in Wahrheit hier nicht um das Lob der Vernünftigkeit und der Wahrhaftigkeit. Das verstehende Denken ist die höchste Möglichkeit des Menschen – aber nicht irgend ein Denken oder das Denken überhaupt und im allgemeinen. Welches Denken gemeint ist, sagt der zweite Teil des Spruches: das Denken der *sophíe*. Und worin besteht diese: im Sagen des Unverborgenen. Unverborgenes kann aber vielfach gesagt werden, so nämlich, daß das Sagen nur nachsagt, was schon offenkundig ist; solches Sagen ist all unsere gewöhnliche Rede; sie greift nur auf, was als Unverborgenes schon herumliegt; sie vollzieht nicht die Anstrengung der eigentlichen Rede: das Herausreißen des zu Sagenden aus der Verborgenheit. Die gewöhnliche Rede „entbirgt" nicht; sie steht nicht auf gegen die ganze Macht der Verbergung, die alles Sein durchwaltet, und zwingt ihm das *alethéa*, das Unverborgene ab. Die Rede der *sophía*, das Sprechen der Weisheit ist immer das Wagnis, der Verborgenheit die Wahrheit zu entreißen; solches Sagen ist ein *poieín*. *Poieín* bedeutet also im Spruch nicht neben dem Sagen noch ein anderes, sondern ist *explikativ* zu *légein*. Solches Sagen des Unverborgenen ist gemeint, das ein *hervorbringendes* Sagen ist. *Poieín* heißt griechisch nicht nur Machen, Verfertigen, sondern vor allem zum Vorschein bringen; jedes Machen eines Machwerkes bringt etwas in einen Anblick, läßt etwas sehen, herauskommen. Das hervorbringende Sagen des Wahren aber soll *katá phýsin epaíontas* geschehen: im Hinhören auf die *physis*. Das heißt, im Verhalten zu dem Insichverschlossenen soll das entreißende Sagen des Wahren geschehen; und so ist es allein die *sophía*, die höchste menschliche Möglichkeit. Nicht im Denken, das im Offenen verbleibt und in seinem Umkreis sich umtut, erreicht die Wahrheit ihr höchstes Wesen; einzig nur im Denken des Seins, als der *Einheit des Offenen und Verschlossenen*, im ausdrücklichen denkerischen Vollzug der Lichtung, die im Lichten um die Nacht weiß, ist die *areté megíste* da.

In einem einzigen Fragment nennt Heraklit ausdrücklich die Weise, *wie* die in sich verschlossene Tiefe des Seins, die *physis*, aus sich selbst herausgeht und sich lichtet, im Fragment 52: *aión pais esti paízon, pesseúon; paidós he basileíe*. „Die Zeit ist ein Knabe, der spielt, hin und her die Brettsteine setzt, die Königsherrschaft des Kindes". Dieses Fragment trägt im wesentlichen Nietzsches ganze Heraklitdeutung; bei aller Falschheit seiner Interpretation verrät doch Nietzsche hier wieder seinen unerhörten Sinn für wesentlichen Geist. In der Tat ist dieses Fragment in einem gewissen Sinne ein Schlüssel: die Zeit erscheint hier als ein Spiel. Der dunkle Zusammenhang des in sich verschlossenen und doch zugleich in sich gelichteten Seins als des Ursprungs aller Dinge wird begriffen als das Seinsspiel der „Zeit". Von da aus müssen wir versuchen, die eigentliche Grundfrage Heraklits zu deuten, das Problem von Sein und Werden.

22

Den Durchgang durch die Philosophie Heraklits haben wir im Bedenken der wesentlichsten Fragmente und „Grundbegriffe" vorläufig beendet; damit aber ist noch gar nichts gewonnen, wenn wir uns nur Kenntnisse verschafft haben über eine vergangene und abgetane Form des Geistes. Haben wir dabei auch etwas vernommen von der ursprünglichen Not jenes anfänglichen Denkens der Philosophie? Sind wir, und sei es nur mit einem kleinen und zögernden Schritt, hineingegangen in den Machtbereich jener ins Ganze des Seins ausgreifenden fragenden Verwunderung? Haben wir wirklich mitgefragt? Alles Verstehen geschichtlicher Gestalten der Philosophie ist nur möglich im Mitfragen. Welches ist die Frage, die das Denken Heraklits treibt? Wir bezeichneten sie wiederholt schon als das Problem von „Sein und Werden". Eine solche Bezeichnung sieht aus wie eine verfügbare Etikette. Philosophie aber hat das Mißliche, daß in ihr alle Selbstverständlichkeiten und Bekanntheiten, auf die man verfügend zurückgreift, verschwunden sind: das am meisten Bekannte und von uns in Gebrauch Genommene ist das „Sein". In jedem Satz, in jedem Gedanken, in jedem Verhalten — immer verstehen wir in gewisser Weise das „ist". Dieses Verstehen von Sein ist gleichsam das Medium, in welchem wir uns bewegen und aufhalten, aus dem wir nie herausfallen, in das wir ständig eingelassen sind. Zugleich aber ist dieses „Immerschon-Verstandene": das Sein, das Unbegriffene und Fragwürdige, das Rätsel aller Rätsel. Wir gehen damit um — und begreifen es doch nicht; wir machen ständig davon Gebrauch und wissen doch im Grunde nicht, was es eigentlich ist; wir sind selbst ein Seiendes inmitten einer Welt des Seienden und sind bedrängt von der Undurchschaubarkeit dieser Situation. Was ist das Sein? Mit dieser Frage steht die Philosophie auf — und bleibt in ihr, solange sie ihr geschichtliches Dasein hat auf dieser Erde. Die Seinsfrage der Philosophie endigt in keiner „Antwort", die die Frage beseitigt; vielmehr führt alles Denken immer nur tiefer in die ursprüngliche Not des Menschentums hinein. Wenn die Sprüche Heraklits in der versammelten Macht ihres Tiefsinns uns so angerührt haben, daß die Seinsfrage selbst in uns ins Schwingen geriet, dann mögen die folgenden Hinweise auf sein „Grundproblem" mehr sein als leere Formeln.

Sein und Werden? Die Zusammenstellung dieser beiden Titel soll ein *Problem* anzeigen. Und zwar eine wesentliche Gestalt der Seinsfrage. Mit der Zusammenstellung ist nicht gefragt nach einem Verhältnis von zwei Sachen, dem Sein hier und dem Werden dort. Die alltägliche Unterscheidung, die dem Sein das Werden gegenüberstellt und mit diesem Gegensatz operiert, steht noch außerhalb des Problems. Dort sagt man etwa: das Sein ist der Gegenbegriff zum Werden, Sein und Werden sind Gegensätze; das Sein steht, das Werden ist bewegt; der Begriff der Ruhe und Bewegung wird in Gebrauch genommen, um den Gegensatz von Sein und Werden alltäglich zu erklären; das Sein ist vollendet, das Werden ist unterwegs; doch gesteht man zu, daß ein Zusammenhang dieses Gegensätzlichen besteht: das Werden endigt im Sein. Die vage Art, wie wir dieses alltägliche Verständnis von Sein und Werden anzeigen, entspricht nur der Vagheit, die jenes Verständnis durchwaltet. Werden wird einmal genommen als das Unterwegs zu einem Sein als dem Endzustand, dann auch als lebendige Bewegtheit; und entsprechend wird Sein genommen als Gewordensein, als Resultat eines Werdeprozesses, dann aber auch als unlebendige starre Unbewegtheit; die Vulgärinterpretation ist somit orientiert am Phänomen des Entstehens von etwas und am Gegensatz des Lebendigen (Organischen) und Unlebendigen (Vorhandenen); das Werden eignet dem Sichwandelnden, das Sein dem zur Wandlung Unfähigen. In dieser Vulgärinterpretation des Gegensatzes von Sein und Werden ist selbst ein Denker vom Range Friedrich Nietzsches befangen geblieben, und zwar gerade in seiner Deutung des Verhältnisses von Heraklit und Parmenides. Heraklit gilt ihm als der Denker der lebendigen Bewegtheit, der unaufhörlichen Wandlung, des Prozesses, — Parmenides als der Denker des starren, unlebendigen, stehenden Seins. Das *eón*, das „Seiende" des Parmenides ist für Nietzsche eine furchtbare Abstraktion[1], ein Produkt des abstrakten Begriffs, eine Stillstellung des Lebens, eine tödliche Erstarrung. Die Intuition faßt das Wirkliche, das Lebendige, Insichgegensätzliche;

der Begriff dagegen nur das Gedankenschema, das Sein. „Ungriechisch wie kein andrer in den zwei Jahrhunderten des tragischen Zeitalters"[2], nennt Nietzsche den Moment, in welchem Parmenides seine Lehre fand vom Sein. „Einem Griechen war es damals möglich", — sagt er mit geistigem Entsetzen — „aus der überreichen Wirklichkeit, wie aus einem bloßen gauklerischen Schematismus der Einbildungskräfte zu flüchten — in die starre Todesruhe des kältesten, Nichts sagenden Begriffs, des Seins"[3]. Die Vulgärinterpretation des Gegensatzes von Sein und Werden ist nicht bei Nietzsche allein die Perspektive geworden für das Verhältnis von Heraklit und Parmenides, sie beherrscht weitaus die meisten Auslegungen. Das ist um so verwunderlicher, als im Philosophieren des Heraklit und des Parmenides die vulgäre Deutung von Sein und Werden ausdrücklich überwunden wird. Von einem Gegensatz zu sprechen, ist schon deswegen übereilt, als je der Begriff des Seins das Werden mit umfaßt. Werden, als eine Weise des Lebendigen verstanden, ist ja gerade dann die ihm eigentümliche Seinsweise; und wieder anders, das Sein, als Resultat des Werdeprozesses genommen, gehört jenem ja noch als Abschluß, als Endphase zu; das Werden, sagt man dann, schlägt ins Sein um. Schon eine ganz oberflächliche Besinnung zeigt eine Verkettung dieser Begriffe, eine tieferdringende, eine gegenseitige Implikation: jedes Werden ist seiend und jedes Sein ist im Werden, sofern Werden nicht nur als Geschehnis, Vorgang, Ereignis, sondern als *Zeit* gefaßt wird.

Alles, was ist, ist entweder gewesen, jetzt oder zukünftig; jedes Seiende ist in der Zeit; die Zeit aber ist reines Werden; sie ist nie auf einmal ganz, sondern ist nur so, daß sie als Abfolge von Momenten, von Augenblicken sich vollzieht. Die Zeit „zerlegt" sich so, daß je nur *ein* Moment ist und alle anderen nicht, aber dieses eine Moment ins Dasein tritt, um sogleich zu verschwinden und dem anderen, nachfolgenden Platz zu machen. Nicht im Hinblick auf die in der Zeit vorkommenden Ereignisse des Wachsens, Entstehens und Zugrundegehens usf. kann der Begriff des Werdens gefaßt werden, sondern im Hinblick auf die Zeit selbst. Alles was ist, ist in der Zeit; nicht nur das Wechselnde und Wandelnde, auch das Ständige und Bleibende. Auch Ständigsein und Bleiben ist nur von Moment zu Moment möglich, ist ein Hindurchdauern durch die Zeit. Auch das Wandellose, sich nicht Verändernde, Gleichbleibende kann solches nur sein im Wandel der Jetztmomente, im Wandel der werdenden Zeit. Eine Ständigkeit, die die ganze Fülle des Seins ohne die zeitliche Zerlegung in sich faßt, ist unmöglich. Das Werden, so verstanden als die Zeit, ist das *Worin alles Seienden*. Sein von Seiendem gibt es nur im Raume des Werdens der Zeit. Das Sein ist Werden. Das Sein ist Zeit. Sein ist ein Zeitwort. Ist diese Problematik der Horizont der heraklitischen Grundfrage? Ist es seine Einsicht, daß alles Seiende treibt im Strome der Zeit, auch das Ständige und Bleibende? Entdeckt Heraklit die Zeit als den Horizont des Seins? Diese Frage bejahen, würde bedeuten, Heraklit von der Fragebahn der *Metaphysik* her auszulegen.

Die Metaphysik, die eigentlich erst bei Platon und Aristoteles entspringt, sagten wir, denkt das *Sein* am Seienden. Die Grundsituation der Metaphysik ist charakterisiert durch den Einsatz der philosophischen Frage *im* Raum des Offenen, *im* Raume der aufgegangenen Vielheit des Seienden. Das Sein all dieses Vielen ist ein InderZeitsein; die Explikation der Seinsverfassung der Dinge muß notwendig die Zeit als den Horizont, der sie alle umfängt, sehen lassen; dies geschieht in der griechischen Interpretation des eigentlichen Seins als des „bleibenden" gegenüber dem nur „wandelbaren"; das Zeitverständnis von Sein spricht sich aus in den Grundbestimmungen der Substanz, der *ousía*.

Das Denken Heraklits aber zielt nicht ab auf die Seinsverfassung der seienden Dinge, er entdeckt nicht daran die Zeit als das Feld ihres Seins; Heraklit denkt zurück in die *arché*, in den Ursprung: in das Sein, sofern es noch nicht ausgegossen ist in die Vielfalt und *am* Vielfältigen sich zeigt. Und er denkt zurück in die Tiefe der Zeit, sofern sie noch nicht entfaltet ist und als Form alle Dinge umfängt, sondern sofern sie *aufgeht*, sich zeitigt im Hervorkommen aus dem Schoße der *physis*. Mit anderen Worten: Heraklits Problem von Sein und Werden hat nicht den Charakter der ontologischen Bestimmung der bereits schon entsprungenen Welt, sondern der *entspringenden*. Die vormetaphysischen Denker wagen das Andenken des Ursprungs. Ihre Fragen können nur erfaßt werden, wo ursprünglicher gedacht wird als in der Metaphysik. Die Metaphysik aber hat uns alle geprägt: sie ist die Form, in welcher unser Seinsverständnis „gefaßt" ist. Und darin besteht die große Schwierigkeit, einen Zugang wiederzufinden zu den physiologischen Denkern der Frühzeit, daß er nur gewonnen werden kann in einer „Überwindung der Metaphysik". Das Problem von Sein und Werden (von Sein und Zeit) als eine Weise der *Frage nach dem Ursprung* ist keine Erhellung des wesentlichen Bezugs zwischen dem *Sein an den Dingen* und der *Zeit an den Dingen*. Vielmehr richtet sich die Stoßkraft dieses Problems über alle Dinge hinweg in den Grund oder Abgrund, aus dem sie stammen. Wie entspringt aus dem einen, in sich verschlossenen Sein die Welt des Vielfältigen, das Reich der Dinge? Und wie kommt aus dem unerschöpflichen, zeitlosen, alle Fülle des Seins zugleich in sich Versammelnden (dem *ápeiron anólethron kai athánaton*) die alles erschöpfende, alles Sein zerlegende Zeit? Sein und Werden *an* den Dingen wird also zurückgesehen auf den Ursprung hin. Damit sieht es so aus, als behaupte Heraklit ein zwiefaches Sein: das Sein als noch unentfaltetes, in welchem es keinen Unterschied von

Sein und Seiendem gibt, und das welthaft entfaltete, das Sein an den Dingen, — und ebenso eine zwiefache Zeit: die Ewigkeit als die noch unzerlegte, und die Weltzeit als die alles zerlegende Zeit. *Aber das Ganze zusammen ist erst das Sein und die Zeit*: der verschlossene Abgrund *und* die aus ihm aufgehende Lichtung, Hades *und* Dionysos. Das Aufgehen, das zugleich ein Verschließen ist, dieser Doppelweg der *hodós áno káto*, ist die Bewegung, die das Sein vollzieht: das Auseinandertreten (*diaphéresthai*) und das Insichgehen (*xymphéresthai*). Das Ewige ist keine Ewigkeit, die in sich bleiben könnte, sie muß in die Zeitlichkeit sich ausgießen; und ebenso kann das einige Sein nicht in sich bleiben ohne den Sturz in die Welt.

Das Aufgehen zur Welt, das „Welten" (verbal genommen) ist die Weise, wie der Ursprung als Entspringenlassen ist. Das Entspringenlassen ist Zeitigung in einem tieferen Sinne, als sie je faßbar ist als die Form des Daseins der Dinge. Das Sein ist Zeit — dies ist Heraklits These, aber in einer radikalisierten Form. Das Sein weltet: es gießt sich aus und verliert sich dabei doch nicht, es erschöpft sich nicht im Fall in die Vergänglichkeit; es ist sein ewiges Wesen, sich zu verzeitlichen. Das Welten, das Auseinandergehen des Seins, ist für Heraklit gesichtet im Symbol des Spiels. Das Sein spielt Welt und wird dieses Spiels nie müde, weil es ein Spiel spielt, das zugleich ein Bauen und Zerstören ist, das nie gefesselt bleibt, sondern das Fesselnde wieder vernichtet. Das Sein, der ewige, schöpferische Abgrund, spielt unaufhörlich Welt — und dieses Spielen ist das tiefste Wesen der Zeit. Das Sein wird: es wirft sich immer ins Werden. Heraklit denkt im Symbol des Spiels aber das *Kind* mit. Nicht das Spiel überhaupt wird ihm zur „kosmischen Metapher": das Spiel des Kindes. Das Kind spielt nicht nur auch auf seine Weise, sondern es ist vielmehr der eigentliche Spieler. Alle Spiele der Erwachsenen sind blinde und taube Nachahmungen, die nur die „Zeit vertreiben", verjagen, aber nicht sie eigentlich und wesenhaft dasein lassen. Das Kind spielt nicht, weil es sonst mit der Zeit nichts anfangen kann; es kann vielmehr auf seine ursprüngliche Art nur spielen, weil es gerade auf eine besondere Weise zeithaft ist. Das mag befremden. Sind wir nicht gewohnt, vom Kinde zu sagen, es lebe noch in seliger Selbstvergessenheit, in der bloßen Gegenwart und ohne Zukunft und ohne Vergangenheit, in einer gewissen Weise „zeitlos"? Gewiß ist das Kind zeitlos, wenn es gemessen wird an der Erwachsenen-Zeit, an jener Zeit der ausgebildeten Horizonte, wo eine lange Vergangenheit hinter uns, eine kurze, flüchtige und ungreifbare Gegenwart bei uns und eine ungewisse, nur in ihrem tödlichen Ende gewisse Zukunft vor uns liegt. Der Erwachsene ist existierend je schon ganz eingegangen in die Zeit, sie ist die ausgeprägte Form seines Daseins. Aber es ist die Frage, ist diese ausgebildete, in ihren Horizonten und Erstreckungen festliegende Zeit auch die eigentliche? Oder gibt es Erfahrungen, in denen sich uns eine tiefere Dimension auftut? In allem schöpferischen Verhalten und wagenden Existieren zeigt sich, als seltener Glücksfall, ein Widerschein dessen, was das kindliche Dasein selbstverständlich ist: die spielerische Leichtigkeit des Entwurfs. Das Kind ist nicht in der Zeit wie in einem vorgegebenen Gefängnis, sondern geht in sie hinein, wirft sich in die Möglichkeiten. Wie das Kind gleichsam noch zwischensteht zwischen der Naturgeborgenheit des Tieres und dem an-sich-selbst-Überlassensein des Erwachsenen, wie es unterwegs ist zwischen diesen beiden Lebensformen, *so geht es auch erst in die Zeit hinein*, und sein Spielen hat den Charakter des Übergangs: *es bildet erst Zeit*. Das Sein, das abgründig noch in sich verschlossene, spielt auf kindhafte Art: es ist ein *Hineingehen in die Zeit*. Der Begriff des kindlichen Spiels, von Heraklit genommen, um die innere Bewegung des Seins selbst, also seinen größten Gedanken zu kennzeichnen, läßt noch ein weiteres Moment wichtig erscheinen: die *Absichtslosigkeit*, wir könnten sagen: „Zwecklosigkeit". Das Sein wirft sich in die Offenheit der Welt, geht auseinander in die Vielheit der Dinge, ohne daß dahinter eine vernünftige Absicht, ein Plan steht. Die Weltbildung, als welche das Spiel des Seins sich vollzieht, ist für Heraklit nie zu fassen in Kategorien, die dem planenden und berechnenden Verhalten des Menschen entnommen sind. Die Welt ist keine Schöpfung, kein Gebilde eines planenden Verstandes. Sie ist damit noch nicht sinnlos oder unvernünftig. Vielmehr sahen wir ja, daß Heraklit den Begriff der menschlichen Vernunft von der kosmischen her, vom *sophón* aus faßt, und nicht umgekehrt, wie wir es gewohnt sind. Die Welt, das Offene, ist durchwaltet und durchmachtet vom Vernünftigen und vom kosmischen *logos*, und dennoch hat sie den Charakter des Spiels. Die tiefen Gedanken, die in dieser Konzeption liegen, lassen sich nicht ohnehin entfalten; sie stehen im Widerstreit mit den ganzen Denkgewohnheiten einer langen geistigen Geschichte. Nietzsche hat den Versuch gemacht, das Sein von aller moralisch-theologischen Ausdeutung, die ihm in dem Gange der metaphysischen Philosophie zugewachsen ist, zu befreien und es als die „*Unschuld des Werdens*" zu denken; aber gerade in dieser negativen Formel von der Un-Schuld ist die Kontrastposition immer noch mächtig; er kommt nicht in die Erfahrung der Vorsokratiker vom Sein wirklich zurück. Bei dieser Reminiszenz mag noch ein Hinweis verstattet sein. Es wäre ein krasses Mißverständnis, wenn man Heraklits Problemansatz von Sein und Werden, d.h. vom Zeitspiel des Seins, auslegen wollte mit den Begriffen, die erst in der späteren Stufe der Metaphysik zur Ausbildung kommen. Wir haben aber selbst dergleichen getan. Wir sagten etwa, die Ewigkeit des Seinsgrundes geht über in die Zeitlichkeit und dergleichen. Aber alle solchen Reden sind nur als Verlegenheiten zu nehmen. Die Ewigkeit der *physis* ist keine Ewigkeit, wie sie die Metapyhsik dem Weltstoff zudenkt, kein unaufhörliches Dauern in der Zeit, und ist auch keine Ewigkeit, wie sie der christliche Glaube dem Schöpfergott zuspricht, keine Ewigkeit außer der Zeit; und ebenso ist das Weltbilden keine Erschaffung, keine Hervorbringung aus dem Nichts, sondern eben das Hervorkommen des Vielen aus dem Schoße des Einen. Als eine wesentliche Einsicht unseres Interpretationsversuches mag es gelten, daß wir gerade die Unzulänglichkeit all der Vorstellungsweisen erfahren haben, die man sonst so geradezu an die alten Denker heranträgt. Heraklit lehrt nicht den Fluß der Dinge, lehrt nicht das Werden als die einzige Wirklichkeit, er leugnet nicht das Sein, und er entdeckt nicht den Wesenszusammenhang von Sein und Zeit, solange diese Begriffe ontologische Strukturen der *Dinge* meinen. Was er wirklich denkt, und was wirklich sein bewegendes Problem war, das zu sagen ist eine Aufgabe, die wir nur in einem allzu vorläufigen Ansatz angegangen sind. *Hen pánta einai, das Eine ist alles, indem das Sein sich ausspielt in die Welt.*

Es kann nun als eine einseitige Auffassung angesehen werden, daß wir die Interpretationsthese durchzuführen versuchten, das Grundproblem Heraklits sei die Frage von *Sein und Werden*. Steht seine Philosophie nicht in der Weite aller wesentlichen Fragen? Ist das Sein bei ihm nur auf das *Spiel der Zeit* hin gesehen und verstanden? Keineswegs. Wo immer Philosophie wirklich wird, hat die Seinsfrage im Ganzen über sie Gewalt. Wie und in welchen Dimensionen aber wird Sein jeweils fragwürdig? Kann man das so im voraus ausmachen? Oder läßt sich das erst im Hinblick auf die faktische Geschichte der Seinsfrage, also auf den Gang der Philosophie bestimmen? Diese Alternative ist falsch gestellt; weder läßt sich der Raum der philosophischen Verwunderung vorgängig gleichsam rechnerisch ausmessen, noch ist eine sogenannte „Problemgeschichte“ der rechte Weg, in die Grundfragen hineinzukommen. In gewissem Sinne stehen die Grundfragen der Philosophie immer schon offen; aber mit dem Genanntwerden derselben ist noch gar nichts getan. Probleme haben wohl Namen und somit eine Bekanntheit; aber das erste, wenn das Denken sich mit ihnen einläßt, ist es, diese Bekanntheit zu verabschieden. Durch die Geschichte der Philosophie ziehen sich, aufs Große gesehen, solche Namen und Bekanntheiten: die Seinsfrage entfaltet sich mehrfältig, so zwar, daß sie in jeder Fragegestalt doch ihre ganze drängende Wucht behält. Diese Grundgestalten der einen Frage sind deswegen auch keine „Gliederung“ der Philosophie, die in verschiedene Bezirke oder Bereiche zerfiele. In jeder Gestalt ist sie je ganz da. *Das Sein*? Das Sein verstehen wir, wenn wir es aussagen von einem Ding, als solches, was das Ding seinläßt, was seine Wirklichkeit ausmacht. Das Seiende ist. Wogegen verstehen wir dieses „ist“? Was ist mitverstanden als das abwesende Gegenteil, wenn wir von etwas sagen, es ist? Das Nichts. Das Sein wird immer verstanden als das Gegenteil des Nichts. *Sein und Nichts*: dies ist die eine Grundgestalt der Seinsfrage, d.h. der Philosophie. Das Seiende ist — das kann auch heißen: es ist — im Gegensatz zu „es wird erst" oder „ist nicht mehr"; das „ist" verweist auf die Zeit, auf das Werden: *Sein und Werden*. Und ferner sagen wir etwa, eine Sache ist im Sinne von „sie ist wahrhaft so", es sieht nicht nur so aus; Sein wird dann verstanden als wahrhaft-Sein, in „seiender Weise sein" im Gegensatz zum bloßen Aussehen, zum Anschein; das Seinsverständnis bewegt sich je schon in einem Unterschied von *Sein und Schein*. Und endlich, das, was wahrhaft ist, zeigt sich nicht sofort dem bloßen Hinblick, dem erstbesten Verhalten, sondern einem besinnenden, überlegenden Verhalten, dem Denken. Das Sein steht in einem Bezug zum Denken. *Sein und Denken* ist endlich die vierte Grundgestalt der Seinsfrage. Diese Aufzählung ist jetzt ganz roh und unvollkommen vollzogen und gibt so zunächst noch keine Ahnung von der Bedeutsamkeit dieser Viergestalt der *einen* Seinsfrage. Diese Vierfalt aber beherrscht die Philosophie seit ihren Anfängen; sie ist ebenso in der vormetaphysischen wie der metaphysischen Philosophie am Werk; aber es ist eine grundsätzlich andere Weise, wie das ursprüngliche Denken in dieser Vierfalt sich bewegt, und wie die Metaphysik. Bei Heraklit ist das beherrschende Problem die Bewegung im Sein, vom *hen* zum *pánta*; — aber auch die Fragen von Sein und Nichts, von Sein und Schein, Sein und Denken lassen sich alle bei ihm finden. So sahen wir z.B., wie gerade das Offene nicht nur der Bereich der Vergänglichkeit, sondern auch des *Scheinens* in einem ursprünglichen Sinne ist, — wo Schein nicht als Anschein, sondern als *Vorschein* begriffen ist.

Das Problem von Sein und Schein, so sagen wir zunächst als eine vorlaufende These, ist das *Grundproblem des Parmenides*. Und in seinem Denken gewinnt es die erste unerhörte Entfaltung. Parmenides ist nie als eine Gegenposition zu Heraklit zu verstehen, wie es der Unfug der gängigen Deutungen behauptet. Wenn es eine ausdrückliche Gegenposition wäre, müßte sie derselben Grundfrage entspringen; das ist aber nicht der Fall. Parmenides steht in einer eigenen und von ihm erstmals zentral ergriffenen Problematik. Das soll uns die Auslegung seines Lehrgedichtes dartun. Über das bloß Tatsächliche nur wenige Worte. Parmenides, geb. 540 in Elea in Unteritalien, bedeutet zunächst den Wechsel des Schauplatzes der Philosophie. Von Jonien gehen wir über nach Italien. Parmenides soll aber nach der antiken Überlieferung im Zusammenhang mit dem jonischen Denken gestanden sein; als sein Lehrer gilt Xenophanes aus Kolophon in Kleinasien; im platonischen Dialog, der den Namen „Parmenides" führt, wird erzählt von einem Besuch, den der schon alte, ehrwürdige Parmenides in Athen gemacht habe, wobei er mit dem damals noch jungen Sokrates sich unterredet hätte. Das Äußere alles besagt für unser Anliegen wenig. Es geht uns jetzt nur um die Auslegung seiner Schrift, die auch den Titel „*Perí phýseos*" gehabt haben soll, was jedoch ungesichert ist. Diese Schrift ist ein uns nur fragmentarisch erhaltenes Gedicht von 154 vollständigen Versen (wobei sechs nur in lateinischer Übersetzung erhalten sind). Der üblich gewordene Ausdruck „Lehrgedicht" birgt die Möglichkeit eines schwerwiegenden Mißverständnisses in sich. Man könnte meinen, es handle sich dabei nur um eine in Verse gebrachte Abhandlung, also um ein poetisches Gewand für eine theoretische Sache; bei einer solchen Auffassung ist man allzuleicht geneigt, als bloße Allegorie anzusehen, was in der metaphorischen Bildersprache gesagt wird. Die allegorisierende Ausdeutung ist dann vor allem auch der Eingangspartie des Gedichts zugemutet worden, dem sogenannten Prooemium. Allegorie aber ist keine ursprüngliche Weise der Rede. Wir glauben daher, daß die dichterisch-denkerische Form, in welcher Parmenides seine Wahrheit aussagt, nicht zufällig und äußerlich ist, so wenig wie die Symbolik Heraklits. Das Gedicht beginnt als Bericht über die Wagenfahrt des Denkers, die ihn in das Haus der Göttin, der *Díke* bringt, damit er dort aus ihrem Munde die Wahrheit erfahre über das Seiende im Ganzen. Zweierlei halten wir gleich fest. Die Wahrheit wird vernommen nach dem Durchmessen eines langen Weges. Das besagt aber, sie ist zunächst nicht vernehmbar, weil wir *entfernt* sind vom Sein. Diese Seinsferne ist die Situation des Ausgangs alles Denkens. Und zweitens, die Wahrheit wird vernommen aus dem Munde der Göttin. Heißt das nun, daß Parmenides eine Auffassung der Philosophie gehabt habe, wonach diese „Offenbarung" ist, Selbstaussage der Gottheit? Widerspricht das nicht dem Wesen der Philosophie? Aber es ist mehr als fraglich, ob die Verkündigung der Göttin so etwas wie Offenbarung ist, vor allem Offenbarung, wie wir sie im religiösen Sinne kennen. Diese Frage ist um so brennender, je weniger wir in der Göttin nur eine Allegorie sehen, je ernster wir die parmenideischen Worte selbst nehmen. Die Wahrheit wird vernehmlich *nach* einem Weg, nach einer Entfernung vom Standort, wo sonst der Mensch steht, — und wird vernehmlich als eine göttliche, aber den Menschen ansprechende Stimme. Der Weg ist hier nicht zu nehmen als ein innerlicher subjektiver Weg der gedanklichen Entwicklung, als der Weg des Suchens und Forschens, sondern als die Verrückung des Standortes des Menschen. Darin liegt die tiefe Einsicht, daß Philosophie immer den Menschen herausreißt und aufjagt aus dem wohnlichen Gehäuse, das er sich eingerichtet hat inmitten des Seienden, — daß sie eine Verrückung, etwas „Verrücktes" ist, ein Ruck in den Wesensgrund des Seins.

23

Wir stehen vor der Aufgabe, das parmenideische Lehrgedicht in seinen Grundzügen uns zu vergegenwärtigen, um die darin treibende Grundfrage, das Problem des Parmenides zu sichten. Beiseite lassen müssen wir die Auseinandersetzung mit den bekannten Interpretationen und dem Streit, der darüber entbrannt ist.

Wir haben bereits vorweggreifend die Leit-These unserer Auffassung ausgesprochen: das Denken des Parmenides steht wie das Heraklits im Raume der von Anaximander aufgebrochenen Frage nach der *arché*; das Denken greift über alles Sichtbare hinweg und denkt zurück in den Ursprung aller Dinge, zurück von der Vielfalt des ausgegossenen, in die Mannigfalt des *Seienden* zerstückten Seins in seine ursprüngliche Einheit: in die *physis*. Bei Parmenides geschieht das Zurück-Denken in die *physis* als Entfaltung des Problems von *Sein und Schein*. Die *physis* wird verstanden als das eine in sich wahrhaft Seiende, das *eón*, — und die Welt, der Bereich der vielen Einzeldinge, der Bereich des Entstehens und Vergehens, als die Sphäre des Scheins. Sein und Schein sind aber prinzipiell *ontologische* Begriffe bei Parmenides. Von dieser Einsicht hängt schlechthin das Verständnis seiner Philosophie ab. Solange man den Begriff des „Scheins" etwa nur in einem erkenntnisrelativen Sinne nimmt, also als bezogen auf ein trügliches Vorstellen des Menschen, solange bleibt die innere Einheit des parmenideischen Lehrgedichtes verborgen. Es geht dort nicht darum, die Weltsicht des Philosophen gegen die der Menge zu stellen, die Vernunftgedanken gegen den Sinnenschein, die Wahrheit gegen den Wahn. Der Schein, von welchem Parmenides spricht, ist kein Irrtum, kein Erkenntnisfehler: er gehört selbst mit zum Sein. Das eine in sich einige Sein, das *eón*, das zu denken — nach Parmenides — das Wesen der Philosophie ist, *scheint*: erscheint; mit zum Wesen des *eón* gehört sein Erscheinen, sein Aussichherausgehen, sein *zum-Vorschein-Kommen*; und zwar erscheint es *im Vielen, an* den vielen seienden Dingen, die wir gewöhnlich schon als das Wahrhafte nehmen. Wir sind, solange wir nicht in den Ursprung zurückdenken, befangen im Schein, wir verstehen ihn nicht als den Schein des wahrhaft-Seienden, nicht als das *Vorscheinen des Ur-Einen*. Im Schein befangen, erkennen wir ihn nicht *als* Schein; erst dort, wo das *eón* selbst erkannt wird, kann auch der Schein als Schein verstanden werden. Denn dieser Schein ist kein Trug, kein Wahn und kein Irrtum, sondern die wesentliche „Äußerung" des wesentlich Seienden. Wenn in der Philosophie die Wahrheit aufgeht über das *Ganze* des Seins, so muß sie zugleich die Wahrheit über das wesentliche Sein, *to eón*, *„und"* über den Schein, *ta dokoúnta*, sein. So hängen auch die beiden Teile des Lehrgedichtes zusammen: der erste Teil nach dem Prooemium enthält die Lehre des Parmenides *vom ursprünglichen Sein* (*eón*), der zweite die Interpretation der *Welt des Vorscheinens*. Der Seinsgedanke des Parmenides entfaltet sich so in der inneren Unterscheidung im Sein selbst: zwischen *Wesen und Erscheinung*.

Dieser Unterschied von Wesen und Erscheinung stellt in dem ganzen Gang der Philosophie ein zentrales Motiv dar. Ähnlich wie der temporale Unterschied von Bleiben und Wechsel. In der vor-metaphysischen Philosophie aber haben diese Unterscheidungen einen prinzipiell anderen Sinn, als sie nachher im Gang der Metaphysik erhalten. Die Metaphysik prägt die ontologischen Unterscheidungen, welche die *physiológoi* vollzogen zwischen der *physis* (als der *arché*) und den aus ihr entsprungenen Dingen, *um* in Unterschiede im Dingsein selbst. Was vorher als das Bleiben der *physis* gegenüber dem Wandel aller Dinge gedacht wurde, wird zur Struktur der Substanz (*hypokeímenon*); und was als das Verhältnis von Wesen und Erscheinung zuerst gedacht war auf die *physis* und die aus ihr aufgegangenen Dinge hin, wird uminterpretiert in den Bau des Dinges selbst: sein „Wesen" erscheint in seinen Eigenschaften. Dieser Wandel der physiologischen Grundgedanken in metaphysische bedeutet den Verlust einer ungeheuren Möglichkeit der Philosophie, — ein Verlust, der uns noch immer bestimmt, und den wir nie so schmerzlich verspüren als im Versuch, die Fragen der Vorsokratiker „wieder zu holen". Soviel zunächst über die Teile des Lehrgedichts und ihr Verhältnis zueinander. Nur in der Einsicht in den Wesenszusammenhang von wesentlichem Sein und Schein wird die Einheit des Ganzen verstehbar.

Wir beginnen mit der Interpretation des Eingangsfragments. Gerade dieses Fragment spricht gegen die übliche Auffassung, als wäre der Schein bei Parmenides nur genommen als der subjektive Menschenwahn, als bestünde er nicht für den Denker. Gerade hier, in der Situation des Ausgangs, walten die Mächte von Tag und Nacht, Licht und Finsternis, — und sie sind keine Trugbilder, die den Menschen narren. Der Weg der Philosophie beginnt im Reiche der Erscheinung, in der Licht und Dunkel wechselnd walten. Der Denker, der wissende Mann, wird auf dem rossegezogenen Wagen, geleitet von den Heliaden, den vielberühmten Weg geführt, der über die Wohnstätte der Menschen hinwegführt. Was ist das für ein Symbol? Schalten wir ausdrücklich alle bloße „Allegorie" aus, vor allem jene im Altertum berühmt gewordene, wonach die Rosse das Seelengespann der verschiedenen Seelenkräfte, die Straße die Methode, die Begleiterinnen die Sinne, die Heliaden das Gesicht, die Räder das Gehör, die Göttin Dike die untrügliche *diánoia* usw. darstelle; denn eine solche Allegorie verfehlt gerade das Entscheidende. Es wird als bloß subjektiv, als seelisches Vermögen usf. ausgelegt, was waltende Mächte im Reiche der Erscheinung sind. Das Bild ist keine Allegorie, sondern ist ein Symbol. Das heißt aber, die einzelnen Momente stellen nicht etwas anderes dar, sondern fallen zusammen mit dem, was als Gedanke in diesem Bild sich ausspricht. Der Wagen, den die *híppoi polýphrastoi* ziehen, ist der Sonnenwagen, der den vielberühmten Weg befährt, den Weg der Sonne, hoch über allen Wohnstätten der Menschen. Die Sonne aber ist das Scheinende, das allen Schein aus sich Werfende, das All-Erlichtende. Dort, wo die Sonne scheint, ist das Reich des Sichtbaren, des Sich-Zeigenden. Im Sonnenwagen fährt, wie Phaeton einst, der Denker die berühmte Bahn, beginnend in der Helle der vom Schein der Sonne erleuchteten Welt. Der Weg hat so selbst den Charakter des Erhellens; geleitet ist der Wagen, der nie sonst in menschliche Macht gegeben ist, von den Heliaden, den Sonnenjungfrauen; sie weisen den Weg. Sie selbst sind Scheinende; und sie sind gekommen, wie auch der Sonnenwagen selbst, aus dem Hause der Nacht, *eis pháos*, „lichtwärts", selbst lichtend und ins Licht aufsteigend, *eis pháos osámenai kráton ápo chersí kalýptras*, „wobei sie vom Haupte mit den Händen die Hüllen zurückstießen" (Fr. 1). Die Heliaden also werden gesehen in der ihnen eigensten Bewegung des Enthüllens, des Offenbarmachens und Lichtens. Im Sonnengang, in diesem „majestätischen" Bild, vollzieht sich der Weg des Denkers. Aus dem Offenen und schon Gelichteten, aus dem Reiche der Erscheinung, dringt der wissende Mann, mitgenommen selbst von der lichtenden Kraft, die im Ganzen waltet, an den Rand, an die Grenze der Lichtung selbst, an das Haus der Nacht. Am Hause der Nacht hat das Offene und Gelichtete seine Grenze: das Offene ist umfangen von der Nacht des Verborgenen. Das, was sich uns zeigt, was wir kennen, der immer schon helle Bereich, die Welt des Scheins, hat dort ihr Ende. Aus der Dunkelheit der Nacht geht die Sonne auf, und in diese Dunkelheit verlöscht sie. Was aber ist das Dunkel, das nie sich für uns lichtet, solange wir im Bereich des Erscheinens stehen bleiben, dort wo die Wohnstätten der Menschen sind? In jenes Dunkel selbst hineinzufragen, ist der Anfang der Philosophie. Über alles schon Gelichtete, *uns* als das Seiende sich Zeigende hinweg in den Urgrund, aus welchem her sein Aufscheinen geschieht, zurückzufragen und zurückzudenken, — die Verborgenheit des Ursprungs selbst zu lichten, das ist der Sinn des Denkwegs des Parmenides. Und die Göttinnen, die Heliaden, geleiten den Sonnenwagen an das Tor, an dem sonst immer die Sonnenbahn endet, am Hause der *Díke*. Die *Díke polýpoinos*, die vielstrafende *Díke* verwaltet die „wechselnden Schlüssel" zu den Toren von Nacht und Tag.

Was ist diese Gottheit, die *Díke*? Sie ist die Gottheit der Grenze, die gesetzt ist zwischen der Verborgenheit des Seins und der Offenheit des erscheinenden Seins, oder anders: zwischen dem Reiche des Ursprungs und dem Bereich der

Welt; das ur-eine Sein erscheint immer zerstückt ins Viele; die Grenze des Übergangs des Einen ins Viele, des Verborgenen ins Offene, des ursprünglichen Seins in die Mannigfalt der Dinge, ist die *Fuge, die das Sein in seinem Doppelbereich zusammenschließt*. Als diese Fuge *scheidet* die *Díke* und *bindet* zusammen, sie ist das eherne Gesetz, das das Ganze durchwaltet. Ehern und ewig und unveränderlich ist diese Scheidung der Bereiche, und alles Recht und alle Ordnung unter dem Himmel, im Offenen und Verborgenen, ist gehalten von der *Díke*. Am Übergang, anscheinend nur auf einem einzigen Punkt im All, ist doch das Walten der *Díke* ausgreifend ins Ganze und alles durchdringend. Die Fuge des Seins ist unauflöslich. Und doch geschieht das Unerhörte: die Heliaden bewegen durch weiche Worte die sonst unerbittliche Göttin, das verschlossene Tor zu öffnen, dem Sonnenwagen, der jetzt den Menschen trägt, den Weg freizugeben in die nie erhellte Nacht der Verborgenheit: das Unerhörte, dem ehernen Gesetz des Seins gleichsam Hohnsprechende geschieht: die *Díke* öffnet den verpflöckten Riegel und das Tor fliegt weit auf, und mitten durch das Tor lenken die Heliadenmädchen, die Lichtbringenden, den Sonnenwagen selbst. Erstmals geschieht das allem Gang der Welt Widersprechende: in die Tiefe der Verborgenheit fällt das Licht, das ur-eine Sein selbst, nicht nur das sonst immer sich zeigende Seiende, steht im Licht; es vollzieht sich die Entschleierung des tiefsten Geheimnisses; es zeigt sich, *was in Wahrheit das Sein ist*. Und die *Díke* selbst, die sonst die Hüterin des Geheimnisses der Verborgenheit des Seins ist, nimmt den *Menschen* huldreich auf und spricht ihm zu. Keine *moíra kaké*, keine schlechte Fügung habe ihn hergebracht, vielmehr *thémis und díke*. Der Denker ist mit Fug und Recht den Weg gekommen und hat das Unerhörte begehrt, die Verborgenheit selbst zu schauen; aber zugleich wird gesagt, daß dieser Weg „fürwahr außerhalb der Menschen Pfade ist". Das scheint ein Widerspruch zu sein. Man könnte versucht sein, diesen Widerspruch dadurch zu beseitigen, daß man auf die Rarität des Denkers hinwiese; der Philosoph ist gleichsam ein Außenseiter, der nicht die üblichen Menschenwege geht, sich nicht genügen läßt an dem, was sich uns zeigt, der über die Dinge noch hinaus will ins Herz der Welt. Aber eine solche Deutung macht nur einen empirischen Unterschied; die meisten gehen nicht den Denkweg, sie könnten ihn jedoch auch gehen. Aber es ist in aller Schärfe gesagt, daß er ganz und gar außerhalb ist, ja wir müssen sagen, außerhalb der menschenmöglichen Pfade überhaupt; d.h. der Pfade, die der Mensch, dieses ärmliche und doch so eitle Wesen von sich aus, aus eigener Kraft gehen kann.

Der Weg der Philosophie gründet nicht in einer Selbstherrlichkeit der menschlichen Vernunft. Das ist eine Grunderfahrung, welche die Morgenfrühe der Philosophie durchstimmt. Und dennoch ist sie keine Offenbarung, die von den Göttern kommt. Sie ist weder nur Selbstleistung des Menschen, noch Werk der Götter. Sie ist in eins das äußerste menschliche Wagnis und ist Anruf. Die *Díke* selbst verwehrt sonst den Einblick in den Abgrund, der alles trägt und alles aus sich entläßt; sie hält ihn versiegelt und verschlossen als das gemeinhin den Menschen nicht Wißbare, diesen in den Schein Gebannten und Verschlagenen. Aber die *Díke* selbst öffnet dem Philosophierenden das verschlossene Tor, wenn er nicht nur von sich aus kommt, sondern getragen ist von der ganzen Macht der lichtenden Kraft, wenn er im Sonnenwagen kommt. Das heißt, wenn das Sein, als das verschlossene, aber sich in den Schein werfende, selbst den Menschen *ruft*, um seine eigene Wesenstiefe zu erhellen. Das Sein, die *physis*, braucht den Menschen, um in der abgründigen Tiefe ihrer Verborgenheit hell zu werden. Getragen von der Sonnenkraft des Lichtens erst, geleitet von den Heliaden, ist der Weg des Menschen bestimmt von *thémis* und *díke*. Dann allein ist er im Recht, und „mit Fug und Recht" steht dann die menschliche Frage auf, was das Sein selbst sei. Nicht hat also dann der Mensch nur einen Bezug zum Sein, sondern vielmehr ist der *Menschenbezug eingehalten in einen tieferen Bezug, den das Sein selbst nimmt zum Menschen*, wenn es ihn braucht, wenn es ihn ruft. Der Ruf des Seins an den Menschen ist die Voraussetzung dafür, daß der Denker auf den Weg gebracht wird, daß die Rosse des Sonnenwagens, die Heliaden, alle lichtenden Kräfte ihn geleiten, und die unerbittliche *Díke* sich erbitten läßt und ihm das Tor aufstößt. Es ist also viel mehr als nur ein Bild, eine äußerliche Allegorie, es ist ein tiefes und bedeutsames Symbol, welches das Eingangsfragment beherrscht: das Symbol der Sonne, der Lichtung. Die Sonne ist das eigentlich Scheinende, den Schein Werfende. Aus dem Reiche des Scheins führt der Weg des Denkens heraus, aber gerade mit den Kräften, die den Schein werfen. Das ist von größter Bedeutung. Was die *physis* sei, das immer Verborgene, aber doch immerzu Anwesende und Allumfangende, kann nicht erkannt und gesagt werden, solange nur ihre Verborgenheit gedacht wird, ihre Andersheit zu allem Sichzeigenden. Die *physis* wird von Parmenides begriffen als das *eón*, das eigentlich Seiende; und dieses Begreifen hat den Charakter des denkerischen Entfaltens dessen, was *Sein* ist. Parmenides wirft das Licht gleichsam selbst in den nächtigen Abgrund und erkennt, vernimmt dann das *begriffene Sein*. Von außen her gesprochen und ohne jedes Mitgehen in der Fragebewegung des Parmenides ist es, wenn man sagt, er habe die *physis*, die Natur umgedeutet in einen vornehmlich logisch gedachten Seinsbegriff. Gerade die in einer solchen Charakterisierung umlaufende Unterscheidung von „Natur" und „Logik" ist dem frühen und ursprünglichen Denken ganz fremd. Was es eigentlich mit diesem vielverleumdeten „abstrakten Sein" des Parmenides für eine Bewandtnis hat, werden wir im Laufe der Interpretation des Lehrgedichtes noch sehen können. Das Eingangsfragment, das wir bisher zu deuten versuchten in seinem symbolischen Gehalt, schließt mit der Ansprache der *Díke* an den Denker: die Seinsfuge, die verschließend und öffnend in eins ist und als solche die beiden Bereiche zusammenhält und die Mitte des Ganzen ist, spricht: aus seiner wesentlichen Mitte spricht das Sein auf den Menschen zu: „Nun sollst du alles erfahren, sowohl der wohlgerundeten Wahrheit unerschütterlich Herz, wie auch der Sterblichen Meinungen, denen nicht innewohnt wahre Gewißheit. Und trotzdem wirst du auch dieses kennenlernen, wie das Scheinende auf scheinende Weise ist, alles gänzlich durchdringend" (Fr. 1). Dieser Schluß des Eingangsfragments ist in der Deutung heftig umstritten worden. Der Streit aber, glaube ich, ist auf dem Vorurteil basiert, daß Schein vorzüglich eben subjektiver Schein, menschlicher Wahn, trügerische Ansicht und dgl. sei. Gerade der ontologische Begriff des Scheins ist verfehlt worden; an seiner Stelle nimmt man einen erkenntnistheoretischen „Schein" an. Dadurch gewinnen die Worte der Göttin einen absurden Sinn. Ist es der Göttin würdig, dem Menschen neben der Wahrheit noch ausdrücklich den Trug zu lehren, den Trug, den doch die Menschen ja sowieso kennen? Neben dem wahren Weltbild noch ausdrücklich und ausführlich ein wahnhaftes Weltbild zu zeigen? Karl Reinhardt ist in seinem Buche „Parmenides und die Geschichte der griechischen Philosophie" gegen diese Auffassung Sturm gelaufen und hat sie mit ernsten philologischen Gründen erschüttert; aber er ist — prinzipiell gesehen — doch in der „erkenntnistheoretischen" Deutung des parmenideischen Schein-Begriffes stecken geblieben. Er meint, es wäre ein „Mißstand, unter dem für uns die *dóxa* leidet, daß sie das erkennende Subjekt nicht greifen kann".[1] Parmenides will aber überhaupt nicht das erkennende Subjekt greifen, wo es ihm um den Schein geht. Der Schein ist nicht das Falsche, sondern das Erscheinende, zwar nicht das eigentliche Sein, aber eben seine *Äußerung*, an die wir Menschen sonst immer gebunden sind, weil die Wohnstätte unseres Daseins im Offenen liegt, im Reich der Erscheinung. Zum Denker hin aber spricht die *Díke* und weist ihm den vollen Umkreis der *ganzen* Wahrheit, der Wahrheit über das eigentliche Sein und der Wahrheit vom Schein.

Und hier gilt es einen wesentlichen Zusammenhang zu begreifen: den zwischen *Wahrheit und Sein*. Wir können ihn kurz und andeutend so exponieren. Gemeinhin sind wir gewohnt, Wahrheit zu denken als die Übereinstimmung eines meinenden menschlichen Verhaltens mit einer Sache. Wahr ist dann eine Erkenntnis, eine Ansicht, eine Wahrnehmung, ein Glaube; und zweitens ist uns dann auch wahr eine Aussage, ein Urteil, ein Satz, in welchem sich eine Erkenntnis oder eine Meinung ausspricht. Dieser vulgäre, d.h. ganz problemlose und gedankenlose Wahrheitsbegriff beherrscht unser alltägliches Verhalten zu den Dingen. Wahr ist ein auf Dinge, auf Seiendes bezogenes Meinen, wenn es die Dinge trifft, sich nach ihnen richtet und ihnen gemäß sich in Sätzen verlautbart. Jedes Meinen oder Behaupten ist demzufolge entweder falsch oder wahr. Wahrheit und Falschheit sind einfache Gegensätze. Jede besondere Wahrheit hat die allgemeine Form der Wahrheit überhaupt. Gewiß unterscheiden wir Wahrheiten, die uns mehr angehen, uns mehr betreffen, uns wichtiger sind, von anderen, ohne welche wir leben können. Die Wahrheiten über die letzten Dinge, über Gott und Tod und Sinn des Lebens gelten uns als höher als irgendwelche Wahrheiten, die ohne das Schwergewicht der Lebensbedeutung sind. Und trotzdem sind wir zumeist geneigt zu sagen, wie immer auch die verschiedenen Wahrheiten je nach der Bedeutsamkeit für uns verschiedenen Ranges sind, als Wahrheiten aber sind sie alle gleich. Es gibt keine Wahrheit, die wahrer wäre als die andere, obwohl es Grade der Gewißheit, Grade der Sicherheit gibt. Diesem üblichen und unentwickelten Wahrheitsbegriff liegt die Auffassung zugrunde, daß alle Wahrheit solche von Seiendem ist und daß außerdem das Seiende alles in gleicher, ununterschiedener Weise ist. Was ist, das ist eben; es gibt kein stärkeres oder minderes Sein. Das Sein wird also ebenso gedacht wie vorhin die Wahrheit, in einem einfachen Entweder-Oder: wahr oder falsch, seiend oder nichtseiend; „tertium non datur". Diese Einebnung von Wahrheit und Sein in das einfache Schema des Entweder-Oder beherrscht uns alle – vor der Philosophie. Diese erwacht gerade im Zweifel an diesem Schema. Fragwürdig wird dann, ob alle und jede Wahrheit nur *Seiendes* betrifft, und ferner ob die Wahrheit vom Seienden nicht auch abhängt von der Seinsmacht des jeweils wahren Seienden, von seinem Seinsrang, das besagt nicht von der Bedeutsamkeit für den Menschen, nicht von der Stelle, die ein Ding im menschlichen Weltbild einnimmt, sondern von der *Stärke des Seins* in ihm. Die Philosophie begreift in ihrem ersten Schritt, daß das Sein in sich unterschieden ist in wesentliches und unwesentliches und daß die Wahrheit vom eigentlich Seienden auch eigentliche Wahrheit, und ebenso Wahrheit vom seinsminderen Seienden auch mindere Wahrheit ist; und sie begreift so ferner, daß der Wahrheit selbst ein Sein zukommt, ein Seinsrang, der sich danach bemißt, welches Seiende in ihr offenbar wird. Und so drängt alles Philosophieren immer auf die am meisten Wahrheit seiende Wahrheit vom am meisten Seienden. Und noch ein wesentlicher Zug der Wahrheit muß gefaßt werden. Die gewöhnliche Wahrheitsauffassung verlegt die Wahrheit in den Menschen, in das Subjekt, wie wir gewöhnlich sagen. Wahrheit ist ein die Dinge treffendes, mit ihnen übereinstimmendes Wissen. Wahrheit ist genommen als ein Bezug des Subjekts zu den Dingen. Diese selbst aber, sagt man, sind, was sie sind, ob sie wahrgenommen werden oder nicht, ob sie zum Gegenstand eines menschlichen Meinens werden oder nicht; sie sind von sich aus dagegen gleichgültig; es geht sie selbst nichts an.

Das Erkennen, das Vernehmen überhaupt, ist eine nur subjektive Bewegung, die an den Dingen nichts ändert. In dieser Auffassung also werden die Dinge als indifferent gedacht gegen die Helle, die über sie fällt, wenn Wahrheit sich ereignet. Wahrheit aber nannten die Griechen *alétheia*, die Unverborgenheit. Das verweist doch auf eine vorgängige Verborgenheit. Ist nur jene gemeint, wenn sich die Dinge unserem Hinblick entziehen, wenn sie durch anderes verstellt oder verdeckt sind? Oder gehört die Verborgenheit in einem wesentlichen Sinne zum Seienden? Im griechischen Wahrheitsbegriff ist das Wesen der Wahrheit nicht primär vom Subjekt, sondern vom Seienden selbst her gedacht. Wo Wahrheit sich ereignet, geschieht die Entbergung eines Verborgenen, und das geschieht an den Dingen selbst. Aber hier stutzen wir. Sind denn die Dinge nicht immer schon hervorgetreten aus dem bergenden Grunde der *physis* und hinausgestoßen ins Offene, in die gelichtete Weite der Welt? Sind die Dinge nicht in einem radikalen Sinne immer schon entborgen? Und ist dies nicht eine fundamentale Voraussetzung, die Heraklit und Parmenides machen? In der Tat. Alles was uns sonst als das Seiende gilt: die unübersehbare Fülle der Dinge, ist schon herausgetreten in den Umriß der bestimmten Gestalt und der endlichen Erscheinung. Und das ist der tiefste Grund dafür, daß der vulgäre Wahrheitsbegriff überhaupt aufkommen kann, daß man meinen kann, die Dinge seien gleichgültig gegen die im Subjekt verbleibenden Prozesse. Denn all das, was wir so Tag für Tag erkennen, ist schon entborgen, liegt schon im Lichte des Tags, steht bereits im Felde der Erscheinung. Mit anderen Worten, die Sphäre der Erscheinung ist die Situation — und zwar die undurchschaute Situation — in welche der gewöhnliche Wahrheitsbegriff gebannt bleibt; *der Schein, ontologisch verstanden, ist der Horizont des alltäglichen Wahrheitsbegriffes*. Das Denken entbirgt hier nicht mehr, weil das zu Bedenkende, das All der vielen Einzeldinge, selbst schon entborgen ist. Die Wahrheit im Bereich des Scheins ist strenggenommen keine Entbergung. Wahrheit, *alétheia*, ist dort am meisten da, wo das Entbergen am meisten geschieht, d.h. dort, wo die ganze Kraft der Lichtung sich messen muß mit der höchsten Kraft der Verbergung. Das aber ist allein dort, wo über alles schon Gelichtete hinweg das Entbergen eindringen will in den immer verschlossenen Abgrund des Ursprungs, wo es in die *arché* zurückdenkt: d.h. in der Philosophie. Diese ist keine Wahrheit über schon entborgene Dinge, sie ist die Entbergung der stärksten und mächtigsten Verborgenheit; sie ist die Wahrheit über das Sein selbst. In dieser *einen* Wahrheit sind alle Wahrheiten enthalten, sie ist wohlgerundet (*eúkyklos*), nichts fehlt ihr und alles umfängt sie, und so ist sie die Wahrheit, die das Seiende im Ganzen aus seiner wesentlichen Mitte versteht, — aus dem unerschütterlichen Sein als dem Grunde alles erschütterlichen, d.h. vergehenden Seienden. Die Göttin verheißt dem auf der Sonnenbahn ihr zugekommenen Menschen, dem Denker, den höchsten Preis: der wohlgerundeten Wahrheit unerschütterlich Herz, *emén Aletheíes eukykléos atremés étor* ....(Fr. 1) Aber erst aus dieser Herzmitte des Ganzen wird dann in seinem minderen Sein verstehbar: der Schein, die Welt, aus der der Denker herausfragt in den Grund der *physis*. *Ta dokoúnta*, das Scheinende, das was die Menschen zumeist gerade so nehmen, als wäre es schon das wahrhafte Sein, kann in seinem Scheinen wesentlich begriffen werden *vom Sein her*, nicht nur als sein Gegenteil, oder gar als menschlicher Irrtum, sondern in der Einsicht in die Notwendigkeit, die im Sein selbst haust, die Notwendigkeit zu scheinen. Sein und Schein — das ist die grundsätzliche Gestalt der parmenideischen Seinsfrage. Im Eingangsfragment tritt der Schein im großartigsten Symbol auf, im Sonnengleichnis. Wir sehen das Gleichnis wiederkehren bei Platon. Aber dort, am Beginn der metaphysischen Wendung der Philosophie, hat es einen radikal anderen Sinn. Parmenides denkt das Licht und die Helle noch ursprünglich zurück auf die Nacht der in sich verschlossenen *physis*; im Bunde mit allen lichtenden Kräften, geleitet von den Heliaden und eingelassen von der *Díke* selbst in den nie betretenen Grund, vernimmt er die Stimme des Seins. Im Hinhorchen auf diese Stimme aus dem ewigen Abgrund aller Dinge vollzieht sich das Philosophieren des Parmenides.

Das Prooemium, das Eingangsfragment sagt selbst noch nichts über diese Philosophie aus; es nennt nur das Problem, die Frage von Sein und Schein. Aber darüber hinaus kommen, wenngleich nur im Wink des Symbols, doch grundsätzliche Züge der parmenideischen Philosophie zum Vorschein: der *Ausgang* des Denkens aus der Welt des Scheins, sein *Bündnis* mit der lichtenden Kraft und der *tiefe rätselhafte Bezug*, in welchem das Sein selbst auf den Menschen hinzielt, weil es ihn braucht; es, das Mächtigste, braucht das endlichste Wesen.

24

Das Eingangsfragment des parmenideischen Lehrgedichtes zeigte uns in der Sprache des Symbols den ungeheuren Anspruch dieser Philosophie: den über alle Menschenkraft und Menschenmacht gehenden, wahrhaft übermenschlichen Gang des Denkers zur *arché*, zum Urgrund von allem, was lebt und atmet im Licht, was oben ist in der Helle des Tages als ein Einzelnes bei dem anderen vielen Einzelnen. Im Bunde mit den heliadischen Kräften des Lichtes dringt der Denker mit dem Sonnenwagen selbst ein in das Haus der Nacht, das sonst immer verschlossene, und entnimmt der größten Verbergung die größte Wahrheit. Und dies nicht als ein selbstherrlicher Raub, sondern im Vernehmen der den Menschen selbst anrufenden Stimme aus der abgründigen Tiefe, im Hinhören auf die Worte der *Díke*. In diesem symbolischen Eingang gewinnt das Lehrgedicht des Parmenides die erste und grundsätzliche *Ortsbestimmung des Problems*. Gefragt wird nach der *arché*. Nicht also finden wir bei Parmenides einen Umschlag des Philosophierens von der jonischen Physik zur eleatischen Logik. Die Milesier haben so wenig eine „Physik" gehabt oder auch nur gewollt wie Parmenides eine „Logik". Sie denken alle nur die *arché*, sie denken den Ursprung. Das uns Befremdende ist die außerordentliche Kühnheit, ja Gewagtheit des anfänglichen Denkens der Philosophie. Sie geht nicht aus von dem, was sich uns zunächst zeigt, von den „Phänomenen", von den erfahrenen, gesehenen und sonstwie vernommenen Dingen, von der Situation unseres menschlichen Daseins mitten in einer Welt, nicht von den Herznöten und Sorgen unserer Existenz, — sie ist in keiner Weise „kritisch" und „methodisch", sie beginnt nicht mit einer Zergliederung unseres Erkenntnisvermögens und einer Abschätzung der Tragekraft des Denkens, sie fängt nicht an mit dem Gegebenen, um dann später vorsichtig weiterzugehen, sie philosophiert nicht *vom Standort des Menschen aus*, dort anfangend, wo er nun eben einmal steht, sich umblickend in der Welt und Jegliches befragend, was und wie es ist. Der Standort des Menschen ist in der Welt, im Reiche der Vereinzelung: er selbst ist *ein* Seiendes neben vielem anderen Seienden, das er nicht ist; als eines unter unzählig, unabsehbar Vielen ist er mit diesem zusammen in der allbefassenden Einheit der Welt; und diese Welt ist zugleich das Feld der Vergänglichkeit, wo Entstehen und Vergehen sich durchdringen, wo jeder Bestand nur Altern bedeutet; und ebenso ist die Welt das Reich des in die Offenbarkeit herausgetretenen Seienden, des ins Licht Aufgegangenen: die vielen Einzeldinge zeigen sich, und weilen entstehend-vergehend in der Zeit. Wir sind gewohnt, den Ausgang des Nachdenkens und der philosophierenden Besinnung ausdrücklich aus dieser Grundsituation zu nehmen, d.h. vom natürlichen Standort des Menschen aus zu denken. So verfahrend treffen wie nie die *arché*. Was wir treffen, das sind wir selbst, das sind Mitmenschen, Lebewesen, vorhandene Naturdinge, Menschenwerke, Zahlen, Sinngebilde und vielleicht waltende Himmlische — wenn es hoch kommt, fragen wir dann noch ausdrücklich und eigens nach dem Sein an all diesem vielen Seienden und unterscheiden es nach einigen Dimensionen. In der Kantischen Philosophie hat diese Gebanntheit des Denkens in die „Erscheinung", sofern es vom Menschenstandort ausläuft, ihren höchsten methodischen Ausdruck gefunden. Das frühe Denken der *physiológoi* ist davon das äußerste Gegenteil. Schon in der uns so simpel anmutenden Philosophie des Thales hat das menschliche Denken sich hinweggehoben über seinen natürlichen Standort, übersteigt fragend alle Phänomene, alles Sichtbare und Einzelne und Wandelbare, und denkt im Bilde des Wassers das *einfache Sein* als Ursprung der seienden Dinge; Anaximander wagt mit dem Begriff des *ápeiron* den Urgrund anzudenken, über den Wirbel des Vergänglichen hinweg das Unzerstörbare, Unvergängliche, Unerschöpfliche; Heraklit begreift, daß alles eines, daß das Viele nur das ausgegossene Ureine, der zerstückte Dionysos im Grunde der einfache Hades ist, und alles in der Zeit Dahintreibende, Vereinzelte und Erscheinende durch eine „verborgene Harmonie" zurückgebunden ist in den Mutterschoß der alleinen *physis*. Im Grunde bleibt auch der Begriff der *physis* noch ein Bild. Wenn die griechische Daseinserfahrung auch noch durchzittert war von der ungeheuren Spannung zwischen Naturoffenheit und erwachender Freiheit und aus dieser Spannung heraus einen Naturbegriff hatte, den wir nur schwer rekonstruieren können, so mag zugegeben werden, daß dort Natur primär weder eine Region vorhandener Dinge, noch ein unter besonderen Vorgriffen geprägtes Feld einer positiven Wissenschaft war, — daß Natur als das „Wachsenlassende" erfahren war, als das Allesumfangende, dem Jegliches entstammt, ob Tier, ob Mensch, ob Gott. Die Natur, die *physis*, war so kein einzelnes Ding, sie war in gewisser Weise alles, aber eben nicht als die Summe aller Dinge. Vielmehr sind alle vereinzelten Dinge aus ihr herausgewachsen; sie stehen *auf* dem Erdboden, der alles trägt. Die Einzeldinge steigen aus dem Dunkel der Erde auf ins Licht wie die Gewächse, und oben haben sie dann ihre Zeit, nach der sie wieder heimfallen in den Grund. Die Natur, so verstanden als die „Allesgebärerin", als die unerschöpfliche Mutter, die *physis*, konnte zum tiefsten Symbol für die *arché* werden. Parmenides *denkt erstmalig die arché in ihrem reinen Wesen* — ohne die Einkleidung ins Symbol; er faßt sie als das *Sein*. Das *physiologische* Denken erreicht in Parmenides seinen Höhepunkt. Jetzt tritt heraus in Klarheit, was eigentlich im *ápeiron* gemeint war wie auch im thaletischen Wasser. Die *arché* ist das Sein. Dieser Satz ist vielen Mißverständnissen preisgegeben. Ein herrschendes Vorurteil der Parmenides-Auslegung ist der uneingestandene „metaphysische" Ansatz. Man macht die stillschweigende Voraussetzung, Parmenides wolle ausmachen, was denn eigentlich das *Sein am Seienden* wäre, man macht ihn so zum Erzvater der Metaphysik. Die parmenideische Seinsfrage aber zielt nie und nimmer auf die *Seiendheit des Seienden,* nicht auf die Seinsweisen und die Seinsverfassungen, welche den Dingen zukommen, dem Vergänglichen, Vereinzelten und Erscheinenden. Nicht das *Sein am Vielen* ist sein Problem, sondern das *Sein als arché*, als der Ursprung der vielen seienden Dinge, die ihm das Scheinende, *ta dokoúnta*, sind. Die vorherrschende Parmenides-Interpretation nimmt seinen Grundbegriff des *eón* so, als wäre dies ein *einziges Ding.* Man sagt dann etwa, in Wahrheit gibt es nicht viele Dinge, sondern nur eben eines, ein einziges, *to eón*, die in sich geschlossene, einheitliche *Seinskugel*; es gibt überhaupt nicht Entstehen und Vergehen, sondern nur die unbewegte ewige Gegenwart; es gibt nur in den menschlichen Vorstellungen, Setzungen, Meinungen, Namen dergleichen wie das Viele und das Entstehen und Vergehen; in Wahrheit steht alles still und ist eines, während die Menschen trüglich vermeinen, daß viele Dinge sind und der Wandel der Zeit. Individuation und Vergänglichkeit sind Trugvorstellungen der Menschen. Die Philosophie erkennt die Wahrheit: die Einzigkeit des einen Seienden; die Menge ist im subjektiven Schein befangen, der uns eine Vielzahl und das Werden vorgaukelt. Diese Auffassung halten wir für von Grund aus verfehlt; sie hat ja schon das Ungereimte an sich, daß, wenn es in Wahrheit nur ein einzig-eines Seiendes gibt, es überhaupt nicht eine Vielheit von meinenden Subjekten geben kann als Quelle des Scheins. Diese Vielheit meinender Subjekte kann dann ihrerseits ja nur ein Schein sein. Mit anderen Worten, weder ist das *eón* das einzige Seiende, noch ist der Schein bloß ein subjektiver Trug.

Wie aber muß der parmenideische Grundbegriff des *eón* angemessen gefaßt werden? Das ist eine schwere Frage, auf die wir nicht sogleich eine bündige Antwort zur Hand haben. Zunächst gilt es den prinzipiellen Sinn des Problemansatzes in den Griff zu bringen. Parmenides denkt wir Thales, Anaximander, Heraklit über die uns erscheinende Welt hinweg in den Grund des „Ursprungs". Die *arché*, die *physis*, wird von ihm begriffen als das Sein. Die vielen, erscheinenden, seienden Dinge sind gleichsam *„Gewächse" des Seins.* Wenn wir das *eón*, sofern es als Ursprung, als *physis* gedacht wird, übersetzen mit „das Sein", so ist das eigentlich ein Verlegenheitsausdruck, der sehr mißlich ist; denn von dem Sein reden wir doch auch im ausdrücklichen Unterschied zu dem Seienden, und zwar in der Metaphysik, wo das Sein des Seienden das zentrale Thema ist. Wenn aber *Sein als arché* gedacht und begriffen wird, hat es einen gänzlich anderen Sinn. Und der ist schwer anzuzeigen. Es ist das Sein gleichsam bevor es auseinandergegangen ist in die Vielheit, in die Vereinzelung, in die Vergänglichkeit und in die Erscheinung: das Sein gleichsam noch vor dem Weltaufbruch. Aber auch diese Kennzeichnung leidet daran, daß sie in ein Zeitverhältnis setzt, was *in der Zeit* nicht charakterisiert werden kann; nicht ist zuerst das Sein in sich, eins und einig — und geht alsdann aus sich heraus und spaltet sich in die Vielzahl der Dinge und des Seins an ihnen auf; das Sein bleibt eins und einig, auch wenn es sich ausgießt ins Viele, so wie das *ápeiron* der unerschöpfliche Grund bleibt, auch wenn aus ihm unaufhörlich die begrenzten Dinge hervorgehen; die *physis* wird nicht ärmer durch ihre Gewächse, sie bleibt der allesgebärende und alles umfangende Schoß, bleibt der *eine* Daseinsgrund aller Dinge. Und so ist das Sein des Parmenides zu nehmen: es ist kein logisches Sein, und es ist kein Sein an den vielen Seienden, ist die *Seinsmacht als arché*. Die *arché* hat sonst im Denken der *physiológoi* gerade den eigentümlichen Charakter der Verschlossenheit; im Gegensatz zu dem Offenen, in dem wir unsere Wohnstätte haben, ist sie der schweigende und verschlossene Abgrund. *Physis krýptesthai phileí* (Fr. 123) hörten wir als tiefes Wahrheitswort bei Heraklit. Die Verschlossenheit und Unbetretbarkeit der *physis* zeigt sich in den meist negativen Kennzeichnungen: sie ist das Unbegrenzte, Unerschöpfliche usf.; die Charakteristik bewegt sich nur in Anzeigen, die sich abstoßen vom Bekannten; sie ist das „ganz Andere", das nie gesehen wird, das nie begegnet und um das wir doch ahnend wissen. Bei Parmenides wird die Scheu vor der Verborgenheit des Ursprunges überwunden, nicht beiseitegeworfen in frecher Ehrfurchtslosigkeit; vielmehr, angerufen von der Stimme der *Díke* selbst, vollzieht der Mensch die höchste Entbergung, die Lichtung der *physis* selbst. Sie wird offenbar als das *„ursprüngliche Sein"*. Das Denken, in welchem sich diese Lichtung vollzieht und die eigentlichste *alétheia* gestiftet wird, ist alles eher als ein bloß logisches Räsonnement, „ein Ziehen von Folgerungen aus dem Wörtchen *on*", wie ein Interpret meint; es ist die *erste ontologische Explikation*. Die bisherigen Grundbegriffe der Philosophie wie der des *ápeiron*, der *physis, bewegen sich* in einem fundamentalen Verstehen des Ursprungs, der *arché*, sie halten sich in einem Verständnis des „ursprünglichen Seins", — das zeigen alle Attribute, die sie der *arché* zuweisen —, aber sie vermögen nicht selbst die „Wahrheit des Seins", in der sie schon stehen, zu bedenken. Erst in der ontologischen Spekulation des Parmenides wird das „ursprüngliche Sein" begriffen.

Nach dieser allgemeinen Vordeutung, die allein den Zweck hat, vorschnelle und handliche Deutungsschemata fernzuhalten, wenden wir uns der Auslegung der Fragmente zu. Der Gang der gedanklichen Exposition ist keineswegs ganz eindeutig; die Anordnung der Fragmente ist teilweise umstritten; wir können uns aber auf diese Frage hier nicht einlassen und folgen daher der Anordnung, welche in der 5. Auflage von Diels, „Die Fragmente der Vorsokratiker", eingehalten ist. Noch eine kurze Vorbemerkung: unsere Übersetzung von *to eón* = das „ursprüngliche Sein" mag wie eine willkürliche Behauptung klingen, sie mag vor allem philologisch bedenklich sein; aber es ist die Frage, ob der philologisch exakte Sinn hier ausschlaggebend ist. *To eón* heißt wohl das „Seiende". *Wir* aber verstehen unter dem Seienden gerade die vielen einzelnen Dinge. Im Griechischen aber schwingt *to on* immer in der Doppeldeutigkeit von *on* und *einai*. Und Parmenides verwendet für das ursprüngliche Sein nicht nur den Ausdruck *eón*, sondern auch *estin, einai, to pélein* und für den Gegenbegriff des Nichtseins *ouk ésti, me einai, to me eón, ouk einai, me eónta, to medén, ouk eón*, d.h. die ontologische Explikation des Seins ist nicht thematisch auf einen einzigen Titel hin zentriert, sondern expliziert das Sein in einer umgängigen Art: auslegend, was Sein ist, macht sie selbst wieder Gebrauch von bestimmten Seinsbegriffen. Darin steckt die *Paradoxie, daß das Sein nur durch sich selbst explikabel ist*. Parmenides denkt das Einfachste auf der Welt: das *Sein ist Sein*; was dem trüben und gedankenlosen Blick erscheinen mag als eine leere und nichtssagende Tautologie, als ein Satz, mit dem man offene Türen einrennt, ist aber in der Tat die höchste Wahrheit und eine ungeheuerliche Einsicht, die die Tür zum bisher nie betretenen Abgrund der *physis* aufstößt.

Das 2. Fragment beginnt mit den Worten der Dike an den Denker; sie unterweist ihn über die einzigen Wege der Forschung, d.h. der Philosophie, *haíper hodoí moúnai dizésiós eisi noésai*. Sie selbst gibt nicht schon Resultate, die den Weg ersparen, sie weist vielmehr gerade Wege; die Bewegung und damit die Endlichkeit des Denkenden ist durch die göttliche Unterweisung nicht aufgehoben. Die einzigen Wege sind: *hópos éstin*, der Weg des *„Ist"*, und der Weg, welcher bezeichnet wird: das Nichtsein ist nicht. Und diese zusammen machen die Bahn der Überzeugung, der *Alétheia*. Und dieser doppelten Bahn der Wahrheit steht gegenüber die Bahn, welche durch das „Nicht ist" bezeichnet wird und durch das Erfordernis von Nichtsein. Diese Bahn aber, welche vorgibt, daß das *Nichtsein ist*, ist unerkundbar, weil das Nichtseiende weder erkannt noch ausgesprochen werden kann. Die ontologische Explikation beginnt mit den Thesen: 1. Das Sein ist, das Nichtsein ist nicht; 2. der Versuch, das Nichtsein als seiend zu setzen, ist unausführbar, kann wirklich weder gedacht noch gesagt werden. Das sind aber keine Thesen, die unentwickelt stehen bleiben können, sondern es kommt eben entscheidend darauf an, den inneren Gehalt dieser ontologischen Grundgedanken zu entfalten. Wir gehen gewöhnlich gedankenlos um mit den Begriffen von Sein, unsere alltäglich gebrauchten Seinsbegriffe stehen weder in der Helligkeit einer metaphysischen Interpretation der Seiendheit der Dinge, noch gar einer begreifenden Deutung des „ursprünglichen Seins". Für uns ist es keine Härte, Sein und Nichtsein als gemischt zu denken; ein Ding ist etwa für uns in einem bestimmten Zustand, in einer bestimmten Phase: es ist, sagen wir und meinen zugleich, es ist nicht mehr das, was es vorher war, und ist noch nicht das, was es nachher sein wird; und doch sprechen wir ihm Sein zu. Von was für einem Verständnis von Sein machen wir so Gebrauch? Doch offenbar von einem, das eine *Mischung* von Sein und Nichtsein zuläßt und in einer gewissen Weise das Nichtsein (etwa als Nochnicht und Nichtmehr) selbst irgendwie als „seiend" nimmt; — oder aber wir reden von den *vielen* Seienden, den Dingen, die die Welt anfüllen, und dabei ist es uns eine ganz geläufige Vorstellung, daß solches, was ist, zerteilt sein, vielfältig sein kann. Aber als Zerteiltes und Vielfältiges hat doch das Sein jeweils eine Grenze an einem anderen, das es nicht ist, so daß zu diesem Sein die Grenze und damit eine Art von Nichtsein mitgehört. Im Ansprechen aller Dinge überhaupt, so könnte man sagen, gebrauchen wir ein Seinsverständnis, das durch die unbedachte Mitnahme des Nichtseins in das Sein charakterisiert ist. Wenn im Zugang zum „ursprünglichen Sein" die scheinbar tautologischen Thesen aufgestellt werden, daß das Sein ist und das Nichtsein nicht ist, so hat das große, uns zunächst in ihrer Tragweite unübersehbare Konsequenzen. Das, was so aussieht wie die größte Selbstverständlichkeit, ist der *größte Widerspruch des Gedankens gegen die vorherrschende Seinsauslegung*. Das darf aber nicht so wie üblich verstanden werden, als sprengte Parmenides durch den Rigorismus seiner Deutung des Seins die ganze phänomenale Welt mit ihrem zeitlichen Wandel in die Luft; er versteht das Sein lediglich tiefer und „ursprünglicher", als es je im Bereich der erscheinenden Dinge begriffen werden kann. Das Sein, als *arché* verstanden, ist „anders", ist „voller", ist in sich „eins", ist, „unzerteilt" und „nicht ins Werden getaucht", wie es erscheint im Bereich der scheinenden Dinge, der *dokoúnta*. In diesem zweiten Fragment haben wir die Grundthesen des Parmenides in ihrer ersten unentwickelten Form; sie haben den Anschein von Tautologien, von leeren logischen Gleichungen und sind doch etwas radikal anderes. Die Logik ihrerseits ist charakterisiert durch einen nivellierten Seinsbegriff, der dem „Ist-Sagen" entnommen ist. Gott ist allmächtig, der Baum dort ist grünbelaubt, die Zahl „i" ist Wurzel aus -1: dreimal sagen wir hier „ist". Das darin angesprochene Seiende ist außer Vergleich; Gott, eine mathematische Zahl und eine Pflanze haben je ein gänzlich verschiedenes Sein; die prädikative Aussage aber ebnet diese Verschiedenheit ein in der Kopula, in dem Verbindungswort „ist". Die Logik sieht ausdrücklich ab von aller inhaltlichen Bestimmtheit ihrer exemplarischen Gegenstände, sie fragt nur nach formalen Beziehungen, die sich gerade in einem eingeebneten Verständnis von „ist" und „sind" halten.

Wenn aber Parmenides sagt, daß das Sein ist und das Nichtsein nicht ist, so wird hier eben nicht gleichgesetzt A = A, sondern das Sein durch sich selbst interpretiert. In dieser Selbstinterpretation von Sein werden wir verstehend erstmals auf das Sein selbst *zurückgeworfen*. Sonst verstehen wir zwar immer Sein in mannigfachen Weisen und Formen, aber eben im Ist-Sagen, im Aussagen über uns selbst und die uns begegnenden Dinge, — diese nennen wir das „Seiende“; d.h. wir machen immerzu Gebrauch vom Verstehen von Sein, aber durchdringen es nicht selbst. Was Sein und Nichtsein ist, darüber sind wir nicht im Zweifel, wenn wir es irgendwem *zulegen* wollen, — aber was dieses Sein und Nichtsein *rein in sich selbst* „ist“, oder anders, *was für ein Sein das Sein hat*, darüber machen wir uns gemeinhin keine Gedanken; das scheint uns wohl die müßigste Frage zu sein, die es auf Erden geben mag. Die müßigste vielleicht — weil sie nur aufbrechen kann, wo das menschliche Dasein entlassen aus der Fron zurückschwingt in die ruhige Gelassenheit des denkenden Verweilens. Aber sie ist die erste und letzte Frage der Philosophie. Welches Sein kommt dem Sein selbst zu? Ist eine solche Frage nicht widersinnig? Am Ende gar ein Zirkel? Woraufhin kann Sein noch verstanden werden? Können wir es durch etwas anderes verstehen und begreifen als durch sich selbst? Im Versuch, sagen zu wollen, was das Sein ist, werden wir auf es selbst zurückgeworfen. Dieser Rückwurf muß als eine wesentliche Struktur des parmenideischen Ansatzes begriffen werden. Fassen wir den gedanklichen Gehalt des 2. Fragmentes zusammen: die möglichen Wege und der unmögliche Weg des seinserforschenden Denkens werden gleichsam thesenhaft hingestellt. *Das Sein schließt das Nichts aus sich aus*, ist mit ihm unvereinbar; — dann nämlich, wenn das Sein als das „ursprüngliche“, als *arché* begriffen wird. Aber gerade in diesem ausdrücklichen Weghalten des Nichts vom Sein bewegt sich Parmenides in einem Verstehen von Nicht und Nichtsein, und zwar zwiefach: *das Nichtsein ist nicht*. Der unmögliche Weg, welcher das Nichtsein als seiend zu denken versucht, ist dann noch in seiner Unmöglichkeit charakterisiert dadurch, daß das Nichtseiende weder gedacht noch ausgesagt werden könne. Das *Sein* also ist allein solches, das erkannt und gesagt werden kann, es steht in einem festen und unlösbaren Bezug zum Erkennen und Sagen. Sein — Erkennen — Sprechen: das ist ein Zusammenhang, der seit den Griechen eine immer wach gehaltene Frage der Philosophie darstellt, das Problem von *on und légein*. Die Ontologie wird so selbst erst aus diesem Grundverhältnis in ihren Möglichkeiten verstehbar: sie ist ein Ansprechen des Seins. Dieser Zusammenhang von Sein, Erkennen und Sprechen verbirgt seine Problematik hinter einer leichtverständlichen Plausibilität. Etwa wenn man aus den parmenideischen Worten herausliest: das, was nicht ist, kann man eben deswegen, weil es dann ja nicht „gegeben“ sein kann, auch nicht erkennen, und über das Nichts läßt sich nichts sagen. So billig aber ist der Gedanke hier nicht. Er sagt nicht die platte Selbstverständlichkeit aus, daß, wo nichts ist, auch der Erkennende sein Recht verloren hat; er meint vielmehr, daß in allem Erkennen und Sprechen ein ganz bestimmtes Verstehen von Sein am Werk ist, welches das Sein als das Beständige, in sich Feste und Unwankende denkt, d.h. als solches, das nicht bald so, bald so sein kann, oder auch gemischt sein kann mit Nichtigkeit. Das kommt in den anderen Fragmenten deutlicher heraus.

Schon das dritte Fragment, das aus einem einzigen Satz besteht, weist in diese Richtung: *to gar autó noeín estín te kai einai.* „Denn dasselbe ist Denken und Sein". Dieser Satz gilt als *der* Fundamentalsatz der parmenideischen Ontologie. Denken und Sein: dasselbe? Fürs erste müssen wir uns der ganzen Befremdlichkeit dieses Satzes überlassen. Was besagt er überhaupt? Sagt er, daß das Sein in sich Denken ist? Hebt er die Unterscheidung der beiden Begriffe auf, — die Wesensauszeichnung des Seins ist das Denken oder umgekehrt? Wird das Sein vom Denken oder das Denken vom Sein verstanden und gedeutet? Oder besagt es nicht die Selbigkeit des Zusammenfallens in ein unterschiedsloses Einerlei? Bedeutet es einen notwendigen Bezug, eine feste und unauflösliche Korrelation? Steckt in diesem dunklen Satz, wie man oft zu deuten versucht, eine „metaphysische" Grundüberzeugung dergestalt, daß das Denken des Menschen nicht ein den Dingen fremd von „außen" gegenüberstehendes Verhalten ist, vielmehr in das innere Wesen der Dinge eingehe, weil dieses selber die Natur des Gedankens habe? Auf den Satz des Parmenides beruft sich die idealistische Seinsinterpretation des Deutschen Idealismus. Aber hat sie dabei Recht? Wir lassen vorerst diese Fragen offen; erst im 7./8. Fragment folgt die wichtige, aufschlußreiche Stelle über die Selbigkeit von Denken und Sein, d.h. dort *nach* der ausführlichen ontologischen Explikation von Sein, die wir zuvor durchlaufen müssen, um überhaupt zu ermessen, was hier „Sein" heißt. Wir lassen also das 3. Fragment in seiner ganzen Befremdlichkeit stehen.

Das 4. Fragment lautet: „Schaue jedoch mit dem Geist, wie durch den Geist das Abwesende anwesend ist mit Sicherheit; denn er wird das Seiende von seinem Zusammenhang mit dem Seienden nicht abtrennen, weder als solches, das sich überall gänzlich zerstreue nach der Ordnung, noch als solches, das sich zusammenballe". Mit dem ersten Satz kommt schon eine wesentliche Aussage über den *noús*. Der *noús*, das Vermögen des *noeín*, ist ein vernehmendes Verhalten, das hier gekennzeichnet wird als ein Bezug zum *Abwesenden*, so zwar, daß dabei gerade das *Abwesende anwesend* wird. Wie ist das aufzufassen? Zunächst mag man meinen, eben in der allgemeinen vagen Art. Man sagt etwa, sehen, tasten, befühlen usf. können wir nur solches, was wirklich da, was vor uns liegt, was in unserer Gegenwart ist, die Dinge um uns herum, das Anwesende. Unsere Wahrnehmung vom Anwesenden hat den Charakter der *Gegenwärtigung*; aber wir haben ja nicht nur die Wahrnehmungen und Empfindungen, die uns ständig erfüllen und angehen, wir haben außerdem noch unsere „innere Welt"; wir können gleichgültig und gelangweilt von dem gerade Anwesenden weg-denken, uns erinnern oder in Träumen und Phantasien verlieren; wir sind dann eben „in Gedanken"; in diesem weiten Sinne umfaßt das Denken alle Möglichkeiten der *Vergegenwärtigung*, das Abwesende stellen wir uns im Geiste vor und haben es in einer gewissen, aber uneigentlichen Weise *anwesend*, eben im Innenraum unserer Seele, in unserer *Einbildung*. Ist aber, so fragen wir, das nur hier gemeint, die seltsame Fähigkeit des Geistes, hinzudenken zum Abwesenden und es im Bilde zu vergegenwärtigen? Greift Parmenides den ganz vagen und alltäglichen Begriff von *noús* hier auf — oder umgrenzt er das Wesen des *noús* gerade mit der Bestimmung, das Abwesende anwesend sein zu lassen — *bebaíos*: „mit Sicherheit"? Ist die Abwesenheit, die hier in Frage steht, eine solche von nicht im Umkreis unseres Verfügens liegenden Dingen, — oder ist eine ganz andere und einzigartige Weise des Abwesendseins gemeint? Zumeist stehen wir im Zudrang der Dinge, im Widerspiel von Zukehr und Abkehr, und haben dabei *die physis vergessen*; sie ist das schlechthin Abwesende. Parmenides begreift den *noús* als die Möglichkeit, das immer vergessene Sein auf dem Grunde aller Dinge *anwesen* zu lassen.

25

Bei Parmenides wird die Philosophie der schöpferischen Anfangszeit der Griechen zur *Ontologie*, zur ausdrücklichen, sich selbst begreifenden Frage nach dem Sein. Damit vollzieht sich aber kein Wandel der Thematik; nicht gewinnt die Philosophie damit ein neues Feld, das sie bislang noch nicht betreten; es geschieht vielmehr dies, daß sie ausdrücklich *für sich* wird, was sie *an sich* schon war. Das Sein, das Parmenides in seinem Wesen bestimmt, ist dasselbe, was zuvor die *physis*, die allumfangende Natur war. Das Philosophieren des Parmenides ist ein einziger geistiger Kampf, die „Wahrheit des Seins" in den Begriff zu zwingen. Und es bedeutet das ärgste Mißverständnis, diese ursprünglichste *ontologische* Bemühung als eine leere „logische Spekulation" zu kennzeichnen. Die „Logik" ist überhaupt nicht zuständig in dem Fragebezirk des parmenideischen Denkens, weil sie bis heute in dem sie selber leitenden Seinsverständnis unerhellt geblieben ist. Die Logik mit ihren Sinngebilden und ihrem „ist"-Begriff ist, grundsätzlich gesehen, ontologisch noch ungeklärt; sie ist im wesentlichen eine Gedankentechnik, ein „Organon" geblieben. Sie bedeutet ein *Problem* für die Ontologie, die aus einem entfalteten Verstehen von Sein auch das sogenannte „logische Sein“ in seinem spezifischen Seinssinn bestimmen muß.

Der Zugang zu Parmenides hängt entscheidend von der Einsicht ab, die Frage nach der Natur des Seins als die zentrale und führende zu begreifen. Die ontologische Explikation, d.h. der Versuch, zu denken und zu sagen, was Sein ist, ist das einzige Anliegen der parmenideischen Philosophie. „Sein“: darauf kann man nicht hinzeigen, nicht hinweisen, nicht die Hand darauf legen, man kann es nicht feststellen und beobachten, durch verwickelte Methoden aufspüren. Dergleichen Verhalten ist nur sinnvoll, wenn wir erkunden, wie beschaffen das Seiende ist, die vielen uns umringenden Dinge; diese Dinge *haben* Sein, ihnen *kommt es zu*; aber sie können es nicht halten; im ständigen Verfall, der alle Dinge unter dem Himmel beherrscht, geht ständig Sein in Nichtsein über; wir leben in einer hinfälligen Welt. Ist das schon das Sein, dieses „eine Weile währen“, eine Zeitlang dahintreiben im sausenden Winde der Zeit? Oder das ragende Dastehen der Berge oder der stetige Wandel der Gestirne? Können wir an den dauernden Dingen ablesen, was Sein in sich selbst ist? Was Sein ist, wissen wir und wissen wir nicht; wir verstehen es dunkel und ungefähr und können es doch nicht klar sagen; wir meinen es an den Dingen zu finden, die standhalten, die dem Zahn der Zeit trotzen, die „bleiben“. Vage und dunkel halten wir das Sein für das Bleibende und Beständige; wir haben immer eine Ahnung vom Sein, und diese Ahnung steht herein als dämmerhaftes Licht in all unser Verhalten, durchzieht unser Sagen ebenso wie den bloßen Umgang mit den Dingen. Ohne die Ahnung von der Wahrheit des Seins wäre der Mensch ein Tier. Sie ist es allein, die ihn auszeichnet vor allen Lebewesen; in dieser Ahnung gründet die sonst im alltäglichen Dasein verdeckte Möglichkeit der Philosophie. Die Ahnung vom Sein bestimmt den Menschen als ein Wesen der *Ferne*; sofern er existiert, ist er durchwaltet und durchstimmt vom ahnenden Bezug zum fernen Sein selbst, auch dann, wenn er es, wie zumeist, dabei bewenden läßt und aufgeht im Umgang mit den begegnenden Dingen und diese als seiend hinnimmt in der Vagheit und Unklarheit, welche dem alltäglichen Seinsverständnis eigentümlich ist.

Das Sein selbst ist nie anwesend im nahen Umkreis des menschlichen Treibens, es west ab — wie ein fernes Licht, das den Umkreis unserer Nähe nur noch schwach, dämmerhaft und mit dunklen Schatten gemischt zu erhellen vermag. Im Fragment 4, das auszulegen wir begonnen haben, wird der *noús* gefaßt in der ihm eigentümlichen Kraft, das Abwesende anwesen zu lassen. Das bedeutet nicht die Fähigkeit der menschlichen Einbildungskraft, entfernte Dinge oder Ereignisse sich im Bilde vorzustellen, sich zu vergegenwärtigen. Eine solche Beziehung zum Abwesenden ist uneigentlich, nur das Bild, nicht die Sache selbst west an. Und ferner ist es nicht der *noús*, das vernünftige Denken, das also imaginiert, sondern der menschliche Geist in einem ganz vagen Sinne genommen. Hier geht es aber um etwas prinzipiell anderes: um einen Bezug des menschlichen *noús* zu solchem, das wesentlich und nicht aus zufälligen Gründen abwesend ist, und es geht ferner um ein wahrhaftes Anwesen des Abwesenden, nicht nur um eine bildhafte Vergegenwärtigung. Der *noús* also wird gerade in seiner Wesensnatur ergriffen, wenn er gefaßt wird als das menschliche Vermögen, das Abwesende zum Anwesen zu bringen. Der *noús* ist die Stätte, wo das Abwesende zum Anwesen gelangt. Dieses Abwesende ist das „Sein". Bei uns, d.h. bei uns anwesend sind die Dinge, das durch Vereinzelung, Vergänglichkeit und Erscheinen bestimmte Seiende; all das steht um uns herum, und wir gehören jeweils selbst hinein in den *kosmos*, in die Ordnung der Individuation, der Zeit und der Erscheinung. Das Sein, begriffen in der ursprünglichen Mächtigkeit der *physis*, als *arché*, ist gerade *abwesend*, ist das zunächst Verborgene, der Grund oder Abgrund aller Dinge. Aber es ist die *physis*, die Wachsenlassende, der Ursprung von allem doch nur, sofern ihm die Dinge entströmen, aus ihm hervortreten und aufscheinen im Licht: die *physis* selbst ist so der immer abwesende Grund, der alles Anwesen der Dinge gewährt; sie selbst hat den Charakter, zugleich abwesend-anwesend zu sein. Dieser paradoxe Grundzug der *physis* begegnete uns schon bei Heraklit in der Selbigkeit von Hades und Dionysos: Hades das abwesende Ur-eine, Dionysos das anwesende Viele. Aber gerade dadurch, daß die *physis* oder, parmenideisch gesprochen, das Sein diese Natur hat, abwesend anwesen zu lassen, d.h. das viele Seiende aus sich zu entlassen und in die Welt aufzubrechen, bleibt es an ihm selbst verdeckt: *das Seiende verdeckt uns das Sein*.

Wir sind im Anwesenden befangen, nur noch der ahnungshafte Bezug zum Sein unterscheidet uns vom Tier, das seinen Sinnen vertraut und an das Sinnlich-Nahe wie angepflöckt bleibt. Der *noús*, das vernünftige Denken allein hebt den Menschen über seinen natürlichen Standort hinaus, indem er das ferne abwesende Sein denkt. Dieses Denken ist das Ausarbeiten der Ahnung. Ist damit nicht ein rätselhaftes und unbegreiflich Wunderbares dem Menschen zugesprochen, die Fähigkeit, das ferne Sein zu erreichen? Ist das menschliche Denken damit in einen Rang versetzt, der zum größten Stolz Veranlassung bietet? Ist der Mensch das Maß geworden, hat seine Vernunft allein den Schlüssel zum verborgenen Geheimnis des Seins? Keineswegs. Parmenides war von einer solchen Hybris weit entfernt. Er begreift das Wesen des *noús* primär gar nicht vom Menschen aus, als sein Vermögen und seine Fähigkeit, sondern er sieht den entscheidenden Grundzug des *noeín* vielmehr von *einai* her: der *noús* kann das Sein selbst vernehmen, *weil er wie das Sein abwesend-an-*

wesend ist. Der *noús* vollzieht nur eine Bewegung, die das Sein in sich ständig vollzieht; er stimmt so mit dem Sein selbst überein, ist in diesem Grundzug selbig mit ihm. Damit haben wir einen ersten Vorbegriff von der Selbigkeit von *noeín und einai*. Im *noús* des Menschen vollzieht sich derselbe Grundvorgang, der das Ganze des Seins durchwaltet: abwesend-anwesend zu sein. Im Hindenken zur *arché*, zum Ursprung, west der *noús* ab und bringt das Verborgene selber zum Anwesen. Und dabei besteht also nicht nur eine Übereinstimmung in der Struktur zwischen dem Sein und dem *noús*, nicht eine Übereinstimmung wie zwischen zwei getrennten Dingen; der *noús* ist selbst eine Kraft des Seins, die den Menschen durchwaltet und in ihm Wohnung nimmt. Der Bezug des Seins zum Menschen, wie er — fern von aller falschen Selbstherrlichkeit der „Vernunft“ — von Parmenides erblickt wird im Symbol der anrufenden Stimme der *Díke*, durchwaltet den *noús*: so ist das Sein, als abwesendes, selbst in die Kraft gestellt, anzuwesen und auf den Menschen als die Stätte seiner offenbaren Wahrheit hinzudrängen. Wie hier der Mensch begriffen wird, ist himmelweit von allem Humanismus, von aller Selbstbehauptung des Menschen entfernt. Das Fragment 4 führt nun nach der grundsätzlichen Interpretation des *noús* als der Möglichkeit, das Abwesende anwesen zu lassen, ausdrücklich und expressis verbis zu dem Abwesenden hin: zum *eón*. Der *noús*, so wird jetzt gesagt, wird das Sein nicht abtrennen von seinem Zusammenhang mit sich, wird es nicht denken als zerstreut überallhin und nicht als zusammengegangen. Was meinen diese zunächst dunkel erscheinenden Worte? Wo, so fragen wir, nehmen wir das Sein als zerstreut, als abgerissen von sich, als unzusammenhängend? Wo vermeinen wir das Sein als gänzlich ausgebreitet *katá kósmon* und dann doch wieder zusammengefaßt? Nirgends anders als eben gerade hier, wo der natürliche Standort des Menschen ist: hier in der Welt der Vereinzelung, des vielen Seienden, scheint uns die Mannigfalt der Dinge schon das Sein zu sein; die Dinge sind abgetrennt voneinander, zerstreut über den ganzen Weltzustand hin, und andererseits ist all dies Zerstreute und Vereinzelte zusammengegangen in die eine Welt. Aber so, als zerstreut und zusammengegangen zur Welt, wird der *noús* das Sein nicht denken; so vermeint es das unvernünftige Meinen nur, das im Anwesenden befangen bleibt.

Der *noús* — so steht gleichsam aus dem Kontrast da — vernimmt das Sein *nicht als zerstreutes* und *welthaft zusammengehaltenes*, er denkt es als einig-eines und als *arché*. Und so ist dann auch der Gedanke des 5. Fragments zu verstehen, wo das Sein als ein *xynón* angesprochen wird: als ein Gemeinsames, in sich zusammen-Hängendes. Das 6. Fragment steht gedanklich auf dem Boden der bisher vollzogenen Unterscheidungen. Vor allem ist es der Gegensatz zwischen dem philosophischen Denken des Seins und dem gewöhnlichen menschlichen Meinen, welchem das Viele als das Seiende gilt. Aber diese Entgegensetzung wird jetzt streng ontologisch charakterisiert. Es spricht noch die Göttin. Sie unterscheidet drei Wege. Im 2. Fragment und im 7./8. sind es nur zwei Wege, die unterschieden werden. Das bedeutet aber keinen Widerspruch. Hier im 6. Fragment also vollzieht sich eine prinzipielle ontologische Formulierung. Der erste Weg ist der Weg der Wahrheit: er trifft die Natur des Seins, wenn er alles Nichts und alle Nichtigkeit vom Sein ausschließt. Wieder erhebt die Göttin ihre warnende Stimme, um den Denker zurückzuhalten von dem weglosen Weg, der das Nichts selbst als seiend ansetzt, und dann warnt sie endlich vor einem dritten Weg, auf welchem Sein und Nichtsein als dasselbe gilt und als nicht dasselbe. Dieser dritte Weg aber ist der, auf dem wir alle tagaus tagein dahinwandeln, der Weg des Scheins. Von prinzipieller Bedeutung ist in diesem Überblick über die drei Wege, daß der zweite, der zunächst ganz unsinnig erscheint (eben daß das Nichts ist), als die innere, wenn auch unausgesprochene Voraussetzung des dritten klar erkannt wird. Die Vermischung von Sein und Nichts-sein, das Hineinlassen der Nichtigkeit in das Sein, das ist nur möglich, wenn stillschweigend dem Nichts eine Art von Sein zuerkannt wird. Mit andern Worten, alle unsere gewöhnliche Seinsauffassung, und der gemäß wir den vergänglichen und vereinzelten Dingen irgendwie ein Sein zuerkennen, steht auf der widersinnigen, unaufgedeckten Voraussetzung vom Sein des Nichts. *Wir* sind die *díkranoi*, die Doppelköpfe, die das Sein meinen und zugleich darin das Nichts mitmeinen, denen sich dieser Gegensatz verwischt. Und weil wir zumeist nicht das Sein denken, das reine, in sich feste, von allem Nichts befreite Sein, weil wir es zulassen, daß das Nichtige sich breit macht in dem, was wir sonst das Seiende nennen, sind wir befangen in Gegensätzen, zeigt sich unsere Welt als eine Welt der Gegensätze, des Warmen und Kalten, des Lichten und Dunkeln, gibt es für uns überall einen *palíntropos kéleuthos*, eine gegenstrebige Bahn. In dieser Wendung wollte man eine Anspielung auf Heraklit erkennen und in der Verdammung des dritten Weges eine abschätzige Beurteilung der heraklitischen Philosophie von seiten des Parmenides. Ich glaube, daß dieses 6. Fragment etwas Wesentlicheres sagt. Parmenides entwirft hier aus einem systematischen Überblick über die Grundmöglichkeiten, die Natur des Seins aufzufassen, den Weg der Philosophie im Gegensatz zur breiten Heerstraße, auf welcher das Menschengeschlecht dahinzieht, das im Schein befangene; es ahnt dunkel, was Sein ist, aber vermißt sich ständig und hält die vielen Einzeldinge für das wahrhaft Seiende; es weiß und weiß doch nicht, ratlos schwankt es in seinem Sein-Vermeinen hin und her; wir selber sind die unentschiedenen Haufen, die *ákrita phýla*, die dahintreiben stumm und blind, bei all ihrer Geschwätzigkeit und all ihrer Neugier.

In dem von Diels zusammengefaßten 7. und 8. Fragment haben wir endlich das Zentrum des parmenideischen Seinsgedankens vor uns. Auch hier beginnt das Fragment mit der Warnung der *Díke* vor dem Abweg, der das Nichtsein als seiend ansetzt. Griechisch steht hier der Ausdruck *me eónta*. Vielleicht ist der Plural hier besonders bedeutungsvoll. *Ta me eónta?* Die vielen Seienden, die Dinge, die aus Gegensätzen gebauten, in denen sich Sein und Nichts vermischen. Von diesem Wege möge der Denker den Gedanken fernhalten und sich nicht zurückzwingen lassen durch die vielerfahrene Gewohnheit, und er möge darauf nicht walten lassen das blicklose Auge und das dröhnende Gehör und die Zunge. Das Denken des Seins muß sich schon im Ausgang abstemmen gleichsam gegen die Gewalt der Gewohnheit, jener Macht, die uns alltäglich bindet. Die Gewohnheit also ist hier das Vermeinen, welches *ta me eónta* als seiend ausgibt im blinden Vertrauen auf das „blicklose Auge". Blicklos ist das Auge, das gewöhnliche sinnliche Sehen, weil es vermeint, wirkliche seiende Dinge zu erfassen, aber dabei im Ganzen geleitet ist von einem unrechten Begriff von Sein; und dröhnend ist das Gehör, weil es im lauten Lärm der brausenden Welt doch eben nicht vernimmt, was es zu vernehmen glaubt. Gegen das Zeugnis von Auge und Ohr und gegen das Zeugnis der Zunge, d.h. des immer schon Geredeten — gegen diese ganze gewöhnliche Welt der Gewohnheit, in der der Mensch wohnt, soll nun mit dem *logos* der Streit über das Sein zur Entscheidung gebracht werden. Bestimmter, dieser Streit soll allererst entfacht werden. Das Entfachen dieses Streites ist der Anfang der Philosophie; sie ist die „streitreiche Prüfung", wie Parmenides sagt. Was kommt in diesem Streit zur Prüfung und worüber soll gestritten werden? Und gegen wen? Der Gegner ist bereits genannt: es ist die Gewohnheit, die alltägliche, ungeprüfte, gedankenlose Seinsdeutung, in der wir befangen sind. Der Gegenstand des Streites ist das Sein selbst. Die Wahrheit des Seins muß erstritten und erkämpft werden gegen uns selbst; der Mensch ist das Feld und die Walstatt des Streites um das Sein. Und dieser Streit hat nicht nur den Charakter einer menschlichen Angelegenheit, so als ob es eben nur für ihn darauf ankäme, vom Sein einen rechten Begriff zu gewinnen. Der menschliche *noús*, so hörten wir, ist die Stelle im Weltall, wo das verborgene Wesen des Seins selbst ins Licht treten kann; er kann das Abwesende anwesen lassen. Der *élenchos*, der nun entfacht wird, ist kein Beweisgang, wo mit Rückgriff auf gesicherte Erkenntnisse etwas bewiesen wird; er ist eine „Prüfung" in jedem, auch dem verwegensten Sinne des Wortes. Philosophie ist immer Prüfung, eine Prüfung für den Menschen, den sie heimsucht, auf daß er das eigentlichste Wesen des Menschentums bewähre, eben in dem prüfenden Bedenken, was eigentlich „Sein" ist. Nichts trägt mehr und keinen Boden gibt es dann, wo wirklich diese Prüfung sich ereignet. Die Prüfung der Seinsgedanken ist die äußerste Ausgesetztheit des Menschen, und sie ist daher durch Abgründe getrennt von der Harmlosigkeit einer nur logischen Begriffsuntersuchung.

Ein Weg nur bleibt dem Denker, der Weg, der in die Wahrheit des Seins selbst führt. Dafür, sagt Parmenides, gibt es viele Zeichen, *pollá sémata*. Mit diesem Ausdruck erscheint ein ganz wesentlicher Begriff. Die Wahrheit des Seins zeigt sich in *Zeichen*. Das heißt, sie kann nicht unmittelbar und direkt ausgesagt werden. Sein ist das nur durch sich selbst Auslegbare; wir können nicht auf anderes zurückgreifen, wenn wir sagen sollen, was es eigentlich ist; es ist keine „Art", alle Arten sind in ihm; es selbst ist ja das Äußerste, alles in sich Einbehaltende. Von woher also soll es aufgehellt werden? Das Sein ist: sagt Parmenides: *hos éstin*; diese zwei Worte können alles enthalten und auch nichts. Und allzuoft werden sie als nichtssagende Tautologie gedeutet. Explikabel ist das Sein nur auf *mittelbare* Weise, so zwar, daß ihm Charaktere zugesprochen werden, gleichsam mit schlechtem Gewissen, Charaktere, die in eigentlicher Weise irgendwelchem Seienden zukommen, und die dem Sein beizulegen eine Unangemessenheit bedeutet; aber gerade in dieser Unangemessenheit doch Züge des Seins selbst ansprechen. Das ist die fundamentale Schwierigkeit aller Ontologie, daß sie anscheinend die ontische Sprache, das Ansprechen der Dinge spricht und im Grunde eben nicht Dinge meint: daß sie *Seiendes* sagt, aber *Sein* denkt. Einzig auf diese Grundschwierigkeit hin muß begriffen werden, was die *sémata tou eóntos*, die Zeichen des Seins selbst sind, die nun Parmenides einzeln durchgeht. Die ontologische Explikation hat hier den Charakter der *Metapher*, nicht des symbolischen Ausdrucks im üblichen Sinne, nicht das dichterische Bild anstelle des Gedankens; vielmehr hat der Gedanke, und zwar in der höchsten Schärfe und Bestimmtheit, das Moment der *Analogie* an sich. Die parmenideische Interpretation der Natur des Seins vollzieht sich in *ontologischen Analogien*. Zunächst werden als *sémata* des Seins genannt *agéneton und anólethron*, ungeboren und unzerstörbar ist das Sein. Wieder leuchten diese Worte des Anaximander auf, die er dem *ápeiron* gab. Die Ungewordenheit und Unvergänglichkeit des Seins gründet in seiner Ganzheit, es ist *oulomelés*, und ferner *atremés*, unerschütterlich und *atéleston*, ziellos, nicht auf ein Ziel in der Zeit zulaufend. Diese erste Gruppe der *sémata* sind bis auf eines *Negativa*, sind Kennzeichnungen der Seinsnatur durch den Abstoß von den wesentlichen Zügen, welche den Dingen zukommen; denn jene sind geworden und vergänglich, sind erschütterlich — alles verwittert im Wetter der Zeit — und haben so ein Ende in der Zeit. Auch das Ganzsein ist wesentlich aus dem Kontrast her gedacht; die Einzeldinge sind je nicht alles, sind nur das Eine und das Andere nicht, sind begrenzt vom Anderen, räumlich und durch die Gegensätzlichkeit wie das Kalte vom Warmen; sie sind immer unganz. Im Gegenzug gegen diese Unganzheit der endlichen Dinge wird die Ganzheit des Seins gedacht: es ist nicht vereinzelt und nicht zerstreut, sondern in sich beisammen, eins und einig; und daher kann es nie geworden sein; denn Werden ist das Aufsammeln von Sein im Nacheinander; und es kann nie an Sein verlieren, nicht abnehmen und hinschwinden. Entscheidend aber ist, daß die Einsicht wach wird, daß Parmenides nicht irgend ein phantastisches Ding, das „Absolute", erdenkt: ein Ding, das zwar nicht mehr endlich und begrenzt sein soll, aber im Grunde doch noch ein Seiendes ist, das immer währt und nie vergeht und unerschütterlich bleibt im Wandel der Zeit. Es sieht nur so aus, als wäre das Sein so ein Ding; gleichsam in der Metapher des von allen Endlichkeiten befreiten Dinges stößt das ontologische Denken „analogisch" vor zum Wesen des Seins. Und grundsätzlich gilt das auch von allen weiteren *sémata*. Das *eón*, das Sein, war nie und wird nie sein, weil es im Jetzt zusammen ist in ganzer Weise, als Eines, als *hen*, und Zusammenhängendes, *xynechés*. Auch hier wird das Modell für die ontologische Analogie deutlich: es ist der Gegensatz zum InderZeitsein der Dinge. Die Zeit zerreißt deren Sein in die Abfolge von Phasen, zerlegt es, splittert es auf; ein Ding kann nur sein im Moment des Jetzt, und hinter sich die gewesenen, schon durchlaufenen Jetztmomente, und vor sich die noch ausstehenden. Was soll es nun bedeuten, das Jetzt festzuhalten und Vergangenheit und Zukunft wegzustreichen? Ist das ein *nýn*, ein Jetzt wie es die Dinge haben? Wird das Sein zusammengedrängt auf das punktuelle Jetzt? Keineswegs: Es wird zu denken versucht das zunächst Ungereimte einer Zeit, die *nur* aus lauter Jetzt besteht, aus lauter Gleichzeitigkeit; eine zeitlose Zeit wird hier zur Metapher. Das Sein stößt die „Zeit" als Vergängnis von sich; diese hat nur die Herrschaft über die endlichen Dinge, über die „Gewächse" der *physis*, nicht über sie selbst. Das *eón*, fährt Parmenides fort, kann nicht hervorwachsen aus Seiendem und ebensowenig aus Nichtseiendem. Das Sein ist unvermehrbar, weil es schon alles ist, — und aus dem Nichts kann überhaupt nie Sein hervorkommen. Das ist die Grundüberzeugung der gesamten antiken Ontologie. Das Sein ist unableitbar; es weist jeden Gedanken von Geschaffenheit weit von sich, — und zwar deshalb, weil es selbst schöpferisch ist im Sinne der *physis*. Antik gedacht kommt alles Seiende aus dem Sein, und nie aus dem Nichts; die creatio ex nihilo, selbst wenn sie durch Gott geschieht, ist der ganzen Seinsauslegung der Antike widersprechend. Die *Díke*, die Gottheit des Rechts selbst bindet das Sein in sein unzerstörbares Gefüge und hat es nicht freigegeben für Vergehen und Entstehen; denn vom Sein selbst zu denken, es könnte entstanden sein oder jemals vergehen, bedeutet das Sein im Sein zu negieren, die „Ewigkeit des Seins" zu leugnen und damit das Nichts einbrechen zu lassen in das eherne, unerschütterliche, wandellose Wesen des Seins. Das Sein kennt keine *génesis und nicht ólethros*; „so ist das Entstehen verlöscht und verschollen das Vergehen", sagt Parmenides. Aber damit löscht und vertreibt er Entstehen und Vergehen aus dem Begriffe des *Seins*, nicht leugnet er schlechtweg, daß es Entstehen und Vergehen gibt. Wo immer Sein gedacht wird, muß mitgedacht werden das Enthobensein über allen verzehrenden Wandel der Zeit. Wenn der *noús* das Sein selbst vernimmt, ist der Brand gelöscht des fressenden Feuers, das die endlichen Dinge tilgt, und weit weg, verschollen ist alle Vergänglichkeit. Das Sein, nicht das Seiende (im Sinne von endlichen Dingen), ist das aller Zeit Entrückte; es ist nicht „in" der Zeit, aber es ist nicht zeitlos, sondern ist ständige Gegenwart. Die weiteren *sémata*, in denen sich die Seinsexplikation des Parmenides bewegt, sind dann noch folgende: das Sein ist *oudé diairetón*, nicht teilbar, es ist gleichartig, ist ganz von sich erfüllt *(émpleon)*, ist unbeweglich in den Grenzen gewaltiger Bande, anfangslos und zeitlich endlos, ist das mit sich selber einige *(tautón)* und in sich selbst Bleibende und Unbedürftige, dem nichts fehlt. Und weil es an ihm keinen Ausstand und keine Lücke geben kann, ist es auch das in sich selbst Geschlossene, Ganze.

Nach dieser Explikation der Seinsnatur kommt dann die entscheidende Stelle, wo Parmenides den Zusammenhang von *Denken und Sein* bestimmt. Das Denken ist nicht im allgemeinen und unbestimmten Sinne genommen, als das menschliche Vermögen, Gedanken zu bilden, sondern wird in seinem Wesen geprägt von einem einzigen Gedanken. *Tautón d'estí noeín te kai hoúneken ésti nóema;* „dasselbe ist Denken und der Gedanke des *Ist*". Das Denken ist nicht „an etwas Beliebiges denken", an irgend ein Seiendes, — Denken ist das Ausdenken, das entwerfende Ausdenken der Natur des Seins. „Nicht ohne das Sein, in welchem es als Ausgesprochenes ist, kannst du das Denken antreffen", heißt es weiter. Das *noeín*, von welchem Parmenides spricht, ist allein das Denken der Philosophie, das prüfende Bedenken, was Sein ist. Indem der Mensch das Sein denkt in den *sémata* des Ungewordenen, Unzerstörbaren, des Insichganzen, des Zeitentrückten usf., läßt er es anwesen und ins Wort kommen und macht sich selbst zur Stätte, wo die höchste Verbergung sich lichtet. Und diese Wahrheit des Seinerdenkens ist von Grund auf verschieden von allen sonstigen sogenannten Wahrheiten, die die Menschen zu besitzen wähnen, wenn sie umgehen mit den endlichen Dingen, sie benennen und besprechen. Das gewöhnliche Sagen bewegt sich in bloßen Namen; wir nennen die Dinge, diese nichtigen Schatten, bereits schon das „Seiende" und wissen dabei nicht, was Sein wirklich ist. Wir nennen das Werden und Vergehen, die Veränderung des Orts und den Wechsel der leuchtenden Farben. Das Sein offenbart sich im

Denken, in jenem freilich, das den Entwurf wagt, das die „Seinsheit des Seins" ausdrücklich denkerisch entfaltet in versagenden Metaphern und sich dabei angerufen weiß von der göttlichen Stimme der *Díke* — und ihrer Wegweisung folgt.

Parmenides beschließt die ontologische Explikation mit einer grandiosen Metapher: das Sein selbst, als das in sich vollendete und unversehrte (*ásylon*), gleicht einer *wohlgerundeten Kugel*, die gleichgewichtig und gleichmäßig ist. Aber gerade dieses Bild macht auf eine eindringliche Weise den Analogiecharakter aller verwendeten Begriffe deutlich. Das Sein ist kein geometrisches Gebilde, aber an der Kugel, dieser für den Griechen schlechthin vollendeten *Gestalt*, werden die Wesenszüge des schlechthin *Gestaltlosen*: des Seins, angesprochen.

Damit kommt der erste Teil des parmenideischen Lehrgedichtes zu Ende.

26

Der zweite Teil des parmenideischen Lehrgedichtes, dem wir uns zum Schlusse noch zuwenden, enthält die Lehre vom *Schein*. Die textliche Überlieferung ist lückenhaft und bietet keinen so zusammenhängenden Gedankengang wie der erste Teil; es sind im wesentlichen die Fragmente 9-19 und davor noch die entscheidende Partie aus dem 7./8. Fragment, wo der Übergang vollzogen wird. Auf den ersten Blick sieht es so aus, als handele es sich um eine Art von Kosmogonie, eine Weltentstehungslehre. Die Schwierigkeit, die sich aber dem Nachverständnis in den Weg legt, liegt in der eigentümlichen Zweideutigkeit, daß die Göttin hier spricht wie über wirkliche Vorgänge kosmogonischer Art, über das Entstehen von Sonne, Mond, der himmlischen Feuerkränze überhaupt usw., und zugleich all dies als *dóxai brotón*, als Meinungen der Sterblichen charakterisiert. Ist diese ganze Kosmogonie nur eine Wahnvorstellung der Menschen, und berichtet die Göttin nur, wie sich die Menschen, in Irrtum befangen, die Welt vorstellen? Dem widerspricht aber der bestimmte Ton, in welchem alle Darlegungen über die Kosmologie gehalten sind. Hier liegt also die eigentliche „crux" der Interpretation. Nach der Auffassung von Diels geht es in diesem zweiten Teil nur um die Darlegung einer „wahrscheinlichen Hypothese", der aber von vornherein keine Wahrheit zuerkannt werde, weil im ersten Teil des Lehrgedichtes die wahre Weltansicht bereits ausgesprochen sei; es sei nur die relativ beste Ansicht vom unhaltbaren Boden des im Sinnenschein befangenen menschlichen Meinens aus und sei außerdem noch eine Art von Doxographie der bisherigen Meinungen.[1] Die Künstlichkeit einer solchen

Deutung springt in die Augen; sie ist meiner Meinung nach völlig verfehlt. Sie widerspricht dem ganzen Ton und der ganzen Stimmung des Gedichtes ebensosehr wie dem darin treibenden Problem. Der Göttin, dem erhabenen Mund des Seins, die Ausmalung einer Hypothese anzusinnen, sie sagen zu lassen, wie es *wäre, wenn* der Sinnenschein im Recht wäre, erniedrigt sie zur bloßen allegorischen Figur; Karl Reinhardt hat gegen die Konstruktion von Diels die wesentlichsten Einwände vorgebracht; seine Auffassung ist, kurz gesagt, die:[2] die Göttin trägt keine Hypothese vor, keine Als-ob-Auffassung, sondern aus ihrem Munde kann nur die lautere Wahrheit kommen: sie sagt die Wahrheit *über* den Menschenwahn. Aber dabei geschieht das, was auch die Reinhardtsche Auffassung wieder erschüttert; die Göttin hält diese Einstellung nicht durch; sie beginnt zunächst über den Wahn zu sprechen, verfällt aber im Fortgang selbst in diesen Wahn, spricht aus ihm heraus — und nicht mehr über ihn. Reinhardt formuliert dies selbst so: „Parmenides beginnt die *dóxa* damit, daß er erzählt, ...die Menschen seien übereingekommen, zweierlei Gestalt mit Namen zu benennen; aber er entwickelt nicht, was man erwarten sollte, wie sie aus beiden Gestalten sich ihr Weltbild schufen, sondern das Gedachte gewinnt alsbald selbständiges Leben, Dunkel und Licht vereinigen sich und bilden die Welt, aus der Erkenntnistheorie erwächst, zu unserer Überraschung, eine Kosmogonie, was nichts als Name, ...*ónoma* war, geht physikalische Verbindungen ein und erzeugt zuletzt auch noch den Menschen selbst samt seinen Erkenntnissen. Das ist für unsere Begriffe allerdings ein starkes Stück ...[3]".

Die Frage ist hier nur, ob nicht die Interpretation sich „ein starkes Stück" leistet, wenn sie Parmenides eine „Erkenntnistheorie", eine Reflexion auf subjektive Erkenntnisquellen und dergleichen Modernitäten zuspricht. Diels wie Reinhardt stehen beide auf der selbstverständlichen Voraussetzung, daß der Schein, von welchem Parmenides spricht, nichts anderes sei als Trug, Täuschung, Irrtum, falsches subjektives Meinen. Die *dóxa* beziehe sich auf *dieselben* Dinge wie der *noús*; nur eben fälschlich und im Irrtum befangen. Der *noús* sei die richtige, die *dóxa* die falsche Ansicht von der Welt. Ich glaube, daß dieser ganze Ansatz verfehlt ist. Man operiert hier ganz selbstverständlich mit dem geläufigen Gegensatz von objektiv-wahrer und subjektiv-wahnhafter Beziehung zum Gegenstand, mit dem Gegensatz von „Erkenntnis" und „Meinung". In Wahrheit aber erkennt bei Parmenides der *noús* nicht besser als die *dóxa* das Seiende, weil *er überhaupt sich gar nicht auf die Dinge bezieht*. Der *noús* ist kein Organ der Erkenntnis der erscheinenden Welt; der *noús* vernimmt allein *to eón*, das Sein selbst; er denkt es in den *sémata*, in den Zeichen der Anfangslosigkeit, Zeitentrücktheit, Unzerstörbarkeit usw.; der *noús* läßt das für den Menschen immer ferne Sein anwesen, so zwar, daß es dadurch nie zu einem „Ding" wird, aber dem Menschen aufgeht in der Herrlichkeit seiner in sich gegründeten Vollkommenheit, die im *séma* der gleichgewichtigen Kugel symbolisiert wird. Der *noús* zielt einzig auf die abwesende *arché*, nie auf das anwesende Viele. Das Verhältnis von *noús* und *dóxa* kann deswegen schon nie ein konkurrierendes sein. Der Grundfehler der üblichen Deutungen besteht darin, daß sie das Verhältnis von *noús* und *dóxa* orientieren auf das Schema von wahrer und vermeintlicher Erkenntnis von Demselben; und ganz unbeschwert das Selbige ansetzen als *ta ónta*, das Seiende in der Welt. Wenn dieser Ansatz festgehalten wird, wenn es hinsichtlich des Selben zwei Ansichten gibt, muß die eine notwendig falsch sein und diese Falschheit sich aus der Subjektivität erklären. Das Wesen des Scheins wird hier von der Subjektivität aus erklärt, sie ist die Quelle des Scheins; Schein ist prinzipiell als „Anschein" verstanden.

Die Interpretation, die wir vom ersten Teil des Lehrgedichtes versuchten, weicht von der allgemeinen Auffassung ab: sie deutet *to eón* nicht als das Seiende, sondern als das Sein, das zwar nur aussprechbar bleibt im *séma*, von dem wir reden müssen, als wäre es ein Ding, während der Gedanke gerade nur das *reine Sein* denkt. Das *eón* des Parmenides ist nie ein „Phänomen", nie ein im Umkreis unseres menschlichen Weltaufenthaltes begegnendes Ding; es ist wie die *physis* Heraklits oder das *ápeiron* des Anaximander die *arché*. Wenn das einmal begriffen ist, dann verschwindet die Konkurrenz zwischen *noús* und *dóxa*; der *noús* denkt das Sein, die *dóxa* vernimmt das Seiende. *Die dóxa ist die Erkenntnis der erscheinenden Welt*. Der Unterschied von *noús* und *dóxa* muß nicht „erkenntnistheoretisch", sondern *primär ontologisch* verstanden werden. *Dóxa* ist die Weise des wissenden Innestehens in der aufgebrochenen Welt der vielen vereinzelten, erscheinenden und in den Strom der Zeit geworfenen Dinge, — während der *noús* das ur-eine, in sich wohlgerundete Sein vernimmt. Die *dóxa* umgreift den Bereich, von dem schon im Eingangsfragment die Göttin sagt: „Du wirst auch dieses kennenlernen, wie das Scheinende (*ta dokoúnta*) scheinend ist, alles ganz und gar durchdringend"; also außer der eigentlichen Wahrheit, der Wahrheit vom Wesen des Seins, auch das *Feld des Erscheinens*. Beides zusammen erst macht das Ganze aus: *arché* und die aufgegangene Welt. Aber wird denn nicht, so kann man einwenden, die *dóxa* bei Parmenides als trüglich charakterisiert, der nicht einwohne *pístis alethés*, „wahre Gewißheit"? In der Tat. Diese Kennzeichnung ist das am schwersten Verstehbare. Es bedeutet aber eine, wie mir scheinen will, vorschnelle Deutung, die eigentümliche „Unwahrheit" der *dóxa* als subjektiven Trug auszulegen. Worin besteht die „Falschheit der *dóxa*"? Etwa darin, daß sie die Dinge falsch auffaßt, falsch wahrnimmt, falsch beurteilt? Vergreift sie sich, bewegt sie sich in Illusionen und Täuschungen? Was ist das in der *dóxa* Vernommene? Vorläufig gesagt, das Werden und Vergehen, der Wandel der Zeit und die Vielheit der Dinge. Ist nun die *dóxa* falsch, weil sie annimmt, es gäbe dergleichen wie Entstehen und Vergehen, während in Wirklichkeit es solches nicht gibt? Sind Wandel der Zeit und Vereinzelung der vielen Dinge nur menschliche Wahngebilde? Diese groteske Anschauung wird von den meisten Interpreten dem Parmenides nachgesagt. Und so stehen sie dann auch vor der ungereimten Tatsache, daß die Göttin selber ernsthaft redet vom Werden der Gestirne und den feuer- und nachterfüllten Regionen des Himmels. Die Falschheit der *dóxa* wird als „gewöhnliche" Falschheit verstanden; das ist sie aber keineswegs. Es handelt sich hier nicht um eine Nichtübereinstimmung von einem gegenstandsbezogenen Meinen und der Sache selbst, vielmehr einzig um eine *ontologische Falschheit*. Was soll das besagen? Die *dóxa*, als die Weise des menschlichen Innestehens in der erscheinenden Welt, ist nicht falsch, weil sie Entstehen und Vergehen ansetzt, sie ist falsch, weil sie dabei geführt ist von einem unrechten Seinsbegriff; sie denkt — allerdings ganz dunkel und unausdrücklich — das Sein als ein von Nichtigkeit durchsetztes, wenn sie den erscheinenden Dingen, diesen ständig von der Zeit verzehrten, „Sein" zumißt und ebenso den vereinzelten, d.h. jeweils durch Grenzen bestimmten Dingen. Sie vermischt Sein und Nichtsein. Sie spricht jeweils aus einem getrübten und verdunkelten Verständnis des Seins; — gemessen am *noús*, der das reine und heile, alles Nichts von sich abstoßende Wesen des Seins ergreift und damit im Lichte der vollen ontologischen Wahrheit steht, ist die *dóxa* falsch; ihre Falschheit ist nur ontologisch zu charakterisieren: sie spricht als „seiend" an solches, was nicht das wahrhafte Wesen vom Sein hat. In den erscheinenden Dingen ist das eine, in sich ruhende, unbewegte Sein gleichsam herausgegangen ins Viele, ins Werden abgestürzt, aufgebrochen zur vielfältigen Welt. Das Sein als *arché* ist übergegangen ins „Phänomen", — ähnlich wie bei Heraklit die *physis*, die unerschöpfliche, die endlichen Dinge in den erschöpfenden Strom der Zeit wirft. Anders aber als bei Heraklit ist das Problem angesetzt: nicht als das Verhältnis des zeitlosen Grundes zum Werden, sondern als die *ontologische Problematik von Sein und Schein*.

Wie muß die phänomenale Welt im Ganzen ihres angeblichen Seins begriffen werden, wenn der Maßstab des wahrhaften Seins der *noús* ist, wenn Sein so ist, wie es der *noús* vernimmt und in den erörterten *sémata* aussagt? Diese Frage steht über dem ganzen zweiten Teil des Lehrgedichtes. Thesenhaft können wir sagen: Der Begriff des Scheins darf nicht orientiert werden am gewöhnlichen Trug oder Irrtum oder Wahn. Schein besagt primär *Vorschein* (Phänomen) und nicht Anschein (Illusion). Die Welt im Ganzen genommen, das All der endlichen Dinge überhaupt, ist der *Schein des Seins, in dem Sinne, wie wir vom Schein der Sonne* reden. Das Sein scheint, sofern es erscheint, aufgespalten in die Vielheit, eingetaucht ins Werden, aufgebrochen zur Welt. Aber an diesem aufgebrochenen und zerstückten Sein, an dem Anwesenden, ist eben nicht wahrhaft zu verstehen, was es „eigentlich" ist, sondern im Hinwegdenken über das Anwesende, in jener Entrückung, deren großartiges Symbol, die Fahrt des Denkers im Sonnenwagen hoch über allen Wohnstätten der Menschen, das Eingangsfragment bringt. Die Menschen sind die unten Wohnenden, in der Erscheinung Beheimateten. Die Menschen werden somit selbst zur Ortsbestimmung der Erscheinung. Das ist von großer Bedeutung. *Ta dokoúnta*, das Reich der Phänomene, ist *bei uns*, bei den Menschen, ist in einem weiten Sinne das *Menschenland*. Karl Reinhardt macht die tiefe Bemerkung, daß in der „urwüchsigen Philosophie" des Parmenides die „Sterblichen" zum fest umgrenzten Begriff werden „für die Welt, in der wir leben."[4] Wir, die Sterblichen, sind der Bezugspunkt, um das Reich der Erscheinung, das Anwesende festzulegen, gegenüber dem Abwesenden, dem Ort des wohlgerundeten Seins, der dort bei den Göttern ist. Was aber ist nun diese „phänomenale Welt"? Dieses Nichtige, vom Nichts durchsetzte Sein, das Scheinhafte ihres Scheins? Parmenides begreift die Natur des Scheins in einem Rückgang auf den Menschen. Also doch zur Subjektivität? Ja und Nein. Die Frage ist nur, *wie* der Mensch hier begriffen wird. Das bedarf einer näheren Erläuterung.

Die *dóxa*, sagten wir, ist das menschliche Vernehmen der erscheinenden Dinge. Parmenides sieht nun das Wesen dieser *dóxa* im *Nennen*, im Ansetzen von *Namen*. Der Mensch kommt also nicht in den Blick als der in die Subjektivität seines Meinens Eingesponnene, sondern als der Namengeber, *Nenner aller Dinge*. Die *dóxa* ist eigentlich die *menschliche Rede*. Alles Sprechen des Menschen aber ist ein unaufhörliches *„Ist"-Sagen*. Nur in der Sprache verhalten wir uns eigens auch zum „Sein", und nicht nur zu den Dingen, eben dann, wenn wir von den Dingen sagen, daß sie so und so *sind*, daß sie überhaupt *vorhanden* sind, daß sie wirklich oder möglich sind oder daß sie wahrhaft oder nur scheinbar sind. In vielen Weisen sprechen wir das Sein zu oder ab; *Sprechen ist ein Verstehen von Sein*. Aber *wie* verstehen wir dabei das „ist", von dem wir ja immerzu Gebrauch machen? Bewegen wir uns schon in einem durchgedachten und ausgearbeiteten Seinsverstehen oder hat dieses bei aller sprachlichen Differenzierung doch eine Vagheit und Dunkelheit?

In allem Sprechen haust die Ahnung vom Wesen des Seins, aber zumeist bleibt es dabei; — was das Sein in sich selbst ist, das wird nicht ausgedacht; der Weg des *noús* bleibt zumeist unbetreten. Sprechend gehen wir um mit dem

Wort „sein“ und lassen es doch unbegriffen und unbedacht stehen. Und diese *Unbedachtheit des Seins* waltet um so mächtiger in aller menschlichen Rede, je mehr der Mensch angegangen ist von der Fülle und dem Zudrang der Dinge. Namengebend ordnet der Mensch das Chaos, teilt er Sein zu. Aus dem dunklen, ahnungsvollen Wissen um das Sein sagt er dem Vereinzelten, Vergänglichen und Sichzeigenden das Seiendsein zu; das Einzelne tritt in den festen Bezirk seines Namens, wird gleichsam in ihm festgemacht; alles Benennen ist ein Festlegen und Festhalten, und ist ein Absondern von Anderem; wenn alles seinen Namen hat, kann nicht mehr alles durcheinanderlaufen, es ist abgeteilt und eingeteilt. Das Sagen ist eigentümlich „verkehrt“. Es spricht Sein zu; Sein aber ist eigentlich nur als das unerschütterlich in sich ruhende Ur-eine; die Sprache aber sagt vom Vielen, Zerstückten, in der Zeit Wirbelnden, es „sei“. Sie ist verkehrt, sie beruht auf einer Unbedachtheit: sie sagt Sein und widerspricht sich selbst. Auf diesem Widerspruch alles menschlichen Sagens beruht die Namengebung. Durch diese sieht es so aus, als wäre all das damit Angesprochene „seiend“. Das Wesen der *dóxa* wird also von Parmenides in dem Selbstwiderspruch der menschlichen Sprache gesehen. Bei Hegel kehrt dasselbe Motiv wieder in der „Phänomenologie des Geistes“, die auch einen Weg des Menschen darstellt, aus der Sphäre der Erscheinung und der endlichen Dinge zurückzugehen in das reine und heile Wesen des Seins. Parmenides beginnt die Exposition der *dóxa* mit dem Hinweis auf die *menschliche Namengebung*. Die Menschen haben zwei Formen benannt: *dýo morphás*. Im Nennen haben sie als seiend festgehalten einen Gegensatz. Beide Formen, als genannte und festgemachte, *sind* für die Menschen. Dieses Nennen ist im Grunde aber eine Vermischung von Sein und Nichts. Und diese Vermischung ist überhaupt das Kennzeichen der Natur des Scheins. Im Gegensatz der beiden Formen ist sowohl das „Positive“ wie das „Negative“ angesetzt als wirklich. Und ausdrücklich sagt Parmenides, daß die Menschen in die Irre gegangen sind dadurch, daß sie das Nichtige, Negative selbst zu einer seienden Macht in der Namengebung werden ließen. Diese beiden Formen sind „Licht“ und „Nacht“. Licht also gilt als das Positive, dem Sein Verwandte, Nacht als das Gegensätzlich-Negative, das dem Nichts verwandt ist. In Licht und Nacht, sofern sie als die Grundmächte genommen werden, ist schon der absolute Gegensatz von Sein und Nichts *vermischt*; es ist die ontologische Unbedachtheit geschehen, die das Nichts in das Sein einläßt. Und diese Vermischung von Sein und Nichts führt zwangsläufig zu lauter Gegensätzen: das Nichtige ist selbst eine Macht geworden, selbst eine Art von Seiendem, und durchwaltet gegensätzlich die Welt. Die Menschen schieden namengebend, sagt Parmenides, und sonderten: „hier das aetherische Flammenfeuer, das milde gar leichte, mit sich selber überall einige, mit dem anderen aber uneinig; aber auch jenes für sich, gerade entgegengesetzt: die lichtlose Nacht, ein dichtes und schweres Gebilde" ... (Fr. 7/8) Licht und das Leichte auf der einen Seite und auf der anderen das Dunkel, das Schwere und Dichte: dieser Gegensatz durchwaltet die Erscheinungswelt, den „*diákosmon eoikóta*" — und die Göttin selber sagt dies aus. Darin besteht nun das Problem der Interpretation dieses zweiten Teils.

Parmenides läßt den Schein entstehen in der Namengebung der Menschen, und doch ist er nicht bloß eine menschliche Konvention; vielmehr bleibt alles menschliche Auffassen darein gebannt; ausdrücklich sagt die Göttin, daß unmöglich irgendeine Ansicht der Sterblichen dem so belehrten Denker den Rang ablaufen könne. Das heißt, nie kann menschliche Erkenntnis von sich aus heraus aus der Sphäre der Erscheinung, heraus aus dem Bereich, wo Licht und Dunkel miteinander streiten und ihren immerwährenden Kampf führen. Der Mensch ist gebannt in die Erscheinung, — es sei denn, ihn trage der Sonnenwagen, göttinnengeleitet zum Ur-einen. Das bedeutet im ganzen nun, daß die *dóxa* nicht eine willkürliche Namengebung des Menschen darstellt, eine, die er auch unterlassen könnte, die nur konventionell wäre; die Namengebung, das Ansprechen des Seienden, gehört zum *Wesen* des Menschen, und ebenso gehört — für Parmenides — dazu die Vermischung von Sein und Nichts, die die Menschen immer begehen. Und, so können wir vielleicht sagen, diese Vermischung im verkehrten Sagen des Menschen ist notwendig, weil alles, alle Dinge und nicht nur der Mensch, so vermischtes, mit Nichts untermischtes, nichtiges Sein ist — im ganzen weiten Bereich der Erscheinung. Am Menschen, und zwar am wesentlichsten Wesenszug des Menschentums, an der Sprache, zeigt Parmenides die Vermischung, aus welcher der Schein entspringt. Der Mensch ist ein *Beispiel*, allerdings ein besonders ausgezeichnetes Beispiel. Ähnlich wie das Wesen des *éon* entwickelt wird im Bezug zum *noeín*, so das Wesen der den Schein verursachenden Mischung von Sein und Nichts an der *dóxa*, die als *Namengebung* primär expliziert wird. Wenn wir diese Deutung uns vergegenwärtigen, so verschwindet der Widerspruch, den Reinhardt darin erkennen will, daß die Namen und der Wahn der Menschen im Fortgang des Gedichts umschlagen in die Meinung der Göttin selbst. Das kurze 9. Fragment zeigt eindringlich diesen Umschlag: „Aber nachdem Licht und Nacht benannt und das, was ihren Kräften gemäß ist, diesen als Namen zugeteilt worden, so *ist* alles voll zugleich von Licht und unsichtbarer Nacht, gleichgewichtig; denn nichts ist möglich, was unter keinem von beiden ...". Damit haben wir das Zentralproblem der Auslegung des zweiten Teiles, wenn auch nur mit einem Hinweis, behandelt.

Die parmenideische Kosmogonie im einzelnen durchzusprechen, müssen wir uns versagen; sie ist nur trümmerhaft überliefert; im wesentlichen ist sie bestimmt durch den fundamentalen Gegensatz von Licht und Nacht. Mit seiner Kosmogonie aber widerspricht Parmenides nicht sich selbst, wie man ihm zuweilen vorwarf. Das *eón*, das ur-eine Sein, wird nicht und vergeht nicht, es ist das Ewige, allem Wandel Entrückte, Unzerstückte und Unzerlegte: das Sein kann nicht werden und kann niemals vergehen. Kosmogonie — das begreift Parmenides erstmals in höchster Klarheit des Gedankens — gibt es nur im Reiche der Erscheinung, der Vereinzelung und der Zeit.

Fassen wir unsere Deutung in wenigen Thesen zusammen: 1. Die Philosophie des Parmenides ist Ontologie, d.h. die ausdrücklich sich erstmals selbst begreifende Seinsfrage; sie denkt, was die anderen Philosophen in ihren Begriffen von der *arché*, vom *ápeiron*, von der *physis* nur mitgedacht hatten, *thematisch*; sie stiftet den philosophischen Begriff des Seins. 2. Der erste Teil des Lehrgedichtes, der vom *eón* handelt, meint kein *Seiendes*, sondern nur das *Sein* selbst. 3. Das abwesende Sein wird vernehmbar im *noús*, weil er die Natur hat, Abwesendes anwesen zu lassen: das Sein steht so in einem eigentümlichen Bezug zum Menschen: es offenbart sich im Menschen; der Mensch ist der Ort, wo das Sein, der unendliche Grund aller endlichen Dinge, selbst ans Licht tritt. 4. *to eón* und *ta dokoúnta* verhalten sich wie Sein und Seiendes; die *dóxa* ist deswegen als das Vernehmen der Phänomene, d.h. der zum Vorschein gekommenen Dinge, keine Trug- oder Wahnvorstellung; ihre „Falschheit" ist eine ontologische Unbedachtheit, sie vermengt Sein und Nichts in dem sie leitenden Seinsbegriff; *dóxa* ist nicht vom Meinen schlechthin, sondern vom *Namengeben* her gesehen; die *dóxa* gründet in der Sprache; in der Sprache des Menschen geschieht *beispielhaft*, was überhaupt der Wesenszug des Scheins ist bei Parmenides: die Vermischung von Sein und Nichts. 5. Das das ganze Denken von Parmenides in Atem haltende Problem war die Seinsfrage in der Gestalt der Fragwürdigkeit von Sein und Schein. Die Seinsheit des Seins wird in ständiger Absetzung erkämpft gegen die Seinsauffassung, die ansonst den Menschen beherrscht — zugleich wird diese aber noch selbst ontologisch begriffen als Schein.

Die Auslegung, die ich von den parmenideischen Fragmenten gegeben habe, war selbst durchaus fragmentarisch und kann nur die Bedeutung eines „Wegweisers" haben. Vielleicht aber haben wir doch dabei begriffen, daß das anfängliche Denken, dem man allzu oft eine „archaische Primitivität" nachredet und es als „materialistisch" verdächtigt, sich nicht darin erschöpft, als die „Vorsokratik" nur eine Vorstufe zu sein, daß es in Wahrheit ein Gigantenkampf war, der Anbruch einer ungeheuren Möglichkeit, der der Mensch nie mächtig geworden, auf daß er über sie verfügen könnte. Um was es den ersten

Denkern des Griechentums ging, ist auch auf dem langen Weg des abendländischen Geistes kein *Besitz* geworden. Anaximander, Heraklit und Parmenides sind auch heute noch nicht „überholt", — vielleicht ist das, was damals „Philosophie" war, eine uns entglittene äußerste Verwegenheit des Menschengeistes. Wir haben uns im wesentlichen auf diese drei Denker beschränkt; eine Reihe erhabener Namen blieb außer dem Thema, wie Anaxagoras, Melissos, Empedokles, Demokrit. Die Erörterung intendierte somit keine Geschichte der anfangenden antiken Philosophie; die Vollständigkeit eines Überblicks war gar nicht erstrebt; sie sollte lediglich ein *Versuch* sein, in die Bewegung des fragenden Denkens einzuführen durch das immer riskante Wagnis der *Interpretation*. Den Ansatz unserer Auslegung gewannen wir im Ausgang von der „ersten Philosophiegeschichte" des Aristoteles, d.h. vom Boden der Metaphysik aus. Aber dieser Boden schwand uns weg, je entschiedener wir uns von den originären Gedanken, von den Fragmenten selbst leiten ließen. Die Metaphysik als Blickbahn wurde uns damit fragwürdig. Was bedeutet diese Fragwürdigkeit? Verweist sie auf eine Unzulänglichkeit und Grenze der metaphysischen Betrachtungsart? Bedeuten Platon und Aristoteles bei all ihrer unbestrittenen Größe auch ein Verhängnis? Wie immer es damit stehen mag, die Metaphysik ist nicht damit gerichtet, wenn sie von sich aus nicht den Zugang zu eröffnen vermag in die „ursprüngliche" Problematik der *physiológoi*. Sie muß zuvor aus dem Denken begriffen werden, das in ihr sich entfaltet. Die *physiológoi* denken die *arché*, die Seinsfrage, als das *Andenken des Ursprungs*; was aber unterbestimmt bleibt, ist die *aus dem ur-einen Sein aufgebrochene Welt, die Welt der Vereinzelung, der Endlichkeit und der Zeit, unsere Welt*, wo wir lachen und leiden, denken und dichten, erwachen und sterben; unsere, *die erscheinende Welt*, das Menschenland, das Reich der Namen (um mit Parmenides zu sprechen); durch das Sagen der *physiológoi* schwingt einzig das *Namenlose*, Unnennbare und Göttliche, dem wir Menschen den vergeblichen Namen des Seins zurufen. Kaum ein Denker ist von der nachfolgenden Geschichte so mißkannt und verstellt worden wie Parmenides. Wenn Nietzsche ihn „als ungriechisch wie kein andrer"[5] bezeichnet, so ist zu fragen, ob irgendwann und irgendwo tiefer und radikaler die Frage gefragt wurde, welche das ganze griechische Dasein bis in die Wurzeln durchbebt: *ti to on?*

Vermögen wir noch zu ahnen, was das Staunen und Fragen der Griechen war und was damit im Menschenwesen geschah? Hat es, wenngleich im späten Nachhall, noch Macht über uns — oder haben wir im Wissensbetrieb unserer Hohen Schulen und in der leeren Geschäftigkeit unseres verödeten modernen Daseins es verlernt, uns zu *verwundern*, daß wir „da sind", hier auf dieser unbegreiflichen Erde, eine Weile umgehen mit den Dingen, Steinen, Pflanzen und seltsamen Tieren, uns gegenseitig *fremder noch*, daß wir dem Tode zuwanken, Verfall und Vergänglichkeit in ihrem würgenden Griff spüren, und doch als die zu Einsamkeit und Tod „Verurteilten“ uns freuen an den Morgen voll Licht und den Nächten voller Sterne, daß wir uns ausgesetzt wissen in eine unheimliche Welt und zugleich uns umfangen fühlen von einer mütterlichen Natur: diese ganze *entsetzliche Freude*, die das menschliche Wohnen auf der Erde durchstimmt, befeuert sie noch unseren Geist, auf daß wir aus letzter Leidenschaft und Wachheit fragen lernen, was denn dies eigentlich sei: das *Sein*, das Allgegenwärtige und doch nie Greifbare, das alles durchwaltet, die tragende Erde wie den sternerfüllten Weltraum, „Natur“ wie „Geschichte“, den erdgeborenen Menschen wie auch die Himmlischen?

Anmerkungen

Kapitel 1

1. G.W.F. Hegel, Phänomenologie des Geistes, Hrsg. von Joh. Hoffmeister, Hamburg ^{6}1952, S. 121
2. F. Nietzsche, Also sprach Zarathustra (Von alten und neuen Tafeln II), in: Kritische Studienausgabe, Hrsg. v. G. Colli u. M. Montinari, Band 4, München 1980, S. 254
3. G.W.F. Hegel, Differenz des Fichteschen und Schellingschen Systems der Philosophie, in: Sämtliche Werke, Jubiläumsausgabe, Hrsg. v. H. Glockner, Bd. I, Stuttgart 1927, S. 44
4. G.W.F. Hegel, Einleitung in die Geschichte der Philosophie, Heidelberger Niederschrift, Hrsg. v. Joh. Hoffmeister, Hamburg ^{3}1959, S. 11f.

Kapitel 2

1. J.W.v.Goethe, West-Östlicher Divan, Buch des Unmuts
2. F. Hölderlin, Hyperion, in: Sämtliche Werke, Hrsg. v. F. Beissner, Bd. 3, Stuttgart 1957, S. 9

Kapitel 3

1. G.W.F. Hegel, Vorlesungen über die Geschichte der Philosophie, in: Sämtliche Werke, Jubiläumsausgabe, Hrsg. v. H. Glockner, Bd. 17, Stuttgart 1959, S. 344
2. G.W.F. Hegel, Glauben und Wissen, in: Sämtliche Werke, Jubiläumsausgabe, Hrsg. v. H. Glockner, Bd. 1, Stuttgart 1927, S. 433

Kapitel 5

1. R.M. Rilke, Achte Duineser Elegie
2. W. Bröcker, Aristoteles, Frankfurt/M. 1935, S. 10

Kapitel 9

1. R.M. Rilke, Sonette an Orpheus, I, 18

Kapitel 10

1. J.W. v. Goethe, Faust I, Studierzimmer 1
2. Themistii in Aristotelis Physica paraphrasis, 230, 11, in: Comm. in Aristot. Gr., V,2 (ed. H. Schenkl), Berlin 1900
3. G.W.F. Hegel, Vorlesungen über die Geschichte der Philosophie, in: Sämtliche Werke, Jubiläumsausgabe, Hrsg. v. H. Glockner, Bd. 17, Stuttgart 1959, S. 227
4. F. Nietzsche, Die Philosophie im tragischen Zeitalter der Griechen, in: Kritische

Studienausgabe, Hrsg. v. G. Colli u. M. Montinari, Bd. 1, München 1980, S. 817f.

5. ebd. S. 820

Kapitel 12

1. vgl. G.W.F. Hegel, Einleitung in die Geschichte der Philosophie, Hrsg. v. Joh. Hoffmeister, Hamburg ^{3}1959, S. 141f.

2. G.W.F. Hegel, Phänomenologie des Geistes, Hrsg. v. Joh. Hoffmeister, Hamburg ^{6}1952, S. 39

Kapitel 13

1. F. Hölderlin, Wie wenn am Feiertage..., in: Sämtliche Werke, Hrsg. v. F. Beissner, Bd. 2, 1, Stuttgart 1951, S. 118

2. F. Nietzsche, Die Philosophie im tragischen Zeitalter der Griechen, in: Kritische Studienausgabe, Hrsg. v. G. Colli u. M. Montinari, Bd. 1, München 1980, S. 833

3. ebd. S. 834

4. Diogenes Laertius, IX, 14

5. F. Lassalle, Die Philosophie Herakleitos' des Dunklen von Ephesos, Berlin 1858, S. 17

Kapitel 15

1. F. Lassalle, Die Philosophie Herakleitos' des Dunklen von Ephesos, Berlin 1858, S. 1

2. G.W.F. Hegel, Phänomenologie des Geistes, Hrsg. v. Joh. Hoffmeister, Hamburg ^{6}1952, S. 121

3. vgl. K. Reinhardt, Parmenides und die Geschichte der griechischen Philosophie, Bonn 1916, S. 208f.

4. E. Pfleiderer, Die Philosophie des Heraklit von Ephesus im Lichte der Mysterienidee, Berlin 1886

Kapitel 16

1. Met. Γ 1005b 19/20

Kapitel 19

1. G.W.F. Hegel, Vorlesungen über die Geschichte der Philosophie, in: Sämtliche Werke, Jubiläumsausgabe, Hrsg. v. H. Glockner, Bd. 17, Stuttgart 1959, S. 364

2. ebd. S. 368

Kapitel 21

1. F. Nietzsche, Über Wahrheit und Lüge im außermoralischen Sinne, in: Kritische Studienausgabe, Hrsg. v. G. Colli u. M. Montinari, Bd. 1, München 1980, S. 875

Kapitel 22

1. vgl. F. Nietzsche, Die Philosophie im tragischen Zeitalter der Griechen, in: Kritische Studienausgabe, Hrsg. v. G. Colli u. M. Montinari, Bd. 1, München 1980, S. 839
2. ebd. S. 836
3. ebd. S. 844

Kapitel 23

1. K. Reinhardt, Parmenides und die Geschichte der griechischen Philosophie, Bonn 1916, S. 29

Kapitel 26

1. vgl. H. Diels, Parmenides, Berlin 1897, S. 63
2. vgl. K. Reinhardt, Parmenides und die Geschichte der griechischen Philosophie, Bonn 1916, S. 26-30
3. ebd. S. 30
4. ebd. S. 66
5. F. Nietzsche, Die Philosophie im tragischen Zeitalter der Griechen, in: Kritische Studienausgabe, Hrsg. v. G. Colli u. M. Montinari, Bd. 1, München 1980, S. 836

Nachwort

Eugen Fink hat im Wintersemester 1947/48 an der Universität Freiburg i.Br. eine Vorlesung unter dem Titel „Grundfragen der antiken Philosophie" gehalten, deren vollständiger Text nun erscheint. Der Text der auf 26 Stunden angelegten Vorlesung wurde von ihm selbst schon teilweise gegliedert. Eine genauere Gliederung der einzelnen Vorlesungen, die den in der Exposition der einzelnen Stunden angezeigten Gedankengang und seine Schrittfolge aufnimmt und für den Leser durchsichtig macht, wurde gemeinsam mit Frau Susanne Fink durchgeführt. Da die Vorlesungstexte so, wie sie vorliegen, auch gesprochen wurden, galt es den Duktus und die Spracheigentümlichkeiten Eugen Finks zu bewahren und zu überliefern. Dies gilt auch für den Umgang mit den griechischen Texten, die er für den des Griechischen unkundigen Leser in Transkription bieten wollte. Den Texten wurden lediglich Betonungsakzente mitgegeben, wo es nötig schien.

Eugen Finks Vorlesungen über „Grundfragen der antiken Philosophie" bleiben denkwürdig, was die Exposition, die Entfaltung und Wiederholung der angezeigten Grundfragen betrifft, — exemplarisch bleiben sie darin, zu zeigen, was eine philosophische Vorlesung sein sollte und konnte: Lehrender Gang des Denkens ins Unausdenkliche und Unvordenkliche seines Anfangs. Deshalb ist der Rückgang in die Fragen der frühen Griechen keine gelehrte Angelegenheit, sondern eine entschiedene Herausforderung heutigen Denkens, das aus der Erfahrung der Geschichte der Metaphysik die Eigenart der vormetaphysischen Epoche der Philosophie als anfängliches Denken erinnert und diesen Anfang weltgeschichtlich wiederholt und erfährt. Und dies in jenem Augenblick, wo die europäische Geschichte bindungslos geworden ist und ausläuft in eine anhebende planetarische Weltzivilisation. Es geht Eugen Fink also nicht um eine philosophiegeschichtliche Aneignung sogenannter überholter und überwundener Theorien der Natur, sondern um das Aufblitzen und Gewahrwerden einer Gleichzeitigkeit und Gegenwart des „archaischen" Denkens als einer noch künftigen und gewandelten Erfahrung seiner Geschichte. Als Namenloses haust es im Sagen des Menschen und hat dort seine Wohnung und sein Schicksal. Ob eine Wiederbegegnung mit dem archaischen Denken als eine „Wiederholung" seines Anfangs und Aufgangs von uns Heutigen noch geleistet werden kann, diese Frage steht noch aus und dahin.

„Der Anfang ist nicht abgetan. Nie wurde ursprünglicher gedacht als in der Morgenhelle der Philosophie", sagt Eugen Fink in einer Notiz zu dieser Vorlesung. Das Namenlose zu denken und ihm Raum zu geben heißt aber, die Metaphysik selbst zum Problem werden zu lassen, und zwar als die Bemühung, „das Seiende in seinem Sein zu denken und zu entfalten und zuvor und ursprünglicher das Sein in sich selbst zu denken und das Namenlose, das keinen Namen braucht, weil es immer sich ins Werden wirft und immer scheint."

Frau Susanne Fink habe ich besonders zu danken. Sie hat das Personenregister erstellt und entscheidend das Ihrige dazu beigetragen, daß diese Vorlesung nun erscheint.

Freiburg i.Br., den 10. Febr. 1985 Franz-A. Schwarz

Personenregister